éditions
guy binsfeld®

EMILE HAAG
ICONOGRAPHIE: GUY MAY

LE LUXEMBOURG
Une réussite originale
au fil des siècles

Editions Guy Binsfeld

“The history of the world is but
the biography of great men.”

Thomas Carlyle

À mes élèves et à mes étudiants

Table des matières

Préambule 17

Le Luxembourg d'aujourd'hui
Une réussite exceptionnelle dans un contexte européen 22

I Préhistoire et Antiquité
À la croisée des anciennes cultures européennes 30

De la préhistoire à l'époque des Celtes:
importantes découvertes archéologiques 38

La romanisation du pays des Trévires:
les sites du Titelberg et de Dalheim 56

II Le Moyen Âge
Du berceau féodal au trône impérial 64

St Willibrord et Echternach *658 †739:
vie et œuvre d'un saint de dimension européenne 72

Sigefroi *922 †998: la naissance de la ville forteresse 84

Ermesinde *1186 †1247: la consolidation de l'État féodal 90

Pierre d'Aspelt *1245 †1320:
le rôle européen d'un personnage d'exception 98

Henri VII *1279 †1313: le nouvel essor de la maison de Luxembourg 104

Jean l'Aveugle *1296 †1346, l'aventurier européen 116

Charles IV *1316 †1378, le monarque européen 128

Venceslas IV *1361 †1419, le fils prodigue 136

Sigismond *1368 †1437, le dernier Luxembourg 146

III Les temps modernes de 1500 à 1815
La traversée du désert au sein des Pays-Bas 156

Pierre-Ernest de Mansfeld *1517 †1604,
gouverneur de Luxembourg 166

Les jésuites et leur collège:
renforcement de l'identité catholique entre 1603 et 1773 180

Aux origines de l'historiographie luxembourgeoise:
de l'abbé Bertels au père Bertholet 194

La ville forteresse: l'évolution de la ville forteresse
de Luxembourg entre 963 et 1867 200

Le «Klëppelkrich»: épopée et réalité octobre-novembre 1798 214

IV Le 19e siècle, de 1815 à 1890 – L'accès à l'indépendance
politique sous les Orange-Nassau par la volonté des Grands 224

Le Luxembourg de 1815 à 1830-39:
du Congrès de Vienne à la Révolution belge 236

Guillaume II *1792 †1849, souverain populaire entre tous 242

Le Prince Henri *1820 †1879, un Luxembourgeois de cœur 250

Dicks, Lentz et Rodange: les poètes nationaux 260

Zinnen, Menager et leurs successeurs:
la musique comme expression du sentiment national 270

V Le 19e siècle et la transition vers le 20e
Les précurseurs du monde d'aujourd'hui 280

Paul Eyschen *1841 †1915, un Premier ministre à vie 292

Emile Mayrisch *1862 †1928, le grand patron
de l'industrie sidérurgique 300

Henri Tudor *1859 †1928, le premier grand
scientifique luxembourgeois 312

Eugène Ruppert *1864 †1950, «le Chinois»,
le pionnier de la sidérurgie moderne en Chine 322

La ville de Luxembourg: de la ville forteresse
à la ville ouverte entre 1867 et 1920 330

VI Le 20ème siècle
Le règne historique de la Grande-Duchesse Charlotte

Emile Reuter *1874 †1973 et Pierre Dupong *1885 †1953:
deux personnalités politiques hors pairs 352

La Grande-Duchesse Charlotte *1896 †1985:
un destin exceptionnel 362

Joseph Kutter *1894 †1941 et Lucien Wercollier *1908 †2002,
les grands maîtres de l'art 376

Les grands sportifs luxembourgeois:
des champions d'un siècle à l'autre 386

Guillaume Kroll *1889 †1973, le père de la métallurgie du titane 406

John E. Dolibois *1918, l'un des descendants de l'émigration
vers les États-Unis 412

Le gouvernement à l'épreuve
de la Seconde Guerre mondiale. 1940, l'année du dilemme 420

Le sort de la population juive. Trois cas de figure:
Edmond Israël, Alfred Oppenheimer et Josy Schlang 430

Raymond Petit *1920 †1942:
la Résistance contre l'occupation nazie 438

Joseph Bech *1887 †1975: au service du pays
des années 1920 aux années 1950 444

Robert Schuman *1886 †1963: son empreinte luxembourgeoise 456

Victor Bodson *1902 †1984: l'homme d'action tous azimuts 466

VII Le 20e siècle et la transition vers le 21e: Croissance économique entre vocation européenne et impact de la mondialisation 472

La révolution dans les médias: l'aventure RTL 480

Pierre Werner *1913 †2002: le maître d'œuvre de l'économie luxembourgeoise contemporaine 494

Gaston Thorn *1928 †2007, le new look du style politique 500

Mars Di Bartolomeo *1952, descendant de l'immigration italienne dans le melting pot luxembourgeois 510

De Nic Biever à Joseph Daleiden: l'évolution du syndicalisme 518

La ville de Luxembourg: d'une capitale provinciale à une capitale européenne 528

Jacques Santer *1937: de la présidence du gouvernement à celle de la Commission européenne 542

Jean-Claude Juncker *1954: champion d'un petit pays dans la cour des Grands 550

Conclusion 558

Impressum 561

Remerciements 563

Sources et ouvrages consultés 567

Illustrations 573

PRÉAMBULE

Encore une histoire du Luxembourg! Mais n'en a-t-on pas assez et pas des moindres, depuis qu'on a fêté le cent cinquantième anniversaire de notre indépendance en 1989?! Notre historiographie nationale a, en effet, dignement et abondamment commémoré cet anniversaire. Alors à quoi bon faire encore une fois le même récit? En voici les raisons.

L'histoire n'est pas une discipline figée, elle évolue constamment. Tout en se basant sur des faits observés et vérifiés, elle reflète les vues et les préoccupations de l'historien et de son temps. Écrire l'histoire, c'est l'interpréter.

Depuis les fêtes du cent cinquantième anniversaire de l'indépendance, une nouvelle génération a grandi dans un cadre national et européen différent. La société luxembourgeoise a évolué, depuis la fin de la crise de la sidérurgie, dans une Union européenne en pleine mutation et dans un monde marqué par la disparition du bloc communiste en Europe de l'Est et la résurgence d'un terrorisme international aux dimensions nouvelles. Notre pays a connu une croissance économique sans précédent, qui a repris même après l'impact du 11 septembre 2001 avant de subir le choc de la crise financière et économique de septembre 2008. De la phase européenne, nous sommes entrés dans la phase dite de la mondialisation, avec toutes les conséquences que cela implique pour notre avenir.

Il est par conséquent légitime de poser la question des fondements de cet extraordinaire essor de notre pays, à l'origine un petit territoire perdu en Europe occidentale – *in the middle of nowhere* diraient les Américains – auquel d'heureuses circonstances ont apporté d'abord la souveraineté étatique, ensuite la prospérité économique, de telle sorte qu'il se retrouve actuellement dans le groupe de tête des pays les plus riches de la planète.

Pour y répondre, nous allons nous concentrer sur les facteurs susceptibles d'avoir joué un rôle clé dans l'histoire du Luxembourg des temps les plus reculés jusqu'aux 19e et 20e siècles.

Notre approche sera différente de celle suivie par nos prédécesseurs. Au lieu de fournir une vision aussi complète que possible de l'histoire de notre pays, nous allons essayer de l'évoquer à travers la vie et l'œuvre des personnalités qui l'ont façonnée, sans oublier les grands événements et les lieux qui en ont fourni la trame et les scènes.

Le passé se dévoilera au lecteur dans une série de tableaux, dont chacun pris en lui-même tient sa place spécifique dans le déroulement historique. Le lecteur pourra ainsi faire la connaissance des différentes périodes de l'évolution de notre pays, soit en les parcourant toutes d'affilée, soit en les sélectionnant selon son choix.

En racontant l'histoire sous forme de récits courts, incisifs et bien illustrés, nous espérons stimuler la curiosité du public cultivé et lui offrir un contrepoids aux informations d'actualité servies par des médias intéressés et omniprésents afin qu'il puisse comprendre et juger le présent à l'aune du passé mis en perspective par l'histoire. Si le terme de vulgarisation n'avait pas cette connotation péjorative depuis le *profanum vulgus* d'Horace, il correspondrait bien au but assigné à cet ouvrage.

Mais redécouvrir l'attrait du passé n'est pas seulement une source de plaisir intellectuel, c'est encore une nécessité, surtout de nos jours où l'histoire semble en perte de vitesse, non seulement auprès du grand public, mais même dans l'enseignement. Rappelons donc l'avertissement du poète et philosophe George Santayana, valable surtout pour les côtés sombres du passé: «Ceux qui ne peuvent se rappeler le passé sont condamnés à le répéter.»

Enfin, ma longue expérience de professeur d'histoire m'a encouragé à relever face au large public le même défi que face à une classe d'élèves: communiquer à l'auditoire la fascination d'un passé qui ne doit laisser personne indifférent.

Dans les grandes lignes, le récit adopte la subdivision traditionnelle de la chronologie historique, à savoir: préhistoire, Antiquité, Moyen Âge, temps modernes, époque contemporaine. Pour des raisons pratiques, nous avons regroupé la préhistoire et l'Antiquité en une seule période, vu que notre histoire se confondait avec celle des régions avoisinantes sans offrir de repères originaux. Par contre, nous avons développé le haut et le bas Moyen Âge quand notre pays faisait son apparition spécifique avec de fortes personnalités qui lui ont donné son nom et sa capitale forteresse, sa première et en même temps sa plus grande configuration territoriale, ses liens avec le royaume de Bohème et des princes à l'envergure européenne. Aux temps modernes, faisant partie des Pays-Bas, il était l'enjeu des rivalités entre les maisons d'Autriche et de France sans pour autant perdre son identité territoriale.

Le 19e siècle et le début du 20e forment une époque décisive, car c'est au milieu des confrontations entre les grandes puissances européennes que le Luxembourg est devenu un État indépendant sous la forme d'un grand-duché. Vu l'importance de cette période, une subdivision en deux parties s'est recommandée. Pour des raisons analogues, nous avons procédé de la même façon pour le 20e siècle et la transition vers le 21e siècle.

Sur les quarante-six chapitres, il y en a six qui ne sont pas de la plume de l'auteur, à savoir les chapitres sur les Jésuites et sur les origines de l'historiographie luxembourgeoise écrits par M. Josy Birsens, les trois chapitres sur l'évolution de Luxembourg, ville forteresse et le chapitre sur Eugène Ruppert rédigés par M. Robert Philippart. Qu'ils soient vivement remerciés de leur collaboration. L'iconographie de l'ensemble du livre fut confiée à la direction de M. Guy May dont l'engagement personnel m'a été une aide décisive.

Mir wölle bleiwe
wat mir sin

LE LUXEMBOURG D'AUJOURD'HUI

UNE RÉUSSITE EXCEPTIONNELLE DANS UN CONTEXTE EUROPÉEN

Quand on considère la situation du Luxembourg dans le monde d'aujourd'hui et surtout au sein de l'Union européenne, on est impressionné par un bilan d'une très grande réussite sur presque tous les plans. Quelques données concrètes permettent d'en mesurer l'étendue.

L'un des plus petits pays de l'Union européenne avec Malte, le Grand-Duché de Luxembourg, avec une surface de 2 586 km^2, moins grand qu'un département français ou une province belge, compte une population en expansion constante, qui entre-temps a dépassé le demi-million d'habitants. Les Luxembourgeois de souche sont à peu près 280 000, les résidents non luxembourgeois représentant plus de 43% de la population totale et plus de 60% de celle de la capitale, qui compte environ 100 000 habitants. Le Luxembourg est non seulement une Europe en miniature, mais même un «global village», car sa population vient du monde entier.

Jusqu'à présent du moins, ces diverses nationalités cohabitent harmonieusement, parce que tout le monde peut se comprendre. Le système scolaire luxembourgeois est fondé sur le plurilinguisme. Dès le milieu du 19e siècle, les petits Luxembourgeois ont dû apprendre à l'école primaire l'allemand et le français, les langues initiant à la culture de nos grands voisins. Au niveau du secondaire, ils apprennent l'anglais, la «lingua franca», c'est-à-dire la langue universelle de nos jours. La maîtrise de ces trois langues sanctionnée par le baccalauréat, à l'écrit et à l'oral, ouvre à nos bacheliers les portes des universités anglophones, francophones et germanophones sur un pied d'égalité avec leurs camarades de ces pays. Au niveau européen et international tout court, la connaissance de ces trois langues constitue un atout professionnel majeur pour nos jeunes et une raison supplémentaire pour les sociétés étrangères, financières ou autres, de s'implanter au Grand-Duché.

Au-delà de ces considérations pratiques, le plurilinguisme est la clé de voûte de l'intégration sociale des nouveaux arrivants au pays. Il est évident

La «Construction de l'Europe», timbre-poste de la série *Europe*, émis en 1956.

(double page précédente) Devise nationale inscrite sur la façade d'un immeuble du Marché-aux-Poissons.

que la scolarisation d'une population qui est en train de devenir majoritairement non luxembourgeoise, surtout dans le préscolaire et le primaire, est un défi immense pour tout le système éducatif et pour les enseignants, qui en ont la charge. L'extension des écoles européennes, internationale, française et anglaise et l'introduction du baccalauréat international dans nos lycées sont autant de preuves que le gouvernement luxembourgeois a compris la nécessité de relever résolument ce défi dans l'intérêt majeur du pays. Alors, appliquer les critères de Pise, cette fameuse autorité internationale, juge suprême de la qualité de l'enseignement «urbi et orbi», mais qui ne tient aucun compte de notre situation plurilingue, n'est-ce pas incongru?

Il est évident que pour l'étranger l'attrait majeur du Luxembourg réside dans son économie toujours en pleine expansion, même si le krach boursier et la crise financière à sa suite laissent prévoir un certain tassement de la croissance. Toujours est-il que la main-d'œuvre nationale, depuis plus d'une trentaine d'années déjà, ne suffit plus à assurer le fonctionnement et surtout l'expansion économique du pays.

Alors que l'industrie sidérurgique représentait pendant tout un siècle le fondement de notre prospérité, jusqu'à son déclin à la fin des années 1970, la place financière, avec ses instituts bancaires, les assurances, les sociétés d'audit et de consulting, a pris la relève. Cette évolution extraordinaire n'a pas seulement encouragé l'immigration, mais aussi l'afflux de frontaliers, touchés par le déclin ou le ralentissement de leur région, au point que leur nombre se rapproche des 150 000, dont 75 000 pour la France, 40 000 pour la Belgique et 35 000 pour l'Allemagne. Au sein de la Grande Région, le Luxembourg, en termes économiques, égale ou même dépasse les territoires que les partages de 1659, de 1815 et de 1839 lui avaient enlevés. Étonnant retour des choses, mais cette fois-ci dans la plus parfaite entente entre parties concernées.

Avec un taux de croissance de 6% en 2006 et de 4,5% encore en 2007, notre économie nationale a affiché une santé presque insolente par rapport à la moyenne européenne et surtout par rapport à celle de nos voisins. Mais, s'il y a des catastrophes naturelles – tremblements de terre, ouragans ou éruptions volcaniques – par essence imprévisibles, il y en a d'autres qui sont dues aux folies humaines, aux excès d'ambitions et aux appétits effrénés comme ceux des requins de la haute finance internationale. La crise financière et économique qui a ébranlé l'économie mondiale avec la faillite de la banque d'affaires Lehman Brothers en septembre 2008 à New York en est un exemple frappant. Déclenchée aux États-Unis, elle s'est rapidement étendue au monde entier, et le Luxembourg n'en fut pas épargné. L'intervention rapide et décisive du gouvernement a sauvé de justesse deux banques traditionnelles luxembourgeoises, devenues dans le cadre de la mondialisation des succursales de grands groupes financiers internationaux, dont les imprudences ont été à l'origine de cette situation périlleuse.

En conséquence, l'année 2008 s'est terminée par une croissance zéro et l'année 2009 par une croissance négative de plus de 3%. Les signes d'une reprise économique se sont certes confirmés, mais l'alerte a été chaude, révélant la fragilité relative de nos atouts qui restent réels mais qui ne produiront plus guère des taux de croissance aussi élevés que par le passé. Cependant, par rapport à nos voisins, nous ne nous tirons pas si mal de cette crise, de sorte que des jalousies mal contrôlées amènent d'aucuns à faire des remarques tendancieuses et déplacées sur la place financière luxembourgeoise, oubliant que sans la santé économique du petit voisin, le taux de chômage chez eux ne serait certainement pas moindre.

Il est vrai également que sur le plan national, les retombées négatives de cette forte croissance économique et démographique se font sentir par des nuisances écologiques, des problèmes de transport et de trafic et surtout par une flambée malsaine des prix des logements et des terrains à bâtir, sans oublier l'insuffisance des établissements scolaires, hospitaliers, des maisons de retraite et des crèches. De même, les problèmes de sécurité posés par la criminalité, la délinquance juvénile, l'abus d'alcool et de drogue touchent le Luxembourg, mais pas plus que tous les autres pays de l'Union européenne.

Le risque de voir dans un proche avenir la majorité de la population résidentielle constituée de non-Luxembourgeois semble au moins temporairement écarté à la suite de la loi sur la double nationalité, qui permet à tous les étrangers bien assimilés de devenir Luxembourgeois – tout en gardant leur nationalité d'origine.

En multipliant les offres culturelles – art et musique – et sportives par la création de nouveaux établissements (théâtres, musées, salles de concert, halls de sports), le Luxembourg a perdu son air de province assoupie et fait figure à présent de centre international, modeste certes par rapport aux grandes métropoles, mais offrant tout de même dans un cadre accueillant des activités de qualité. Cette dimension culturelle représente un autre atout non négligeable de notre pays aux yeux de ceux qui cherchent un équilibre sain entre la vie professionnelle, la vie familiale et les intérêts personnels, loin du vacarme et du stress des grandes villes.

La ville de Luxembourg elle-même a gardé de son passé historique de forteresse imprenable des traces indélébiles dans ses rocs escarpés, ses fortins surplombants, ses casemates labyrinthiques et ses faubourgs pittoresques. Son importance actuelle est illustrée par le foisonnement impressionnant des établissements financiers de toutes sortes installés au Kirchberg à côté des institutions européennes: Cour de Justice, Banque européenne et autres, qui rappellent que le Luxembourg a toujours été un protagoniste de l'idée européenne. En même temps, le gouvernement continue à chercher une solution définitive pour assurer au pays son rôle de foyer intellectuel par la création de l'Université du Luxembourg.

Parallèlement, des efforts considérables ont été faits au niveau du tourisme pour faire découvrir aux visiteurs étrangers la diversité et le charme des quatre coins du Grand-Duché, depuis les vallées encaissées des Ardennes, couronnées parfois de châteaux forts, à travers les espaces ondulés du Bon-Pays jusqu'aux rives de la basse Sûre et aux vignobles de la Moselle, sans oublier la beauté calme et sereine de l'ouest et les nouveaux attraits culturels du sud. L'hôtellerie grand-ducale se compare sans complexe à celle des régions touristiques voisines, et des chefs luxembourgeois et étrangers assurent la réputation de la cuisine luxembourgeoise au-delà de nos frontières.

La *Gëlle Fra*, une œuvre de Claus Cito (1882-1965), expression de la fierté nationale.

Cependant, à côté de ces avantages réels certes, mais plutôt conjoncturels voire temporaires, il y en a plusieurs qui sont plus fondamentaux et plus durables. Le Luxembourg est une démocratie sous la forme d'une monarchie parlementaire. Dans le passé, la maison grand-ducale n'a pas seulement joué un rôle représentatif, mais elle a cristallisé les aspirations et les espoirs de toute la population, surtout durant les jours sombres de la Seconde Guerre mondiale où la Grande-Duchesse Charlotte était une figure charismatique. Sa discrétion allergique à toute exposition médiatique et son charme se sont transmis à ses successeurs et continuent d'être largement appréciés par la population entière. Le Luxembourg connaît une grande stabilité politique, ses gouvernements de coalition se succèdent sans mettre en cause la continuité de la ligne politique générale poursuivie par leurs prédécesseurs.

La paix sociale basée sur une économie en croissance, la solidarité nationale qui empêche les épreuves de force, les grèves longues ou les manifestations tapageuses, l'ouverture d'esprit sur le monde constituent d'autres facteurs d'attractivité du pays.

Le sentiment national luxembourgeois, qui sans agressivité aucune s'exprime simplement dans la devise séculaire «Nous voulons rester ce que nous sommes», garantit une bonne entente avec nos trois voisins, alors que les séquelles de la dernière guerre, sans être oubliées, continuent de s'estomper. La plupart des Luxembourgeois, clairvoyants au-delà de leur fierté nationale, sont, sinon de cœur, alors du moins de raison des Européens convaincus.

En fin de compte, on peut se demander comment il était possible qu'un pauvre petit coin de l'Europe, perdu pendant des siècles au milieu de forêts peu hospitalières, sans avantage naturel apparent, put en l'espace de deux siècles devenir un pays indépendant et prospère, alors que des villes et des régions voisines bien plus prestigieuses et mieux loties au point de départ, comme Trèves, Metz, Namur et Liège, sont restées des territoires dépendants, incorporés dans de plus vastes ensembles étatiques.

En évitant de tomber dans les pièges du déterminisme ou du hasard, nous allons essayer de trouver des éléments de réponse à la question de savoir comment «nous sommes devenus ce que nous voulons rester».

La Société européenne des satellites (SES) à Betzdorf.

Le nouveau quartier d'Esch-Belval.

L'esplanade à Schengen.

Le Musée d'art moderne
Grand-Duc Jean
(MUDAM).

I

PRÉHISTOIRE ET ANTIQUITÉ

À LA CROISÉE DES ANCIENNES CULTURES EUROPÉENNES

Même si les origines politiques de notre pays se situent dans la seconde moitié du 10e siècle, il n'est pas sans intérêt de remonter jusqu'à la préhistoire pour examiner brièvement les circonstances dans lesquelles nos ancêtres ont fait leur première apparition.

Bien entendu, le passé de notre territoire actuel est inséparable de celui de ses régions voisines. Grâce aux recherches de ces 150 dernières années, effectuées d'abord par des amateurs éclairés et passionnés, surtout des instituteurs et des médecins, puis dirigées par les spécialistes de nos musées, des découvertes archéologiques remontant jusqu'à l'homme de Neandertal et, plus près de nous, jusqu'à l'homme de Cro-Magnon, ont fourni la preuve que notre région était déjà habitée à ces époques reculées. Elle entre dans la période historique au milieu du 1er siècle avant J.-C., quand Jules César soumit les Gaulois à la loi romaine.

Poignard de type hispanique d'un légionnaire romain qui appartenait probablement à la garnison installée dans l'oppidum gaulois du Titelberg. Trouvée au 19e siècle, cette arme fut vendue au Musée du Cinquantenaire de Bruxelles.

Vue aérienne des fouilles d'un quartier de commerçants italiques dans l'oppidum du Titelberg, gardé par un détachement de l'armée romaine dans les années qui ont suivi la conquête césarienne.

Grande fibule à collerette d'époque augustéenne trouvée au Titelberg, au fond d'un puits de 27 mètres de profondeur. Son immersion permanente dans l'eau a empêché la formation de la patine verte commune aux objets en bronze antiques.

Les Romains ont laissé des empreintes plus marquées, parce que leur domination dura presque cinq siècles et parce qu'un de leurs centres politiques, Trèves, devenue capitale impériale au Bas-Empire, se trouvait dans le voisinage immédiat de notre pays. Dès le début du 5e siècle, au déclin de l'Empire romain, les Francs allaient s'implanter dans nos régions et le christianisme assurer la continuité de l'héritage romain durant la longue période obscure du haut Moyen Âge.

Pour la période préhistorique, nous avons choisi parmi beaucoup d'autres un endroit mal connu, Hellange, et la collection d'artefacts de feu M. Aloyse Linster, très riche et encore inconnue. Pour l'époque celtique et la transition vers l'époque gallo-romaine, le plateau du Titelberg s'imposait, de même que pour l'époque romaine, les sites du Titelberg, de Dalheim, d'Echternach et de Vichten entre autres.

(double page suivante)
Squelette de l'Homme du Loschbour (Heffingen) exposé au Musée national d'histoire naturelle. Inhumation du mésolithique final (6 000-5 500 ans av. J.-C.) découverte en octobre 1935 (fouilles N. Thill et M. Heuertz, MNHN).

Collection Alo
Offrandes trouvé
du petit temple
à Hella

DE LA PRÉHISTOIRE À L'ÉPOQUE DES CELTES
Importantes découvertes archéologiques

Sur le territoire luxembourgeois, la plupart des objets préhistoriques ont été trouvés lors de prospections de surface, mais aussi lors de fouilles archéologiques réalisées en nombre croissant depuis la fin du 20e siècle. Ces découvertes se situent principalement au centre et au sud du pays, dans la région communément appelée le *Guttland*. Si de nombreux outils en roches locales ou en silex importés ont été relevés, dont certains remontent jusqu'au paléolithique inférieur (500 000 à 250 000 ans avant J.-C.), les plus anciens restes humains ou représentations humaines reconnus dans des sites demeurent extrêmement rares. Attribuables à la période du mésolithique (10 000 à 5 000 ans avant notre ère), ils ont été essentiellement mis au jour dans la vallée de l'Ernz noire.

(à gauche)
Céramiques gallo-romaines cassées intentionnellement dans l'aire d'un petit sanctuaire rural près de Hellange.

La ferme Linster à Hellange, siège de la Fondation Linster.

Cases, citernes et pavements de rue du petit vicus gallo-romain qui a survécu sur les ruines de l'ancienne ville gauloise du Titelberg.

Par contre, les vestiges attribuables aux premières sociétés d'agriculteurs-éleveurs néolithiques (5 000 à 2 000 ans avant notre ère) abondent dans notre pays. Certains de ces premiers villages sédentaires ont fait l'objet de plusieurs recherches modernes de terrain et d'analyses de laboratoire (e.a. Altwies, Alzingen, Schengen, Weiler-la-Tour) qui sont venues préciser nos connaissances sur les modes de vie et les premières activités rurales pratiquées dans notre pays avant la maîtrise du métal.

À partir de l'âge du bronze, les découvertes d'armes et de bijoux faites près des lits de nos rivières, Moselle, Sûre, Alzette et autres, se sont multipliées. L'âge du fer a laissé à la postérité un grand nombre de tombeaux soit sous forme de petites élévations de terre, les tumuli, soit sous forme des champs funéraires à urnes. Les mobiliers funéraires, armes, bijoux, vases, fibules, témoignent d'un artisanat hautement qualifié et de relations commerciales avec toute l'Europe, y compris les régions méditerranéennes.

C'est de la fin de l'âge du fer, quand les Celtes occupaient l'Europe des rives de l'Atlantique à la Hongrie, que datent les découvertes les plus importantes faites avant tout sur le site de l'oppidum celtique du Titelberg, un centre majeur du peuple des Trévires. Des tombeaux aristocratiques remontant au 5e siècle avant J.-C. avaient bien été mis au jour à Altrier, à Flaxweiler et à Grosbous. En relation directe avec le Titelberg, des sépultures aristocratiques plus récentes ont été trouvées à Clémency et à Goeblange ainsi que des nécropoles à Lamadelaine et sur les versants du Titelberg.

C'est dès la fin de la préhistoire qu'apparaît un trait marquant qui sera comme une constante de la longue histoire de notre pays, à savoir sa situation géographique et historique au milieu de grands groupes ethniques, culturels ou linguistiques, différents, souvent antagonistes. Les habitants de notre région subissaient tantôt l'influence culturelle du bassin parisien et de son extension à l'est, la Champagne, tantôt celle du bassin rhénan et de son prolongement à l'ouest, l'Eifel et le Hunsrück. Nos ancêtres ont ainsi vécu sur une ligne de partage, entre deux mondes, soit en les séparant l'un de l'autre, soit en jouant le rôle de trait d'union entre eux. À la fin de la protohistoire, entre 100 et 50 avant J.-C., les Trévires étaient un peuple important de la Gaule des *Belgae* et occupaient la majeure partie de notre pays. Ils étaient essentiellement d'origine celtique tout en ayant intégré des éléments germaniques. L'absence d'homogénéité et d'uniformité n'a pas hypothéqué l'avenir du pays, au contraire, c'était un défi qui a favorisé l'ouverture des habitants et de leurs chefs vers les voisins et c'est en fin de compte devenu un atout majeur du Luxembourg.

Nos ancêtres ont ainsi vécu sur une ligne de partage, entre deux mondes, soit en les séparant l'un de l'autre, soit en jouant le rôle de trait d'union entre eux

Hellange et la collection Aloyse Linster

Depuis la Seconde Guerre mondiale, le Musée national d'histoire et d'art (MNHA) réaménagé et considérablement étendu sur son ancien emplacement du Marché-aux-Poissons, divisé en sections spécialisées d'après les différentes périodes historiques, par ses fouilles, ses reconstitutions et ses publications scientifiques, apporte la preuve éclatante de l'extraordinaire richesse archéologique de notre pays. Parallèlement, il y a les collections privées d'amateurs passionnés complétant les découvertes publiques, faites souvent au cours de fouilles de sauvetage lors de la construction d'autoroutes ou de grands édifices publics ou privés.

L'une de ces collections, patiemment constituée pendant plus de 50 ans par feu Aloyse Linster, cultivateur de son état sur le ban de Hellange, essentiellement à partir d'objets trouvés au cours des travaux de labourage sur ses terres, est exceptionnelle à plusieurs titres. D'une part sur le plan qualitatif, par la présence de quelques outils préhistoriques aussi rares que remarquables (e.a. bifaces, racloirs en silex, herminettes polies, haches en jadéite, pointes de flèches, poteries décorées du Rubané), d'autre part sur le plan quantitatif, plus de 38 000 artefacts ayant été relevés en prospection de surface.

De plus, par la nature des outils mis au jour et les périodes préhistoriques dont ils datent, cette collection s'avère représentative de la fréquentation préhistorique du territoire luxembourgeois, depuis le paléolithique jusqu'au néolithique.

Culture du Rubané. Fragments de poteries décorées, hématites, lames polies d'herminettes en roche dure, pointes de flèches, grattoirs, lames de faucille et perçoir en silex importés, néolithique ancien (5 200-4 900 ans av. J.-C.), collection Linster, Hellange (F. Le Brun et T. Lucas, MNHA-CNRA).

Acheuléen et Moustérien. Bifaces en quartzite violacée du Taunus et en silex régional du Muschelkalk, paléolithique ancien (300 000-40 000 ans av. J.-C.), collection Linster, Hellange (F. Le Brun et T. Lucas, MNHA-CNRA).

Trois bifaces (deux en quartzite, un en silex d'importation) et plus de quatre cent cinquante artefacts, dont cent cinquante outils retouchés en quartz, quartzite et silex, attestent de la présence de l'homme de Neandertal (250 000 à 35 000 ans) à Hellange au plus tard entre 80 000 et 40 000 ans avant J.-C. Cette série est actuellement la plus importante connue pour notre pays.

Quelques outils en silex du paléolithique supérieur (35 000 à 10 000 ans) prouvent la fréquentation du territoire luxembourgeois par l'homo sapiens sapiens.

Quelques dizaines d'armatures en silex de petites dimensions (microlithes) et de forme géométrique (triangle, segment, trapèze), servant à armer les pointes de flèches tirées à l'arc, témoignent de la présence de groupes mésolithiques dès les débuts de l'holocène (10 000 à 5 200 ans), période marquée par le reboisement du paysage et le développement d'une faune de zone tempérée (e.a. cerfs, sangliers, aurochs).

Premiers paysans néolithiques de tradition danubienne

Plusieurs fragments de poteries décorées et d'outils en pierre polie, des techniques nouvelles (polissage tranchant de haches en pierre, terre cuite), indiquent l'implantation à Hellange des premières communautés d'agriculteurs-éleveurs appartenant à la culture rubanée (5 200 à 4 800 ans), première culture pan-européenne, avec la présence sur les plateaux limoneux des premières installations de villages témoins du passage à un mode de vie sédentaire. Ces sociétés agropastorales pionnières pratiquaient l'élevage (bœuf, mouton, porc) et introduisirent la culture de céréales (blé) et de légumineuses (pois, fèves).

Parmi les nombreux vestiges relevés en surface, il faut signaler une quarantaine d'herminettes polies en roche importée (amphibolite, basalte), dont une présente une perforation pour emmanchement, des lames de faucille avec lustrés issus de la coupe des céréales, des grattoirs et des pointes de flèches.

Des outils domestiques, grattoirs en silex, lames retouchées, haches polies, ainsi que trois fragments de brassards d'archers et des pointes de flèches pédonculées à ailerons caractéristiques de la fin du néolithique, démontrent une continuité d'occupation du ban de Hellange au moins jusqu'à la fin du 3e millénaire avant notre ère. Cette culture est contemporaine des premières utilisations de métal natif en Europe, comme l'or et le cuivre, qui annonce l'âge des métaux (âge du bronze et du fer), encore appelé la protohistoire. C'est à celle-ci que se rattachent divers vestiges comme des céramiques décorées de l'âge du bronze final et des objets de l'âge du fer: meules en basalte, céramiques domestiques.

Cependant, la collection Linster s'étend au-delà de la protohistoire jusqu'à l'époque historique même. Les passés celtique et romain surtout y trouvent leur place tout comme les débuts du Moyen Âge avec l'époque des Francs mérovingiens et carolingiens. De par son étendue dans le temps, depuis l'homme de Neandertal jusqu'à Charlemagne, elle est unique en son genre et constitue aussi un témoignage impressionnant de la richesse archéologique du sous-sol de la région de Hellange.

La collection Linster constitue un témoignage impressionnant de la richesse archéologique du sous-sol de la région de Hellange

Répertorié et étudié scientifiquement, ce trésor archéologique constituera la pièce maîtresse de la Fondation Linster-Weydert, créée sous les auspices de l'Union luxembourgeoise pour l'histoire et le patrimoine (ULHP), en attendant que la Maison de l'histoire et du souvenir, prévue à l'instar de la Maison de la nature sur le site même de la ferme Linster et de ses découvertes, ouvre un jour ses portes au grand public.

L'oppidum du Titelberg

Si les artefacts de Hellange permettent de remonter jusqu'aux temps reculés de la préhistoire, l'oppidum du Titelberg impressionne, lui, par ses proportions spectaculaires qui témoignent de son importance dans la région à l'époque celtique. Situé à une quinzaine de kilomètres au sud-ouest de Hellange, habité dès le 5e siècle avant J.-C., l'oppidum du Titelberg devint la capitale des Trévires à la fin du 2e siècle avant J.-C., grâce à son aspect naturel d'éperon rocheux entouré de pentes escarpées, accessible seulement à l'est par une bande étroite de terrain protégée par un puissant rempart. Sa configuration naturelle le rapproche de la ville forteresse de Luxembourg après 963.

Vue aérienne des fouilles du sanctuaire gaulois et gallo-romain du Titelberg. Sous les fondations de murs dont les pierres ont été en grandes parties récupérées au Moyen Âge, apparaissent des fosses, des foyers et les trous de poteaux de grands bâtiments en bois de l'époque gauloise.

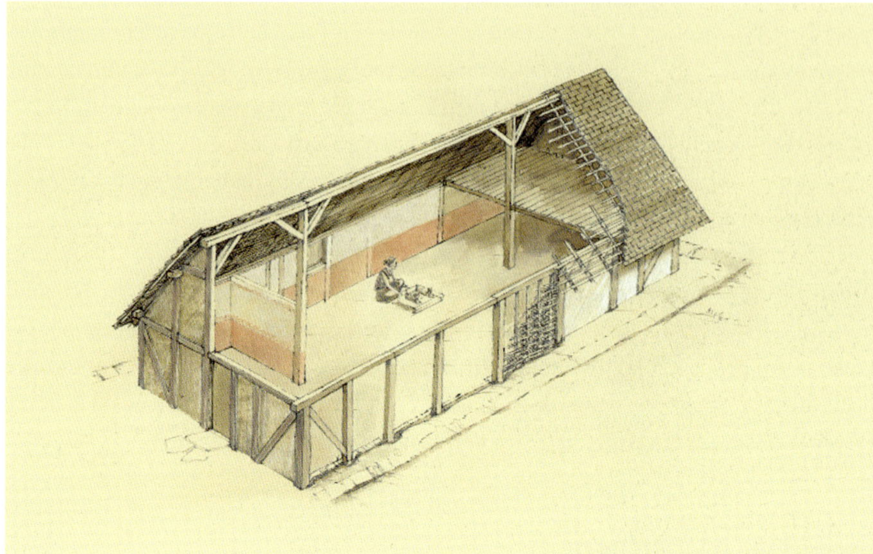

Reconstruction d'une habitation gauloise de l'oppidum du Titelberg. Les poteaux des parois de ces maisons étaient ancrés dans d'étroites tranchées de fondation. Le colombage était réalisé avec de l'argile récupéré dans des fossés de drainage qui entouraient ces maisons. Les façades étaient généralement chaulées. Le toit était soit en chaume soit en bardeaux (dessin de Benoît Clarys).

(à droite) Reconstruction des cinq remparts successifs de l'oppidum gaulois du Titelberg. Cette importante ville gauloise – capitale des Trévires avant Trèves – était entourée de fortifications composées de bois, de pierres et de terre qui ont dû être reconstruites à plusieurs reprises. Ces fortifications dont les deux dernières avaient une longueur de près de 3 kilomètres avaient à côté de leur fonction défensive aussi une valeur symbolique de limite entre l'espace urbain et l'espace rural.

En effet, un plateau d'une superficie d'environ 50 hectares abritait, 130 mètres au-dessus de la vallée, cet oppidum celtique, qui faisait fonction de centre politique, religieux et économique important pendant plus d'un siècle. À l'instar des fouilles d'Hissarlik pour Troie, les fouilles scientifiques effectuées depuis une trentaine d'années par nos archéologues professionnels ont révélé l'existence de plusieurs remparts superposés. L'avant-dernier, du type *murus gallicus* décrit par Jules César, entourait un centre florissant dont le rayonnement, surtout économique et commercial, s'étendait bien au-delà du territoire des Trévires jusqu'à la Gaule entière, comme le démontrent la quantité et la variété impressionnantes des monnaies trouvées sur place.

Un grand fossé divisait le plateau en deux parties; à l'est un espace religieux et public comprenant un sanctuaire et une vaste aire de rassemblement politique, à l'ouest la partie profane, comprenant les habitations et les ateliers de nombreux artisans, forgerons, bronziers, potiers et monnayeurs. Cet emplacement urbain bien structuré n'était pas le produit du hasard, bien au contraire; d'abord sa situation naturelle dans le prolongement de l'axe de communication Rhône-Saône-Moselle, ensuite les richesses minières de son sol, le minerai de fer aisément accessible, la glaise, matière première de la poterie, le calcaire et la chaux utilisés dans la construction à l'époque romaine, représentaient des atouts majeurs pour son essor économique.

La métallurgie et la poterie implantées au Titelberg ne produisaient pas seulement pour le marché local, mais pour toute la région. Les produits métallurgiques exportés dans toute la Gaule atteignaient même les pays méditerranéens, l'Italie surtout. Les forgerons fabriquaient des armes, épées, lances, pointes de flèches, mais aussi des objets d'usage

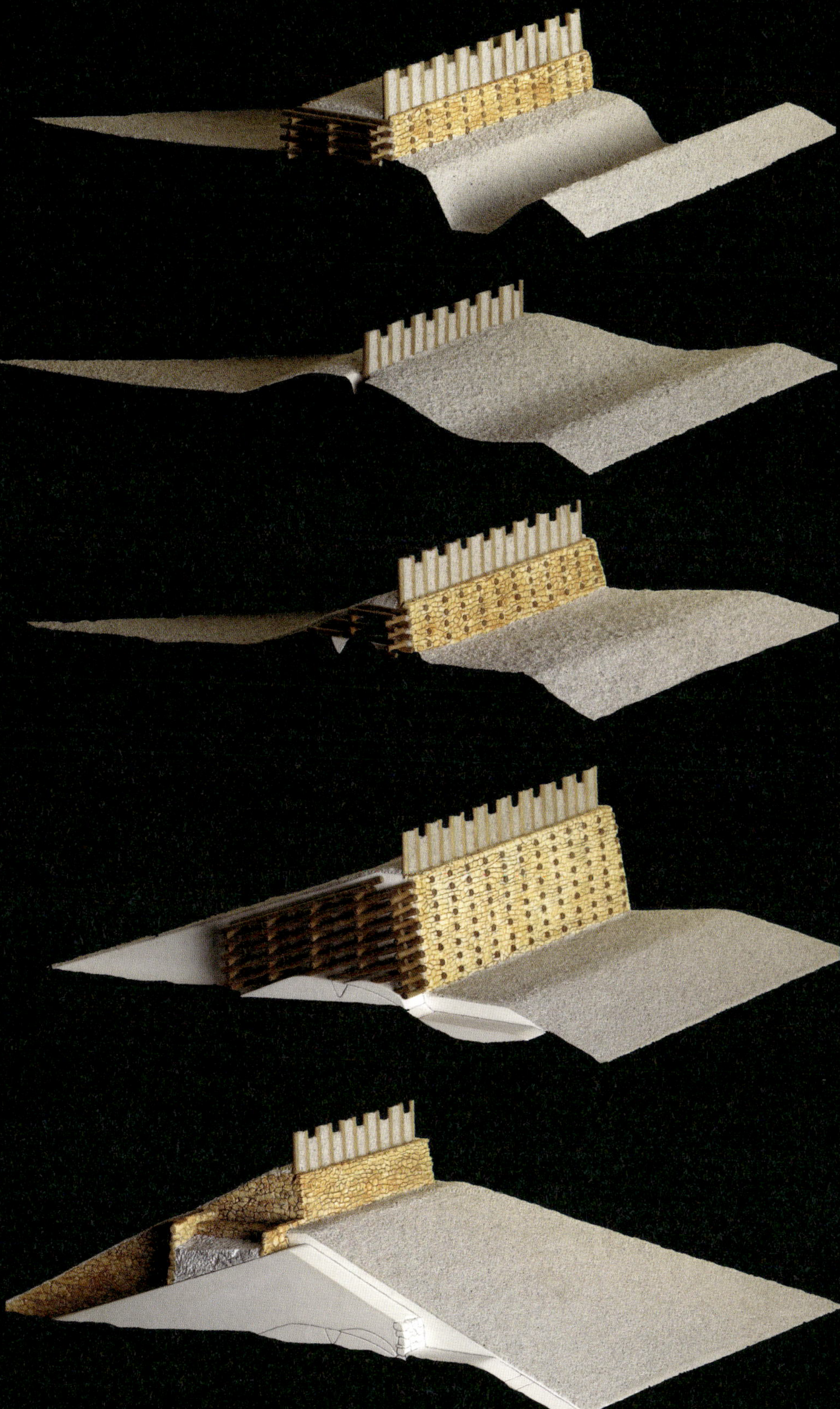

domestique: clés, clous, crochets, ainsi que des outils, marteaux, haches, ciseaux. Grâce à leur savoir-faire ils réussirent même à manufacturer des chaudrons, des bijoux, des fibules, des agrafes, autant d'objets d'exportation recherchés, grâce auxquels des relations commerciales s'établirent surtout avec l'Italie dès avant l'arrivée des Romains.

«Maquette» en calcaire du temple gallo-romain du Titelberg retrouvée sur le site.

Il y a deux mille ans, le sud de notre pays à cause de sa production manufacturière était déjà à l'origine de la richesse du pays trévire, comme le seront plus tard le pays de la minette et son industrie sidérurgique pour le Grand-Duché.

La noblesse celtique appréciait les vins italiques importés dans des amphores, ainsi que la vaisselle plus fine produite en Italie du nord et en Toscane. Tout comme aux 15e et 16e siècles, l'aristocratie transalpine était sous le charme du raffinement et du style de vie de la Renaissance italienne, de la même façon les chefs de tribu gaulois et les grands propriétaires trévires étaient attirés par le mode de vie plus raffiné des Romains. C'est pourquoi, après la conquête romaine, la romanisation a rapidement gagné le pays des Trévires. Cependant ceux-ci restaient pendant plus d'un siècle des sujets turbulents, toujours prêts à la révolte, comme en témoignent les insurrections de 30 avant J.-C. et de 29 et de 69 après J.-C. Les légions romaines écrasèrent le mouvement et après 30 avant J.-C. une garnison était installée pendant quelque temps au Titelberg.

L'empereur Auguste, avec l'aide de son gendre Agrippa, réaménagea les voies de communication fluviales et terrestres entre la Méditerranée et la région rhénane en évitant l'ancien centre urbain du Titelberg, véritable guêpier pour les Romains, et en fondant une nouvelle capitale à Trèves, appelée *Augusta Treverorum*.

Ainsi supplanté par Trèves et même par l'importante ville étape Ricciacus (Dalheim), le Titelberg déclinait très vite comme centre économique et commercial, et la plupart de ses constructions tombaient en ruine, sauf dans la partie sacrée, où un nouveau temple romain avait été érigé à la place de l'ancien sanctuaire celtique. Un petit village prit la place de l'ancienne ville celtique avant d'être détruit à son tour par les invasions des Francs quatre siècles plus tard.

Seules des nécropoles et leurs sépultures établies autour de l'oppidum témoignent encore du style de vie de la noblesse celtique

Seules des nécropoles et leurs sépultures établies autour de l'oppidum témoignent encore de l'ancienne prospérité et du style de vie de la noblesse celtique. Malgré l'usure du temps, malgré les éboulements de terrains à la suite de l'exploitation moderne du minerai de fer, enfin malgré les pillages et la chasse aux trésors d'«archéologues» clandestins, le Titelberg représente toujours un monument historique majeur dans l'évolution territoriale de la région d'où allait émerger le Luxembourg, d'abord pour la période celtique, mais aussi pour le début de l'époque romaine. Avec son importance stratégique et sa richesse minière il apportait la preuve que le pays des Trévires disposait d'avantages matériels non négligeables et hébergeait une population active

Bague en bronze avec entaille provenant des fouilles du Titelberg.

Le temple gallo-romain de type *fanum* du Titelberg. Les tranchées de récupération des pierres et les quelques tronçons de maçonnerie en place forment deux carrés, dont le petit dessine les fondations de la *cella* – du saint des saints – et le grand le tracé de la galerie qui l'entourait.

(à droite) Représentation très stylisée d'un cheval. Ce fragment trouvé au Titelberg formait la poignée d'un petit peigne de bronze.

et créative. Beaucoup plus tard, au 19e siècle, et dans un contexte politique bien différent, les circonstances historiques allaient lui permettre de se mettre une nouvelle fois en valeur.

Céramique gauloise des fouilles du Titelberg. Les inclusions blanches des deux vases à droite forment un dégraissant composé de coquillages fossiles qui conférait à ces poteries des qualités réfractaires.

(double page suivante)
Frise en pierre calcaire des fouilles du sanctuaire gallo-romain du Titelberg. Cette tête de divinité formée par des feuillages était entourée de deux oiseaux.

LA ROMANISATION DU PAYS DES TRÉVIRES Les sites du Titelberg et de Dalheim

La romanisation au pays des Trévires avait déjà commencé au cours de la conquête de la Gaule par Jules César, qui a systématiquement appliqué la méthode du *divide et impera*. C'est ainsi qu'il soutenait Cingetorix et ses partisans pro-romains contre la faction indépendantiste de son beau-père, Indutiomar. Après la défaite et la mort de celui-ci, le parti pro-romain finit par l'emporter au moins provisoirement. Les Romains par conséquent laissaient aux Trévires leur autonomie tout en incorporant leurs chefs dans l'organisation militaire romaine, en leur accordant même la citoyenneté romaine et en les plaçant à la tête des troupes auxiliaires, notamment de la cavalerie. Les chefs trévires gardaient leurs grandes propriétés agricoles, dont la production céréalière et l'élevage étaient essentiels au ravitaillement des légions romaines restées sur place, surtout le long du Rhin face aux Germains.

L'oppidum celtique du Titelberg connut alors un essor remarquable; l'artisanat, avec sa production d'outils de fer, d'armes, de poteries et de verreries, continuait à alimenter un commerce florissant couvrant toute la Gaule jusqu'à la Gaule cisalpine. Les vins et la vaisselle italiques, plus raffinés, arrivaient par voie d'eau surtout dans les grands centres celtiques, en même temps que la monnaie romaine en or, argent et cuivre remplaçaient les monnaies celtiques.

Quant à la religion, l'assimilation des divinités celtiques à celles des Romains et l'adoption du culte des principaux dieux romains se firent rapidement. Des temples romains remplacèrent les lieux de culte celtiques.

Après 30 avant J.-C., quand la période agitée des guerres civiles à Rome avait pris fin, un changement dans la politique romaine eut lieu. D'un côté, Auguste s'imposa définitivement comme seul maître de l'Empire, après la victoire de son gendre Agrippa sur

Tête d'Attis en calcaire trouvée sur le parvis du temple gallo-romain du Titelberg.

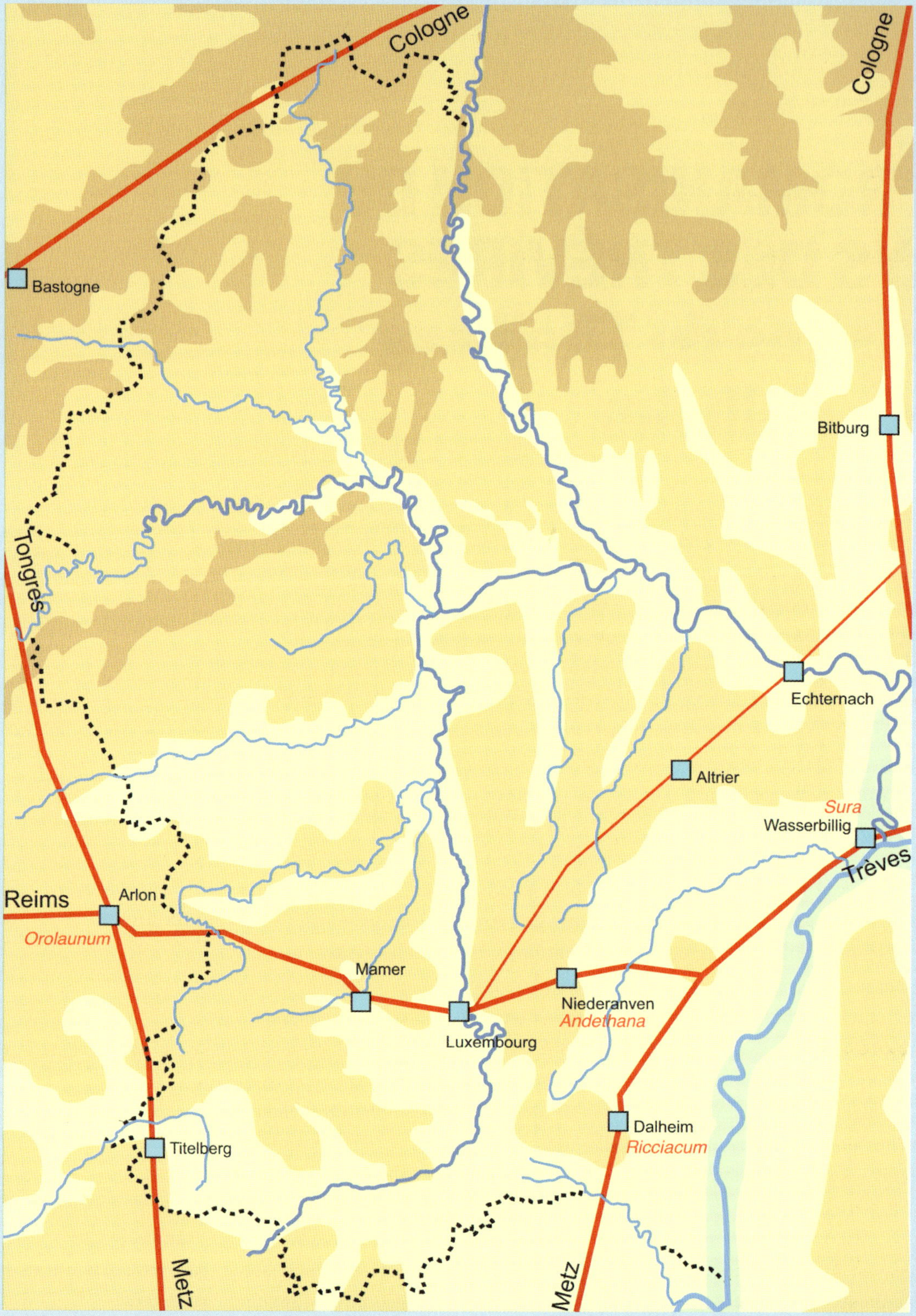

Cologne
Cologne
Bastogne
Bitburg
Tongres
Echternach
Altrier
Sura
Wasserbillig
Trèves
Reims
Arlon
Orolaunum
Mamer
Luxembourg
Niederanven
Andethana
Dalheim
Ricciacum
Titelberg
Metz
Metz

Marc-Antoine et Cléopâtre à Actium. D'un autre côté, l'insurrection trévire de la même année et son écrasement par les légions amenèrent les Romains à écarter définitivement le Titelberg comme capitale du territoire trévire et à fonder une nouvelle ville romaine dans la vallée de la Moselle, *Augusta Treverorum*, Trèves, base arrière pour les camps militaires romains des rives du Rhin et point stratégique des routes romaines, depuis le couloir Rhône-Saône jusqu'au Rhin. C'est alors que commença le déclin de l'oppidum du Titelberg après plus de cent ans de rayonnement économique et culturel. Trèves par contre commença son ascension de grand centre urbain jusqu'à devenir l'une des capitales de l'Empire sous Dioclétien et Constantin.

Le vicus de Dalheim

À la place du Titelberg, un nouveau site, établi sur la voie romaine reliant Metz à Trèves, le vicus de Dalheim, prit son essor. Sur le Titelberg même, un très modeste *vicus* prit la relève.

Dalheim au contraire devint un centre économique et culturel florissant, débordant le cadre restreint du *vicus* moyen. Il y avait un district religieux où l'on vénérait Jupiter, maître de l'Olympe, Minerve, déesse des artisans, Mercur, dieu protecteur des voyageurs et des commerçants, et Epona, ancienne déesse celtique protectrice des éleveurs de chevaux et des transporteurs routiers. Les nombreuses statuettes, de fabrication locale, retrouvées sur place attestent de leur popularité. Un théâtre à gradins, dégagé par des fouilles récentes, permettait à plus de 3 500 spectateurs d'assister aux spectacles et souligne ainsi l'importance culturelle du site de Dalheim. Des thermes, découverts également, mais difficiles à dégager à cause de l'implantation du village actuel, fournissent la preuve que l'agglomération abritait une population nombreuse. Les nécropoles romaines découvertes dans la dernière moitié du 20e siècle, souvent par hasard, autour de Dalheim font apparaître très souvent de nombreux objets artisanaux et artistiques, bijoux, outils, poteries, d'une grande qualité. Les tombeaux aristocratiques de Goeblange-Nospelt, objets d'une publication scientifique récente, révèlent que les couches dirigeantes rapidement romanisées jouissaient d'un niveau de vie comparable à celui de l'élite romaine d'Italie.

Un théâtre à gradins, dégagé par des fouilles récentes, permettait à plus de 3 500 spectateurs d'assister aux spectacles et souligne ainsi l'importance culturelle du site de Dalheim

Des fouilles sauvages effectuées à Dalheim au 19e siècle produisirent des œuvres d'art remarquables: une statuette de Jupiter et une autre de Minerve qui trouvèrent leur place au Louvre. Par contre, un exceptionnel masque en bronze, partie d'un casque de parade d'un cavalier de l'armée romaine, découvert à la même époque dans une tombe au sud de Hellange, trouva le chemin de nos collections archéologiques nationales. Ce sont des œuvres d'art, probablement d'origine italique, d'une grande beauté, qui témoignent de la richesse des habitants aisés de Ricciacus et de Hellange ainsi que des grands

Carte des principales routes romaines et des *vici* ruraux.

Vue d'avion: le tracé de
l'importante route romaine qui reliait
Lyon à la vallée inférieure du Rhin
est bien lisible dans le parcellaire
à l'est de Moutfort.

Vues aériennes du bâtiment principal de la grande villa d'Echternach – en haut et en bas à droite en cours de fouilles – en bas à gauche après l'aménagement du site.

Timbre poste (1972) représentant le masque de Hellange. Ce masque en bronze trouvé dans une tombe près de Hellange faisait partie du casque de parade d'un officier de la cavalerie romaine.

propriétaires terriens qui habitaient les luxueuses villas situées à la campagne le long des voies romaines.

Les villas romaines d'Echternach et de Vichten

Parmi les nombreuses villas découvertes ces dernières décennies, deux sortent du rang: celle d'Echternach et celle de Vichten. À Echternach les fouilles, entreprises lors de l'aménagement du lac artificiel à l'entrée de la ville, ont dégagé une villa urbaine d'une grande ampleur, au point qu'on pourrait parler de palais résidentiel. Selon les archéologues, il a probablement été la propriété d'une famille de notables trévires récompensée par les Romains pour le soutien donné à leur cause. Construite sous le règne de Néron dans des dimensions imposantes: plus de 120 mètres de face sur plus de 70 mètres de profondeur disposant d'une surface habitable de plus d'un hectare, cette résidence seigneuriale luxueuse fut réaménagée et élargie à quatre reprises. Elle comprenait à la fin plus de 70 pièces, une vaste salle de réception, cinq salles de thermes, une grande salle à manger, deux cuisines, des chambres de provisions, des cours internes, le tout précédé d'une vaste cour d'entrée agrémentée d'une fontaine monumentale. C'était vraiment une villa de luxe ornée de mosaïques et de fresques murales, assez extraordinaire en Gaule du nord et comparable à la célèbre villa romaine de Nennig dans la vallée de la Moselle. Elle était complétée par une villa rustique, une ferme, encore beaucoup plus vaste avec une superficie de 300 mètres sur 200 mètres, qui ravitaillait Trèves.

Le grand domaine d'Echternach survécut indemne à la dernière révolte dévastatrice des Trévires en 69 après J.-C., changeant sans doute de propriétaire alors, et l'énorme villa continuait à remplir sa double fonction résidentielle et agricole jusqu'au milieu de la deuxième moitié du 3e siècle. Dans le prolongement du domaine vers le bord de la Sûre, franchie par un pont, se situaient le mausolée du propriétaire ainsi qu'un sanctuaire d'une divinité locale. Au cours des raids dévastateurs des Germains, qui ravagèrent Trèves et ses environs, le complexe de la villa d'Echternach partit en fumée. Le réaménagement de la ville de Trèves comme capitale impériale au 4e siècle fit également renaître, au moins partiellement, la grande propriété d'Echternach, indispensable pour le ravitaillement des troupes de protection de la ville. Sur la petite colline qui surveillait le passage de la Sûre, fut établi au milieu du 4e siècle un fortin qui survécut au nouveau raid germain du 5e siècle, alors que la partie centrale de la villa fut une nouvelle fois détruite.

Selon toute vraisemblance, ce qui survécut de l'ancienne villa romaine passa à la noblesse franque. C'est ainsi que l'abbesse Irmine de Trèves, issue d'une famille franque noble, pouvait à la fin du 7e siècle faire don de sa part de la villa Epternacus, où entretemps une petite église avait été construite dans l'emplacement de l'ancien temple, au missionnaire anglo-saxon Willibrord.

L'autre villa qui se distingue parmi toutes celles dégagées ces derniers temps est celle de Vichten, découverte lors de travaux d'extension d'une ferme. À cette occasion, une mosaïque assez extraordinaire a été mise au jour, représentant les neuf muses en compagnie du père de la littérature classique grecque et de la littérature européenne tout court, Homère. Produite dans les ateliers artistiques de Trèves, elle date de la fin de la première moitié du 3e siècle, quand la dynastie des Sévère allait en déclinant et avant que ne commençât la période éphémère des empereurs militaires, qui donna lieu aux premières grandes invasions germaniques. La qualité exquise de la mosaïque ainsi que les fresques murales encore partiellement intactes témoignent du goût recherché de l'ancien propriétaire, sans doute un grand propriétaire trévire très cultivé, devenu admirateur enthousiaste de la culture classique romaine.

Toutes ces découvertes, parfois sensationnelles, prouvent que notre pays a été profondément marqué par la civilisation latine et que dans le voisinage immédiat de l'une des dernières grandes capitales romaines, Trèves, il a connu, tout comme celle-ci, une transition mouvementée vers le monde du Moyen Âge. Celui-ci vit surgir à la fois la puissance des nouveaux maîtres germaniques, les Francs et la dynastie carolingienne, et le pouvoir du christianisme et de la papauté, héritiers de la Rome antique. Le centre de gravité de ce monde nouveau se déplaça de la Méditerranée vers l'Europe du nord-ouest. Notre pays se retrouvait en son milieu, alliant dans son tissu ethnique l'héritage gallo-romain à la nouvelle réalité franco-germanique. Le personnage religieux, dont l'action a clairement tenu compte de cette nouvelle situation, fut Willibrord: il cherchait à gagner à la fois l'appui du pouvoir politique des premiers Carolingiens et celui de l'autorité religieuse du pape.

L'ancien monde méditerranéen placé sous la domination de Rome s'était donc désagrégé et avait fait place à un nouvel empire, beaucoup plus petit que le précédent, car limité à l'Europe occidentale: l'Empire chrétien carolingien. Une fois de plus, le territoire qui allait devenir plus tard le Luxembourg se trouvait tout près du nouveau centre, Aix-la-Chapelle.

Les premières rangées de sièges du grand théâtre du vicus gallo-romain de Dalheim.

Toiture du pilier funéraire d'un notable du vicus de Dalheim.

II

LE MOYEN ÂGE

DU BERCEAU FÉODAL AU TRÔNE IMPÉRIAL

Comme pour la plupart des États de l'Europe actuelle, c'est au Moyen Âge, dans la longue période de désintégration de l'Empire romain d'Occident et de gestation de ses États successeurs, que se produisaient les événements qui allaient déterminer l'histoire future de notre pays. La région d'où émergeaient à partir du 10e siècle les premiers contours du Luxembourg était située dans la partie orientale du royaume franc, en Austrasie. Plus ou moins convertie au christianisme, mais toujours aux prises avec les survivances religieuses d'antan, elle était entourée de peuplades germaniques encore païennes, comme les Frisons au nord, ou à peine effleurées par le christianisme, comme les Saxons et les Alamans à l'est et au sud-est.

C'est dans ce contexte qu'arrive l'Anglo-Saxon Willibrord pour christianiser les Frisons, mission au cours de laquelle il sera amené à fonder, en 698, l'abbaye d'Echternach qui sera pendant tout le Moyen Âge le centre religieux, culturel et intellectuel du pays, du moins avant que n'apparaisse Sigefroi,

La forteresse de Luxembourg, dessin de Michel Engels (1853-1901) (palais grand-ducal)

comte d'Ardennes, fondateur de son centre politique avec l'acquisition, en 963, du rocher du Bock, berceau de la première dynastie des comtes de Luxembourg.

Trèves, ancienne capitale de l'Empire romain, devenue, comme Rome, un centre religieux très important, joua un rôle clé dans l'histoire d'Echternach aussi bien que dans celle de la ville de Luxembourg.

La dynastie des Luxembourg, immergée dans les troubles de l'époque, les croisades et les guerres féodales, produira, entre autres, une grande figure: la comtesse Ermesinde, qui marqua de sa personnalité exceptionnelle la première partie du 13e siècle. Après une défaite retentissante qui la mena au bord de l'extinction, la dynastie des Luxembourg se ressaisit et grâce à l'habileté de ses partisans, l'archevêque de Mayence, Pierre d'Aspelt, et l'archevêque de Trèves, Baudouin, elle réussit à placer sur le trône impérial Henri VII, comte de Luxembourg, prenant la relève des Habsbourg, futurs rivaux et en fin de

compte successeurs des Luxembourg à la tête de l'Empire. Lors de son très court règne et grâce à Pierre d'Aspelt, Henri VII transféra la base territoriale des Luxembourg à Prague avec Jean l'Aveugle, prince très populaire malgré son cursus mouvementé. Avec son fils Charles IV, la maison de Luxembourg connut son apogée à Prague, alors que leur terre d'origine, le comté de Luxembourg, élevé à la dignité de duché, devint essentiellement un objet de transactions politiques et financières. Charles IV et surtout ses successeurs, Venceslas IV, brebis noire de la famille, et Sigismond, empereur et roi de Hongrie, le dernier représentant de la dynastie, menaient un jeu politique européen intimement lié à l'histoire religieuse de leur temps.

Cependant, même après l'extinction de la maison de Luxembourg, le duché et la ville forteresse restèrent une réalité politique et militaire et survécurent en tant que tels aux avatars des dominations étrangères, bourguignonne, espagnole, française, autrichienne et française encore, jusqu'au 19e siècle.

Timbres-poste (émis entre 1932 et 1953) représentant quelques grandes figures de l'histoire du Luxembourg au Moyen Âge.

(double page suivante) Le château fort de Bourscheid.

PATER
WILLI

ST WILLIBRORD ET ECHTERNACH *658 †739
Vie et œuvre d'un saint de dimension européenne

La procession dansante que la tradition populaire cultive en l'honneur de St Willibrord est un événement phare dans la mémoire religieuse et culturelle des pays concernés. Elle réunit chaque année à Echternach, le mardi après la Pentecôte, des dizaines de milliers de pèlerins qui viennent du Luxembourg, de Belgique, d'Allemagne et des Pays-Bas. La vie et l'œuvre du saint ont une dimension européenne avant la lettre et, malgré les rares sources d'information directes, elles n'ont cessé d'intriguer les historiens à travers les siècles jusqu'à nos jours.

Né vers 658 près de York, dans une famille anglaise noble et très pieuse, Willibrord fut élevé dans la tradition catholique romaine et il fut placé dans un monastère bénédictin à l'âge de 15 ans. Il passa ensuite une douzaine d'années, en compagnie d'autres jeunes Anglais, dans un monastère irlandais connu pour son esprit missionnaire. Ordonné prêtre à l'âge de 30 ans, il quitta l'Irlande en 690 avec une douzaine de compagnons pour commencer une campagne de conversion dans le pays des Frisons restés païens jusque-là.

Le moment semblait propice. En effet, Pépin de Herstal, maire du palais auprès des rois fainéants mérovingiens d'Austrasie, avait établi son autorité sur l'ensemble des territoires francs. Décidé à étendre sa domination vers le Nord sur les Frisons, il avait vaincu leur roi Radbod en 689 et, tout comme Constantin et Clovis, il entendait se servir du christianisme pour établir et consolider sa domination. Radbod, païen retors, avait compris la manœuvre et résista avec acharnement pendant de longues années. C'est dans ce contexte qu'arriva Willibrord avec ses compagnons.

Tout comme Constantin et Clovis, Pépin de Herstal entendait se servir du christianisme pour établir et consolider sa domination

Après ses premiers déboires auprès de Radbod et des Frisons, Willibrord comprit que tout seul, il ne ferait pas long feu auprès des Frisons endurcis et il élabora alors une double stratégie. D'un côté, il s'assura l'appui et la protection de Pépin II qui lui offrit

Saint Willibrord, tableau à l'huile d'Antoine Stevens II, 1605 (basilique Saint-Willibrord Echternach).

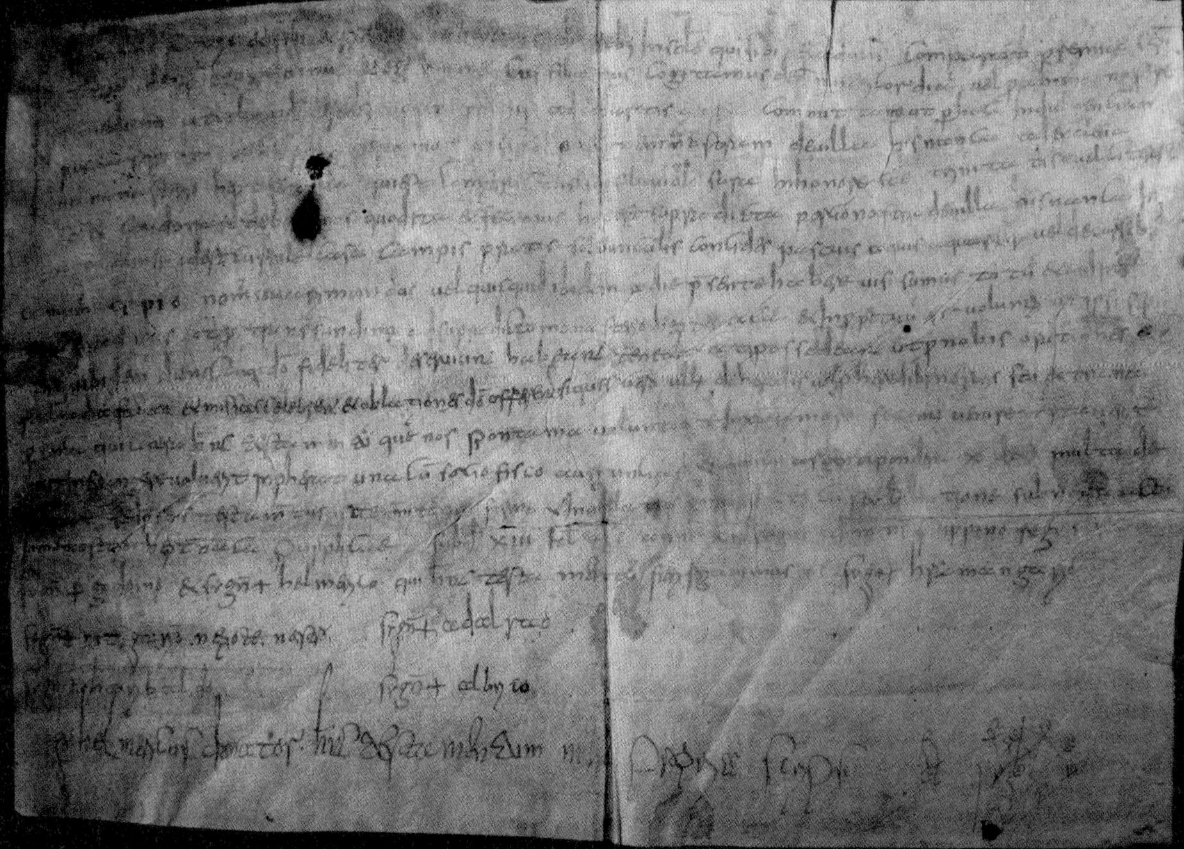

762, 20 juillet:
Godoin et son fils Helméric donnent au monastère d'Echternach, fondé en 698 par le moine anglo-saxon Willibrord, tout ce qu'ils possèdent dans la villa d'Eisenach dans le Bidgau (ANLux, Fonds Weimar no 1).

Apothéose de l'impératrice

Marie-Thérèse, duchesse de

Vitrail avec les armoiries des abbés d'Echternach (palais grand-ducal).

son château fort à Utrecht avec la mission d'y établir une église et un monastère. D'un autre côté, il fit le voyage à Rome afin de recevoir pour son œuvre missionnaire l'autorité pontificale. Revenu de Rome, il fit des progrès remarquables dans la conversion des populations de la Frise et de la Belgique adjacente, ce qui lui valut maintes donations de la part de grands propriétaires convertis. Pépin voulut encore mieux organiser ces territoires et les populations nouvellement converties en y implantant une hiérarchie religieuse nettement structurée. Il envoya Willibrord à Rome une deuxième fois en recommandant au pape de l'ordonner évêque, voire de l'élever au rang d'archevêque d'Utrecht exerçant son autorité sur tous les autres évêques en place ou à nommer. Après cette visite éclair, Willibrord rentra chargé de dignités et de reliques. Nommé archevêque d'Utrecht, il poursuivit systématiquement son travail de missionnaire.

Cette politique d'entente entre le trône et l'autel avant la lettre allait avoir des conséquences importantes plus tard. Ainsi en 754, au moment de la menace lombarde contre Rome, l'entente entre Pépin le Bref et le pape avait été préparée de longue date par son grand-père Pépin II d'Herstal grâce à l'entremise de Willibrord, dont la nomination comme archevêque avait arrangé Pépin aussi bien que le pape.

Donation d'une villa à Echternach

(à droite) Translation du corps de saint Willibrord dans la nouvelle église, 19 octobre 1031, gravure 1re moitié du 17e siècle (Stadtbibliothek Trier).

C'est ainsi qu'Echternach devint le premier centre religieux, culturel et intellectuel du pays

Ce fut en 697 ou en 698 qu'Irmine, abbesse d'un cloître de femmes à Trêves, fit donation à Willibrord d'une partie d'une villa située à Echternach qui comprenait aussi un petit cloître pour moines voyageurs et une église. Irmine était issue d'une famille de grands propriétaires terriens et avait sans doute fait la connaissance de Willibrord à la cour de Pépin. Toujours est-il que Willibrord développa une grande prédilection pour cet endroit fort éloigné de son terrain d'action habituel, le pays des Frisons. Il décida d'y construire une abbaye bientôt dotée d'une école abbatiale destinée à former des missionnaires. En même temps, il l'utilisa pour se ressourcer avant de repartir avec son bâton de missionnaire. C'est ainsi qu'Echternach devint le premier centre religieux, culturel et intellectuel du pays, longtemps avant l'arrivée de Sigefroi sur le rocher de Lucilinburhuc.

Après la mort de Pépin, Radbod, toujours aux aguets, profita de l'intérim politique pour se révolter et détruire églises et monastères. Cependant, Charles Martel, fils naturel de Pépin au caractère décidé et énergique, s'imposa d'abord dans le royaume franc avant d'aller régler son compte à Radbod.

Il renoua l'alliance de son père avec Willibrord qui entre-temps avait lancé d'audacieux raids missionnaires en direction du Danemark, mais sans succès. L'entreprise faillit lui coûter la vie à cause de païens furieux de voir l'intrus déshonorer ou même détruire

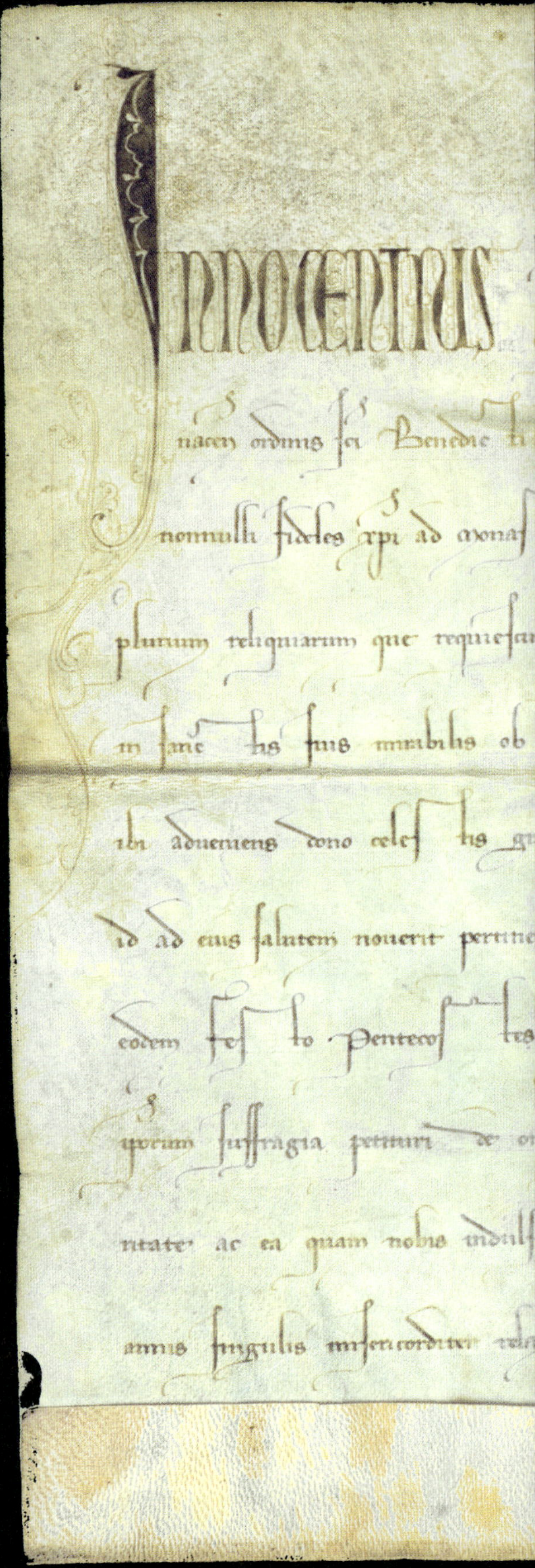
INNOCENTIUS
nacen ordinis sci Benedic ti
nonnulli fideles xpi ad monas
plurium reliquiarum que requiescun
in sanc tis suis mirabilis ob
ibi adueniens dono celes tis gr
id ad eius salutem nouerit pertine
eodem fes to Pentecos tes
quorum suffragia petituri de o
ritate ac ea quam nobis indul
annis singulis misericorditer rela

Le 2 janvier 1246,
le pape Innocent IV confère des indulgences à tous les pèlerins qui se rendent à Echternach à la pentecôte (ANLux A XXIX).

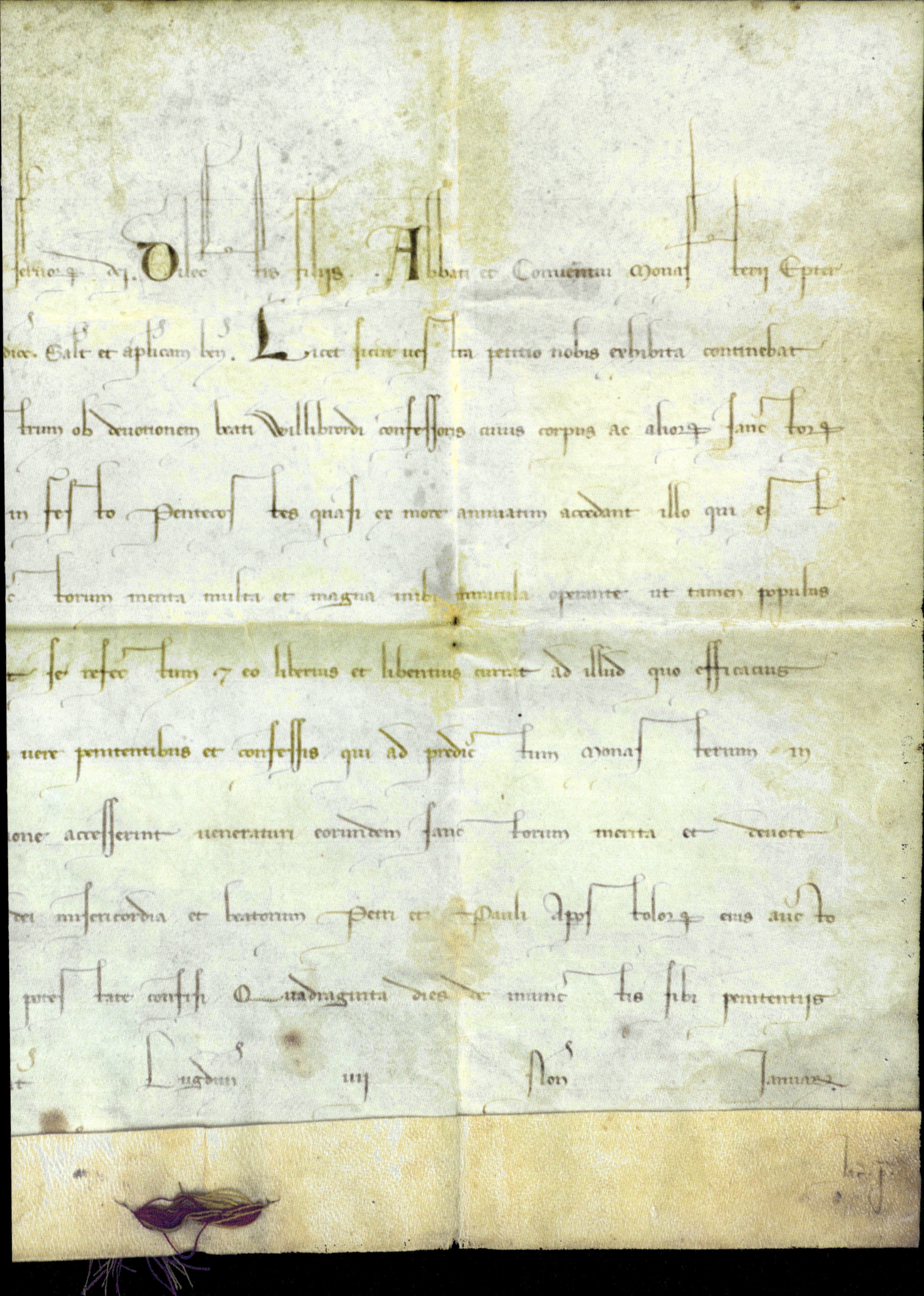
seruorum dei. Dilectis filiis . Abbati et Conuentui Monasterij Epter
dioc. Salt et aplicam ben. Licet sicut uestra petitio nobis exhibita continebat
torum ob deuotionem beati Willibrordi confessoris cuius corpus ac aliorum sanctorum
in festo Penthecostes quasi ex more annuatim accedant illo qui est
ctorum merita multa et magna inibi miracula operante ut tamen populus
se refectum et eo liberius et libentius currat ad illud quo efficacius
uere penitentibus et confessis qui ad predictum Monasterium in
tione accesserint ueneraturi eorundem sanctorum merita et deuote
dei misericordia et beatorum Petri et Pauli apostolorum eius auctoritate
potestate confisi Quadraginta dies de iniunctis sibi penitentiis
t Lugdun iii Non Januar

Scriptorium de l'abbaye d'Echternach, dessin d'Emile Probst (1913-2004).

Adoration des Rois Mages, extrait de l'évangéliaire de l'empereur Henri III (Ms/B21, Staatsbibliothek Bremen).

leurs lieux saints. Willibrord pénétra aussi en territoire germanique jusqu'à Wurzbourg, empiétant sur les futures plates-bandes de son collègue et disciple St Boniface. Vaincu par Charles Martel, Radbod se retira en Frise du nord, abandonnant définitivement le sud aux mains des Francs et à l'activité missionnaire de Willibrord qui, dès 720, reçut pendant trois années l'aide de St Boniface, avant que celui-ci ne se concentrât sur son champ d'action, l'Allemagne, pour les trente années à venir. Les deux missionnaires se séparaient ainsi pour ne plus se revoir; si c'était à l'amiable ou non, restera un mystère. Willibrord aurait sans doute préféré garder son cadet auprès de lui pour qu'il lui succède à Utrecht.

Lui-même fit cadeau de toutes les donations qu'il avait reçues à son monastère préféré d'Echternach, où il avait prévu d'aller mourir et de se faire enterrer. Il y passa ses dernières années et y décéda, le 7 novembre 739, à l'âge de 81 ans. Bien qu'il n'y ait pas de description précise de sa personne, de son style de vie et de ses habitudes, il laissa à ses contemporains, petits et grands, l'image d'un homme pieux, intègre, énergique et bienveillant à la fois, ce qui lui valut, entre autres, son nom latin de Clemens de la part du pape. Les plus célèbres auteurs et érudits du 8e siècle, Bède le Vénérable et Alcuin, biographe et confident de Charlemagne, parlent de lui avec la plus haute considération. Dès le lendemain de sa mort, son tombeau dans la basilique qu'il avait fait construire devint un lieu de pèlerinage et de miracles. Son cercueil fut profané durant la Révolution française, puis restauré et replacé dans la basilique, reconstruite elle aussi après la Seconde Guerre mondiale. Sa vénération est toujours vivante, même si, le temps aidant, le folklore semble avoir pris le dessus.

Pèlerins lors de la procession dansante d'Echternach.

Statue de saint Willibrord portée lors de la procession dansante.

Honoré à juste titre du nom de saint patron des Pays-Bas et apôtre des Frisons, Willibrord, avant que le Luxembourg n'apparût comme entité politique, avait contribué à y consolider le christianisme, et par sa vie et par son œuvre, donnant à sa mission une dimension européenne. Depuis, tout en l'ayant adopté comme un saint national, les Luxembourgeois se rappellent chaque année, à l'occasion de la procession dansante, son large rayonnement sur une grande partie de l'Europe occidentale, dont les populations voisines participant à cette même procession sont un signe bien visible.

Les Luxembourgeois se rappellent chaque année, à l'occasion de la procession dansante, son large rayonnement sur une grande partie de l'Europe occidentale

'ancienne abbaye d'Echternach
avec les chantiers navals
à l'avant-plan.

SIG-FRIDVS
COMES
LVXEM
BVRGENSIS

SIGEFROI *922 †998 La naissance de la ville forteresse

L'importance historique d'un personnage n'apparaît pas toujours au moment même où il pose l'acte par lequel il entre dans l'histoire. Très souvent, la postérité donne à l'acte en question, parfois des siècles plus tard seulement, tout son poids. C'est ainsi que l'acquisition en 963, sur la rive de l'Alzette, d'un promontoire rocheux sur lequel se trouvait apparemment un fortin d'observation appelé Lucilinburhuc, dont les origines remontaient jusqu'à l'époque romaine, par un noble ardennais du nom de Sigefroi allait faire de cet illustre inconnu l'ancêtre de la dynastie des Luxembourg, le père fondateur de la forteresse et de la ville de Luxembourg et, partant de là, de notre pays tout court.

Les atouts de cet emplacement, sa valeur stratégique et sa situation sur un ancien chemin de communication romain reliant Trèves à Reims, ne laissaient à l'époque guère prévoir un développement politique ou économique important.

Sigefroi était à la recherche d'un endroit facile à défendre pour y établir sa forteresse-résidence. Dans un premier temps, il avait jeté son dévolu sur une tour près de l'abbaye de Stavelot, mais la résistance acharnée de l'abbé avait fait échouer le projet. Il eut plus de chance en 963, lorsqu'il convainquit le Monastère de St Maximin de Trèves de lui céder les roches escarpées sur lesquelles se trouvait Lucilinburhuc contre des terres qu'il possédait près du village de Feulen. Il construisit sur le Bock (*Bouck*), un promontoire rocheux, son château fort qu'il flanqua, vers les hauteurs en direction de l'ouest, d'une église et d'un marché, à partir desquels allait se développer, petit à petit, au fil des siècles, la ville de Luxembourg. Afin de conclure cette transaction, Sigefroi avait obtenu l'autorisation à la fois de l'archevêque de Cologne Brunon, frère et homme de confiance de l'empereur Otton Ier, de l'archevêque Henri de Trèves, voisin de St Maximin, et enfin de Frédéric, duc de Haute-Lorraine. Il n'avait donc rien laissé au hasard. Mais, une fois cette transaction réalisée, il ne fut pas entièrement rassuré, car un an plus tard, il racheta

Le comte Sigefroi (vitrail de la cathédrale de Luxembourg).

Le rocher du Bock, berceau de la ville forteresse.

encore à l'archevêque de Trèves un lopin de terre fortifié du côté de la Sarre, à l'endroit où allait s'élever Saarbourg.

Mais qui au juste était ce Sigefroi que l'histoire nous présente comme comte des Ardennes, ancêtre des «Luxembourg»? Les données sur le personnage, ses origines familiales, ses titres, sont plutôt clairsemées, avec de grands vides qui se perdent dans les brumes du 10e siècle et qui continuent à alimenter jusqu'à nos jours les controverses des spécialistes en la matière.

Bien que le nom de Sigefroi soit celui du héros des *Nibelungen*, on ne le rencontre pas souvent à l'époque, et parmi les nombreux descendants de notre Sigefroi, on ne le retrouve qu'une seule fois avec son fils Sigefroi II, qui passa sur cet horizon reculé comme une étoile filante sans laisser de trace, alors que les Frédéric, Henri, Conrad, Guillaume sont légion.

Les Ottoniens considéraient Sigefroi comme l'un des leurs

De par ses liens familiaux, Sigefroi eut d'excellentes relations avec les descendants carolingiens, mais aussi et surtout avec la maison de Saxe, c'est-à-dire les Ottoniens, qu'il soutenait contre leurs adversaires et qui le considéraient comme l'un des leurs. Il possédait d'ailleurs des terres sur le territoire de la Saxe, et des historiens allemands sont allés jusqu'à lui trouver par son fils Sigefroi II une lignée de descendants saxons, identifiée avec les comtes de Northeim. Sa fille Cunégonde, épouse de l'empereur Henri II, se retira dans un monastère de Saxe pour y passer ses dernières années. Pourtant, quant à ses véritables parents, l'incertitude reste entière. Alors que la majorité des historiens penche

Le tombeau d'Henri II et de Cunégonde à la cathédrale de Bamberg.

(à droite) Mélusine d'après Auguste Trémont (1929).

AT

pour Wigéric, comte du palais, premier mari de Cunégonde, sa mère présumée, d'autres avancent le nom de Ricuin, comte de Verdun et deuxième mari de Cunégonde. Il y en a même qui considèrent qu'il n'est ni le fils de Cunégonde ni celui d'aucun de ses deux maris, mais plutôt celui d'Evrard II, comte de Hamaland, et d'Amaurée de Ringelheim. Quels que soient le vrai père et la vraie mère de Sigefroi, ses liens avec les plus illustres familles de l'Empire ne font pas de doute. Sigefroi était également l'avoué du Monastère de St Maximin et du Monastère d'Echternach, et se trouvait dans les meilleurs termes avec Brunon, archevêque de Cologne, et plus tard avec Egbert, archevêque de Trèves, venu consacrer sa nouvelle église qui devint plus tard l'église St Michel.

L'ascendance de son épouse Edwige est aussi incertaine que la sienne. Ce qui ne l'empêchait pas d'avoir avec elle une dizaine d'enfants, dont l'énigmatique Sigefroi II, Giselbert et Frédéric, futur comte de Luxembourg, Henri Ier, duc de Bavière, Thierri, évêque de Metz, Adalbéron, archevêque de Trèves, et enfin Cunégonde, épouse de l'empereur Henri II. Décidément, sa famille comptait parmi les plus en vue au tournant du siècle et du millénaire.

L'Europe face à de grands événements

Sigefroi fut mêlé à la lutte pour le trône de France qui opposait les derniers Carolingiens aux Capétiens, alliés des Ottoniens d'Allemagne. À un moment donné, il fut fait prisonnier par le Carolingien Lothaire, roi de France, puis relâché sur intervention entre autres de Gerbert d'Aurillac, évêque de Reims, fidèle allié des Capétiens et des Ottoniens, futur pape Sylvestre II et grand savant de l'époque.

La seconde moitié du 10e siècle fut d'ailleurs riche en événements historiques d'une grande portée. En 962, une année avant l'acquisition de Lucilinburhuc par Sigefroi, Otton Ier fonda le Saint Empire romain de nation germanique, qui allait durer jusqu'à son abolition en 1806 par Napoléon.

En 987, Hugues Capet devint roi de France, inaugurant le régime séculaire de la monarchie des Capétiens, qui allait durer même au-delà de la Révolution française.

En 988, le grand prince de Kiev Vladimir se convertit au christianisme et avec lui tout son peuple. Ainsi, il ouvrit la Russie à la religion et à la culture de Byzance.

Il est vrai qu'au 14e siècle, quand les descendants de Sigefroi commencèrent à jouer un rôle important sur la scène européenne, les origines lointaines de leur ancêtre s'embellirent de récits légendaires qui lui firent conquérir et épouser la belle nymphe Mélusine. Celle-ci devint ainsi l'ancêtre légendaire des premiers Luxembourgeois et, par la faute de son mari, disparut à jamais dans les flots de l'Alzette.

Mais personne parmi les contemporains de Sigefroi ne pouvait imaginer que le rocher sur lequel il avait construit son château fort en 963 deviendrait un jour le cœur d'une puissante forteresse, le berceau d'une famille impériale de la fin du Moyen Âge, enfin le Gibraltar du Nord des temps modernes, objet de convoitise et pomme de discorde des grandes puissances européennes et origines du futur Grand-Duché de Luxembourg à l'époque contemporaine.

Acte d'échange entre le comte Sigefroi et l'abbaye St Maximin de Trèves, 963 (déposé au Musée d'Histoire de la Ville de Luxembourg).

DELINEAVIT ET DEDIT VANDERPOORTEN
1877

ERMESINDE *1186 †1247
La consolidation de l'État féodal

Dans la tradition historiographique luxembourgeoise, la comtesse Ermesinde occupe une place privilégiée, comparable à celle de l'impératrice Marie-Thérèse dans l'histoire de l'Empire autrichien. Propulsée dès sa naissance par un concours de circonstances extraordinaires au cœur même d'une tourmente politique dont l'enjeu était la survie du comté de Luxembourg, Ermesinde, d'abord instrument docile dans le jeu des grands féodaux en bordure de la France et de l'Empire, s'est affirmée au fil des événements comme une princesse avisée, parfaitement consciente de son rôle clé dans la survie de sa dynastie et de ses États.

La comtesse Ermesinde (vitrail de la chapelle funéraire d'Ermesinde à Clairefontaine).

Remise de la charte d'affranchissement par Ermesinde (1244), dessin d'Emile Probst.

Naissance et enfance de 1186 à 1197

Dès sa naissance, sa biographie tient du conte de fée sinon du feuilleton historique à suspense. En effet, la première maison comtale s'étant éteinte avec la mort de Conrad II en 1136, le nouveau représentant des Namur Luxembourg fut Henri IV l'Aveugle qui, durant sa longue vie de 1113 à 1196, a fait encore mieux que son illustre descendant Jean l'Aveugle en coups de tête et excentricités politiques et personnelles. Durant la première partie de son règne, il poursuivit une politique d'élargissement territorial, avec des résultats plutôt mitigés. D'un côté, ses tentatives militaires d'expansion vers l'est au détriment de l'archevêque de Trèves et vers le nord aux dépens de l'évêque de Liège se soldèrent par deux défaites retentissantes. Par contre, l'acquisition par voie d'héritage des comtés de Laroche et de Durbuy lui permit de s'avancer vers l'ouest en territoire francophone.

Déçu par trois mariages stériles, il renvoya sa troisième épouse Agnès de Gueldre, après quatre années de vie commune, pour cause de dot promise mais non payée. Comte de Namur et de Luxembourg sans descendants directs, il choisit alors comme héritier Baudouin V, comte de Hainaut, le fils de sa sœur cadette. Confrontés à la menace de voir ce neveu ambitieux et puissant devenir héritier universel, les voisins du comte, inquiets, le convainquirent de reprendre sa femme. Celle-ci, revenue après treize années de vie séparée, mit au monde dix mois plus tard une fille, Ermesinde, l'enfant du miracle, l'héritière tellement attendue par un père qui entre-temps avait atteint l'âge respectable de 72 ans. Bien entendu, les rumeurs allaient bon train à propos de cette paternité tardive quasi biblique. Henri IV, changeant encore d'idée au sujet de sa succession, mit tout en œuvre pour préserver l'héritage de sa fille au détriment de son neveu, fermement décidé quant à lui à ne pas se laisser faire.

Sceau de la comtesse Ermesinde, mosaïque de Septfontaines conservée au MNHA (1937).

Portrait d'Ermesinde, façade de la gare centrale à Luxembourg, œuvre de Pierre Federspiel (1864-1924).

La situation d'Ermesinde était plutôt désespérée. L'empereur aussi, comme tous les féodaux voisins, épiait le moment de la succession vu l'âge avancé d'Henri IV qui ne pouvait plus s'attendre à *multos annos*. Or, le neveu, Baudouin V, avait tout préparé à la fois du côté du roi de France et du côté de l'empereur pour s'emparer de la succession de son oncle et pour constituer avec la bénédiction impériale un vaste État nouveau, le marquisat de Namur, qui devait comprendre toutes ses propriétés, y inclus l'héritage de Henri IV. Celui-ci comprit que le temps jouait contre lui et sa fille, et qu'il fallait trouver coûte que coûte un mari à la petite Ermesinde, âgée d'un an tout juste, pour la protéger et sauver ses biens des griffes de Baudouin. Le comte Henri II de Champagne semblait être un excellent candidat. D'ailleurs, Ermesinde reçut sa toute première éducation en Champagne. Elle était bien la promise. Mais comme l'absence du comte parti en croisade se prolongeait, sa maison renvoyait la petite chez ses parents. Face à la résistance acharnée de Baudouin et à l'opposition de l'empereur, Henri II de Champagne se désista après deux ans, de sorte qu'il fallut chercher quelqu'un d'autre. Le sauveur apparut finalement en la personne du comte Thiébaut de Briey, de la famille des comtes de Bar. Celui-ci venait de répudier sa deuxième femme et il était prêt à se fiancer en 1189 avec Ermesinde, alors âgée de trois ans. Entre-temps, Baudouin passa aux actes. Sans attendre la mort de Henri IV, il occupa par un coup de force Namur, alors que son oncle s'était retiré à Luxembourg. Après une ultime tentative de reprendre son comté par les armes, Henri IV battu en 1194 se résigna à abandonner définitivement Namur à son neveu, alors que le sort de ses comtés de Laroche, Durbuy et Luxembourg semblait reposer entre les mains de l'empereur, qui ne reconnaissait pas la succession féminine et qui avait l'intention de donner ces fiefs d'Empire à son frère.

Il fallait trouver coûte que coûte un mari à la petite Ermesinde, âgée d'un an tout juste

Portrait d'Ermesinde, façade arrière du palais grand-ducal.

(à droite) Charte d'affranchissement octroyée à la Ville de Luxembourg par la comtesse Ermesinde, en août 1244 (Archives de la Ville de Luxembourg).

Les mariages politiques de 1197 à 1226

Cependant, la situation politique changea complètement avec les morts successives de Baudouin V en 1195, de Henri IV en 1196 et de l'empereur en 1197 et avec l'entrée en action, un peu tardive il est vrai, de Thiébaut de Bar qui finit par épouser Ermesinde, vraisemblablement en 1197. Il entreprit ensuite avec détermination de récupérer les biens de sa femme. Habile manœuvrier sur l'échiquier politique, Thiébaut n'eut pas de problème à acheter le désistement du frère de l'empereur. Avec Baudouin VI de Hainaut, successeur de son père, un compromis fut signé en 1199 – la Paix de Dinant – qui laissa à celui-ci la majeure partie du comté de Namur alors que la rive droite de la Meuse revenait à Thiébaut. Grâce à lui, les trois comtés de Luxembourg, Laroche et Durbuy en plus d'une frange de territoire namurois se trouvaient incontestablement dans la possession d'Ermesinde. En même temps se confirmait la double allégeance de la maison de Luxembourg envers l'Empire et envers la France, ce qui impliquait une politique de bascule très délicate et parfois assez tordue. En effet, la fidélité envers l'un pouvait signifier la trahison de l'autre en cas de conflit entre les deux.

L'influence française se trouva considérablement renforcée, le français devenant langue de chancellerie. Les premières chartes allemandes du Luxembourg ne datent que du 14e siècle, tout au quartier allemand se rédigeait en latin.

Après la mort du comte de Namur, Thiébaut essayait de reconquérir l'ancienne propriété de sa femme par les armes, mais sans succès. Il eut avec Ermesinde quatre enfants, tous morts prématurément sauf une fille, de sorte qu'Ermesinde, à la mort de Thiébaut en 1214 et âgée entre-temps de 27 ans, se retrouva à nouveau dans une situation difficile. En effet, l'héritage barrois allait au fils de Thiébaut, issu d'un premier mariage, Henri II de Bar, qui en l'absence d'héritier mâle dans la famille d'Ermesinde pouvait également prétendre à cette partie de la succession de son père.

Pour mettre fin à cette situation dangereuse, Ermesinde, trois mois seulement après la mort de son mari, convola en secondes noces avec Waléran de Limbourg, devenu veuf au même moment. Waléran était un excellent choix stratégique car il apporta dans le mariage le marquisat d'Arlon, ce qui permit de réaliser l'union territoriale entre le comté de Luxembourg et les comtés de Laroche et de Durbuy. L'élément francophone s'en trouva encore renforcé. Comme il hérita lui-même du comté de Limbourg en 1221, la nouvelle constellation Luxembourg-Limbourg inaugurait la deuxième lignée de la maison de Luxembourg, qui devait s'éteindre seulement à la mort de l'empereur Sigismond en 1437.

Du mariage d'Ermesinde avec Waléran allaient aussi naître quatre enfants, dont le futur Henri V le Blondel. Waléran poursuivit la politique de consolidation territoriale de Thiébaut, mais ne réussit pas plus que lui à reprendre Namur aux comtes de Hainaut.

Quand il mourut en 1226, Ermesinde se trouva quant à sa succession une fois encore dans la même situation juridique qu'à la mort de son père et de celle de Thiébaut.

Le règne personnel de 1226 à 1247

Cependant, les convoitises territoriales des voisins s'étaient quelque peu apaisées, et il y avait un héritier en place, trop jeune, certes, pour prendre la relève immédiatement. Par ailleurs, Ermesinde, âgée de 40 ans, était une femme mûre qui avait appris aux côtés de ses deux époux le métier politique. Comme son fils Henri le Blondel n'avait que cinq ans, Ermesinde prit en main la régence jusqu'à sa majorité en s'appuyant sur son gendre et beau-fils Waléran de Montjoie, comme tuteur (mambour). En fait, ce fut Ermesinde qui exerça la réalité du pouvoir comme comtesse de Luxembourg, bien au-delà de la majorité de son fils jusqu'à sa mort en 1247. Si durant les quarante premières années de sa vie elle jouait son rôle d'héritière, imposé, certes, mais vital pour la survie du comté sous la tutelle de son père et de ses deux maris, elle allait donner durant les vingt-et-une dernières années de son règne personnel toute la mesure de ses capacités de souveraine intelligente et pragmatique.

Grâce à sa position personnelle assez spéciale, elle évita les conflits armés avec ses voisins et réussit à résoudre par la voie de négociations les problèmes qui se posaient.

En s'inspirant du modèle barrois, Ermesinde créa une administration centrale souple avec la nomination de prévôts révocables. L'idée avait déjà fait son chemin depuis le règne de son premier mari Thiébaut de Bar. Elle associa habilement la noblesse du pays au gouvernement en créant une Cour et un Conseil dont les membres étaient recrutés dans ses rangs. En accordant des lettres de franchise aux villes, les plus célèbres étant celles d'Echternach en 1236, de Thionville en 1239 et de Luxembourg en 1244, elle gagna les faveurs et l'attachement

Chapelle funéraire d'Ermesinde à Clairefontaine.

(à droite) Détail du tombeau d'Ermesinde (19e siècle).

de la bourgeoisie. Par ses œuvres de charité, elle essayait d'alléger le sort des plus pauvres. Très pieuse, elle fonda, entre autres, l'abbaye de Clairefontaine où elle fut selon sa volonté enterrée à sa mort en 1247. Son fils aîné, Henri V le Blondel, prit sans difficulté sa succession.

Les vingt dernières années de son règne, une période de paix et de relative prospérité, ont valu à Ermesinde l'auréole de Mère de la patrie, avec laquelle elle est entrée dans l'histoire et dans la légende à la fois.

Les vingt dernières années de son règne, une période de paix et de relative prospérité, ont valu à Ermesinde l'auréole de Mère de la patrie

Quand en 1747, cinq cents ans exactement après sa mort, l'armée française détruisit dans la Guerre de succession d'Autriche l'abbaye de Clairefontaine, les ossements d'Ermesinde furent cachés par des religieuses et réenterrés. Redécouverts par les Jésuites, les nouveaux propriétaires des lieux, en 1875, ils furent enterrés pour la troisième fois dans la crypte de la chapelle de Clairefontaine. L'identité du corps de la comtesse a été entre-temps vérifiée par les moyens modernes de la science.

Les deux souverains les plus populaires de la maison de Luxembourg, Ermesinde et son lointain successeur Jean l'Aveugle, connurent maintes tribulations, de leur vivant et dans l'outre-tombe. Cependant, même s'ils ne reposent pas côte à côte, comme l'avait voulu Jean l'Aveugle, ils se retrouvent réunis dans le même attachement que leur vouent finalement jusqu'à ce jour les descendants de ceux qu'ils ont gouvernés à l'époque troublée des 13e et 14e siècles.

JOANNE
HERICU
REX BO- HE- MIAE
VII
1953
IN MEMORIAM PETRI AB

PIERRE D'ASPELT *1245 †1320
Le rôle européen d'un personnage d'exception

Les hommes dont l'action a durablement marqué l'histoire d'un peuple n'occupent pas toujours, contrairement au prince, une place de choix dans sa mémoire collective. C'est le cas de Pierre d'Aspelt que beaucoup de nos compatriotes connaissent à peine ou pas du tout, alors que personne n'ignore la figure légendaire de Jean l'Aveugle promu au rang de héros national. Pourtant, sans l'œuvre et l'influence politique décisive de Pierre d'Aspelt, la maison de Luxembourg, y compris Jean l'Aveugle, n'aurait pas eu l'occasion de se distinguer sur la scène politique européenne à la fin du Moyen Âge, mais se serait éclipsée, profil bas, comme beaucoup d'autres comtes obscurs et inconnus dans le monde féodal déclinant.

Sans l'œuvre et l'influence politique décisive de Pierre d'Aspelt, la maison de Luxembourg n'aurait pas eu l'occasion de se distinguer sur la scène politique européenne

Tout comme son voisin mosellan, l'humaniste Nicolas de Kues (Cusanus), Pierre d'Aspelt, d'origine roturière, a connu un destin exceptionnel. Les qualités personnelles qui lui ont permis de se hisser bien au-dessus de ses contemporains, même des plus haut placés, étaient des capacités intellectuelles extraordinaires, une ambition irrépressible, une sagacité et une rapidité de décision remarquables dans les situations critiques et délicates, enfin la finesse du diplomate accompli, assaisonnée d'une certaine dose d'opportunisme de bon aloi, tout cela favorisé par d'heureux coups du sort.

On ne connaît pas la date exacte de sa naissance, mais la plupart des historiens s'accordent à considérer 1245 comme l'année probable où il vit le jour dans le petit village d'Aspelt, dans le sud-est du pays. Son père, Gérard, serviteur des comtes de Luxembourg, gérait les propriétés de l'abbaye de St Maximin à Aspelt. Selon d'autres il a été châtelain. Après la naissance de Pierre, la famille quitta Aspelt et s'installa à Trèves, où le garçon reçut une solide éducation. Pierre a dû être un élève particulièrement brillant, puisque son père l'envoya poursuivre ses études à l'étranger, aux universités les plus cotées du Moyen Âge, Bologne et Padoue pour le droit et la philosophie, et Paris pour

Pierre d'Aspelt, *kingmaker* avec Henri VII et Jean l'Aveugle (vitrail de l'église d'Aspelt).

la théologie et la médecine. En possession de la maîtrise dans ces disciplines, le jeune homme comprit que pour faire carrière et s'élever au-delà de son rang social, il n'avait que le choix d'entrer dans le clergé, ce qu'il fit sans hésitation. Nommé curé de Bertrange en 1276, il n'y mit guère les pieds, pas plus que dans le cas des postes ecclésiastiques de plus en plus importants qu'il reçut plus tard. Il les traitait en sinécure: il se faisait remplacer par d'autres, se contentant de profiter des revenus qui s'y rattachaient, une habitude très répandue à l'époque, surtout parmi le haut clergé. Pierre devint abbé et médecin personnel auprès des comtes de Luxembourg et leur resta fidèle, malgré des vicissitudes ultérieures, jusqu'à la fin de sa vie.

Confident et conseiller politique à la cour des grands

Un peu plus tard, il eut la chance d'entrer au service du nouveau roi d'Allemagne, Rodolphe Ier de Habsbourg, comme chapelain et médecin de la Cour. Ses études et ses relations universitaires y furent sans doute pour quelque chose, de même que plus tard dans ses excellentes relations avec le Saint-Siège. C'était le début de la carrière politique de Pierre d'Aspelt. Rodolphe, reconnaissant très vite ses capacités, fit de lui son confident et son conseiller politique et ne tarda pas à honorer ses services en lui conférant toutes sortes de bénéfices ecclésiastiques à Mayence, Trèves, Liège et ailleurs. Le premier Habsbourg sur le trône allemand essaya, après l'acquisition de l'Autriche, d'étendre et de consolider sa base territoriale en nouant des liens de plus en plus étroits avec Venceslas II, roi de Bohème, fils et successeur d'Ottokar II, son malheureux rival dans l'Empire. En 1289, Pierre fut envoyé à la Cour de Prague où il entra dans la chancellerie du roi pour y œuvrer comme homme de confiance de Rodolphe au rapprochement avec l'Autriche.

Rodolphe de Habsbourg mourut prématurément en 1291, sans qu'il eût pu préparer la succession de son fils Albert au trône allemand. Comme ce dernier était plutôt d'un caractère acariâtre et rude, une brouille éclata entre Prague et Vienne et les Habsbourg en rendirent Pierre responsable, l'accusant de trahison envers ses anciens patrons et bienfaiteurs et n'hésitant pas à l'humilier publiquement. Pierre en fut profondément blessé et se transforma par la suite en adversaire implacable de la maison d'Autriche et d'Albert en particulier, qui fut élu finalement sur le trône allemand en 1298.

Entre-temps, Pierre avait consolidé son influence, surtout à partir de 1296 où il devint chancelier à Prague. Il fut nommé par le pape évêque de Bâle, où il se replia au moment où les intrigues des Habsbourg, après la mort de Venceslas II en 1305, le forcèrent à quitter Prague. Le pape Clément V, d'origine française, résidant à Avignon, avait compris que le savoir-faire diplomatique et les bonnes relations de Pierre avec le roi de France, datant sans doute de son séjour à Paris, pouvaient servir la Cour pontificale

Le mariage de Jean de Luxembourg avec Élisabeth de Bohème (collection privée, Prague).

.primos' art
.Johannes.
.Elizabeth.

Véritable éminence grise de l'Empire, Pierre d'Aspelt allait tirer les ficelles du pouvoir en coulisse et en même temps sceller le destin politique de l'obscure maison comtale de Luxembourg

d'Avignon. C'est pourquoi, au moment de la vacance de l'archevêché de Mayence, il n'hésita pas à nommer Pierre archevêque de Mayence, électeur et chancelier de l'Empire (1306). Ce fut un véritable retour en force dans une position clé de l'Empire et un coup dur pour Albert d'Autriche. C'était aussi le début d'une période de quinze années, de 1306 à 1320, date de sa mort, pendant laquelle Pierre d'Aspelt jouait un grand rôle politique. Véritable éminence grise de l'Empire, il allait tirer les ficelles du pouvoir en coulisse et en même temps sceller le destin politique pour plus d'un siècle, jusqu'à la mort de Sigismond en 1437, de l'obscure maison comtale de Luxembourg.

Celle-ci, située en bordure de la France, comprenant à la fois une partie germanophone et une grande partie francophone, s'était profondément imbibée de culture française et elle avait noué des relations familiales avec la Cour de France pour des générations. Pierre opérait avec une parfaite habileté diplomatique. En 1307, il favorisa avec la connivence du pape la nomination du jeune frère de Henri VII de Luxembourg, Baudouin, comme archevêque de Trèves et électeur impérial. Un événement imprévu, la mort d'Albert d'Autriche, assassiné en 1308 par son neveu, donna alors à Pierre d'Aspelt électeur, archevêque et chancelier de l'Empire l'occasion de convoquer le collège des sept électeurs pour élire un nouveau roi et d'y montrer toute son habileté diplomatique. Alors que tous avaient les yeux braqués sur les candidats favoris au trône allemand, le Habsbourg Frédéric le Bel et Charles de Valois, frère du roi de France Philippe le Bel, Pierre d'Aspelt manoeuvra habilement en coulisse et réussit le tour de force diplomatique de faire élire le 27 novembre 1308 Henri VII, comte de Luxembourg, au trône du Saint Empire. Pierre fut royalement récompensé en prébendes ecclésiastiques et œuvra désormais comme le véritable maître de l'Empire, le bras droit et le confident du nouveau roi.

Malgré l'opposition et les intrigues sournoises des Habsbourg, Pierre réussit à procurer à la nouvelle maison royale le royaume de Bohème en arrangeant le mariage célébré en 1309 du fils de Henri VII, notre future légende nationale Jean l'Aveugle avec Élisabeth, héritière du royaume. Il ajouta à ses possessions déjà considérables la Moravie grâce à une transaction financière conclue avec les Habsbourg réconciliés.

Rêve de couronnement impérial

Cependant, Henri VII rêvait de la couronne impériale et de la chimère d'unir sous son sceptre l'Italie divisée. Son expédition d'Italie préparée dès la fin de 1309 et au cours de laquelle il fut couronné empereur à Rome se termina par une catastrophe. Après la mort de sa femme et de son frère qui l'accompagnaient, Henri VII succomba en 1313 à une fièvre maligne. Ce malheur compromettait l'œuvre politique que Pierre avait accomplie pour la dynastie des Luxembourg. Il en fut profondément affecté. Il réussit cependant à empêcher l'élection d'un Habsbourg sur le trône vacant – Jean de Luxembourg n'avait aucune chance de succéder à son père – et son habileté manœuvrière fit accéder au trône le Wittelsbach Louis de Bavière, en attendant que la nouvelle génération des Luxembourg fut prête à entrer en lice avec Charles IV. Pierre avait bien préparé ce jour-là mais il n'allait pas le vivre lui-même. Ayant atteint l'âge remarquable de 75 ans, en pleine possession de ses moyens intellectuels, mais épuisé physiquement par les dernières vingt années de son activité politique, il décéda le 4 juin 1320 en léguant toute sa fortune à des œuvres charitables. Son monument funéraire dans la cathédrale de Mayence, qui le montre posant ses mains sur trois rois qui lui arrivent à peine jusqu'à la taille – Henri VII, Jean l'Aveugle et Louis de Bavière – en dit long sur qui était l'acteur et qui étaient les pions sur le grand échiquier politique européen du premier quart du 14e siècle.

Un garçon d'origine populaire, né dans un petit village, a réussi à force de talents et d'ambition à se hisser au sommet du pouvoir étatique

Qu'un garçon d'origine populaire, né dans un petit village, ait réussi à force de talents et d'ambition à se hisser au sommet du pouvoir étatique et à placer ses souverains sur les devants de la scène européenne à la fin du Moyen Âge, voilà un exploit exceptionnel que jusqu'à présent seul son village natal a su reconnaître et honorer à sa juste mesure. Or, il ne fait pas l'ombre d'un doute que c'est grâce à Pierre d'Aspelt que le comté de Luxembourg a émergé entre les nombreuses formations féodales petites et moyennes pour devenir un duché et se distinguer dans l'histoire. Après la disparition des Luxembourg du premier plan européen, leurs terres d'origine ne se sont pas désintégrées, mais ont gardé leur identité spécifique pour réapparaître au 19e siècle comme une entité politique distincte à laquelle les grandes puissances européennes ont fini par conférer le statut d'État souverain indépendant et neutre.

Nous qui sommes si fiers de notre passé et de notre rôle actuel en Europe, nous serions bien inspirés d'honorer autrement que par un nom de rue la mémoire d'un ancien Luxembourgeois dont les mérites pour son pays d'origine dépassent de loin ceux des princes.

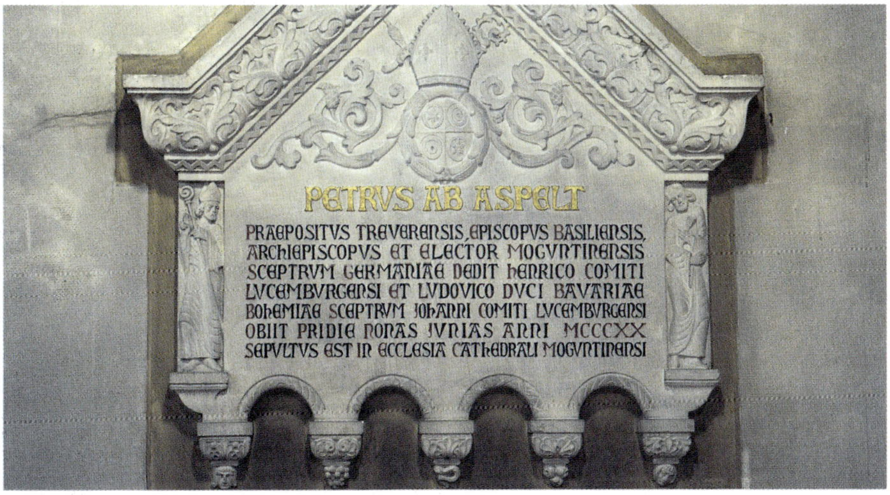

Pierre commémorative de Pierre d'Aspelt, église d'Aspelt.

LVS
R
VII
HEN

HENRI VII *1279 †1313 Le nouvel essor de la maison de Luxembourg

La carrière politique de Henri VII, comte de Luxembourg, est marquée par trois événements majeurs: d'abord son élection comme roi d'Allemagne en 1308, puis son couronnement impérial à Rome en 1312, enfin sa mort tragique à Buonconvento près de Sienne en 1313. Henri VII a été le premier des Luxembourg à occuper le trône impérial qu'ils se disputaient avec les Habsbourg et les Wittelsbach pendant plus d'un siècle avant de disparaître à jamais en 1437 avec la mort de Sigismond.

Pourtant, rien ne laissait prévoir une telle montée en puissance, bien au contraire. La fameuse bataille de Worringen contre le duc de Brabant en 1288 semblait sonner le glas de la maison de Luxembourg. En effet, le comte Henri VI y trouva la mort avec trois de ses frères alors que son fils aîné n'avait que neuf ans. Heureusement, la mère, Béatrice d'Avesnes, était à la hauteur de la situation dans son rôle de régente. Elle fut soutenue par les nobles luxembourgeois et protégée par le comte de Flandres qui avait aussi des liens de famille avec le même Jean de Brabant. Ce dernier s'engagea à ne pas attaquer le Luxembourg. Les relations entre les deux maisons se normalisèrent grâce au mariage de Henri VII, comte de Luxembourg, avec Marguerite, fille du duc de Brabant, en 1292, et même s'il fut politique, ce fut une union très heureuse, de laquelle naquirent un fils et deux filles.

(à gauche)
Henri VII (vitrail de la cathédrale de Luxembourg).

Portrait d'Henri VII, façade de la gare centrale de Luxembourg, par Pierre Federspiel.

Henri VII, tout en guerroyant avec ses voisins, comme l'archevêque de Trèves par exemple, par sa droiture et par son dévouement à son comté et à ses vassaux, sut gagner le respect et la considération de ses pairs. Éduqué à la Cour du roi de France, tout comme son jeune frère Baudouin, et inscrit à l'université de Paris, il réussit, avec l'aide de Pierre d'Aspelt, archevêque de Mayence, et avec l'appui du pape Clément V et du roi de France, à faire nommer Baudouin, encore très jeune, archevêque de Trèves. L'influence politique et culturelle de la France dans les principautés ecclésiastiques de la

A. Barbé f. c.

(à gauche)
Couronnement d'Henri VII (P. H. Wittkamp 1876).

Tombeau de Baudouin à la cathédrale de Trèves.

Fontaine de Baudouin à Trèves (1897).

Rhénanie était prépondérante. Baudouin allait jouer, au cours de sa longue carrière de plus de 40 ans, un rôle déterminant dans la politique allemande.

L'élection royale de 1308

L'assassinat d'Albert Ier de Habsbourg le 1er mai 1308 créa une situation nouvelle. Les électeurs ecclésiastiques rhénans, indisposés à l'égard des Habsbourg qui avaient lésé leurs intérêts financiers, étaient contre la succession du fils du défunt, Frédéric le Bel. Malgré leur relation étroite avec le roi de France Philippe IV le Bel, ils n'étaient pas favorables à la candidature du frère de ce dernier, Charles de Valois. Le pape Clément V, qui lui aussi subissait à plein la pression du roi de France, tout en soutenant du bout des lèvres la candidature de Charles de Valois, cherchait discrètement à diminuer l'emprise du roi sur la Cour pontificale. C'est pourquoi la candidature de Henri VII, soutenue par les deux archevêques luxembourgeois de Trèves et de Mayence, semblait être la meilleure solution pour éviter l'emprise française sans indisposer tout à fait Philippe IV. Grâce à l'influence de Pierre d'Aspelt et moyennant concessions politiques et finances, l'élection de Henri VII comme empereur romain trouva l'assentiment des six électeurs présents fin septembre 1208. En effet, Henri semblait être le candidat idéal. Son domaine familial était plutôt modeste, il avait de bonnes relations avec la France. Sa priorité était son autorité en Italie et le couronnement impérial par le pape, loin des affaires allemandes. Les grands féodaux n'avaient donc rien à craindre du pouvoir central.

(double page suivante)
Expédition à Rome d'Henri VII et de son frère Baudouin (vitrail de la cathédrale de Luxembourg).

Judicate juste, devise d'Henri VII, façade du palais grand-ducal.

Expédition à Rome, passage des Alpes (*Codex Balduini*, LHA Koblenz).

La consolidation interne en Allemagne et l'acquisition du royaume de Bohème en 1309-1310

La chance sourit cependant à Henri VII dans l'affaire de la succession de Bohème. Après la mort du dernier des Prémyslides, Venceslas III, en 1306, et les tentatives infructueuses du duc de Carinthie et des Habsbourg pour prendre sa relève, des nobles tchèques mécontents s'adressèrent à Henri VII, sans doute encouragés par Pierre d'Aspelt, ancien chancelier de Venceslas II, pour offrir la couronne de Bohème aux Luxembourg. Henri favorisait la candidature de son frère Waléran, mais les Tchèques exigeaient son fils Jean, âgé de 14 ans seulement, jugé plus docile. Le mariage de Jean avec Élisabeth, sœur de Venceslas III, scella la nouvelle union du trône de Bohème avec la maison de Luxembourg. Le mariage et le couronnement des jeunes mariés furent quelque peu précipités en 1310 par Henri VII, absorbé par son expédition italienne. Puis il confia son fils, qu'il n'allait plus revoir, à son conseiller fidèle Pierre d'Aspelt. Malgré les difficultés qui l'attendaient en Italie, Henri VII, cruellement à court d'argent, ne put mobiliser qu'une force armée relativement réduite de 5 000 hommes. Des détachements importants avaient été laissés à son fils Jean pour établir son autorité dans son nouveau royaume, en proie à une certaine anarchie. D'autres troupes avaient été sacrifiées à la lutte contre le comte rebelle du Wurtemberg, mis au ban du royaume.

L'expédition italienne et le couronnement impérial de 1310 à 1312

Henri VII avait une très haute idée de l'autorité impériale, à la fois en Allemagne et dans les autres territoires de l'Empire, notamment le royaume d'Arles et surtout l'Italie. À l'ouest, les territoires frontaliers étaient exposés à la politique d'expansion du roi de France. L'Italie par contre était déchirée par les luttes entre les villes et, à l'intérieur des villes, par les luttes entre les factions rivales des Gibelins, anciens partisans de l'empereur et les Guelfes, anciens partisans du pape. S'y ajoutaient les politiques expansionnistes de Milan, de Venise, de Florence et du royaume de Naples, lui-même aux prises avec la Sicile aragonaise. Henri VII voulait sincèrement y établir son autorité pour restaurer la paix en se référant à la conception d'une monarchie universelle primant toutes les autres, tout comme Boniface VIII avait proclamé sept années plus tôt la monarchie universelle du pape, dans l'esprit d'Innocent III. Boniface VIII et Henri VII, parmi beaucoup d'autres adversaires, avaient contre eux le plus redoutable de tous, le cynique et retors Philippe IV, roi de France, ennemi juré de tout universalisme, qu'il fût spirituel ou temporel. Boniface VIII avait été écarté d'un revers de la main, et la papauté se retrouvait à Avignon, placée sous la tutelle française. Henri VII allait apprendre en Italie de quel bois se chauffait celui dont lui et son frère Baudouin avaient été les protégés avant 1308. Henri VII, idéaliste en matière d'universalisme impérial, n'avait pas compris et ne voulait pas comprendre, malgré les mises en garde de Pierre

·Rex ascendit montsenys·

·h·Rex ascendit senise ano·x·xxiij die octobris·

d'Aspelt, que le temps des Stauffen appartenait définitivement au passé. L'une des rares voix fameuses qui saluait son arrivée en Italie comme sauveur fut celle du poète de la *Divine Comédie de* Dante Alighieri, lui-même victime de la lutte des factions à Florence et exilé à Ravenne.

Dès son arrivée à Milan en 1311, où il prit la couronne de fer des Lombards, Henri VII s'attira l'inimitié des Della Torre, chefs de file des Guelfes, sans pour autant gagner l'appui franc et loyal des Visconti, qui se trouvaient à la tête des Gibelins. Le rappel des exilés provoqua la résistance des nouveaux maîtres en place. Venise se tenait à l'écart, alors que Florence et ses banquiers, bailleurs de fonds du pape et des princes, ainsi que le roi de Naples, ne cachaient pas leur hostilité. Quand il écrasa par la force les premières rebellions, même ceux qui lui avaient été favorables au début rallièrent les rangs des opposants. D'autres s'effrayaient de ses exigences pécuniaires destinées à financer sa campagne.

Au lieu de marcher tout droit sur Florence, le centre de l'opposition, alors qu'il disposait encore d'une armée, réduite, certes, mais intacte, il perdait un temps précieux à assiéger des villes de moindre importance comme Brescia, où son frère Waléran fut mortellement blessé. Son armée, mal payée et ravagée par la dysenterie et la malaria, voyait son moral et ses effectifs baisser rapidement, alors que les renforts et les moyens financiers, réclamés en Allemagne, tardaient à arriver. Pendant son séjour à Gênes, sa femme Marguerite mourut de la fièvre. Henri perdit en elle non seulement un appui moral important, mais aussi une conseillère avisée et dévouée. Il arriva finalement à Rome, en

L'expédition à Rome d'Henri VII, dessin d'Emile Probst.

partie par voie de mer, pour y trouver une ville à moitié occupée par ses ennemis napolitains et la Basilique de Saint-Pierre, inaccessible pour le couronnement. La cérémonie eut lieu en l'Église de Saint-Jean de Latran, présidée par des cardinaux qui avaient été mandatés par le pape. Après son couronnement, Henri VII publia une déclaration impériale dans laquelle il exposait ses vues sur la nature de sa nouvelle autorité, qui faisait de lui le représentant de Dieu sur terre, trônant au-dessus de tout autre pouvoir. Il en résulta un tollé général, surtout en France.

La mort tragique en Italie et ses conséquences

Il dut quitter de façon humiliante la ville de Rome le jour même de son couronnement, mais au lieu de prendre le chemin du retour, il s'obstina à attaquer Florence. Ses effectifs étant totalement insuffisants, le siège se termina par un échec cuisant. Loin d'en tirer les leçons évidentes, il commença à préparer, avec l'aide de la Sicile, une campagne contre Naples. Finalement, lors du siège de Sienne, il subit une nouvelle attaque de malaria qui l'emporta le 24 août 1313. Un splendide monument funéraire fut érigé dans le dôme de Pise où il repose jusqu'à ce jour. Ses ennemis jubilaient, son armée se désintégra complètement et les troupes de renforts en route pour l'Italie rebroussèrent chemin avant même le passage des Alpes. Ses partisans étaient accablés, mais beaucoup de contemporains, tout en ne ménageant pas leurs critiques à l'égard de son expédition italienne, reconnaissaient cependant le courage, l'intégrité et le panache de l'empereur. Des rumeurs sur sa mort, provoquée par une hostie empoisonnée que lui aurait administrée son confesseur dominicain, y ajoutent un élément dramatique haut en couleur, même si, aux yeux de la plupart des historiens, tout cela appartient plutôt au domaine des mythes.

Henri VII fut immortalisé dans le personnage de l'«alto Arrigo» dans la Divine Comédie de Dante

Henri VII fut immortalisé dans le personnage de l'*alto Arrigo* dans la *Divine Comédie* de Dante. Cependant, pour les Luxembourg, ce fut une catastrophe comme l'avait été pour les Habsbourg l'assassinat d'Albert Ier, cinq ans plus tôt. Pierre d'Aspelt s'avéra une nouvelle fois comme le maître du jeu politique. Comme l'élection du fils de Henri VII, Jean de Bohème, était impossible et que le retour en force des Habsbourg n'était pas non plus désirable, la maison de Wittelsbach y trouva sa chance avec l'élection de Louis IV de Bavière. Cependant, même si les Luxembourg perdaient le trône impérial en 1313, ils restaient des prétendants sérieux et puissants, surtout depuis que le centre de gravité de leur puissance s'était déplacé d'un petit comté marginal à l'ouest vers le royaume de Bohème dont le roi figurait comme *primus inter pares* parmi les électeurs impériaux. Par son élection surprise, son expédition italienne spectaculaire, son couronnement impérial dramatique et sa mort tragique, Henri VII est resté pour la postérité un prince héroïque, idéaliste, victime d'une mission impossible qu'il s'était lui-même imposée.

Nikolaus Welter (1er à gauche) avec le compositeur Pietro Mascagni (milieu) lors de la translation solennelle des cendres de Henri VII du Campo santo à la cathédrale de Pise, 26 septembre 1921 (ANLux, D.H. 51).

(à droite) Sépulture de Henri VII à la cathédrale de Pise, œuvre de Tino di Camaïno. La couronne est celle déposée par la délégation officielle du grand-duché, 26 septembre 1921 (ANLux, D.H. 51).

HOC·INSARCOPHAGO·NONQVIDEM·SPERNENDO·HENRICI·OLIM·LVCENBVRGENSIS
COMITIS·7·POSTHEC·SEPTIMI·EIVS·NOMINIS·ROMANORVM·IMPERATORIS·OSSA
CONTINENTVR·QVESECVNDO·POST·EIVS·FATVM·ANNO·VIDELICET·M·CCC
XV·DIE·VERO·XXV·SEXTILIS·PISAS·TRANSLATA·SVMMO·CVM·HONORE·7
FVNERE·HOC·INPHANO·ADHVC·VSQ·DIEM·COLLOCATA·PERMANSERE
VT·A·DANTIS·OBITV·SAECVLO·EXEVNTE
HIC·SEPVLCRI·RELIQVIAE·ET·OSSA·HENRICI
IMPER. RECOMPOSITA·QVEM·CECINIT·VATES
L'ALTO ARRIGO CH'A DRIZZARE ITALIA
VERRÀ IN PRIMA CH'ELLA SIA DISPOSTA

Jang de Blannen

JEAN L'AVEUGLE *1296 †1346
L'aventurier européen

Parmi les princes de la maison de Luxembourg qui ont gouverné notre pays au 14e siècle, Jean l'Aveugle est sans aucun doute le plus populaire. Il n'a certes été ni le plus grand ni le plus puissant, mais il a gardé une place à part dans notre mémoire collective, d'un côté comme le fondateur de la *Schuebermess* (1340), une foire commerciale importante pour le développement de la ville et en même temps un lieu de rencontre et l'occasion privilégiée de faire éclater sa joie de vivre. D'un autre côté, sa mort dramatique quasi suicidaire lors de la bataille de Crécy (1346) lui a valu à l'époque l'auréole du héros chevaleresque et fidèle, se battant jusqu'au bout, malgré son infirmité physique, pour son allié, le roi de France.

Très vite, Jean se laissa entraîner par des ambitions politiques et territoriales des plus divergentes et aventureuses qui lui faisaient parcourir l'Europe entière

Jean de Luxembourg, de son vrai nom, était un personnage extraordinaire, au curriculum vitae extrêmement mouvementé. Sorti inopinément du cadre familial protégé, il fut propulsé à un très jeune âge dans l'arène de la grande politique. Après la mort subite de son père en 1313, Jean se retrouva assailli par des défis et des dangers multiples. Son oncle Baudouin, archevêque de Trèves, et son mentor impérial Pierre d'Aspelt, archevêque de Mayence, étaient certes des alliés et des soutiens sûrs, mais sa nouvelle capitale tchèque était loin et lui donnait du fil à retordre pour s'imposer en tant que prince étranger, le troisième après l'extinction de la dynastie nationale des Prémyslides en 1305. Très vite, Jean se laissa entraîner par des ambitions politiques et territoriales des plus divergentes et aventureuses qui lui faisaient parcourir l'Europe entière. En dehors de l'Espagne et des Îles britanniques, nulle région de l'Occident médiéval chrétien n'avait de secret pour cet infatigable cavalier chevronné. En l'absence d'une ligne politique claire et réfléchie, Jean cédait à sa spontanéité et à son goût de l'aventure qui ne le quittaient plus jusqu'à son dernier champ de bataille. Il n'atteignit jamais le stade de la maturité et du réalisme politique dont allait faire preuve son fils aîné, le futur Charles IV. Cette faiblesse indéniable se cachait sous une fraîcheur presque juvénile et

Jean l'Aveugle, vu par Joseph Probst (collection privée).

Portrait de Jean l'Aveugle (Section historique, Abt 15).

Bataille de Crécy, dessin d'Emile Probst.

ajoutait à son charme naturel un air de romantique incorrigible, un trait de caractère qui allait à jamais marquer son image dans l'histoire.

Né le 10 août 1296 à Luxembourg, il était le fils du comte Henri VII et de son épouse Marguerite de Brabant, fille de Jean Ier, duc de Brabant, vainqueur des Luxembourg dans la bataille de Worringen en 1288, au cours de laquelle le grand-père de Jean, Henri VI, avait trouvé la mort avec trois de ses frères. Cela n'avait pas empêché Henri VII d'épouser la fille du vainqueur et même de donner le nom de ce dernier au lieu du sien à son fils aîné. L'ennemi de la veille devenait ainsi le membre familial du lendemain et souvent vice versa. Les mêmes scénarios allaient se répéter encore bien des fois entre les Luxembourg et les Habsbourg, à l'avantage de ces derniers en fin de compte.

Jean, roi de Bohême

Les deux familles – les ducs de Brabant et les comtes de Luxembourg – avaient une grande admiration pour la culture française, ce qui faisait que leurs fils recevaient une éducation française et que leurs filles très souvent épousaient des membres de la famille royale de France. Quand Henri VII fut élu empereur romain et roi d'Allemagne en 1308, son fils Jean n'avait que 12 ans. Préparée par Pierre d'Aspelt, fidèle allié des Luxembourg depuis toujours, la mainmise de la nouvelle famille royale sur la succession des Prémyslides eut lieu en 1310 par le mariage de Jean, déclaré majeur à 14 ans, avec l'héritière Élisabeth, de quatre années son aînée, ainsi que par le couronnement de Jean comme roi de Bohème.

***Ich dien*, devise de Jean l'Aveugle, façade du palais grand-ducal.**

De ce mariage allaient naître trois garçons, dont le futur Charles IV, et quatre filles dont Bonne, future reine de France. Cependant, l'union ne fut pas heureuse: Jean finit par délaisser sa femme et il la soupçonnait même de comploter contre lui avec l'opposition tchèque et son tout jeune fils aîné. Après la mort d'Élisabeth en 1330, Jean épousa en 1335 Béatrice de Bourbon de la maison royale de France, avec laquelle il eut un fils, Venceslas, son fils préféré, futur comte et duc de Luxembourg.

La carrière politique de Jean, marquée par un activisme fébrile quasi incontrôlable, allait évoluer entre ces deux pôles, le Luxembourg, sa base d'origine à laquelle il restait attaché toute sa vie, et la Bohème, nouvelle assise territoriale du pouvoir de sa famille et source de revenus intarissables pour un prince dépensier aimant le faste et la grande vie. Ses sujets bohémiens le lui reprochaient souvent et le considéraient d'ailleurs comme un étranger à leur pays, surtout après son deuxième mariage avec une princesse française.

Dans l'action politique assez désordonnée et erratique qu'il a déployée après la mort de Henri VII, de 1313 jusqu'à sa mort en 1346, Jean a pris soin de cultiver ses relations avec trois personnages puissants. D'abord le roi de France dont il était le vassal et l'allié et avec lequel il eut les meilleures relations politiques et personnelles. Ce fut le beau fixe. D'ailleurs Jean séjournait très souvent à Paris à l'occasion de fêtes, mariages, tournois ou autres. C'est pourquoi il n'hésita pas, au début de la Guerre de Cent Ans, à prendre fait et cause pour la France. De son côté, son allié français le soutenait dans sa politique allemande et italienne, pas toujours avec le succès escompté.

La papauté à Avignon était un deuxième centre de pouvoir qu'il comblait d'attentions, en comptant sur le soutien du pape en Allemagne aussi bien qu'en Italie du nord.

Durant toute sa carrière, Jean ne pouvait surmonter la grande déception de sa vie, à savoir le fait de ne pas avoir obtenu en 1313 la succession de son père au trône impérial

Le troisième grand joueur dans ce jeu d'échecs politiques était le nouvel empereur allemand Louis de Bavière, mis en selle après la mort de Henri VII en 1313 par Pierre d'Aspelt et Baudouin de Trèves pour faire pièce à Frédéric le Bel, le puissant candidat des Habsbourg. Les relations entre la maison de Luxembourg et celle de Wittelsbach allaient à la longue se détériorer. Cordiales au début, elles devenaient plus distantes, pour finir dans l'aigreur et l'hostilité.

Il n'est pas aisé de détecter un fil conducteur dans l'attitude politique versatile de Jean. Durant toute sa carrière, il ne pouvait surmonter la grande déception de sa vie, à savoir

Portrait de Jean l'Aveugle, gare centrale de Luxembourg, œuvre de Pierre Federspiel.

le fait de ne pas avoir obtenu en 1313 la succession de son père au trône impérial malgré la constellation politique plutôt favorable pour les Luxembourg au sein du collège des électeurs impériaux. Les avis des historiens sur la question sont partagés. Les uns pensent que les Luxembourg étaient devenus trop puissants avec leur couronne royale de Bohème, comme jadis les Habsbourg après la mort de Rodolphe en 1291. D'autres estiment que la jeunesse et l'inexpérience du jeune prince ne le prédisposaient pas à endosser la responsabilité impériale. Toujours est-il que Pierre d'Aspelt empêcha le retour au pouvoir des Habsbourg par l'élection du Wittelsbach Louis de Bavière. Jean voyait en lui tantôt un allié contre les Habsbourg, comme dans la bataille de Muhldorf en 1322, que Louis gagna grâce à Jean, tantôt un concurrent qui occupait le trône impérial à sa place et qui le contraria dans sa politique d'expansion et de conquête, surtout en Italie du nord, au Tyrol et en Carinthie, où Jean devait encaisser des revers cuisants pour le prestige et la puissance de sa maison. Son fils Charles, qu'il associa dès son jeune âge à ses entreprises, y fit un apprentissage politique fort utile pour plus tard, lorsqu'il reprit à son compte la même politique.

(à droite) 20 octobre 1340: Jean, roi de Bohème et comte de Luxembourg, confirme à sa ville de Luxembourg une foire annuelle qui commence la veille de la Saint-Barthélemy et qui a survécu jusqu'à nos jours sous la forme de la fête foraine *Schueberfouer* (Archives de la Ville de Luxembourg).

Expert en politique matrimoniale

Sa politique d'expansion dans le pourtour du royaume de Bohème fut moins désastreuse. Il y utilisait longtemps ses prétentions au trône de Pologne, héritage des Prémyslides, pour établir sa suzeraineté sur les duchés de la Silésie. Avec la Hongrie, il réussit à nouer des liens familiaux en donnant en mariage sa sœur Béatrice à Charles-Robert, roi de Hongrie, un exemple imité par Charles IV avec son fils Sigismond. Si, plus tard, les Habsbourg furent crédités des fameux versets: *Bella gerant alii, tu felix Austria nube, nam quae Mars aliis dat tibi regna Venus* («Que d'autres fassent la guerre, toi heureuse Autriche marie-toi car les royaumes que Mars donne à d'autres Venus te les offre»), le moins que l'on puisse dire, c'est qu'ils avaient un maître imbattable en matière de politique matrimoniale, Jean de Luxembourg. Celui-ci utilisait sans scrupules ses sœurs et ses filles, de manière répétée, pour promouvoir ses fins politiques et territoriales.

Pour plaire au pape, Jean s'engagea également dans une politique de croisades, non pas en Terre sainte, mais contre des infidèles païens des côtes de la mer Baltique, de concert avec l'ordre des chevaliers Teutoniques. Ces derniers avaient au nom de la Croix littéralement exterminé le peuple slave, des Prussiens, dont le nom allait être repris par les descendants de leurs ennemis, les Allemands du nord-est (appelés Prussiens). Jean participa à trois campagnes menées contre les Lituaniens païens qui résistaient valeureusement. C'est au cours de l'une d'entre elles qu'il contracta une infection fatale des yeux qui, en l'espace de trois années, entre 1337 et 1340, lui coûta la vue, d'abord son œil droit, puis l'œil gauche, malgré – ou à cause – d'interventions malencontreuses de médecins spécialistes de l'époque. C'est ainsi qu'il reçut son surnom «l'Aveugle».

Jehans par la grace de Dieu roys de Boeme, contes de Lucembourc, a touz ceaulx qui ces presentes lettres verront ou orront, salut. Pour ce que nous desirons mult le profit
et avancement de nostre pays et especiaulment de nostre ville de Lucembourc qui en est chief, si comme chascuns princes doit faire en son pays, nous avons ordené
faite et establie, faisons, ordenons et establissons par ces lettres a touz jours mais pour nous et pour nos hoirs contes de Lucembourc une foyre en nostre dite
ville de Lucembourc, laquelle foyre commanchera chascun an la veille de la feste saint Bartholemieu l'apostre et durera huit jours continuez touz entiers, en
ceste maniere que toutes manierez de genz, marcheans, marchandz ou autres de touz pays et de quelconque condicion qu'il soient, sont et seront
asseurez par terre et par yaue de nous et de nos successeurs viij jours devant le commencement de la dite foyre en venant a ycelle pour marchander,
ycelle durant et viij jours apres la fin d'ycelle. Et les viij jours que la dite foyre durera, les marcheans, marchandz et autres seront franz de
toutes taillez, toutez gabelles, impositions, winaiges et tonnelaiges et de toutes autres debtez et travers, sens ce que nous, nos successeurs ou nos
genz ou officiers les diens ou puissons de rien empeeschier ou travaillier. Et les dessusdiz viij jours devant la dite foyre, ycelle durant, et les huit
jours apres, les diz marcheans, marchandz et autres et leur marchandise seront en nostre salve garde et seur conduit par terre et par yaue en
tout nostre pays, et porront amener toutes leur marchandises par terre et par yaue paiant tant seulement les travers, tonnellaiges et winaiges
anchiens et acoustumez, sens ce que nous, nos successeurs, nos genz ou nos officiers caus ou leur marchandises ou biens puissions arre-
ster, detenir ou mettre en nostre main pour guerre ou pour quelconque obligation ou debte ou il se soient obligez ou forsfaittez,
fors tant seulement de cas de crime, et du cas de crime nullus puisse estre pour ce seus pris ou arrestez fors tant seulement cil qui auroit
le crime commis et fais. Et ou cas ou aucuns marcheans, marchandz ou autres en leur persones, marchandises ou biens en nostre conte recev-
roient aucun domaige ou empeeschement en venant, demeurant ou retournant a la dite foyre ou dit temps, nous leur promettons de
rendre et restituer touz leur domaiges entierement et toutez despens qu'il feroient ou sousteneroient en poursievant le restour des
diz domaiges, desquelz domaiges et despens nous voulons que il soient creuz par leur serement. Et que ce soit ferme chose et estable
a touz jours mais, nous avons fait seeller ces lettres de nostre grant seel. Donné a Lucembourc le xxe jour d'ottobre l'an
de grace mil trois cenz et quarante.

Par le roy monsr et son consail :
Jeh. de Pistoire :

C'est également à partir de 1340 que son dynamisme indomptable semble s'être cassé. Il fit son testament par lequel il partagea l'essentiel de ses propriétés entre son fils aîné Charles, qui s'identifiait déjà complètement avec l'héritage de ses ancêtres maternels et qui reçut le royaume de Bohème, et son jeune fils préféré, Venceslas, auquel il donna les territoires rattachés au comté de Luxembourg.

Les dernières années de sa vie étaient assombries par sa cécité totale, ce qui le détermina à transférer ses ambitions impériales à son fils Charles

Les dernières années de sa vie étaient assombries par sa cécité totale, ce qui le détermina à transférer ses ambitions impériales à son fils Charles, malgré le fait qu'il ne s'entendait plus trop bien avec lui. Le soutien du pape, ami et conseiller de Charles depuis son long séjour éducatif à la Cour de France, ainsi que l'influence prépondérante des Luxembourg au sein du collège des électeurs, aboutirent à l'élection, le 11 juillet 1346, de Charles, margrave de Moravie, comme empereur romain par une majorité de cinq contre deux électeurs. Jean pouvait trouver une ultime quoique tardive satisfaction d'amour propre dans le fait de voir son rêve impérial, trente-trois années après la mort de son père, devenir réalité dans la personne de son fils.

Six semaines plus tard, ce fut la bataille fatidique de Crécy à laquelle prirent part le père et le fils. Charles blessé au combat fut évacué du champ de bataille par ses proches

Scènes de la vie de Jean l'Aveugle d'après Ota Nalezinek (2010) (collection privée).

Monument à la mémoire de Jean l'Aveugle et de ses vaillants compagnons d'armes à Crécy.

compagnons pour le mettre en sécurité et pour préserver ainsi son avenir et celui de sa maison. Jean y termina son long trajet de fidèle chevalier errant et entra ainsi dans la légende. Les conditions dans lesquelles Jean l'Aveugle trouva la mort sur le champ de bataille, racontées et célébrées par d'illustres hérauts, poètes et chroniqueurs, ont donné le coup d'envoi à sa glorification comme chevalier héroïque exemplaire prenant tous les risques pour se battre jusqu'au bout.

Dans l'entourage rapproché de Jean et à la Cour des Luxembourg plus tard, deux grandes figures du monde littéraire du bas Moyen Âge ont, par des panégyriques de sa vie et de sa mort, assuré son prestige de chevalier hors pair dans la postérité, à savoir son secrétaire personnel et poète de la Cour Guillaume de Machault et le poète de la Cour de son fils Venceslas, le chroniqueur Jean Froissart. Tous les deux étaient certes au service des Luxembourg et, par conséquent, ont chanté l'éloge de leurs maîtres, mais dans leurs œuvres ultérieures, ils n'ont cessé d'exprimer leur admiration et leur attachement profond à la personne du roi de Bohème. Plus que quiconque ils l'ont élevé sur le piédestal du héros et ont ainsi transformé le personnage historique en figure légendaire.

Périple posthume

Si la vie de Jean l'Aveugle a été aventureuse et riche en péripéties inattendues, le sort de sa dépouille mortelle n'a pas été moins mouvementé. Ses entrailles, enterrées à l'abbaye de Valloire, près du champ de bataille, et son cœur, au couvent des Dominicaines à Montargis où reposait déjà sa sœur Marie, reine de France, disparurent dans les vicissitudes

(double page suivante) Tombeau de Jean l'Aveugle à la crypte de la cathédrale de Luxembourg.

D·O·M·
HOC SUB ALTA
SERVATUR
IOANNES, RE
BOHEMIÆ, COM
LUXEMBURGENSI

HENRICI·VII·
IMPERATORIS FILIUS,
CAROLI·IV·
IMPERATORIS PATER
WENCESLAI, ET
SIGISMUNDI
IMPERATORUM AVUS,
PRINCEPS ANIMO
MAXIMUS. OBIIT·M·CCCXL·30·AU.

La *Schueberfouer* à la Belle Époque. Qui de ses visiteurs se rappelle encore son fondateur? (Photothèque de la Ville de Luxembourg).

de l'histoire sans laisser de trace. Ses ossements furent rapatriés à Luxembourg par son fils Charles. Contrairement à sa dernière volonté, il ne fut pas enterré à l'abbaye de Clairefontaine auprès de la comtesse Ermesinde, mais à l'abbaye de Munster à Luxembourg. Transféré en 1544 à l'église des Franciscains à la suite de bombardements au cours d'un siège de la ville, il trouva une deuxième puis une troisième tombe à l'abbaye de Neumünster. La suite de son périple posthume ressemble à un mauvais roman policier. Cachés dans la maison d'un boulanger à l'approche des armées de la Révolution française, transférés ensuite dans la propriété des fondateurs de la faïencerie Boch au Rollingergrund, ses restes furent emmenés par l'un d'eux à Mettlach, au moment où celui-ci y fonda une deuxième usine. C'est là que le découvrit, par hasard, le prince héritier de Prusse, le futur Frédéric Guillaume IV qui, grand admirateur de Jean, son ancêtre maternel, lui fit une sépulture digne dans sa chapelle privée à Kassel, au-dessus de la Sarre, en 1838. Informé, le gouvernement luxembourgeois demanda son rapatriement, en vain. Finalement, au lendemain de la Seconde Guerre mondiale, Jean l'Aveugle fut solennellement rapatrié dans sa ville natale où il repose pour de bon dans la crypte de la cathédrale. Une analyse médicale de son squelette effectuée à l'université de Prague – il avait une dernière fois fait le voyage à Prague – confirma l'exclamation infaillible de notre fameux chantre nationaliste, Siggy de Luxembourg, au moment où l'on ouvrit son cercueil, en 1946: «Et ass ën!» Dans sa vie, comme après sa mort, le preux chevalier errant avait tenu tout le monde en haleine, ce qui n'a fait qu'accroître le nombre de ses admirateurs.

Jean l'Aveugle, de par sa vie et sa mort, peut passer soit comme un lointain émule du héros de Roncevaux, soit comme un précurseur de l'homme de la Mancha

Chevalier modèle à une époque où la période de gloire de la chevalerie touchait à sa fin, il en fournit la preuve fatale à Crécy. Jean l'Aveugle, de par sa vie et sa mort, peut passer soit comme un lointain émule du héros de Roncevaux, soit comme un précurseur de l'homme de la Mancha. D'autre part, par son passage sur presque toutes les scènes de l'Occident et par son retour posthume au pays, il a contribué à sa façon à cristalliser la prise de conscience des Luxembourgeois quant à leur identité nationale, avec d'un côté l'attachement indéfectible au terroir, et de l'autre côté l'attrait de l'aventure et la passion de l'ouverture sur l'Europe.

Jean l'Aveugle, le plus original des princes du Luxembourg médiéval, n'a pas cessé d'intriguer ni de fasciner.

FUNDATOR UNIV. PRAGIAE
CAROLVS IV.

CHARLES IV *1316 †1378
Le monarque européen

Parmi les souverains de la maison de Luxembourg qui ont gouverné l'Empire à la fin du Moyen Âge, Charles IV est sans aucun doute le plus important. De par son long règne de 1346 à 1378, il a marqué son époque de son empreinte. Avec lui, les Luxembourg sont arrivés à l'apogée de leur puissance et semblaient sur le point de réaliser ce que vont faire les Habsbourg plus tard: s'approprier durablement le trône impérial.

Avec lui, les Luxembourg sont arrivés à l'apogée de leur puissance

Charles, plus sensible à son ascendance maternelle, se considérait avant tout comme le descendant des Prémyslides. Né à Prague en 1316, il s'y est toujours senti plus chez lui qu'à Luxembourg où il ne séjournait que très rarement. Il n'avait que sept ans lorsque son père, Jean de Luxembourg, pour le soustraire à l'influence de sa mère Élisabeth avec laquelle il ne s'entendait plus, l'emmena à Paris auprès de sa sœur Marie, épouse du dernier Capétien en ligne directe, Charles IV le Bel. C'est par attachement pour lui, son parrain, que le jeune prince changea son nom de baptême, Venceslas, en celui de Charles, sous lequel il allait être connu dans l'histoire.

Il resta à Paris pendant plus de sept ans. De par son éducation, ses goûts et sa culture, Charles devint un prince français comme son père et son grand-père paternel. Les liens avec la maison royale de France se renforcèrent encore par son mariage avec Blanche de Valois, sœur du futur Philippe VI. Pendant son séjour, Charles fit également la connaissance d'un prélat réputé, grand prédicateur, qui lui inculqua une piété religieuse durable et qui devait jouer plus tard un rôle décisif dans sa carrière politique, une fois devenu pape sous le nom de Clément VI.

À cause de ses origines et de sa jeunesse cosmopolites, Charles finit par maîtriser cinq langues, le latin, l'allemand, le français, l'italien et le tchèque qu'il réapprit après son retour à Prague. Esprit intelligent, pragmatique et réaliste, Charles ne se laissa jamais

Charles IV
(vitrail de la cathédrale
de Luxembourg).

venoient par ordonnance deux et deux.

Le .lxviij. chap. parle comment le roy de france & lempereur. auec son filz le roy des romains sentrencontrerent entre la chappelle & le moulin auant et de la reuerence qui firent lun a lautre.

Apres eulx aloient premiers les arceuesques et les euesques apres et apres venoient entraîner comme son père par des mouvements impulsifs, mais il calculait et préparait sobrement et soigneusement ses démarches politiques.

Ses terres d'origine paternelle n'étant pas ses premières préoccupations, il les traitait avec un certain détachement et les utilisait surtout comme gages dans ses transactions financières avec son grand oncle, l'archevêque Baudouin de Trèves, prince électeur de l'Empire, conseiller et soutien précieux de Charles au début de son règne. Sans égards pour la dernière volonté de son père, Jean l'Aveugle, Charles se proclama d'abord lui-même comte de Luxembourg avant de céder la place à son demi-frère Venceslas qu'il éleva ensuite au rang de duc. Venceslas Ier, duc de Luxembourg, épousa l'héritière du Brabant et réalisa ainsi le vieux rêve de sa famille de réunir sous son autorité le Luxembourg, le Brabant et le Limbourg, une union restée sans lendemain.

Élu Empereur romain en 1346 grâce à l'appui du pape et de l'archevêque de Trêves, Charles eut les plus grandes peines du monde à se faire reconnaître en Allemagne face à l'opposition des Wittelsbach. Une fois son autorité assise après son couronnement à Aix-la-Chapelle en 1349 comme roi d'Allemagne, il suivit l'exemple de son grand-père Henri VII et alla se faire couronner empereur à Rome en 1355, mais en évitant de s'embourber dans les affaires intérieures des villes italiennes. Au contraire, Charles se fit monnayer généreusement ses droits impériaux par les villes italiennes et retourna sensiblement moins pauvre à Prague, poursuivi par les invectives vengeresses de Pétrarque qui avait compté sur son autorité impériale pour rétablir la paix en Italie. Charles n'avait pas oublié les expériences qu'il avait faites lors de son premier séjour en Italie (1331-1333), quand il y avait accompagné son père qui poursuivait ses fantasmes italiens.

Pour asseoir son autorité et s'assurer la bienveillance des princes électeurs impériaux pour lui-même et sa famille, il promulgua en 1356 la célèbre Bulle d'Or, un code impérial qui fixa une fois pour toutes les règles de l'élection des futurs empereurs en élevant les trois princes-électeurs ecclésiastiques et les quatre princes-électeurs laïques, avec à leur tête le roi de Bohème, au-dessus des autres princes de l'Empire. Ce fut la reconnaissance juridique d'une situation de fait. En réservant le droit d'élection aux sept princes allemands sans aucune mention du pape, Charles corrigea sa réputation initiale de souverain soumis au clergé (*Pfaffenkönig*) et assura en même temps l'indépendance complète de l'Empire par rapport au Saint-Siège.

La gloire et les mérites de Charles IV proviennent surtout de l'œuvre qu'il a accomplie à Prague, capitale impériale et capitale royale de Bohème. Durant son règne de plus de trente années, il a transformé Prague de ville royale respectable, certes, en capitale impériale splendide, véritable métropole, la ville d'or comparable à Paris et même à Constantinople.

Portrait de Charles IV et représentation de la Bulle d'Or, dessin de P. Jacobi (Section historique de l'Institut grand-ducal, Abt. 15/107).

(à gauche)
Rencontre de Charles IV avec le roi de France, Charles V (Bibliothèque nationale Paris, ms. fr. 6465).

Il promulgua en 1356 la célèbre Bulle d'Or, un code impérial qui fixa une fois pour toutes les règles de l'élection des futurs empereurs

Karolus dei gratia Romanorum Rex semper Augus
sublimitatis sicut inferioribus partibus offic
proficiat quanto indeficienter sue virtutis donaria
tiones illustrant que primeve lucis integritas
cipum numerus ad Imperii sacri decorem feli
sacri Romani Imperium digne quidem studuis
maturitate animo deliberato sano etiam Venera
Leodien Maguntin Metens Johannis Olomucen
accedente consilio te fratrem carissimum nostrum carnal
ipsi quam vetusto iam tempore sacri honorarunt Imp
rem ac ducem Lucemburgen sublimavimus erex
nobilitate iure potestate libertate honore et cons
tias opida Castra municiones villas provin
Iudeis monetis iudiciis bannis sive inhibitio
vasallagiis militibus clientibus iudicibus civibus
cipatum et ducatum Lucemburgen erexim
cum omnibus honoribus nobilitatibus iuribus p
habeatis et in genere a sacro Romano Imperio n
nominari et appellari debeatis maneat et ean
possunt quibus alii sacri sacri Imperii duces et pri
nentibus fruti sunt hactenus seu quomodolibet
Regie liberalitatis munere decoravimus et heredes
sive Reges ad reprimendum rebellium inso
seu Regalis dextere vim a latere dextro gu
incedere ut sic eciam Principes et fideles q
eundem tuum principatum seu ducatum Luce
prestitisti Quique in principatum seu ducatum tu
edicto Regali duximus perpetuis statuendum
nobis necnon serenissimis Imperatoribus seu Reg
suscipere debeatis Nobisque ac eisdem successorib
Nulli ergo hominum liceat hanc nostre illustrac
eos qui contravenire presumpserit irremissibil
testimonio litteras datas Metis per manus ven
Treveren cuius in Civitate Metensi predicta me
Anno Octavo

Ego Joh
domini

LOUVI-LUXBG. ARCHIVES 92
lustri Wenceslao duci Lucemburgen fratri et Principi nro carissimo Gratiam Regiam et omne bonum. Sceptigera Cesaree dignitatis
refertur ut commissos sibi fideles optate gubernet consolationis presidio quod thronus Regius tanto solidatur felicius et uberiori prosperitate
nimere fiderit in subiectis sic a chorusanti splendore Regalis solii nobilitates alie velud a sole radii prodeuntes fidelium status et condi
menti non patitur ymo amplioris virgi serenissimus tituli expectato decore perfunditur dum in circuitu sedis Auguste Illustrium Prin
attendentes multiplicia merita probitatis et preclare devotionis insignia quibus tu et clare memorie progenitores tui dom. Lucemburgen
illum etiam fervidum tue mentis amorem quo ad Imperii procurandos honores inclinar attentius Regie considerationis intuitu lympidius
ren Gerlaci Maguntini archiepi Illustris Ruperti Comitis palatini Reni sacri Romani Imperii Principum electorum dev. quoque Engilberti
strium etiam Wilhelmi Marchionis Juliacen Wladislai ducis Teschinen et aliorum quorundam principum Baronum et procerum Imperii predicti
s tue nobilitati poscente presentium cum hoc laudato tuo dominii et ampla subiecte tibi ditionis spatia et intemerata fides tue universis fiat et
rehant hodie in noie dni et Salvatoris nri a quo omnis Principatus et honor procedunt cognoscat illustrium ac Illustrium et in verum Princi
num de Romane Regie plenitudine potestatis decernentes expresse quod tu heredes et successores tui duces Lucemburgen perpetuo omni dignitate
nire et frui continue quibus alii sacri Imperii Principes et nominatim duces Illustres freti sunt hactenus et cotidie potiuntur. Certas quoque
colles valles et plana cum omnibus silvis Rubetis pratis agris molendinis aquarum decursibus pascuis piscinis piscaturis theloneis
[illegible]
Rustici et agricolis pauperibus et divitibus et omnibus eorum pertinentiis sicut predictum et eorum quodlibet laudato tuo dominio comprehendit in verum Prin
[illegible] Illustri Wenceslao duci Lucemburgen predicto Ducatum sive Principatum huius
quemadmodum Ducatus seu Principatus insignes ab Illustribus sacrosancti Romani Imperii principibus possideri vel teneri seu possideri consueverunt
benignitate Regia conferentes. Decernimus etiam et hac edictali constitutione sancimus quod tu heredes et successores tui perpetuo duces Lucemburgen
duces et Principes teneri [illegible]
[illegible]
[illegible] Lucemburgen [illegible] Romani Imperii magis obligatum [illegible]
[illegible] Lucemburgen perpetuo [illegible] Romanorum Imperatores
[illegible] heredes ac successores tui duces Lucemburgen [illegible]
[illegible]
[illegible] Lucemburgen sacri Imperii vasallus et princeps [illegible]
[illegible] fidelitatis obedientie et subiectionis debite iuramenta solita
[illegible] Decernimus et hoc
[illegible] Lucemburgen ducatum sive principatum Lucemburgen predictum cum omnibus suis pertinentiis sicut expressatur superius
[illegible] Romani Imperii [illegible]
[illegible] duces et principes prestare et facere fidelitatis homagii obedientie ac subiectionis debite corporalia iuramenta
[illegible]
[illegible]
[illegible] cancellarii vice [illegible] Gerlaci Maguntini Archiepi sacri Imperii per Germaniam Archicancellarii [illegible]
[illegible] Anno dni Millesimo Trecentesimo Quinquagesimoquarto Indictione septima [illegible] Regnorum nrorum
[illegible] Epus Aule Regie Cancellarius vice Reverendi in xpo patris
[illegible] archiepi Sacri Imperii per Germaniam Archicancell. Recognovi
1354

Grâce à ses bonnes relations avec la Cour pontificale d'Avignon, il réussit encore du vivant de son père à faire élever Prague au rang d'archevêché, la libérant ainsi de sa dépendance religieuse de Mayence. Dès 1348, Charles lança de grands travaux d'agrandissement de la ville en fondant la nouvelle ville, doublant ainsi la surface de sa capitale. De cette façon, il donna une puissante impulsion au développement économique et démographique de la ville et à son commerce. Il commença la construction d'un nouveau pont qui porte son nom et qui relie l'ancienne et la nouvelle ville au centre politique et religieux de la rive gauche. Le palais impérial et l'église St-Guy sur la colline du Hradcany furent réaménagés sur des bases élargies plus imposantes, dignes d'une résidence impériale et d'une cathédrale archiépiscopale.

Prague, première université en Europe centrale

Couronnant ces attributs de prestige, Charles fonda, en 1348 aussi, l'université de Prague sur le modèle de celle de Paris où la théologie domina les autres disciplines, comme le droit et la médecine. Ce fut la première fondation universitaire en Europe centrale, bientôt suivie par celle des Habsbourg à Vienne et celle des Jagiellon à Cracovie.

Pour sauvegarder les bijoux de la couronne et sa collection spéciale de reliques religieuses, il fit construire non loin de Prague un magnifique château fort, Karlstein, de nos jours un autre atout culturel et touristique de la Bohème centrale.

Charles se montra grand mécène artistique et intellectuel en attirant les esprits les plus brillants à sa chancellerie impériale

Charles se montra grand mécène artistique et intellectuel en attirant les esprits les plus brillants à sa chancellerie impériale et les artistes les plus en vue, comme Mathieu d'Arras et Peter Parler, pour construire et embellir ses édifices religieux et civils.

Prague et les territoires du royaume de Bohème étaient multiethniques et multiculturels. À côté de la population indigène tchèque vivait une forte minorité allemande ainsi qu'une importante population juive. À son égard, Charles pratiqua une politique ambiguë et plutôt hypocrite. D'un côté, il essaya de la protéger contre les pogroms qui se déclenchaient à la suite des ravages dévastateurs de la peste importée en Europe en 1348. L'épidémie fut moins virulente en Bohème qu'ailleurs. D'un autre côté, il participa activement aux partages des propriétés et des capitaux laissés par leurs propriétaires juifs massacrés ou émigrés vers la Pologne et les autres régions de l'Europe de l'Est.

Charles n'était pas seulement un esprit cosmopolite dans sa personne, il l'était aussi en tant que souverain, roi et empereur. L'opposition ou la résistance à son pouvoir qui se manifestaient de temps en temps n'étaient pas de nature nationaliste, mais se situaient essentiellement au niveau de la haute noblesse qui ressentait ses tendances centralisatrices.

Charles fut moins heureux et avisé dans sa politique familiale et matrimoniale. D'un côté, il en faisait le même usage que son père pour promouvoir ses objectifs politiques d'agrandissement territorial. De l'autre, il était obsédé par sa succession. Ce fut seulement son troisième mariage qui lui donna l'héritier mâle tant souhaité, Venceslas. Ce fut à un âge déjà relativement avancé qu'il eut d'un quatrième mariage son fils Sigismond avec qui allait s'éteindre sa dynastie. Père trop heureux à la naissance de Venceslas, il le combla de multiples privilèges et attentions, mais ne réussit pas à lui inculquer les qualités requises pour être un bon prince. Il lui assura certes de son vivant la succession au trône auprès des électeurs impériaux moyennant finances, mais Venceslas s'avéra très vite incapable et indigne d'exercer des responsabilités royales, voire impériales. Les surnoms d'ivrogne et de fainéant que l'histoire lui a donnés en disent long.

Par contre, dans l'historiographie de l'État tchèque et dans l'histoire en général, parmi les trois grandes figures royales qui sortent des rangs, avec à côté de Charles, le Prémyslide Ottokar II et le Habsbourg Rodolphe II, c'est sans conteste le Luxembourg Charles IV qui est considéré comme le plus grand roi et bienfaiteur de son peuple, *Pater Patriae*. Son règne correspond à l'âge d'or de Prague et c'est lui qui a marqué la ville de son empreinte de grande capitale européenne jusqu'à nos jours.

Sceau de Charles IV.

Le pont Charles à Prague.

WENZESLAUS

VENCESLAS IV *1361 †1419
Le fils prodigue

Même dans les meilleures familles, si on les passe au peigne fin, on trouve presque toujours au fil des générations une brebis galeuse. La maison de Luxembourg n'a pas fait exception. Parmi les quatre princes élus empereurs romains, il y en avait un qui détonnait et qui est connu dans l'histoire sous le nom de Venceslas IV l'Ivrogne (Wenzel der Faule).

Un fils gâté et l'héritage difficile d'un père prestigieux de 1361 à 1378

Pourtant, personne n'a été mieux préparé et initié que lui à ses futures responsabilités par son père, Charles IV, obsédé de la pérennité du règne de sa famille. Né en 1361, il était l'héritier tant attendu, issu du troisième mariage de son père. Celui-ci lui conférait deux ans plus tard le titre de roi de Bohème et en 1376 il le fit élire par les princes-électeurs Empereur romain pour assurer également sa succession sur le trône allemand. Aucun Luxembourg n'avait autant de facilités et de privilèges pour accéder aux différents trônes, et c'est peut-être là une raison de sa déconfiture finale. Dans son enfance et dans sa jeunesse, Venceslas n'avait jamais à travailler dur ou à payer de sa personne pour s'imposer. Toutes les difficultés se trouvaient aplanies ou écartées de son chemin, de sorte qu'il manquait d'entraînement et d'endurance quand il les rencontra, une fois son père disparu. C'était un jeune homme intelligent, cultivé, que son père associa très tôt à l'exercice du pouvoir. Cependant, il ne reçut pas l'éducation d'un chevalier avec toutes les qualités qu'un tel statut impliquait. De ce point de vue, il n'avait rien de commun avec son arrière-grand-père Henri VII ou avec son grand-père Jean l'Aveugle, guerriers infatigables et grands amateurs de tournois.

Portrait de Venceslas IV, façade de la gare centrale de Luxembourg, par Pierre Federspiel.

Timbre-poste (1989) représentant Venceslas IV, roi de Bohême (= Venceslas II, duc de Luxembourg).

Nous Arnolt conte de los seigneur de Rummez et de Quaecbeke faisonz savoir a touz et cognissons publement que par le consail de nos amis p...
aduenir eu sour ce meure et diligente deliberation et aussi dou consent de me chiere compaigne et espouse dame Elsabeth contesse de los ...
nement de droit de me mainbournie en temps et en lieu que faire le pouoit et devoit Nous pour nous nos hoirs et successeurz avons ...
seigneur monsigneur Wenceslau de boeme duc de luxemb de loth de brabant de lemb et march dou saint empire ce achatant pour li p...
avons poienz et devienz par quelconque raison questre puist en la dite conteit et en toutes ses appendices et appertenances tant de ce que mont...
nous conte de los et de chiny seigneur de heynsberg de blanckenberch et de lewenberch et de nos autres ancesseurz qui dieux absolbe come de li...
de heynsberch et de dalenbroec son neveu la quelle succession nous a dit mess Godefroit avons bien et loyaulment achetteit et acquis cest a sa...
villez et villeaus dependanz et appertenans a la dite conteit de chiny et tout ce que appendre et appertenir puet et doit en seignoryes en ...
arables et non arables en bois grossez et menuez cens rentes deniers bleis avaine poivre cire pors chapons gelines abbes molins molan...
meffais amendez esplois de justice tonnelis winages passagez patronagez et collations de binefiez ecclesiastiques rendez degrisez de ...
de monoies et en tous autres proufis [illegible] autres chose...
devoient prendre par quelconque cause ou titre que ce soit ou estre puissent sanz exception ou retenue aucune chose pour nous nos hoirs ou succe...
leurz appendices et appertenances come dessus dit est Nouz a me dit seigneur le duc avons vendut pour certaine somme de florins la quelle il a me ...
ties et lavonz mis et converteit en me evident proufit et apres necessaires besoignes Si nous en tenons de me dit seigneur le duc pour bien plus contens ...
a successeurz et tous autres as quels quitance en doit ou puet aucunement prendre Et pour ce nous qui ce dit vendaige avons fait par bon avis de certaine ...
le duc pour luy ses hoirs et successeurz duc de luxembourch rendut et transportet Rendons et par sonne brave loyaul tradition transportons la dite ...
droit raison ou succession en la maniere dessusdite ou autrement avons poienz et devienz en ycelle en toutes ses appendices et appertenances et autres ...
a toutes leurz appendicez et appertenances dessus esprez nous pour nous nos hoirs et successeurs a ces pour et en nom de me dit seigneur le du...
werpissons et pour me dit seigneur le duc ses hoirs et successeurs dus de luxembourch en adheriten et ausi en nous en deshiretons et deuest...
aduenir avons droit requeste impetration regret ou rappeaul par quelconque voie questre puist Et pour ce faire plus justement et seurement po...
pour me dite chiere compaigne la contesse pour tous nos hoirs et successeurs avons des maintenant renunchiet et renunchons a toutes exceptions et a...
alligier lez chosez dessus devisez non estre faitez si come escriptez sont la somme dou dit vendaige non avoir comptee non paiee non convertie en me p...
ou alligier que nous en ce vendaige aiens esteit deceubeus ou dechens oultre la moitiet dou juste pris ou que ce eussiens fait sans conseil sans au...
nous me dite compaigne pour tous nos hoirs et successeurs renunchiet et renunchons a tous drois a toutez loys et a tous status privileges graces bisic...
empetrees ou a empetrer et a toutes autres exceptions deceptions cavillations lesions convenentions subterfugez et autres remedez immunitations et moue...
lez chosez dessusdites ou aucune dellez porroient valoir ou aidier en temps aduenir et a me dit seigneur le duc a ses hoirs ou successeurz duc...
de la dite conteit de chiny et en toutez sez dessus dites appendicez et appertenancez As quels de pure liege volenteit de certaine science et par bon avis Nous po...
et quitent a ces de me dit chier seigneur le duc de ses hoirs et successeurs dus de luxemb Et volens nous Arnolt conte dessusdis pour nous me dite co...
odures et devant touz aussi bien que toutes oppositions que faire porriens en temps futur contre ce present vendaige fussent chi dedens contenues par mos exp...
Nous Arnolt conte dessusdis avons obligiet et obligons envers eaus nous nos hoirs et successeurs et tous nos biens meubles et non meubles pres et a...
come dessus de tenir faire a complir et entenir parfaitement toutes promessez convenancez et vendaige dessusdis loyalment et a tous jours et de ment...
avons me seel fait mettre a ces presentes lettres et avons priet et requis me chiere compaigne et espouse la contesse dessus dite quelle en signe de consent et de b...
de Rummez et de Quaecbeke suivent dite hors mise en ce cas et pour ce faire a lassengnement de droit de la mainbournie de me chier seigneur et mari a...
et appertenancez et toutes autres chosez dessusesprez et devisez par bon avis et de certaine science considerat en ce cas lonnour le proufit et leuvation de per...
consentons ottroyons et irrevocablement accordons et en tesmoingnage de ce avons fait mettre me seel a cez presentes lettres avecques le sien Et ad fin que le vendai...
tesse de los dessusnomees avons fait a me dit chier seigneur le duc a ses hoirs et successeurs dus de luxembourch soient plus fermes et commendeez a plus gr...
prie monss Robbiert duc de bar et marchis dou pont me chier seigneur de cui en partie la dite conteit muet quil plaise son droit veulle greer confirmer ...
dus de bar et marchis dou pont as prieres et requestes dessusdites greons confirmons consentons et de me volenteit estre fait approuvons le dit vendaige et...
Encour prions nous contez et contesse de los dessusdis nos amees cousins mess Jehan seigneur de hamale et mess Guilheaume son fil quil en sig...
chier seigneur le duc de bar et les mes Lue nous Jehans et Guillez de hamale en signe de verit tesmongnons avoir fait a le priere et requeste...
de vente [illegible] lan de grace me seigneur mil trois cens sessante et quatre le zeisime jour dou mois de Juing..

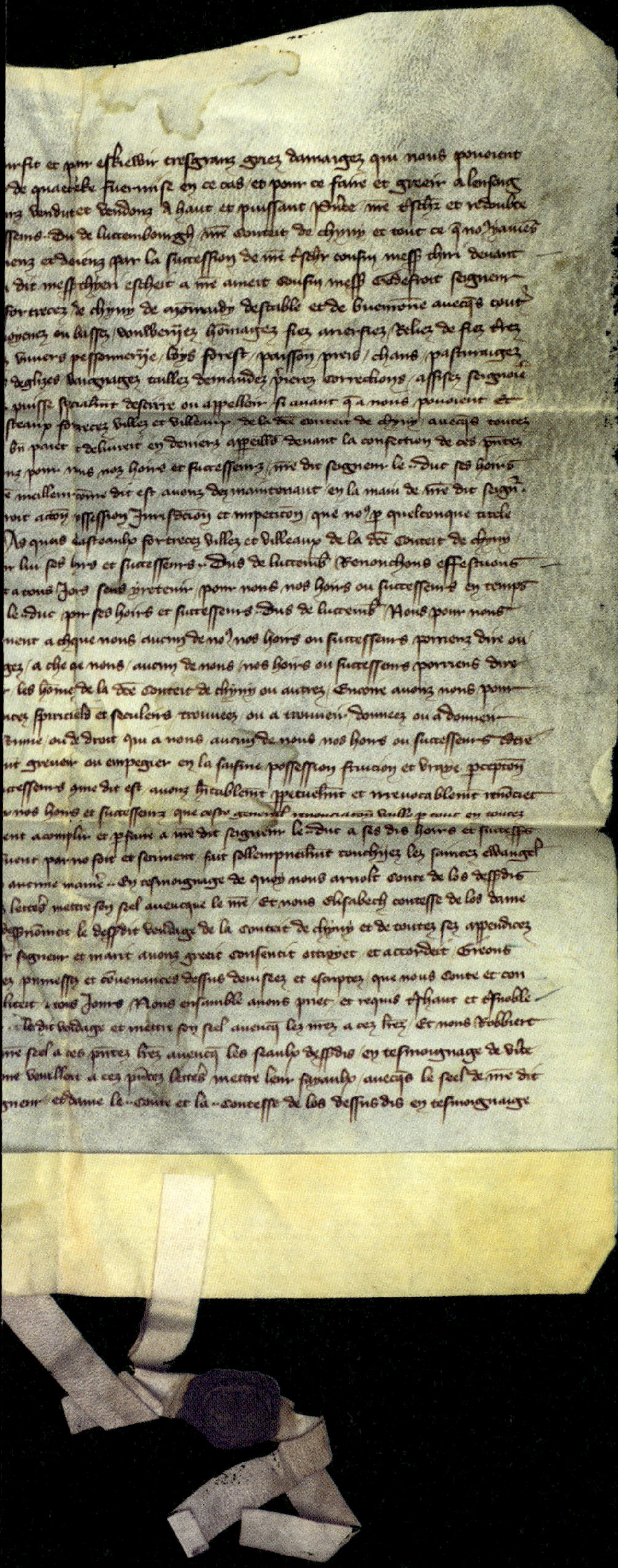

Acquisition du comté de Chiny par Venceslas Ier de Luxembourg, le 16 juin 1364. Le Luxembourg atteignait ainsi sa plus grande étendue territoriale (ANLux A X).

Au lieu de garder les conseillers expérimentés et respectés de son père, il s'entoura de personnages moins hauts placés, issus du peuple, avec lesquels il aimait organiser ses sorties joyeuses, c'est-à-dire ses beuveries et ses parties de chasse, qu'il préférait de loin à ses devoirs de souverain. Les notables en étaient vexés et même ulcérés. Venceslas avait un tempérament de cyclothyme: après des explosions de colère imprévisibles et souvent très violentes, il retombait dans des états d'abattement et de léthargie prolongés.

D'autre part, il jouait de malchance pour ce qui est des difficultés qu'il devait affronter dès le début de son règne. La haute noblesse de Bohème essayait d'arrondir ses grandes propriétés terriennes, d'accroître son influence régionale et de se soumettre les institutions de l'État, c'est-à-dire de limiter au maximum le pouvoir royal. La petite noblesse voyait son influence et ses revenus diminuer et s'adonnait de plus en plus souvent au brigandage. Les bourgeois de Prague et des autres villes se sentaient brimés par les impôts, et l'insécurité générale dans le pays était extrêmement nuisible au développement du commerce. Les paysans, écorchés par les redevances croissantes perçues par la noblesse et le clergé, ainsi que les artisans et les ouvriers des villes, menacés par les épidémies et la pauvreté, étaient au bord de la révolte et se réfugiaient dans le fanatisme religieux.

À cela s'ajoutaient des dissensions religieuses, à savoir les critiques que certains réformateurs dirigeaient contre le haut clergé nanti et corrompu sur un fond de schisme. L'antagonisme latent entre les deux communautés nationales, allemande et tchèque, montait en flèche, chacune se sentant opprimée par l'autre.

Les problèmes en Allemagne n'étaient pas moindres, bien au contraire. Aux antagonismes politiques, économiques et sociaux s'ajoutaient les menaces de l'expansion française et bourguignonne, grignotant les territoires occidentaux de l'Empire. Les bonnes relations avec la royauté française, recherchées également par Venceslas, ne contribuaient pas à enrayer ce danger. Les reproches majeurs que les princes-électeurs adressaient à Venceslas étaient sa paresse et sa lenteur à prendre des mesures adéquates contre l'insécurité endémique, son manque d'intérêt pour les affaires de l'Empire et ses absences inexcusables aux réunions politiques importantes du royaume.

Les reproches majeurs que les princes-électeurs adressaient à Venceslas étaient sa paresse et sa lenteur à prendre des mesures adéquates

Son incapacité de résoudre le problème du schisme religieux et d'aller se faire couronner empereur malgré des déclarations répétées dans ce sens, tout cela provoqua très tôt un profond mécontentement contre lui.

Si seulement dans cette situation critique il avait pu s'appuyer sur les membres de sa famille – ses deux frères Sigismond et Jean ou ses deux cousins, Josse et Procope! Hélas, loin d'être une source de réconfort ou d'aide, les autres Luxembourg semblaient avoir pour seule préoccupation d'accroître leur pouvoir personnel, et deux parmi eux,

Sigismond et Josse, ne visaient pas moins que son trône et s'acharnaient à saper son pouvoir. Avec une famille pareille, Venceslas aurait pu se passer d'ennemis!

Avec une famille pareille, Venceslas aurait pu se passer d'ennemis

Si au moins il avait pu compter sur le soutien des souverains voisins. Mais hélas, à la fin du règne de Charles IV et au début du sien, disparaissaient dans les pays voisins des princes puissants et respectés, comme Casimir le Grand de Pologne, Edouard III d'Angleterre, Charles V de France et Louis le Grand de Hongrie, laissant souvent des successions mal réglées, sources de désordres et d'affrontements nationaux et internationaux.

Venceslas n'avait ni l'intelligence politique, ni le savoir-faire diplomatique, ni encore l'énergie soutenue de son père. Du vivant de Charles IV, ses défauts de caractère et ses déficiences politiques passaient inaperçus, mais dès la disparition de son père, ils apparurent au grand jour. Venceslas jouait à l'autruche et laissait faire – les conséquences de cette attitude se firent très vite sentir.

De mal en pis: la longue route vers l'abîme de 1378 à 1400

Dès le début de son règne, Venceslas IV s'était engagé, à la Diète de Nuremberg en 1379, à rétablir la paix dans son royaume, suite à des négociations avec les ligues des villes et les associations des princes. Après de longues périodes d'inaction et de tergiversations marquées par des affrontements sanglants entre villes et princes, il proclama finalement à Eger, en 1389, une paix pour six années. Ce fut le seul véritable point positif de son règne, et les princes-électeurs lui en voulurent parce qu'il avait mis dix ans à y arriver, alors que le royaume était en pleine anarchie.

Dans la question du schisme, aucun progrès ne fut enregistré. Au contraire, la situation s'aggrava. Venceslas ne sut protéger ni la vie ni les biens de la population juive des exactions endémiques auxquelles elle était exposée suite aux éruptions de la peste. Au contraire, c'est lui qui présidait à sa spoliation et à l'annulation de ses titres de dettes, de connivence avec les grands seigneurs qui eux aussi profitaient de l'aubaine.

La succession de Pologne échappa aux Luxembourg quand la reine Edwige épousa le grand-duc de Lituanie Ladislas Jagiellon, constituant ainsi un puissant État voisin au nord de la Bohème. Par contre, Sigismond, évincé en Pologne, réussit, après des péripéties tantôt dramatiques tantôt rocambolesques, à mettre la main sur la Hongrie en forçant plus ou moins l'héritière Marie à se marier avec lui. D'un autre côté, après la mort du duc Venceslas Ier en 1383, la succession du duché de Luxembourg devint un jeu de passe-passe entre Venceslas IV, son cousin Josse et son frère Sigismond, qui l'utilisaient à tour de rôle comme gage pour éponger leurs dettes, une faiblesse récurrente de

Copie prise au Cabinet des Estampes de la Bibliothèque Impériale tous les Luxembourg. Les traités d'amitié signés avec la France en 1380 et 1390 restaient lettre morte à cause de la mort de Charles V et de la faiblesse mentale de son successeur Charles VI, ce qui donna lieu à des luttes acharnées entre les factions des Orléans et des Bourguignons. Les ducs de Bourgogne, par contre, poussaient systématiquement leurs pions sur l'échiquier des Pays-Bas en direction du Luxembourg, sans que Venceslas IV ou les autres membres de sa famille ne réagissent.

Après 1390, la position de Venceslas se détériorait aussi bien à l'intérieur du royaume de Bohème qu'en Allemagne. Deux événements précipitèrent cette évolution funeste.

D'abord, un geste meurtrier du roi dans la querelle religieuse avec l'archevêque de Prague à propos de la création d'un nouvel évêché en Bohème occidentale. Quand Venceslas comprit que l'archevêque l'avait dupé, il entra dans une crise de rage incontrôlable et ordonna de jeter le vicaire général de l'archevêché, Jean de Pomuk, dans la Vltava. Celui-ci devint ainsi la victime de la lutte d'influence entre le roi et l'archevêque, et non pas le martyre du secret confessionnel qui n'aurait pas voulu révéler au roi ce que la reine lui avait confessé. C'était là une légende promue par les Jésuites pour le faire canoniser en 1729. Jean de Pomuk est ainsi devenu un second saint national à côté de St Venceslas. Par cette folie meurtrière, Venceslas avait dépassé les bornes.

Le deuxième élément de son déclin rapide fut son mauvais état physique. Quand sa santé se détériora encore davantage suite à son alcoolisme et à un attentat au poison auquel il survécut par miracle, les grands seigneurs, avec l'appui tantôt de Sigismond, tantôt de Josse, finirent par le pousser dans ses derniers retranchements, de sorte qu'il était à la fin des années 1390 un roi sans pouvoir, n'en gardant plus que les signes extérieurs, la couronne et ses joyaux.

En Allemagne aussi, où il n'avait plus mis les pieds depuis dix ans, les princes-électeurs exaspérés, entraînés par le comte palatin, enclenchèrent la procédure de sa déposition en 1400, puis ils élurent à sa place comme Empereur romain le même comte Robert du Palatinat. Venceslas, qui devait se rendre compte de ce qui était en train de se tramer, laissait faire. Il ne prit aucune mesure pour reconquérir sa couronne. Son père Charles, devant un tel résultat de sa politique dynastique, a dû sans doute se retourner dans sa tombe.

Fin de parcours: de l'anarchie politique à la guerre civile et religieuse de 1400 à 1419

Les dix années qui suivirent, Venceslas assistait, impuissant, à la détérioration générale de la situation politique et sociale en Bohème alors que son successeur ne faisait guère mieux en Allemagne. Entre-temps, Sigismond et Josse se disputaient ses possessions en

Portrait de l'empereur Venceslas IV, dessin de Jacobi (Section historique de l'Institut grand-ducal, Abt. 15/107).

Bohème et en Allemagne en intrigant l'un contre l'autre et en attirant même Venceslas dans leurs jeux. En Bohème, le conflit social et religieux s'envenima, prenant un caractère ouvertement nationaliste, opposant la majorité tchèque à la minorité allemande. Le schisme de l'Église catholique, malgré les efforts de l'université de Paris et des cardinaux modérés, aboutit à l'élection d'un troisième pape. En 1410, après la mort inattendue de Robert du Palatinat, on se retrouva avec trois prétendants luxembourgeois au trône de l'Empire romain de nation germanique: Venceslas, Sigismond et Josse. Finalement, après la mort suspecte de Josse, Sigismond s'imposa et s'arrangea, moyennant finances, avec Venceslas qui renonça définitivement à la couronne allemande pour ne garder que le simulacre de celle de Bohème. Il fut mis complètement à l'écart de la politique allemande. Après la condamnation et la mort sur le bûcher de Jean Hus à Constance, il assista dans sa léthargie habituelle à l'exaspération des tensions religieuses provoquées par les réactions violentes des partisans de Hus à Prague, où eut lieu la première défenestration et le lynchage des conseillers du roi, et enfin aux premières victoires retentissantes des hussites sur les troupes de Sigismond. Ce fut le début des guerres hussites qui devaient mettre à feu et à sang la Bohème et les régions limitrophes pendant une quinzaine d'années. Abandonné de tous, Venceslas sombra dans le néant, couvert d'opprobre par ses contemporains – on le traitait de cochon dans sa bauge. Il mourut finalement en août 1419.

Condamné universellement dans le passé comme un prince incapable et immoral, l'historiographie récente, sans le réhabiliter pour autant, lui a quand même découvert des traits de souverain éclairé et cultivé, d'amateur d'art. Surtout elle lui a trouvé des circonstances atténuantes pour ses échecs aussi bien en Bohème qu'en Allemagne.

Pour la maison de Luxembourg, son règne représente le nadir de son influence, en contraste saisissant avec le zénith sous son père Charles IV

Pour la maison de Luxembourg, son règne représente le nadir de son influence, en contraste saisissant avec le zénith sous son père Charles IV. Il est certain que ses frères et cousins y ont été pour quelque chose, car durant le long règne de Venceslas, ils se sont comportés comme ses pires ennemis. L'un d'eux, Sigismond, le dernier survivant masculin de la famille, allait avoir les plus grandes peines du monde à réussir en Hongrie d'abord, puis en Bohème et finalement dans l'Empire à imposer son autorité et celle de sa dynastie pour un dernier quart de siècle.

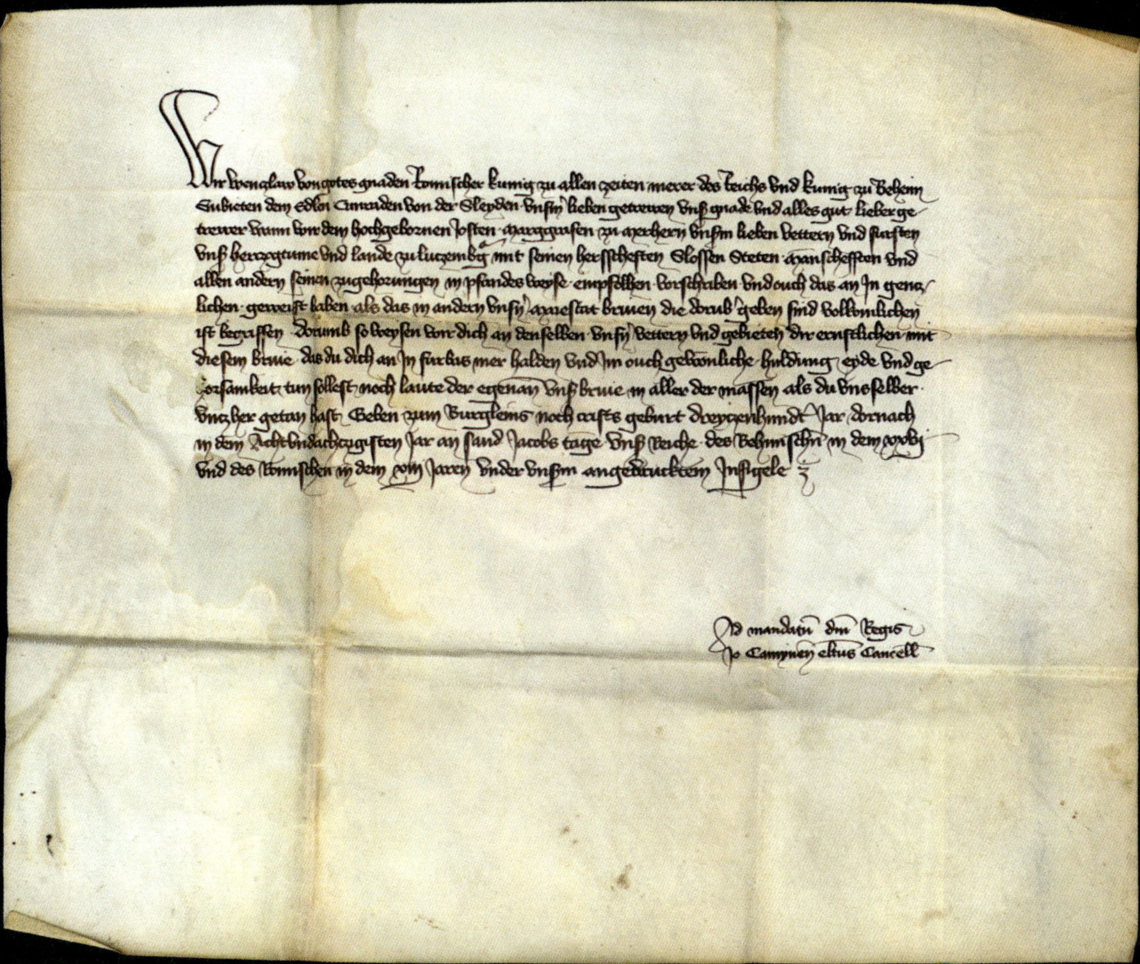

Wir Wenczlaw von gotes gnaden Romischer kunig zu allen zeiten merer des Reichs und kunig zu Behem
Embieten dem edlen Amanden von der Sleyden unsern lieben getrewen unser gnade und alles gut Lieber ge
trewer wann wir dem hochgebornen Josten Marggrafen zu Merhern unserm lieben vettern und fursten
unser herczogtume und lande zu Lucemburg mit seinen herscheften slossen steten Manscheften und
allen andern seinen zugehorungen in pfandes weise empfolhen verschriben und ouch das an in gena
lichen geweist haben als das in andern unsern Maiestat briuen die dorub geben sind volkomlichen
ist begriffen Dorumb so weisen wir dich an denselben unsern vettern und gebieten dir ernstlichen mit
diesem briue das du dich an in furbas mer halden und im ouch gewonliche huldung eyde und ge
horsamkeit tun sollest noch laute der egenanten unser briue in aller der massen als du unselber
vorher getan hast Geben zum Burglems noch Crists geburt dreyzenhundert Jar dornach
in dem achtundachtzigsten Jar an sand Jacobs tage unser Reiche des Behemischen in dem xxvi
und des Romischen in dem xiii Jaren Under unserm angedrucktem Insigele

Ad mandatum domini Regis
Jo. Camyn electus Cancell.

Engagère du duché de Luxembourg par Venceslas II à son cousin Josse de Moravie, le 25 juillet 1388 (ANLux A X).

Sceau de majesté de Venceslas IV (ANLux).

F. ORLOFF
V. DEDONCKER DEL

SIGISMOND *1368 †1437 Le dernier Luxembourg

Le nom de Sigismond évoque spontanément l'image d'un roi de Hongrie à la belle allure grâce à qui se termina le Grand Schisme d'Occident, mais qui s'empêtra par la suite dans les interminables guerres hussites, alors que les Turcs menaçaient directement son royaume, et avec qui s'éteignit la maison de Luxembourg pour laisser sa place aux Habsbourg.

Portrait d'un prince atypique à l'aube des temps modernes

Sigismond, fils de Charles IV et de sa quatrième épouse, Élisabeth de Poméranie, naquit en 1368. Sans négliger son éducation de prince impérial, Charles avait clairement désigné Venceslas, son demi-frère, né du mariage précédent, comme l'héritier prévu aussi bien en Bohème que dans l'Empire. Sigismond en garda un profond ressentiment, sinon à l'égard de son père, certainement envers son demi-frère aîné qui, à ses yeux, était à l'origine de toutes ses frustrations et déconvenues. De l'héritage paternel, il ne lui restait que le margraviat de Brandebourg, doté de la dignité électorale certes, mais par ailleurs un territoire peu peuplé et pauvre.

De taille élevée, d'un physique agréable, Sigismond, par sa prestance et son optimisme naturel, a su charmer sa vie durant ses contemporains

De taille élevée, d'un physique agréable, Sigismond, par sa prestance et son optimisme naturel, a su charmer sa vie durant ses contemporains. Son énergie à toute épreuve et son coup d'œil sûr et rapide trouvaient leur champ d'action sur le terrain de la diplomatie plutôt que sur les champs de bataille.

Sa fuite, peu glorieuse, lors de la bataille de Nicopolis contre les Turcs en 1396 lui colla à la peau encore pendant de longues années.Coureur de jupons impénitent jusqu'à un âge avancé, tout comme plus tard Henri IV, roi de France, le vert galant,

Portrait de l'empereur Sigismond (collection privée).

Sceau de majesté de l'empereur Sigismond (ANLux).

Prince de grande culture, il maîtrisait sept langues européennes et impressionnait ses interlocuteurs par la facilité avec laquelle il pouvait passer de l'une à l'autre

ses deux mariages ne lui avaient pas donné l'héritier légitime mâle attendu. Prince de grande culture, il maîtrisait sept langues européennes (*rex heptaglossus*), deux de plus que son père, et impressionnait ses interlocuteurs par la facilité avec laquelle il pouvait passer de l'une à l'autre.

Imbu de sa personne, rongé par une ambition effrénée, il collectionnait les couronnes et s'enthousiasmait pour les projets les plus divers et parfois les plus utopiques, à la façon de son grand-père Jean l'Aveugle: réunifier catholiques et orthodoxes, vaincre définitivement les Turcs, reconquérir la Terre sainte, mettre fin à la Guerre de Cent ans.

Souvent à court d'argent au point d'être l'objet de la risée publique, il dilapidait ses propres biens et ceux de la couronne et laissa à son successeur des trônes prestigieux, certes, mais aussi des caisses vides et des dettes. De par ses intrigues, ses ambitions dévorantes et ses coups bas sans scrupules, surtout dans la première moitié de sa vie, il se distinguait de ses ancêtres chevaleresques, Henri VII et Jean l'Aveugle, et ressemblait plutôt à un précurseur du prince de Machiavel.

Florin d'or de Nuremberg
(1404-1419)
(MNHA).

Revers, turbulences et frustrations dans la lutte pour le trône de Hongrie entre 1368 et 1400

Après la mort de Louis le Grand de Hongrie et de Pologne, Sigismond, marié à Marie, sa fille aînée, aurait dû devenir roi de Pologne et de Hongrie, mais les Polonais refusaient un souverain qui ne résidait pas chez eux et lui préféraient la fille cadette de Louis, Edwige, qui épousa Ladislas Jagiellon, grand prince de Lituanie, et s'installa avec lui à Cracovie. Sigismond, humilié et dépité, dut se rabattre sur la Hongrie. Avec les plus grandes peines du monde, il réussit à s'imposer d'abord auprès de la reine Marie, puis contre des prétendants appartenant à la maison de Naples, en faisant toutes sortes de concessions à la haute noblesse hongroise au détriment du pouvoir central. Même après son couronnement comme roi de Hongrie en 1387, son trône restait chancelant et son royaume exposé à l'expansionnisme agressif des Ottomans qui avançaient inexorablement dans les Balkans.

Malgré les problèmes qu'il rencontrait en Hongrie, ses ambitions s'étendaient plus loin, à l'ensemble de l'héritage paternel, c'est-à-dire à la Bohème et à l'Empire. Dans cette lutte de longue haleine, il ne se heurtait pas seulement aux grandes familles princières allemandes et européennes, mais surtout à ses propres frères et cousins, aussi dévorés d'ambition que lui-même.

Or, dans sa lutte pour le trône hongrois, il avait dû recourir à leur aide financière et militaire et ils la lui avaient fait payer au prix fort. Il avait pratiquement dû céder toutes ses propriétés situées à l'intérieur de l'Empire, de sorte qu'en dehors de la Hongrie il ne possédait plus rien. Il en éprouva une profonde humiliation et même une haine durable, ce qui explique sans doute son attitude machiavélique à l'égard de sa famille en Bohème et en Allemagne.

Portrait de Sigismond, dessin de Jacobi (Section historique de l'Institut grand-ducal, Abt. 15/107).

(à droite) Couronnement de Sigismond comme empereur, 1433 (Archives de l'État, Sienne).

Manœuvres et intrigues autour des trônes de Bohème et d'Allemagne de 1400 à 1410

Quand l'indolence et l'incapacité de Venceslas avaient fini par excéder les princes-électeurs, ceux-ci, après de multiples mises en garde, l'avaient finalement déposé en 1400 et remplacé par l'un des leurs, Robert du Palatinat, aussi falot que son prédécesseur. Sigismond, très occupé par les affaires de Hongrie, n'avait pu à ce moment-là tirer son épingle du jeu, pas plus que son cousin Josse de Moravie, l'aîné du clan des Luxembourg, qui avait les dents aussi longues que lui. Sigismond réagit le premier. Il offrit à Venceslas son aide pour récupérer le trône allemand, à condition qu'il lui cédât ses pouvoirs et ses biens en Bohème. Indigné par tant de cynisme, Venceslas refusa.

Revenu en Hongrie après cette tentative infructueuse de prendre le pouvoir en Bohème, Sigismond se retrouva lui-même en mauvaise posture dans une fronde de grands seigneurs qui l'arrêtèrent. Ses parents de Bohème, y compris Venceslas, lui vinrent en aide et, moyennant finances, réussirent à le libérer. Puis Venceslas à son tour fit appel à Sigismond pour organiser avec lui sa descente en Italie en vue du couronnement impérial. Sigismond, après s'être fait céder tous les pouvoirs par son frère, arrêta celui-ci et le fit emprisonner à Vienne, auprès des Habsbourg, avec qui il avait renoué l'alliance familiale de Charles IV. Le cousin Josse prit part à ces intrigues pour le pouvoir en s'alliant d'abord avec Sigismond pour se retourner après contre lui et s'entendre à la fin du compte avec Venceslas, qui réussit à échapper à ses geôliers et à rentrer à Prague.

Sigismond, impopulaire en Bohème à cause de sa politique fiscale oppressive, dut une fois de plus plier bagages et rentrer en Hongrie où en son absence Ladislas de Naples avait tenté de prendre le pouvoir. Pendant plusieurs années, de 1405 à 1410, Sigismond resta dans son royaume où il rétablit son autorité une fois pour toutes, alors qu'en Bohème la situation politique et sociale redevenait explosive, surtout à cause de l'antagonisme religieux et national entre les populations tchèque et allemande.

Robert du Palatinat se révéla incapable d'imposer son autorité en Allemagne. Sa mort inattendue en 1410 posa à nouveau le problème de la succession. Les princes allemands, devant la menace expansionniste bourguignonne et l'insécurité endémique à l'intérieur, s'adressèrent à nouveau aux Luxembourg. Après deux élections successives, Josse avait obtenu la majorité des voix. Mais comme il mourut trois mois plus tard, dans des conditions mystérieuses, Sigismond se retrouva finalement seul en lice. Une fois de plus, moyennant finances, il réussit à convaincre Venceslas de renoncer définitivement au trône allemand. Par contre, il gardait celui de Bohème, où entre-temps la situation avait évolué de mal en pis au détriment du pouvoir royal et au profit des grands seigneurs qui s'imposèrent politiquement et territorialement, sans égard pour la population, ni pour l'intérêt de l'État.

Sigismond par contre avait atteint son objectif majeur: le trône allemand. Ce fut le retour au pouvoir de la maison de Luxembourg, après son éclipse passagère. Cependant, l'avenir restait incertain, car Sigismond, marié en deuxièmes noces avec la jeune Barbe de Cilly, la fille d'un magnat hongrois, n'avait pas de fils, mais une fille, Élisabeth, pour héritière, ce qui n'était pas de bon augure pour la survie de sa maison.

De l'unité religieuse à la reconquête de la Bohème de 1410 à 1434

Sigismond réussit sans trop de difficultés à se faire reconnaître dans son royaume en le parcourant d'un bout à l'autre à cheval. Comme jadis Jean l'Aveugle, il était un cavalier infatigable. Il se fit couronner avec sa femme à Aix-la-Chapelle en 1414. Il ne trouvait toutefois pas de riposte efficace et durable contre la politique expansionniste des Vénitiens en Istrie et en Dalmatie, des ducs de Bourgogne aux Pays-Bas, ou contre les incursions ottomanes en Transylvanie.

Cependant, sa ferme détermination et son habileté diplomatique à organiser et à diriger le Concile de Constance réussirent à mettre fin au schisme. C'est grâce à lui que les trois papes en place démissionnèrent ou furent mis à l'écart et qu'un pape unique, Martin V, put être élu. L'échec de la refonte doctrinale et de la réforme structurelle de l'Église, de même que la condamnation à mort et l'exécution de Jean Hus au bûcher en 1415, que Sigismond avait voulu éviter, ne diminuent pas pour autant ses mérites d'avoir contribué d'une façon décisive à rétablir l'unité de l'Église.

Par contre, les conséquences de l'exécution de Hus et, un an plus tard, de celle de son disciple Jérôme, allaient mettre à feu et à sang la Bohème et l'Europe centrale pendant plus de quinze ans. Son frère Venceslas assista, impuissant, aux débordements religieux dans son royaume et aux guerres hussites, qui débutèrent en 1419 avec la défenestration mortelle de ses conseillers, ce qui a sans doute précipité sa propre mort quelques semaines plus tard.

Sigismond, seul fils survivant de Charles IV, lui succéda, mais après un couronnement à la sauvette en 1420, il ne put s'imposer qu'après 1434. En effet, les nombreuses croisades contre les hussites échouèrent lamentablement, car ces derniers, commandés par des chefs militaires exceptionnels comme Jan Ziska et Procope le Chauve, taillèrent en pièces avec leurs cohortes mobiles de fantassins fanatisés les lourds contingents de chevaliers, à l'exemple des Anglais battant les Français dans la Guerre de Cent ans. Des dissensions internes eurent finalement raison de la résistance hussite, après que l'aile modérée eut écrasé les extrémistes en 1434 à la bataille de Lipany. C'est alors seulement que Sigismond put s'approprier l'héritage de son père, le royaume de Bohème, qu'il avait eu l'ambition de faire sien dès sa jeunesse.

La couronne impériale et la fin de son règne de 1433 à 1437

Portrait de Sigismond, façade de la gare centrale de Luxembourg, par Pierre Federspiel.

(double page suivante) Entrée de Philippe le Bon, duc de Bourgogne à Luxembourg (1443), d'après Pierre Blanc (MNHA).

Dès le début des années 1430, quand les guerres et les raids punitifs des hussites dans les pays voisins s'étaient déjà un peu tassés, Sigismond prépara son expédition en Italie pour aller s'y faire couronner par le pape. Il fallait, d'abord, calmer le jeu des trouble-fêtes les plus en vue du guêpier italien, les Visconti de Milan, les cités de Florence et de Venise et le roi de Naples, ce que son habileté diplomatique et sa patience lui permirent de réaliser. Il eut plus de difficultés à trouver les moyens financiers indispensables, car ni les magnats hongrois, ni les princes allemands, ni les villes tchèques ou italiennes ne s'empressaient de l'aider. Finalement, il obtint la couronne de fer à Milan en 1432 et la couronne impériale des mains du pape à Rome en 1433, renouant ainsi avec la tradition de son père pour rentrer auréolé du prestige impérial.

Il ne lui restait plus qu'à préparer sa succession. Dès 1421, fidèle au pacte de famille avec les Habsbourg, il avait donné sa fille unique, Élisabeth, en mariage à Albert V de Habsbourg. Celui-ci lui succéda en 1437, mais il mit plus de deux ans à se faire reconnaître dans ses royaumes respectifs, surtout en Bohème toujours meurtrie par les guerres récentes.

C'est ainsi que s'éteignit la maison de Luxembourg, qui de Henri VII à Sigismond avait mis sur pied un vaste ensemble étatique en Europe centrale, préparant ainsi le terrain pour les siècles à venir aux Habsbourg. Sigismond, même s'il a été sévèrement critiqué, surtout par l'historiographie allemande, pour ne pas avoir réussi à revigorer le pouvoir impérial, garde le mérite d'avoir mis fin au Grand Schisme. En sa personne, la maison de Luxembourg quitta définitivement le trône impérial avec un panache incontestable.

En sa personne, la maison de Luxembourg quitta définitivement le trône impérial avec un panache incontestable

III

LES TEMPS MODERNES

LE DUCHÉ DE LUXEMBOURG, diuisé en FRANÇOIS, et ESPAGNOL.
Dressé sur les Memoires les plus recents,
Par le S. SANSON, Geographe ord. du Roy.
A PARIS
Chez H. Jaillot, joignant les grands Augustins, aux 2. Globes.
Avec Privilege du Roy.
1705
Eschelle
Milles Pas Geometriques ou Milles d'Italie
Lieües Communes d'Allemagne
Grandes Lieües d'Allemagne
Lieües Communes de France
Septentrion
Occident
Midy
CHAMPAGNE
LUXEMBOURG
LUXEMBOURG FRANÇOIS
EVESCHÉ DE LYEGE
LORRAINE
CHARLEMONT
FUMAY
ROCHEFORT
MARCHE
BASTOGNE
ARLON
MONTMEDY
SEDAN
MEZIERES
CHARLEVILLE
STABLO
HOMFALIZE
NEUFCHASTEL
VIRTON
DURBUY
LA ROCHE
LUXEMBOURG

Le duché de Luxembourg
en 1705, à l'époque espagnole
(collection privée).

LA TRAVERSÉE DU DÉSERT AU SEIN DES PAYS-BAS

Avec l'extinction des Luxembourg à la mort de Sigismond en 1437, le duché, berceau de la dynastie, passa sous le contrôle de souverains étrangers et tomba rapidement au niveau de coin perdu provincial à l'intérieur du conglomérat bourguignon des Pays-Bas. Seule la ville forteresse garda son importance stratégique dans le jeu serré des grandes puissances européennes.

À la mort de Charles le Téméraire, suivie de près par celle de sa fille Marie de Bourgogne, Maximilien d'Autriche, époux de celle-ci, fit entrer le Luxembourg dans les possessions des Habsbourg, tantôt autrichiens tantôt espagnols, au gré des arrangements matrimoniaux. La France interrompit plusieurs fois cette domination habsbourgeoise, d'abord à l'époque de Louis XIV puis lors de la Révolution française, quand la majeure partie du Luxembourg survécut tant mal que bien comme Département des Forêts.

L'histoire de notre pays se limitait alors essentiellement aux personnalités qui imposaient leur marque aux événements de l'époque.

L'avenir du duché semblait se confondre définitivement avec l'histoire des Pays-Bas. Il fut objet de convoitises et pomme de discorde entre les grands voisins, le roi de France et l'empereur allemand respectivement le roi d'Espagne, c'est-à-dire les Valois, les Bourbon et les Habsbourg austro-espagnols. Nous avons concentré notre attention sur cinq éléments distinctifs. D'abord sur le personnage du comte Pierre-Ernest de Mansfeld, gouverneur de la ville forteresse pendant soixante ans dans la deuxième moitié du 16e siècle, sur la fondation du Collège des Jésuites au début du 17e siècle à la suite sur l'apparition des premiers historiens, puis sur l'évolution de la ville forteresse avec son impact sur l'histoire du pays, et enfin sur l'épisode éphémère du *Klëppelkrich*.

De façon générale, les quatre siècles de domination étrangère de 1437 à 1815 furent une période de conflits incessants entre grandes puissances où le pays, souvent théâtre des opérations militaires, fut ravagé par les armées ennemies et amies, la forteresse changeant d'occupant et la population décimée par les exactions des armées de passage, la faim et les épidémies. Toujours est-il que son identité de territoire distinct ne disparut pas, ni dans la mémoire collective de ses habitants, ni dans les chancelleries européennes qui allaient décider de son sort au Congrès de Vienne. Le gros de sa population, habituée à être l'enjeu des guerres et des négociations, acceptait d'être livrée au plus fort selon le sort des armes, en n'ayant pas d'autre sentiment d'identité que celui du terroir local et régional, totalement en dehors des nationalismes naissant parmi les autres populations européennes après 1815.

LES ACTIONS HEROIQUES DE LOUIS LE GRAND EN L ANNEE M.DC.LXXXIV
LA PRISE DE
LVXEMBOVRG
par l'Armée du Roy
Mr le Pr de Conty
Mr le Mal de Crequi

La prise de Luxembourg

par Louis XIV, en 1684

PIERRE-ERNEST DE MANSFELD *1517 †1604
Gouverneur de Luxembourg

Le nom de Mansfeld évoque pour la plupart de nos concitoyens une brasserie connue à Clausen, pour peu seulement le souvenir d'un palais magnifique situé à Clausen, disparu dans la nuit des temps et dont il ne reste plus que des tableaux d'époque pour attester sa splendeur. Pourtant, l'homme qui a laissé ces rares traces dans le paysage de notre capitale a présidé à son destin pendant presque soixante ans, de 1545 à 1604, comme gouverneur du duché de Luxembourg. C'était un homme de guerre de premier ordre, un homme d'État prestigieux au service de l'empereur et roi d'Espagne, un prince de la Renaissance au nord des Alpes et un grand amateur d'art.

L'homme qui a laissé ces rares traces dans le paysage de notre capitale a présidé à son destin pendant presque soixante ans, de 1545 à 1604, comme gouverneur du duché de Luxembourg

Si au bas Moyen Âge, Luxembourg a été pour sa dynastie le point de départ d'un destin européen, pour Pierre-Ernest de Mansfeld, originaire d'un comté obscur de Saxe, c'était le point de chute à partir duquel il connut une carrière politique et militaire remarquable au sein des Pays-Bas espagnols dans la deuxième moitié du 16e siècle.

Origines et premiers pas sur la scène politique

Né en 1517 dans la famille des comtes de Mansfeld, parents éloignés des princes-électeurs de Saxe, les Wettin, Pierre-Ernest de Mansfeld, par l'entremise d'un oncle, devint page à la Cour royale de Ferdinand de Habsbourg, frère de Charles Quint. Il y reçut une éducation de gentilhomme accompli et participa, en 1535, à l'expédition de Charles Quint contre les pirates turcs à Tunis. Après cette première expérience des armes, il accompagna l'empereur dans sa visite à Rome, ce qui lui laissa un engouement durable pour le faste et la splendeur de la Renaissance italienne tardive. Son mariage avec la fille d'une famille noble flamande déplaça le centre de gravité de sa vie publique et privée vers l'Europe occidentale, c'est-à-dire les Pays-Bas

Le comte de Mansfeld, dessin d'Emile Probst.

espagnols. En 1545, Mansfeld fut nommé gouverneur du Luxembourg et de Namur, au moment où Charles Quint se battait à la fois contre les princes protestants allemands et contre son vieux rival, le roi de France François Ier, puis contre le fils de ce dernier, Henri II.

Les dernières années sous Charles Quint de 1545 à 1556

Il resta toute sa vie un partisan fidèle du catholicisme et de la maison des Habsbourg

Mansfeld, contrairement à la plupart des autres grands nobles des Pays-Bas, gouverneurs de province et membres du Conseil d'État, resta toute sa vie un partisan fidèle du catholicisme et de la maison des Habsbourg. Cela ne l'empêchait pas d'exprimer ses vues personnelles et ses critiques à l'égard du gouvernement royal, surtout de ses représentants à Bruxelles, parfois à grands risques pour lui-même.

Mansfeld a fait deux expériences cruciales à la fin du règne de Charles Quint. L'empereur se faisait des soucis à propos de sa succession en Allemagne, mais plus encore au sujet de celle concernant ses possessions espagnoles, dont les Pays-Bas étaient l'un de ses territoires préférés. Il y fit venir l'infant, le futur Philippe II, pour qu'il se présentât à ses nouveaux sujets et reçût leurs serments d'allégeance. Philippe avait l'air hautain et maladroit, il ne parlait que l'espagnol, alors que son père parlait pratiquement les langues de tous ses sujets. Le courant entre Philippe et ceux-ci ne passait pas, ni entre Philippe et Mansfeld, qui se comprenaient difficilement. Plus tard, celui-ci ne reçut en récompense pour ses fidèles services de plus de quarante ans que de belles paroles, alors qu'il s'attendait au moins à recevoir quelque territoire, notamment le comté de Vianden.

Le deuxième fait peu banal s'est produit durant les longues guerres de Charles Quint avec le roi de France, dans lesquelles le duché de Luxembourg et sa population furent durement mis à l'épreuve. Mansfeld, de robuste stature et aguerri au combat, général courageux et prêt à payer de sa personne, devait, la plupart du temps, faire face avec des forces très inférieures en nombre, mal payées et indisciplinées, surtout des mercenaires allemands, à des forces françaises bien supérieures. C'est ainsi qu'au début des années 1550, le duc de Montmorency accompagné de Henri II se mit à conquérir systématiquement les villes fortifiées protégeant les abords de Luxembourg, comme Thionville, Montmédy, Virton. Mansfeld s'était précipité pour défendre le point stratégique d'Ivoix contre les attaques dévastatrices de l'artillerie française, mais, lâché par ses lieutenants allemands, il fut forcé de se rendre et fut envoyé à Vincennes comme prisonnier de guerre, dont la libération était soumise à une très importante rançon. La colère de la régente, Marguerite de Parme, mais surtout celle de Charles Quint et par après celle de Philippe II envers Mansfeld rendu responsable de cette capitulation, était à son comble. Il dut moisir cinq longues années dans la prison de Vincennes – sa femme mourut entre-temps – avant qu'une enquête l'eût complètement disculpé et qu'une énorme rançon fût payée, essentiellement par ses sujets luxembourgeois, pour sa liberté. Il se revancha par son engagement courageux dans la bataille de St Quentin, qui fut une grande victoire espagnole, et ne manqua pas de faire payer des rançons substantielles à ses nombreux prisonniers français.

Le règne de Philippe II: le cauchemar de sa désastreuse politique religieuse

Philippe II, dès son arrivée sur le trône d'Espagne, supportait mal de voir son pouvoir limité par un Conseil d'État ou des Conseils généraux autonomes, alors que ceux-ci avaient relativement bien fonctionné sous son père, Charles Quint. Lui et ses lieutenants, les gouverneurs généraux à Bruxelles, s'aliénaient ainsi irrémédiablement un certain nombre de grandes familles, les Egmont, Horn, Orange-Nassau et les représentants des grandes villes, Bruxelles, Anvers, Gand en passant par-dessus leurs têtes. À cet antagonisme politique s'ajouta le fanatisme religieux, attisé par l'intolérance absolue de Philippe II, et sa politique fiscale de plus en plus oppressive. Mansfeld, marié en secondes noces à une comtesse de Montmorency appartenant à la branche catholique néerlandaise de la famille, tout en refusant de rejoindre l'opposition grandissante des grands seigneurs, essaya par des conseils de prudence de modérer la politique autoritaire du roi. En vain! Même son fils Charles, devenu entre-temps un capitaine militaire valeureux, avait rejoint les rangs de l'opposition, qu'il quitta toutefois sur les instances de son père.

Le point de rupture fut atteint avec l'arrivée du duc d'Albe et la répression sanglante contre les calvinistes et les chefs de file de l'opposition nobiliaire, Egmont et Horn. Ce fut la révolte généralisée, et même le renvoi du duc à la fin des années 1560 et l'arrivée du vainqueur de Lépante, Don Juan d'Autriche, ne permirent pas de redresser la situation. Mansfeld lui-même, menacé par le duc d'Albe, ne fléchit pas, mais resta fidèle au roi en combattant avec son fils Charles dans l'armée royale, alors que les interventions d'ambitieux prétendants français et allemands contribuaient à brouiller encore un peu plus les cartes. Le pays fut mis à feu et à sang par les hordes militaires, de part et d'autre, et ce furent finalement les capacités militaires d'Alexandre Farnèse, soutenu à fond par les Mansfeld père et fils, qui permirent de reprendre les provinces méridionales au profit de Philippe II. Pierre-Ernest de Mansfeld avait, entre-temps, perdu sa deuxième épouse et se trouvait dans une situation extrêmement difficile, pris entre la méfiance des Espagnols et l'indignation des rebelles hollandais qui ne lui pardonnaient pas son allégeance indéfectible au trône royal. Il se retrouva même à un moment donné en prison à Bruxelles, livrée à l'anarchie en pleine guerre civile.

Cependant, il s'en tira en fin de compte et commença à se concentrer davantage sur le bien-être de sa province du Luxembourg et de ses habitants, auprès desquels il resta

populaire et respecté. Malgré le fait qu'il était la plupart du temps à court d'argent, il commença, dès le début des années 1560, la construction de son château de Clausen, avec ses jardins et ses œuvres d'art et d'architecture, son parc à gibier digne d'un prince de la Renaissance. Sa résidence officielle dans la ville haute, l'ancien palais de Justice, fut complètement réaménagée. Bien plus modeste que sa résidence somptueuse de Clausen, il devait pourtant survivre et il représente aujourd'hui un héritage important de son époque.

Le comte de Mansfeld à la bataille de Saint-Quentin, en 1557 (Escorial, Madrid).

La fin du règne de Philippe II et les débuts de celui des archiducs Isabelle et Albert de 1590 à 1604

Les dernières années de la vie de Mansfeld furent assombries par le déclin irréversible du pouvoir espagnol et par des deuils dans sa famille. Philippe II essuyait des échecs politiques, des désastres militaires et des déconfitures diplomatiques en série, face aux Provinces Unies, à l'Angleterre, à la France, de sorte que son prestige et celui de l'Espagne étaient en plein déclin. Mansfeld resta inébranlable dans sa loyauté envers la Couronne. Par contre, les morts successives sur le champ de bataille de ses deux fils, Octavien et Charles, comme lui de vaillants officiers auxquels il avait réservé des appartements personnels dans son château, furent des coups très durs à supporter.

Bien qu'il eût un certain nombre d'enfants naturels légitimés dans la suite, Mansfeld ne les prenait pas en considération pour sa succession politique et domaniale. Il en écarta également les descendants de sa fille Polyxène, qui avait osé contracter un mariage contre la volonté de son père.

Il se méfiait particulièrement de son fils naturel Ernest Mansfeld, la brebis galeuse de la famille, qui allait acquérir plus tard une notoriété douteuse dans la Guerre de Trente ans comme chef de mercenaires, sans foi ni loi, vendant ses services au plus offrant et changeant de camp sans vergogne, jusqu'à ce que Wallenstein lui régla définitivement son compte dans la bataille de Dessau en avril 1626, après quoi il alla mourir misérablement près de Sarajevo.

Il se méfiait particulièrement de son fils naturel Ernest Mansfeld, la brebis galeuse de la famille

Après la mort de Philippe II, en 1598, Mansfeld garda son poste de gouverneur sous les archiducs Isabelle et Albert d'Autriche. Il eut encore la satisfaction de présider à l'établissement du Collège des Jésuites, l'ancêtre de l'actuel Athénée, en 1603.

En 1602, il avait rédigé son testament définitif. En l'absence d'un héritier mâle irréprochable et à la personnalité assez forte pour assurer la continuité de la lignée des Mansfeld, il légua l'essentiel de sa fortune, le palais de Clausen avec ses trésors, au roi d'Espagne. Pierre-Ernest de Mansfeld mourut le 25 mai 1604 à l'âge de 87 ans et fut enterré à côté de ses deux épouses dans la chapelle sépulcrale de son château.

(double page suivante)
Reliures frappées aux armes du comte de Mansfeld (BNL).

FORCE·MEST·TROP
MANSFELT·

Le château La Fontaine
que Mansfeld fit construire
à Clausen (MNHA).

Reliefs romains de la collection du comte de Mansfeld (MNHA).

Philippe III fit enlever et transporter en Espagne tout ce qui était amovible

Philippe III fit enlever et transporter en Espagne tout ce qui était amovible. Le magnifique château, abandonné, tomba rapidement en ruines et alla servir de carrière à toutes sortes de constructions. La chapelle et les tombes des Mansfeld furent vandalisées et complètement démolies, les corps disparurent, de sorte qu'il n'en reste rien à l'exception de l'épitaphe latine vérifiant ainsi le bien-fondé du célèbre dicton: *Sic transit gloria mundi*. Malgré ce triste épilogue, Pierre-Ernest de Mansfeld a laissé de sa longue carrière le souvenir d'une forte personnalité, solidement implantée à Luxembourg, appréciée par les notables et le peuple pour son attachement à sa patrie élective.

S'il a été plutôt malheureux dans sa progéniture légitime ou naturelle, Mansfeld pour autant a certainement, inspiré par son exemple et sa carrière glorieuse, des fils du peuple qui grandirent à l'ombre de son palais, Jean Aldringen et Jean Beck, tous les deux issus de modestes familles, nés la même année 1584 au Grund et attirés par la carrière militaire au service des Habsbourg. Ils profitèrent des troubles religieux et politiques de la Guerre de Trente ans pour faire une grande carrière, comme les *condottieri* de la Renaissance italienne. Intelligents, courageux et ambitieux, tous les deux gravirent la hiérarchie des plus hauts grades militaires. Jean Aldringen fut promu feld-maréchal général avec le titre de comte du St. Empire et tomba près de Landshut en Bavière face aux Suédois en 1634.

Son copain de jeunesse, Jean Beck, promu général-major, trempa dans l'assassinat de Wallenstein et se retrouva en 1642 nommé gouverneur de Luxembourg, poste qu'avait occupé Mansfeld presqu'un siècle plus tôt. Anobli comme baron d'Empire, Beck ramassa une fortune appréciable et se fit construire une nouvelle résidence dans sa seigneurie de Beaufort. Intelligent et cultivé, malgré ses modestes origines, il garda toujours un sens de l'humour très expressif et populaire, non dépourvu d'autodérision. De là provient la fameuse expression: *Wann den Dreck Mëscht gëtt, wëllt e gefouert ginn*, propos qu'il aurait tenus lors de son entrée solennelle en carrosse comme gouverneur dans la

Plaque apposée à la maison natale d'Aldringen au Grund.

Portrait de Jean Aldringen, né à l'ombre du château de Clausen.

ville de Luxembourg. Grièvement blessé dans la bataille de Lens en août 1648, Beck mourut par refus obstiné de se faire soigner.

Ainsi Mansfeld, sinon dans sa famille alors dans l'entourage immédiat de sa résidence, eut une descendance par l'exemple, des émules populaires, Aldringen et Beck, qui allèrent l'égaler par leurs prouesses militaires et les rangs nobiliaires que leur conféraient les Habsbourg dont ils étaient les fidèles serviteurs, tout comme lui.

Jean Baron de Beck. Seig. de Beaufort, Wydimb, et Ringskeim etc.
Mre de Camp general, et Collonel D'ung Regiment de haul allemans
pour le service de Sa Ma.te Gouuerneur et Cap.ne genl du pays
Ducké Luxembourg, et Comté de Ckinij.
Franciscus de Nijs pinxit.
Paul. Pontius sculpsit.

(à gauche)
Portrait de Jean, baron de Beck, compagnon d'armes d'Aldringen.

Ancien et nouveau château de Beaufort, propriété du baron de Beck (*Orbis terrarum*, 1932).

CONCLUSIONES PHILOSOPHICÆ

EX LOGICA

PHYSICA

Præſide R. P. PETRO BROSIUS, è Societate JESU, Philoſophiæ Profeſſore.

PROPUGNABIT IN AULA COLLEGII SOCIETATIS JESU LUXEMBURG. Die 13. Julii medio nonæ matutinæ.

Doct. Dom. JOANNES ANTONIUS BLASIUS, Stabulenſis.

LUXEMBURGI, Apud J. B. Kleber, Typographum ... Anno 1751.

LES JÉSUITES ET LEUR COLLÈGE
Renforcement de l'identité catholique entre 1603 et 1773

Les bâtiments de l'ancien Collège des Jésuites, l'actuelle Bibliothèque nationale, et son église devenue cathédrale en 1870 continuent de marquer la silhouette de la vieille ville forteresse. Les pères eux-mêmes ont dû quitter les lieux de leur enseignement et de leur pastorale en 1773, lors de la suppression généralisée de leur ordre. Si le collège a failli sombrer du fait de ce départ, l'influence de l'éducation jésuite ne saurait être surestimée, même si elle est difficile à évaluer. Il en va de même des apports du collège à la vie culturelle du Luxembourg d'Ancien Régime, et de l'influence déterminante des jésuites sur la pratique de la foi catholique sur les terres de l'ancien duché.

L'influence de l'éducation jésuite ne saurait être surestimée

Peu de figures suréminentes ont émergé de cette œuvre collective d'éducation et d'évangélisation. On pensera, certes, aux pères Wiltheim, Jacques Brocquart, Jean Bertholet, Philippe de Scouville, Jean-Philippe Bettendorff ou François-Xavier de Feller. Les noms de Nicolas Leyen dit Cusanus, Martin du Cygne, Jean-Baptiste de Florbecq ou François Weydert sont déjà moins connus. La plupart des noms des plus de 500 pères et frères qui se sont succédé dans les murs de l'ancien collège restent anonymes – le premier établissement secondaire du Luxembourg fut avant tout une œuvre collective portée par une pédagogie nouvelle à dominante religieuse, élaborée dans l'esprit du Concile de Trente. La vie intellectuelle et religieuse du Luxembourg d'Ancien Régime en a été durablement marquée, avant que d'autres acteurs ne viennent prendre le relais.

Affiche du concours de philosophie au Collège des jésuites de Luxembourg, 1751 (Maison du Christ-Roi, Luxembourg).

(double page suivante)
Saints et représentants de la société luxembourgeoise en vénération devant Notre-Dame Consolatrice des Affligés, Cunégonde, l'évêque Cunibert, le père J. Brocquart sj, le prince de Chimay, l'archiduchesse Isabelle (1923) (cathédrale de Luxembourg).

Un programme scolaire ambitieux

Les jésuites sont appelés à Luxembourg dès 1583, comme en d'autres villes des Pays-Bas espagnols ou d'Europe, pour y fonder un collège et un séminaire destinés à renforcer l'identité catholique en crise et à assurer des structures sociétales stables fondées sur

AVE
MARIA
CONSOLA

X AFFLICTORUM
ORA PRO
NOBIS.

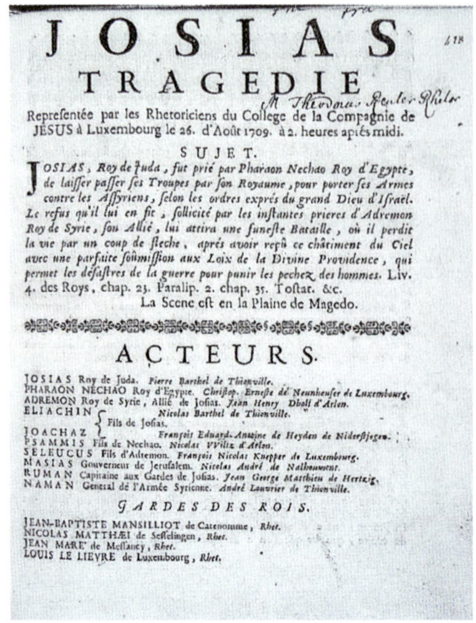

JOSIAS

TRAGEDIE

Representée par les Rhetoriciens du College de la Compagnie de JESUS à Luxembourg le 26. d'Août 1709. à 2. heures aprés midi.

SUJET.

JOSIAS, Roy de Juda, fut prié par Pharaon Nechao Roy d'Egypte, de laisser passer ses Troupes par son Royaume, pour porter ses Armes contre les Assyriens, selon les ordres exprés du grand Dieu d'Israël. Le refus qu'il lui en fit, sollicité par les instantes prieres d'Adremon Roy de Syrie, son Allié, lui attira une funeste Bataille, où il perdit la vie par un coup de fleche, aprés avoir reçû ce châtiment du Ciel avec une parfaite soûmission aux Loix de la Divine Providence, qui permet les desastres de la guerre pour punir les pechez des hommes. Liv. 4. des Roys, chap. 23. Paralip. 2. chap. 35. Tostat. &c.

La Scene est en la Plaine de Magedo.

ACTEURS.

JOSIAS Roy de Juda. *Pierre Barthel de Thionville.*
PHARAON NECHAO Roy d'Egypte. *Christop. Erneste de Neunheuser de Luxembourg.*
ADREMON Roy de Syrie, Allié de Josias. *Jean Henry Dboll d'Arlon.*
ELIACHIN } Fils de Josias. *Nicolas Barthel de Thionville.*
JOACHAZ } *François Eduard-Antoine de Heyden de Niderstjegen.*
PSAMMIS Fils de Nechao. *Nicolas VVilt d'Arlon.*
SELEUCUS Fils d'Adremon. *François Nicolas Knepper de Luxembourg.*
MASIAS Gouverneur de Jerusalem. *Nicolas André de Nalbouwent.*
RUMAN Capitaine aux Gardes de Josias. *Jean George Matthieu de Hertzig.*
NAMAN General de l'Armée Syrienne. *André Louvrier de Thionville.*

GARDES DES ROIS.

JEAN-BAPTISTE MANSILLIOT de Catenomme, *Rhet.*
NICOLAS MATTHÆI de Sesselingen, *Rhet.*
JEAN MARE de Messancy, *Rhet.*
LOUIS LE LIEVRE de Luxembourg, *Rhet.*

Sceau du recteur du Collège jésuite, 18e siècle (MNHA, photo Jochen Herling).

Page de titre du livret de présentation de la tragédie de «Josias», 26 août 1709 (Bibliothèque nationale de Luxembourg).

la religion. Lorsque le nouveau collège est inauguré le 1er octobre 1603, 200 élèves se pressent déjà à ses portes. En quelques années, leur nombre va doubler et atteindre rapidement le chiffre de 500, obligeant les jésuites et la Ville à agrandir les bâtiments. Comme il s'agit du premier établissement secondaire dans l'ancien duché, son succès ne se dément pas durant deux siècles. La gratuité de l'enseignement et le caractère novateur de sa pédagogie ont certainement favorisé ce développement, offrant aux jeunes la possibilité d'une ascension sociale assurée.

Suivant le plan de la *Ratio studiorum* établie pour l'ensemble des collèges jésuites en 1599, les élèves sont répartis en cinq classes qui se succèdent – ce qui constitue une nouveauté à l'époque! Les trois premières années de grammaire (classe des rudiments ou des figures, de la grammaire et de la syntaxe) sont suivies par l'étude de la poésie et de la rhétorique. Le but intellectuel de cet enseignement consiste en la maîtrise achevée, écrite et orale, de la *lingua franca* de l'époque: le latin. Les jésuites suivent en cela l'esprit de la formation qui a prévalu à la Renaissance. Pendant les premières décennies, l'autre langue classique, le grec, est aussi enseignée, mais elle est abandonnée vers la fin du 17e siècle. D'autres matières, comme l'histoire ou la géographie, sont à peine ébauchées dans les classes supérieures, tandis que les mathématiques et les sciences sont réservées au cycle de la philosophie.

Au moins dans la perspective originale, cet enseignement est considéré comme propédeutique: il doit mener vers l'étude de la philosophie et de la théologie. Le cycle complet du «Collège de plein exercice», qui se substitue à la Faculté des Arts et permet d'accéder à l'étude du droit, de la médecine et de la théologie, se trouve établi à Luxembourg

Plan d'architecture de l'église et du Collège des jésuites à Luxembourg, vers 1686 (Bibliothèque royale Albert Ier, Bruxelles).

après 1686, l'année où Louis XIV finance une nouvelle aile du bâtiment dans laquelle la philosophie sera enseignée (cours de deux ans) et 1693, l'année où le cycle complet de théologie (4 ans) est instauré de manière durable. Les «Cours supérieurs» et l'Université du Luxembourg ont donc un ancêtre lointain rue Notre-Dame! Cette extension fera d'ailleurs grimper le nombre d'élèves et d'étudiants jusqu'à 800 au milieu du 18e siècle.

Une pédagogie novatrice

C'est surtout en matière de pédagogie que les jésuites innovent. Le cours magistral (*praelectio*) est réduit à son strict minimum: deux fois une demi-heure le matin et en début d'après-midi! Les explications du professeur sont ensuite approfondies au moyen d'exercices en petits groupes de dix, sous la responsabilité d'élèves appelés *décurions*. En fin de matinée et en début d'après-midi, la matière traitée est répétée de manière à en favoriser la mémorisation. La composition joue aussi un rôle important: thèmes, versions, versification, imitation d'auteurs, compositions libres, que ce soit en classe sous l'œil vigilant du régent ou à la maison. La correction de ces devoirs est très soignée et constitue un autre élément important de l'apprentissage. Celui-ci culmine dans la

Christ-Catholische
Glaubens-Lehr/

Das zweyte Christliche Lehr-Buch/

In welchem der zunemenden Jugend mehrere Verständnus deren zur Seligkeit nöthigen/ und im ersten Buch kurtz vorgetragenen Glaubens-Geheimnüssen gegeben wird.

Nach Ordnung des grossen
CATECHISMI
R. P. PHILIPPI SCOUVILLE,
è Societate JESU.

Gedruckt zu Lützemburg/
Bey J. B. Ferry/ hinderlassenen Erben/ im Jahr 1741.

Cum speciali approbatione Superiorum.

declamatio, la prise de parole devant la classe pour réciter des textes appris par cœur ou des discours composés. Enfin, l'appropriation par le jeu n'est pas négligée: en fin de journée ou de semaine, une classe peut être divisée en deux camps qui s'affrontent pour trouver en premier l'expression juste, répondre aux questions posées ou traduire au mieux un passage d'auteur (*concertatio*). Pour les aînés, cet exercice peut même être solennisé sous la forme de la *disputatio* publique, la controverse argumentée d'adversaire à adversaire en présence d'autres pères jésuites, de personnes de l'extérieur, d'autorités locales.

Le partage des responsabilités et la variation des méthodes d'enseignement permettent de faire fonctionner le collège avec un minimum d'enseignants. Chaque classe a son «régent» qui assure l'essentiel des heures, soutenu par un professeur de grec ou de musique, un préfet d'éducation et le directeur du collège. L'enseignement secondaire de quelque 500 jeunes repose donc sur les épaules de cinq à huit pères jésuites! En y ajoutant les professeurs de philosophie et de théologie, on en arrive à une douzaine d'enseignants pour 700-800 élèves et étudiants. Le fait est d'autant plus remarquable que l'enseignement des humanités est confié dans sa grande majorité à de jeunes jésuites en formation, avant leurs études de théologie. On imagine les déboires de l'un ou l'autre confronté à une centaine d'adolescents; la rotation fréquente des enseignants pourrait

(à gauche)
Page de titre du petit catéchisme de Scouville, édition de 1741.

Portail d'entrée de l'ancien Collège des jésuites.

être le signe de tels échecs pédagogiques. Certains régents, néanmoins, suivent leur classe tout au long du cursus des humanités, leur assurant ainsi un accompagnement stable. D'autres, mais c'est une minorité, donnent les mêmes cours plusieurs années de suite. Ce système ne favorisait certainement ni la spécialisation des enseignants ni l'innovation dans les matières, ce que le siècle des Lumières ne manquera pas de reprocher à l'enseignement des jésuites.

Parmi les moyens pédagogiques nouveaux, il faut souligner l'importance du théâtre dans la vie du collège. Une ou deux fois par an, pour la proclamation des résultats et la distribution des prix en début ou en fin d'année scolaire, les élèves montent sur la scène de l'*aula major*, l'actuelle salle Mansfeld de la Bibliothèque nationale, pour représenter une pièce en latin écrite par un des régents du collège. Parents, amis, bienfaiteurs et autorités civiles peuvent se convaincre à cette occasion des progrès réalisés par les collégiens. La répétition de ces matières était une nouvelle occasion pour s'imprégner de la culture classique, mais aussi de la doctrine catholique, puisque les pièces choisies l'étaient aussi pour leur moralité. Le théâtre scolaire devait représenter sous l'Ancien Régime un des rares divertissements à caractère non directement religieux pour la population de la ville forteresse. Il assurait en même temps une bonne publicité pour les jésuites et leur établissement scolaire...

Last but not least, l'enseignement jésuite avait une finalité religieuse. Non seulement les élèves ont des cours de catéchisme tous les samedis, mais ils sont tenus d'assister à la messe et aux vêpres dans l'église du collège les dimanches et jours de fête. De plus, ils sont invités à rejoindre les sodalités ou congrégations mariales qui doivent les préparer sur base volontaire à une vie chrétienne plus intense: prière quotidienne, réception régulière des sacrements, consécration à Notre-Dame, pratique des vertus. Que ce soit pour la vénération de la Vierge Consolatrice des Affligés ou pour tout autre acte religieux d'importance, les membres des sodalités sont tenus de donner l'exemple. Aussi les jeunes se trouvent-ils ainsi encadrés par les jésuites dans la pratique de la foi et entraînés par leur exemple. La religion n'est donc pas seulement enseignée, mais aussi pratiquée ensemble.

Une église au cœur de la ville

Plaque apposée à l'emplacement de l'ancienne chapelle au glacis.

Représentation de la première chapelle du glacis (1628), lieu d'origine du culte de la Vierge Consolatrice des Affligés.

L'église était le pendant naturel de tout collège jésuite, matérialisant en quelque sorte la finalité religieuse de l'enseignement. Elle servait de base, en même temps, à tout un travail pastoral à l'intention de la population urbaine. C'est là que les directives du Concile de Trente, chères au nouvel ordre de la réforme catholique, devaient être mises en pratique: prédication soignée, catéchismes, confession et communion régulières, dévotion à la Vierge Marie, vie vertueuse. Aussi les jésuites jouèrent-ils un rôle de premier plan dans la réévangélisation du Luxembourg d'Ancien Régime, en l'absence de diocèse local.

Témoin le plus obvie de cette réalité: le pèlerinage à Notre-Dame Consolatrice des Affligés né sous l'impulsion du père Jacques Brocquart, relayé par ses confrères Jacques Pirenne et Alexandre Wiltheim notamment. Si la statue de Notre-Dame est d'abord érigée pour le profit des élèves sur le glacis, en dehors des murs de la forteresse, la dévotion prend bientôt de l'ampleur et va concerner toute la population de la ville et des campagnes de l'ancien duché. Aussi une première, puis une seconde chapelle sont-elles édifiées, et le succès du pèlerinage culmine dans l'élection de la Consolatrice comme patronne de la ville (1666) et de tout le duché (1676). Chaque année, le transfert de la statue miraculeuse dans l'église du collège où elle sera présentée à la dévotion des fidèles pendant une semaine, l'octave, marque un des rendez-vous importants de la vie catholique du Luxembourg jusqu'aujourd'hui.

L'église, érigée entre 1613 et 1621 sous la responsabilité du frère architecte Jean du Blocq et du recteur François Aldenardus, était consacrée à l'immaculée conception de la Vierge Marie. Elle n'innovait guère sur le plan architectural, adoptant le style

Les élèves de l'Athénée à la procession de clôture de l'Octave en 1893, d'après Michel Engels (collection privée).

gothique ogival dit «gothique posthume». L'intérieur de l'église, par contre, était fortement sous l'emprise du baroque: maître-autel massif avec le superbe tableau de l'Assomption, œuvre du frère jésuite Jacques Nicolaï, élève de Rubens, confessionnaux et chaire de vérité, innombrables tableaux représentant des scènes de la vie du Christ et des saints favoris de l'âge baroque et de la Compagnie de Jésus. Les bandeaux entrelacés des piliers de la nef centrale, l'ornementation de la tribune du fond de la nef et des deux tribunes au-dessus des chapelles latérales sont autant de concessions faites à la tradition artistique alors en vogue dans les Pays-Bas espagnols et en Rhénanie. Ce mélange harmonieux des styles est d'autant plus précieux qu'il constitue un des seuls témoignages de l'architecture religieuse de cette époque dans nos régions qui ait été conservé.

Dans leur église, les jésuites ne tardent pas à innover en matière de pastorale. Ainsi la communion fréquente est propagée, la première communion y est instituée pour les enfants des écoles primaires de la ville en 1657 ou 1667. À la même époque, la communauté jésuite compte dix confesseurs ordinaires! Deux pères sont habituellement en service de prédication les dimanches et jours de fête, l'un en français, l'autre en allemand. On rapporte aussi l'affluence aux séances de catéchisme, non seulement des enfants, mais aussi des adultes, ce qui amène les pères à acheter vingt-quatre nouveaux bancs en 1674. Entre 1640 et 1662, les jésuites organisent régulièrement pendant le carême des méditations axées sur les souffrances du Christ. Au début des années 1660, la fête de Noël est rehaussée pendant trois jours de suite par des méditations et une décoration appropriée (tableaux, ouvrages sculptés). La fête des saints jésuites est l'occasion de nouvelles célébrations, que ce soit lors de leur canonisation, de leur jour de fête ou d'anniversaire de leur mort. Des offices exceptionnels trouvent aussi leur place dans l'église du collège, en lien avec les calamités de l'époque (épidémies, guerres). Outre son rôle novateur en matière de pastorale, l'église des jésuites apparaît ainsi de plus en plus comme le sanctuaire municipal par excellence pour les offices solennels, préfigurant le rôle d'église paroissiale qui sera le sien dès la fin du 18e siècle.

L'église des jésuites apparaît ainsi de plus en plus comme le sanctuaire municipal par excellence pour les offices solennels

À côté des sodalités pour les élèves, des congrégations mariales sont aussi fondées pour les citoyens de la ville désireux d'une vie spirituelle plus intense: sodalité latine pour les prêtres et personnes instruites en 1604, sodalité des hommes mariés en 1610, sodalité des jeunes gens non mariés en 1612. Les pères de la communauté accompagnent aussi des personnes individuelles pour des retraites selon les «Exercices spirituels» de saint Ignace. Au 18e siècle, on voit apparaître les retraites prêchées pendant trois ou cinq jours pour les élèves de rhétorique et les étudiants de philosophie et de théologie. En 1719 et 1721, une véritable mission urbaine est prêchée avec l'appui de quatre jésuites allemands. Le souci de l'intériorité se combine ici avec la volonté de pénétrer la société civile par la foi catholique et de proposer régulièrement des initiatives nouvelles pour marquer les générations qui se succèdent. Nul doute que les fastes de l'âge baroque ont facilité ce succès de foule avec ses offices solennels, ses processions rutilantes et ses dévotions multiples.

La cathédrale de Luxembourg, entrée de l'ancienne église des jésuites rue Notre-Dame, nouvelle aile de la cathédrale (1936), détail du portail (1936).

Portrait du père Philippe de Scouville (Maison du Christ-Roi).

Une instruction religieuse durable pour les campagnes

Les jésuites n'ont pas limité leurs efforts de réévangélisation à la population scolaire et urbaine. Dès les débuts de leur installation à Luxembourg, des pères partent dans les paroisses des alentours pour prêcher, catéchiser, célébrer la messe et confesser, redresser la vie morale. Dès 1604, un père sera affecté à temps plein aux missions de campagne, souvent secondé par un ou plusieurs compagnons. Jusqu'à la fin de l'Ancien Régime, des jésuites vont ainsi de village en hameau pour réévangéliser ses habitants dans l'esprit du Concile de Trente. Les plus connus d'entre eux, Nicolas Leyen dit Cusanus (1574-1636), Philippe de Scouville (1622-1701) et Pierre Wiltz (1671-1749), vont aussi se signaler comme auteurs des premiers catéchismes en usage au Luxembourg, et même au-delà. Si la *Christliche Zuchschul* de Cusanus est surtout remarquable comme source des usages et croyances populaires, le catéchisme de Scouville a dû marquer profondément les mentalités des populations rurales d'Ancien Régime, puisqu'il était destiné à la mémorisation.

L'impulsion donnée par la mission paroissiale se trouvait relayée par la fondation de confréries de la doctrine chrétienne dans les villages, surtout à la fin du 17e siècle. Les sources parlent de plus de 300 de ces confréries fondées par le père Scouville, mais toutes n'ont pas survécu à l'élan des premières années. Les membres de la confrérie se retrouvaient tous les dimanches à l'église sous la houlette de leur curé ou d'un vicaire pour approfondir le catéchisme et célébrer un office. Les jours de fête étaient rehaussés de processions et de prières solennelles, parfois de la présence d'un missionnaire jésuite. Ainsi une pratique liturgique, catéchétique et sacramentelle uniforme a pu s'établir sur les terres de l'ancien duché avant la tourmente de la Révolution française.

R. P. PHILIPPUS
SCOUVILLE

IOANNES BERTELS ABBAS ET·D·ECHTERNACENSIS
ÆT 30

AUX ORIGINES DE L'HISTORIOGRAPHIE LUXEMBOURGEOISE
De l'abbé Bertels au père Bertholet

L'abbé Jean Bertels, premier historiographe du Luxembourg *1544 †1607

Jean Bertels, né à Louvain le 12 octobre 1544, entre en 1561 à l'abbaye bénédictine de Luxembourg-Münster à la suite de son compatriote Pierre Coelen dit Lysius qui en devient l'abbé la même année. En 1566 déjà, il est nommé cellérier, responsable de la gestion des biens de l'abbaye. C'est dans cette fonction qu'il se met à dresser un inventaire des biens et des revenus de l'abbaye classés d'après les différentes localités et d'après certaines catégories. Le censier, terminé en 1571, constitue un témoignage important de la vie quotidienne de l'époque, puisque Bertels l'accompagne de dessins schématiques des différentes localités.

Après la mort de Jean Coelen, Bertels est élu abbé en 1574, à peine âgé de 30 ans. Il continue les travaux de son prédécesseur pour reconstruire et agrandir la nouvelle abbaye de Neumünster à côté des ruines de l'ancienne. Mais il en renouvelle aussi la vie intellectuelle et en vient à s'intéresser tout particulièrement au passé et à l'histoire du Luxembourg. Fort de la connaissance des archives de son abbaye et motivé par le goût pour le passé de son puissant voisin, le comte Pierre-Ernest de Mansfeld, il réunit une documentation importante qu'il publie en 1591 à Cologne sous le titre de *Historia Luxemburgensis.* Cet ouvrage est à juste titre considéré comme la première historiographie luxembourgeoise. Une 2e édition paraît déjà en 1605. Bertels la fait suivre en 1606 par une description des anciens cultes liés aux dieux païens: *Tractatus de diis sacrificorumque Deorum gentilium sacrificiis.*

Médaillon représentant Jean Berthels (MNHA).

En même temps, tout au long de sa vie, l'abbé Bertels consigne dans ses écrits, notamment ses quelque 200 lettres, les faits parfois les plus anodins de son temps à l'usage des historiens du futur. Son sens de l'histoire se remarque aussi dans ses efforts pour récupérer la dépouille mortelle de Jean l'Aveugle, comte de Luxembourg et roi de Bohême, effets couronnés de succès en 1592.

En 1594, l'abbé Bertels est nommé à la tête de l'abbaye d'Echternach pour remettre de l'ordre dans l'administration du plus ancien monastère en terre luxembourgeoise, tâche dans laquelle Pierre Coelen avait échoué un demi-siècle plus tôt. Le 10 juin 1595, il devient ainsi le 64ᵉ abbé d'Echternach. Il se met d'abord à reconstruire des parties tombées en ruine ou négligées de l'abbaye. En même temps, il commence le même travail d'archiviste et d'historien qu'à Neumünster pour inventorier les biens et revenus d'Echternach. Dans cet aide-mémoire, il représente à nouveau des scènes de la vie quotidienne avec un sens prononcé du détail.

Il note aussi les moindres événements survenus à Echternach et dans les environs dans son journal intitulé *Éphémérides*. Une grande place y revient à sa capture et sa déportation à Nimègue par des guerriers hollandais qui ravagèrent la ville et l'abbaye d'Echternach en mai 1596. Il ne reviendra de sa captivité que trois mois et demi plus tard, moyennant le paiement d'une rançon importante. Ne se sentant plus en sécurité à Echternach, Bertels va passer les dernières années de sa vie aux refuges de son abbaye à Luxembourg et à Trèves, tout en continuant à s'occuper de l'administration d'Echternach et de son censier sur les biens et revenus de l'abbaye.

Jean Bertels meurt le 19 juin 1607, âgé de 62 ans, après une vie bien remplie. Quand les révolutionnaires français transforment l'abbaye en faïencerie, sa statue funéraire est placée par les habitants d'Echternach au milieu du pont de la Sûre pour préserver la mémoire du grand abbé et premier historien du pays de Luxembourg. Il y tient en main son ouvrage principal, l'*Historia Luxemburgensis*.

On peut dire que le comte Pierre-Ernest de Mansfeld (1517-1604) est à l'origine de l'archéologie au Luxembourg de par la collection impressionnante d'antiquités romaines qu'il réunissait dans son palais de Clausen. C'est là que le goût pour les pierres et monuments anciens est sans doute né dans le cœur de Jean-Guillaume et Alexandre Wiltheim, dont le père était le secrétaire particulier de Mansfeld. Comme il joua un rôle important dans l'établissement des jésuites à Luxembourg et qu'il favorisait grandement ces derniers, nul ne s'étonnera de voir ses fils fréquenter le collège jésuite nouvellement établi dans la ville forteresse. Dans la foulée, Jean-Guillaume, né en 1594 et Alexandre, né dix ans plus tard, allaient rejoindre la Compagnie de Jésus, l'un en 1612 et l'autre en 1625.

Après son retour définitif à Luxembourg en 1629, Jean-Guillaume se met à rédiger un ouvrage d'observation et de recherche sur les antiquités romaines de sa patrie: les *Historiae Luxemburgensis Antiquiarium Disquisitionum Partis Primae Libri tres*. Il

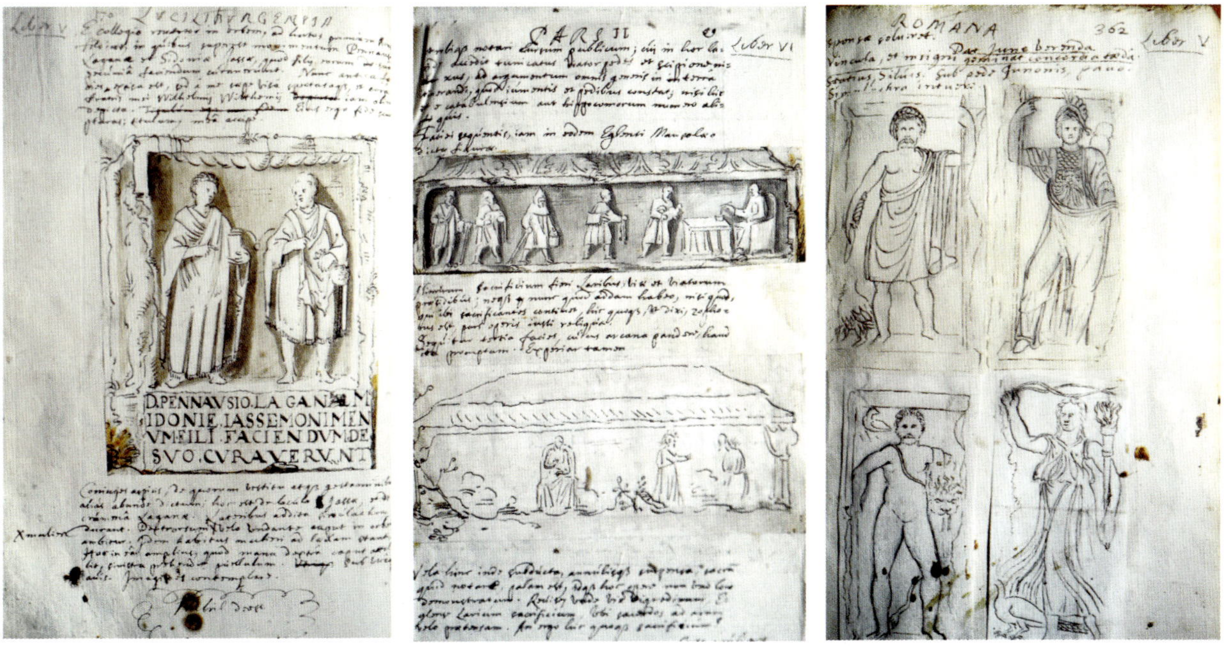

Extraits du *Luxemburgum Romanum* d'Alexandre Wiltheim (Section historique de l'Institut grand-ducal, Abt. 15/380).

accompagne ses descriptions de dessins d'excellente qualité, mais sa mort prématurée à l'âge de 40 ans ne lui permet pas de déployer tout son talent et l'ouvrage en reste au stade de manuscrit. Son frère cadet Alexandre reprend son travail, comme le montrent les nombreuses annotations en marge du texte de Jean-Guillaume, et le complète entre 1661 et 1677 pour en faire le premier répertoire archéologique de notre région. Les *Luciliburgensia Romana sive Luxemburgum Romanum*, qui seront plusieurs fois recopiées, se révèlent d'une valeur documentaire d'autant plus importante que la grande majorité des trouvailles décrites n'existent plus aujourd'hui ou ont été altérées par le temps. Ainsi nous sont parvenus en grande quantité des pierres sculptées et des ruines d'édifices romains ainsi que des petits objets de la vie quotidienne à l'époque romaine.

Si la valeur scientifique éminente de ce premier répertoire archéologique de la région a fait la renommée d'Alexandre Wiltheim, ce dernier a été un auteur prolifique. Ainsi rédige-t-il entre 1642 et 1660 un ouvrage important sur l'histoire de l'abbaye St-Maximin de Trèves, les *Origines et Annales coenobii D. Maximini*. On a pu recenser une quinzaine d'ouvrages historiques ou hagiographiques imprimés de son vivant, et onze autres après sa mort. Un autre ouvrage, appelé le manuscrit Wiltheim de Baslieux, regroupe une série de 45 dessins archéologiques et un ensemble hétéroclite d'autres documents, dus soit à la main d'Alexandre soit à celle d'autres auteurs inspirés par lui, dont son neveu (Jean-)Nicolas Wiltheim, membre de l'ordre jésuite entre 1651 et 1670-71.

On reconnaît en lui un esprit humaniste universel qui a brillé pour ainsi dire dans toutes les disciplines scientifiques de l'époque

Alexandre Wiltheim devient aussi le 2e titulaire de la chapelle Notre-Dame de Consolation après la mort du père Brocquart en 1660. Il occupe cette charge jusqu'en 1677 et joue un rôle important pour la reconnaissance de Notre-Dame Consolatrice des Affligés par la ville et le duché de Luxembourg en 1666 et 1678. Quand il meurt à l'âge de 80 ans, on reconnaît en lui un esprit humaniste universel qui a brillé pour ainsi dire dans toutes les disciplines scientifiques de l'époque: archéologie, histoire, musique, littérature gréco-latine, peinture, architecture, optique, mathématiques et mécanique. Sa correspondance avec nombre de scientifiques de renom à travers toute l'Europe révèle la haute estime dans laquelle la plupart de ses contemporains le tenaient à juste raison.

Un historien contesté: le père Jean Bertholet *1688 †1755

Entre 1741 et 1743 paraît à Luxembourg chez l'imprimeur André Chevalier l'*Histoire ecclésiastique et civile du duché de Luxembourg* (8 volumes in-quarto). L'ouvrage mérite d'être pris en considération, car il s'agit seulement de la deuxième publication d'une histoire générale périodisée du pays après le travail de l'abbé Bertels paru en 1591. Dès avant sa publication, néanmoins, et surtout par après, des controverses importantes ont entouré cette publication.

Son auteur est né le 30 décembre 1688 à Vielsalm, aux franges nord de l'ancien duché de Luxembourg. Après des études d'humanités et de philosophie au collège de la ville forteresse, Jean Bertholet est admis au noviciat jésuite de Tournai. Il enseigne ensuite pendant plusieurs années dans les collèges de Tournai et de Namur avant d'étudier la théologie à Douai et Paris. Il est ordonné prêtre, puis reçu aux vœux solennels à Armentières le 2 février 1723. Suit une quinzaine d'années où le père Bertholet figure comme prédicateur, notamment à Luxembourg en 1725-26 et entre 1734 et 1736. C'est à cette époque qu'il consacre déjà ses loisirs à la recherche de documents et à la rédaction de son histoire du Luxembourg.

L'ouvrage ne semble pas placé sous une bonne étoile. Dès le départ, ses supérieurs jésuites interdisent au père Bertholet de solliciter et d'accepter des subsides publics pour imprimer son ouvrage. Lui-même se plaint de conditions désavantageuses pour son travail au collège de Luxembourg, raison pour laquelle il est affecté au collège de Namur et entreprend sans doute des allers et retours. Si l'ouvrage est tout de même imprimé en un temps record pour l'époque, les difficultés financières avec l'imprimeur ainsi qu'avec le marchand de papier Pierre Bourgeois aboutiront à la saisie partielle des volumes et cahiers imprimés. Jean Bertholet lui-même se retire à Liège dès 1745. Ses déboires luxembourgeois lui vaudront une certaine suspicion de la part de ses supérieurs. Il meurt à Liège le 26 février 1755 à l'âge de 66 ans.

C'est surtout la qualité scientifique de l'histoire du père Bertholet qui pose question. Des historiens contemporains, tel le capucin arlonnais Bonaventure de Luxembourg, et ultérieurs reprochent à Bertholet son manque de méthode historique. Si l'ouvrage se réfère, en effet, en grande partie au manuscrit sur les antiquités romaines d'Alexandre Wiltheim et à une histoire du Luxembourg non publiée du notaire Pierret, il ne cite pas ses sources. De plus, Bertholet ne distingue pas entre sources manuscrites et publiées et n'appuie pas son raisonnement sur les originaux consultés dont il modernise par ailleurs la langue. Si l'histoire de Bertholet est malgré tout intéressante pour les 568 documents originaux cités et dont beaucoup ont été perdus depuis lors, il ne peut pas être utilisé pour une étude linguistique, par exemple, de ces titres et actes. Enfin, le jésuite écrit une histoire uniquement événementielle et cela de manière moralisante et non pour l'instruction objective des lecteurs.

Si l'appréciation critique sévère de l'*Histoire ecclésiastique et civile* par les pairs de l'historien jésuite a été unanime, son ouvrage reste malgré tout incontournable pour tout historien des sources. Et il faudra attendre la fin du 19e siècle pour qu'un historien luxembourgeois reprenne la tâche ambitieuse que s'était fixée le père Bertholet. En ce sens, son entreprise continue de représenter un apport non négligeable des jésuites à l'histoire du Luxembourg.

HISTOIRE
ECCLÉSIASTIQUE ET CIVILE
DU DUCHÉ
DE
LUXEMBOURG
ET COMTÉ
DE CHINY.
Par le R. P. JEAN BERTHOLET,
De la Compagnie de JESUS.
TROISIÉME PARTIE.
Depuis Sigéfroy, premier Comte de Luxembourg.
TOME SIXIÉME.
A LUXEMBOURG,
Chez ANDRE' CHEVALIER, Imprimeur de Sa Majesté la Reine de Hongrie & de Boheme, & Marchand Libraire.
M. DCC. XLIII.
AVEC PRIVILEGE DE LA REINE, ET APPROBATIONS.

Histoire du Luxembourg de Jean Bertholet (ANLux).

Forteresse de Luxembourg,

LA VILLE FORTERESSE

L'évolution de la ville forteresse de Luxembourg entre 963 et 1867

La vie derrière les murs et à l'abri des menaces du dehors favorisait le développement de bonnes relations entre les habitants. L'accumulation de richesses attirait les pauvres des campagnes proches et lointaines. L'histoire de la ville devient histoire de la société. La ville vit en symbiose avec sa campagne. Elle tient aussi sa place hiérarchique dans un réseau de villes bien plus large.

Le site topographique, grâce au rétrécissement de la vallée de l'Alzette et de l'accès difficile qui en découle, permit de dévier l'ancien axe nord-sud vers les plateaux de Bonnevoie et de Luxembourg. L'axe est-ouest passant également par le plateau de Luxembourg élève celui-ci du statut de lieu de passage à celui de carrefour. Ce carrefour, situé aux confins des mondes germanique et latin, va connaître un avenir militaire. L'eau de l'Alzette, et dans une moindre mesure celle de la Pétrusse, assurent une plus-value, car elles attirent des artisans, puis des commerçants.

La position stratégique de la ville par rapport à ses voisins fera d'elle un «Gibraltar du Nord»

À défaut de port fluvial et de richesses du sol, seule la vocation de carrefour économique et de lieu stratégique vont déterminer le sort de Luxembourg. Le pouvoir politique va exploiter cette situation dès le 10e siècle. La position stratégique de la ville par rapport à la France, respectivement aux Pays-Bas et à l'Empire, fera de la ville un *Gibraltar du Nord*. Les garnisons assurent à la ville un rendement certain et constituent la base de son système économique.

Aux mains du pouvoir

La situation de frontière de Luxembourg dans les anciens Pays-Bas bourguignons, espagnols, ou encore autrichiens, respectivement dans la France royale puis républicaine soulignent la situation excentrée du site. Luxembourg ne fut jamais une cité épiscopale, ni ne servit de résidence aux Cours qui dirigeaient sa destinée depuis la disparition de la maison de Luxembourg.

L'avenir de la ville dépendait de la capacité des autorités publiques à renouveler l'attrait économique et politique de leur cité face aux grands centres européens. Elles attiraient des artisans, des commerçants, mais aussi l'Église qui assurait l'enseignement et faisait fonctionner des hospices. Elles firent de cette ville un centre de décision régissant son *Hinterland*. Les régimes politiques, dont les centres de décision étaient établis à Paris, à Bruxelles, à Vienne ou à Madrid, installaient à Luxembourg une couche de fonctionnaires et d'administrateurs politiques et militaires étrangers. Au 19e siècle seulement, ces fonctionnaires deviendront exclusivement des autochtones. Notons que dans le sillage de cette population de fonctionnaires s'établirent des professions libérales ac-

La ville de Luxembourg, en 1689 (collection privée).

tives dans les domaines du droit et des finances. La présence d'une caste de fonctionnaires et du génie militaire, décidant de l'affectation et de la fonctionnalité de l'espace urbain, constitue une caractéristique de la ville dans la longue durée. Cette population cosmopolite ressemble à celle d'autres types de villes comme les cités mercantiles ou universitaires.

Le pouvoir public en place joue sur la causalité cumulative comme moteur du développement des villes. Il crée des avantages économiques par l'octroi de lettres d'affranchissement et la création de foires, par la mise en place d'un enseignement assurant le niveau intellectuel et spirituel de la population dont a besoin la ville pour fonctionner, et rayonner. L'adhésion à l'union douanière avec l'Allemagne, au 19e siècle, entraîna une politique habile du gouvernement luxembourgeois jouant sur les taxes économiques pour augmenter l'attrait du site.

Le rôle économique de la ville et son poids démographique restaient toutefois inférieurs à sa position stratégique militaire. Économiquement parlant, la capitale luxembourgeoise est de second ordre, alors que sa situation militaire sera généralement de tout premier ordre.

Un urbanisme politique

Le pouvoir politique n'a pas uniquement agi à distance. En légiférant, il intervint également sur le site. Les artisans, commerçants et couvents qui s'établirent en ville s'implantaient généralement sur des terrains appartenant à la Cour et lotis par celle-ci.

Dès le 15e siècle, les pouvoirs politique et militaire centraux décidaient de l'aménagement de la ville. Des considérations de stratégie militaire et de sécurité conduisaient les autorités à aménager la ville haute en damier. Ils n'hésitèrent pas à déplacer des populations au sein de la ville. L'archéologie récente confirme que les projets de logements civils respectaient un certain souci urbanistique. Le pouvoir politique décida du déplacement progressif du centre d'affaires de l'est vers l'ouest de la ville, du Marché-aux-Poissons vers la place d'Armes, de la prévalence de la ville haute sur les villes basses. Le souci de l'efficacité et de la sécurité militaire primait. La situation de l'individu n'était guère prise en compte, mais celle du groupement humain, de la cité comme pion stratégique de la politique. Le pouvoir militaire créa deux zones de logements, l'une civile, réservée à la population locale, l'autre, placée sous le contrôle des autorités militaires, assignée aux soldats de la garnison. Deux populations distinctes se partageaient un même espace urbain tout en restant bien séparées.

Le problème de l'extension de la ville se pose dès le 17e siècle, où l'on songe à construire un pont en direction du plateau Bourbon. La gare ferroviaire sera construite devant

Vue de la ville forteresse de Luxembourg sous le feu des Français, en 1684 (collection privée).

Vue de l'intérieur des fortifications du Bock au 19e siècle (collection privée).

la ville. Le chemin de fer augmentait la pression. La ville étouffait dans son carcan. La délocalisation, en 1864, de la poudrière Marie-Thérèse permit d'aménager un quartier proche de la gare. L'évolution de la stratégie militaire et des techniques de défense exigeaient la construction de forts extérieurs. La zone des combats s'éloigna de la ville. Le rayon militaire qui défend toute construction dans le périmètre de la forteresse éloigne la ville de la campagne.

L'administration française, par la confiscation des biens de l'Église et l'usage profane qu'elle en faisait, lança une tradition de récupération d'immeubles de tout genre pour des fonctions auxquelles ils n'étaient pas destinés. Les églises, couvents et refuges de couvents ou de l'ancienne noblesse étaient récupérés pour loger des fonctions propres à la forteresse, de la municipalité ou de l'État. Cette récupération d'immeubles freina la construction d'édifices publics. La fonction publique occupe des lieux mal appropriés à son bon fonctionnement.

De quoi vivait la ville?

Le pouvoir communal qui, au Moyen Âge, commençait à s'émanciper, n'arriva pas à se libérer du joug national. Ermesinde avait bien accordé les lettres d'affranchissement en 1244. Alors que de nombreuses villes se sentaient abandonnées par le pouvoir éloigné à distance et puisaient leurs forces dans leurs ressources naturelles ou le commerce, à Luxembourg, les intérêts militaire et politique primaient toutes les actions. Cette hiérarchie ne sera jamais renversée. La ville ne doit pas uniquement consentir aux décisions du pouvoir national, mais doit encore contribuer financièrement à la mise en œuvre de ces décisions.

Son premier élan autonome en matière d'urbanisme consistait dans l'établissement d'un plan d'alignement général axé sur l'hygiène et la morale. Le gouvernement n'en autorisa pas l'exécution. Le génie militaire empêcha son rêve d'une gare ferroviaire en ville.

Le génie militaire empêcha son rêve d'une gare ferroviaire en ville

En construisant leurs refuges à l'intérieur de la forteresse, la noblesse et le clergé concentraient leurs fortunes et en faisaient un lieu d'échanges économiques et intellectuels en présence de l'administration provinciale. Cette thésaurisation ne cache pas que les propriétaires des fonds provenaient d'une province pauvre. Le logement des étudiants de l'Athénée, en provenance des anciens quartiers wallons, a été une ressource importante pour la ville. La première Constitution de 1841 confirme Luxembourg comme capitale et de ce fait comme lieu de décision et de concentration des fortunes.

La construction et l'entretien des ouvrages militaires a assuré à la ville et à ses environs la présence d'un contingent important d'ouvriers et d'entrepreneurs, qui trouveront

**(double page suivante)
La ville de Luxembourg d'après Carel ten Kate (1822-1891), avant 1867
(Nationaal Museum Paleis Het Loo, Apeldoorn).**

plus tard emploi dans le démantèlement des fortifications et dans les travaux d'extension de la ville. Ils font partie de la ville, bien avant l'ère industrielle.

La garnison, avec 4 000 à 8 000 hommes, suivant les périodes, constituait une source de revenus importante. Contrairement à d'autres villes qui réclamaient le démantèlement de leurs fortifications et qui les considéraient comme un corset entravant leur expansion économique, Luxembourg vivait bien de ce monde soldatesque. Trèves et Bruxelles s'étaient déjà défaits de leurs remparts au 18e siècle. Le Traité de Londres de 1867 demandant la suppression de la forteresse fut ressenti à Luxembourg comme un choc.

La richesse matérielle de la population se trouvait en partie à l'extérieur de la forteresse, le pouvoir de décision et la gestion de fortunes restant l'apanage de l'*intra muros*: les bourgeois de la ville possédaient des terres dans les environs de la ville, données généralement en arrentement. Or, comme le rendement de ces terres fut moyen, la population locale, jusqu'en 1840 au moins, dut vivre de plusieurs ressources à la fois. On exerçait le métier d'artisan-commerçant, tout en louant son arrière-maison, sa parcelle à l'extérieur des remparts et en tenant basse cour. Luxembourg n'a pas eu de vocation industrielle.

Dès le 18e siècle, l'octroi apparaît déjà comme un frein au développement industriel. La stratégie militaire ne tolérait point ces établissements encombrants sur son site, menaçant par ailleurs la sécurité de ces infrastructures. La ganterie Lippmann quitta la ville au profit de Bonnevoie, la faïencerie Boch s'établit à Muhlenbach/Septfontaines. La sidérurgie s'établit à Eich, Dommeldange et Hollerich. Ensemble avec les manufactures, elle forme un cordon industriel autour de la forteresse. Le développement rapide et massif de la sidérurgie au bassin minier enleva à la ville toute prétention ultérieure sur une vocation de centre de production industriel. Si la ville gère le rendement financier de l'industrie, la campagne assure la main-d'œuvre, le bois de combustion, l'eau et l'espace d'expansion. Le rayon militaire sis entre la périphérie industrielle et les ouvrages militaires permettra l'expansion de la ville.

Une ville cosmopolite

L'enseignement préparait la jeunesse dès le Moyen Âge à la connaissance de l'allemand et du français

La population indigène fit face à des garnisons étrangères ne parlant pas la langue du pays. Ils furent encore de confessions différentes, comme l'atteste le temple protestant qui fut quasiment réservé aux seuls membres de la garnison et à quelques fonctionnaires néerlandais. La communauté juive s'est développée au 19e siècle. Ces habitants partageaient des styles de vie et des vues philosophiques différents: ce furent les militaires qui créèrent les loges maçonniques et plusieurs associations culturelles. L'enseignement préparait la jeunesse dès le Moyen Âge à la connaissance de l'allemand et du français. Cette ouverture sur le monde attire aussi des religieux de tous horizons linguistiques pour prendre soin de la jeunesse et des malades. Ce brassage traditionnel de populations facilitera le passage de la ville forteresse vers la ville ouverte qui attirera des investisseurs étrangers.

La ségrégation sociale, qui se manifeste dès la fin du 18e siècle, annonce les courants politiques qui apparaîtront un siècle plus tard. Les associations culturelles deviendront des instruments de lobbyisme politique et rendront la population consciente de son droit d'autodétermination. L'élitisme social se manifeste par le nom de «café» réservé aux cabarets les plus distingués, l'aménagement de loges à la salle de spectacles, le code vestimentaire, l'ameublement choisi.

La maîtrise de l'espace

La «domestication» de la nature est une caractéristique de la ville. Si la topographie accidentée garantit le caractère imprenable du site, l'évolution de l'artillerie et des techniques de la défense en exige des adaptations constantes: escarpement artificiel des côtes, aménagement de casemates et de fossés, dénudation du sol, travaux de nivellement et de remblais de vals, récupération de la terre végétale comme amortisseur de bombes sur les ouvrages, recours aux arbustes pour masquer certains ouvrages.

La vocation économique de la ville exige le nivellement des terrasses séparant la ville médiévale de la ville Renaissance, de la terrasse géologique coupant le couvent du St Esprit de la ville haute et la construction de viaducs routiers et du chemin de fer.

Le travail dans le roc renforça la confiance dans la pierre locale qui servit à la construction des remparts, des casernes, des édifices civils. Elle devint le symbole de la richesse du pays.

L'évolution de l'artillerie, la pression démographique, la diversification des activités exigent une réadaptation constante du site délimité jusqu'en 1867 à un espace défini au 14e siècle. Pour en permettre une meilleure exploitation, et à défaut de pouvoir l'agrandir en raison des remparts, on construisait en hauteur, en bande et à double rangée. En 1867, la ville était arrivée à bout de souffle avec plus de 2 500 habitants au km^2. L'entassement, tant des soldats que de la population civile, l'insuffisance en puits, citernes et canalisations, une conduite d'eau encore rudimentaire, faisaient de la ville un lieu insalubre, où la mortalité moyenne était supérieure à celle à la campagne. L'apparition d'épidémies, la promiscuité et la dégradation des mœurs caractérisaient la vie, menaçaient la cohésion sociale et freinaient le développement économique. La situation fut bloquée: d'une part, la ville vivait de sa garnison et, d'autre part, celle-ci l'empêcha dans son expansion. Le traité de 1867 tranchera la situation de l'extérieur.

N.° 2.
PLAN
géométrique et figuratif des haute et basses villes
de
LUXEMBOURG.
Servant à limiter la Circonscription des Trois
Cures qui y seront établies
Savoir
Celle de St. Pierre portant les couleurs
Comprenant le palais de Justice la droite de la Ruelle condui-
-sant dans celle de la boucherie en descendant la droite de la
Rue de boucherie au Marché aux poissons Jusqu'à et non
Compris la maison du Cte Mulel au coin de la rue des Eaux
A. Eglise paroissiale actl. de St. Nicolas.
Celle de St. Michel portant
Comprendra la gauche des rues ci-dessus mentionnées le
restant de la ville tout le marché aux poissons le
Breiden Weg ou Rue de la montagne, Le Paffendhal
Le fauxbourg de Clausen, Le Siechenhoffen.
B. Eglise paroissiale de St. Michel. ou des Dominicains
La Succursale de St. Jean
Comprendra tout le Grundt. La haute et basse
Petrus et le Verlorenkost.
C. Eglise paroissiale de St. Jean. autrefois Munster.
Renvoi
Haute ville
C
D. Place d'arme.
E. La prefecture.
F. Cvt. Recollets.
G. Gouvernements.
H. Cvt. Capucins.
I. La manutention des vivres pain.
J. Arcenals.
K. Magasins à poudres.
L. Couvent des Congrégations.
M. Quartier de marie thérèse.
N. id. des Juifs.
O. id. de la porte neuve.
P. id. du St. Esprit.
Q. Rue dite marché aux poissons.
R. id. de la boucherie.
S. id. des eaux.
T. id. dite le Breidenweg.
U. id. Rost.
Basses villes du
Grund
Dépendant de la Succursale de St. Jean
a. Basse ville dite Grundt.
c. Eglise dite de Ulderich
e. Couvent des Religieuses de l'hopital.
g. Eglise des Orphelins.
i
Petrus
i Petite chapelle dans le roc dit St. Grein.
k. maisons comportant la petrus.
Pafendahl.
Dépendant de la Paroisse de St. Michel
b. Basse ville du Paffendhal.
d. Cvt. Eglise dite Treves
f. Ancienne hôpital.
h. ancien couvent des religieuses de l'hopital
Sichenhofgen.
j. petite chapelle dit Siechenhoffen.
l. maisons comportant le Siechenhoffen.
Fauxbourg de Clausen.
m. Clausen
n. Le parc de Mansfeld.

Plan de la ville
de Luxembourg, 1803
(ANLux).

L'arrivée du chemin de fer sortira Luxembourg de son isolement

Luxembourg est une création politique. L'absence d'un port, de richesses du sol et son éloignement des grandes routes européennes attestent une situation excentrée, renforcée encore par l'absence, depuis la disparition de la maison de Luxembourg, de toute résidence princière ou épiscopale. Le site topographique et la situation frontière entre les mondes culturels germanique et latin lui valaient une position stratégique d'importance sur l'échiquier militaire européen. Luxembourg fut certes une ville de garnison, mais aussi un centre administratif et d'enseignement. Un lieu de refuge, aussi, pour la noblesse et le clergé. La garnison assurait à la ville une vocation internationale, car cette population importait sa culture, ses philosophies, ses religions. L'industrie artisanale fut cantonnée dans la périphérie. L'arrivée du chemin de fer sortira Luxembourg de son isolement. La ville fait désormais partie d'un réseau de marchés et de centres de pensée intellectuelle. La stratégie économique remplace progressivement la stratégie militaire. En 1867, la ville suffoque à l'intérieur de ses remparts, mais elle n'a guère le pouvoir pour s'en affranchir, car l'économie vit de la présence des soldats. Le Traité de Londres changera cette situation.

Vestiges de la forteresse, avenue Monterey.

Vues de la ville
de Luxembourg vers 1895
(photos Charles Bernhoeft,
collection privée).

LE «KLËPPELKRICH»
Épopée et réalité
octobre-novembre 1798

Dans les relations séculaires, parfois mouvementées, le plus souvent détendues, entre la France et le Luxembourg, nul événement n'a fait couler plus d'encre que la «jacquerie» qui a brièvement embrasé en 1798 le nord du pays jusque dans les Ardennes belges et qui est connue sous le nom populaire de *Klëppelkrich.*

L'épisode en question se situe à l'époque de la Révolution française, sous le Directoire, quand les troupes révolutionnaires avaient conquis les Pays-Bas autrichiens, transformant la majorité du territoire luxembourgeois en Département des Forêts. L'administration française, acceptée avec des sentiments mitigés dans la ville de Luxembourg et dans les localités urbaines, comme Echternach et Ettelbrück, par la bourgeoisie locale, rencontra dans les régions rurales le rejet et souvent la franche hostilité de la population paysanne très catholique, subissant l'influence du clergé, choquée par l'anticléricalisme virulent des nouveaux maîtres.

Comme le Directoire, toujours en guerre avec ses voisins, était la plupart du temps à court d'argent et de soldats, ses demandes financières et militaires à la population annexée n'étaient pas de nature à accroître sa popularité dans le Département des Forêts et surtout pas dans les villages.

Les historiens qui se sont penchés sur le déroulement du *Klëppelkrich* (la guerre des gourdins), appelée ainsi à cause des armes plutôt primitives de beaucoup d'insurgés, fournissent des interprétations divergentes sur les origines de la «jacquerie». Pour les uns, il s'agit dans le cadre luxembourgeois d'une vaste insurrection contre la France, englobant une dizaine de départements des Pays-Bas et fomentée par les Autrichiens de concert avec les Anglais. Pour les autres, il s'agit de l'explosion plus ou moins spontanée du mécontentement du peuple, exaspéré par l'introduction de la conscription de cinq

(à gauche)
La prise de Luxembourg par les Français, en 1795 (collection privée).

Un capitaine de l'armée révolutionnaire française d'après l'abbé Jakob Klein (1774-1842), (Section historique de l'Institut grand-ducal, Abt.15/41).

classes d'âge de jeunes pour l'armée révolutionnaire. Le clergé de l'Oesling, mal vu en général par l'administration française, et surtout le curé de Weiswampach semblent avoir joué un rôle essentiel dans l'agitation et la coordination des préparatifs de l'insurrection.

La loi du 24 septembre 1798, appelant la première des cinq classes d'âge prévues pour le service militaire obligatoire, fut l'étincelle qui mit le feu aux poudres. L'administration française et surtout son directeur départemental Failly, rigide survivant de la vieille garde jacobine, prévenus de ce qui se tramait, avaient sous-estimé l'ampleur du mécontentement populaire.

Les premiers attroupements, survenus le 15 octobre à Echternach, puis quelques jours plus tard à Wiltz, plus tapageurs que dangereux, étaient le fait de conscrits mécontents de l'ordre de rejoindre les drapeaux.

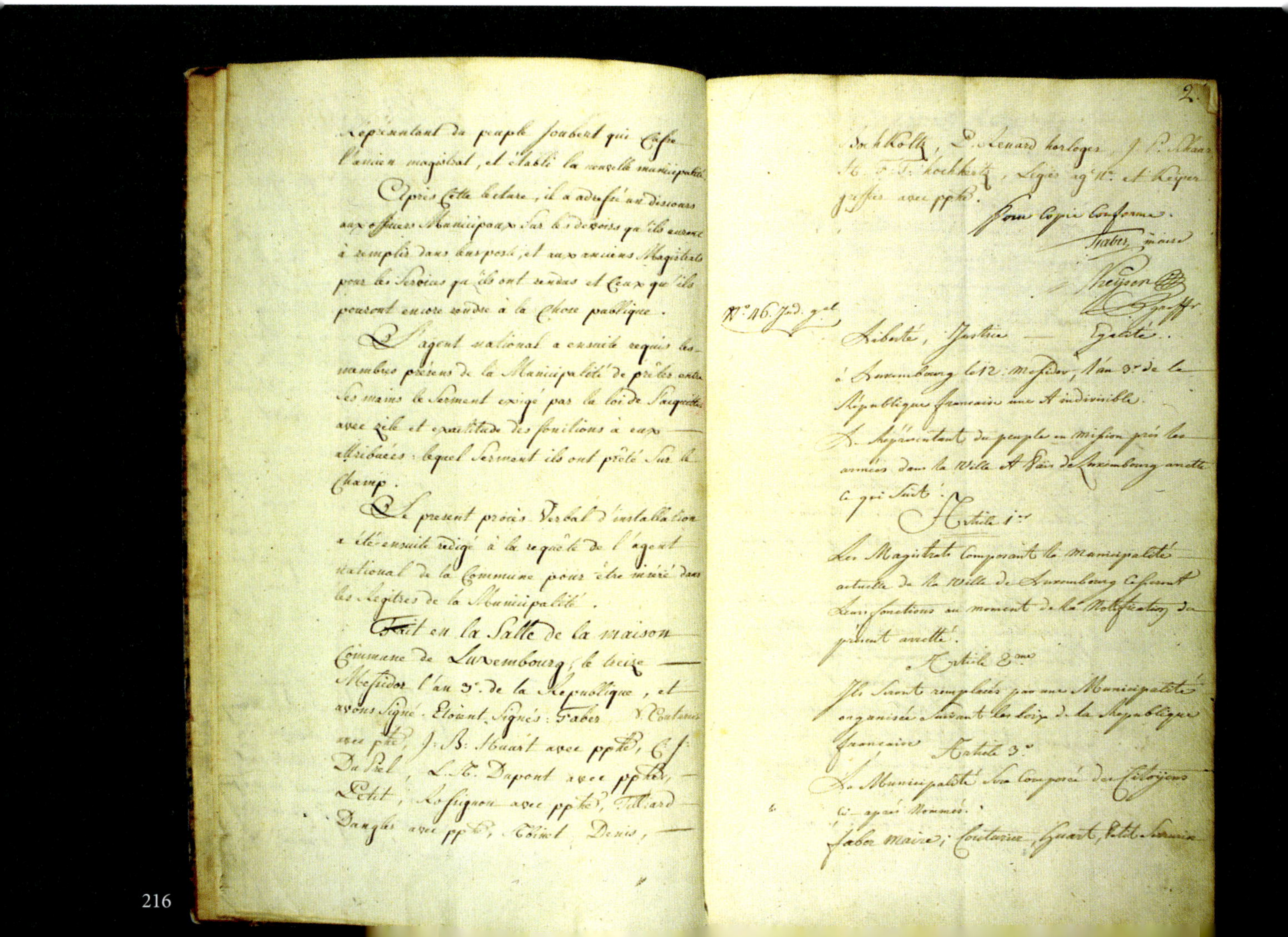

Les Français prennent le contrôle de l'administration de la ville de Luxembourg, An III, 13 Messidor / 1er juillet 1795 (Archives de la Ville de Luxembourg).

Ces mouvements de mauvaise humeur sont encore maîtrisés sans problèmes par les quelques gendarmes et militaires sur place. Incidents somme toute mineurs, ils sont colportés et grossis par des rumeurs qui circulent à travers les villages des cantons du nord.

À partir du 25 octobre, c'est l'escalade, quand une circulaire, dont le combatif curé Lamberts de Weiswampach est soupçonné d'être l'auteur, appelle à un grand rassemblement à Clervaux pour le 26 octobre. La foule armée grossit rapidement grâce aux contingents qui arrivent des villages voisins et les gendarmes complètement débordés sont désarmés sans résistance. Le même scénario se répète ailleurs, notamment à Wiltz. Cette fois-ci, c'est l'insurrection, et les insurgés, rassemblés à Weiswampach et à Reuland, semblent avoir décidé de marcher en deux colonnes séparées, l'une en direction de Liège, l'autre en direction de Luxembourg. La première se fait battre à plate couture par les forces départementales françaises en deux engagements, à Amel et près de Stavelot.

Épilogue sanglant

Entre-temps, les dirigeants français à Luxembourg, le général Morand et le commissaire Failly, ont pris connaissance du sérieux de la nouvelle situation, et dès le 28 au soir, trois colonnes de plusieurs centaines de gendarmes et de soldats se dirigent à marches forcées vers le nord pour intercepter les insurgés. Du côté de ceux-ci et en l'absence de véritable chef militaire – ceux pressentis ont décliné l'offre – les paysans, mal encadrés, mal informés et manquant de discipline, se comportent plutôt comme des moutons de Panurge, s'enfuyant tête baissée à la moindre fausse alerte, voire même devant des ombres insolites prises dans la nuit pour des gendarmes français, comme ce fut le cas au début du rassemblement sur le plateau de Hoscheid, de sorte que la marche sur Luxembourg fit long feu. Il n'est donc pas étonnant que la première colonne française, arrivée à Clervaux le 30 octobre, ait sans problème battu et mis en fuite les insurgés. La deuxième colonne infligea le même jour, en l'espace d'un quart d'heure, une défaite retentissante aux insurgés à Arzfeld. Les pertes parmi les paysans furent telles que tout le mouvement s'écroula en cinq jours. Les survivants rentrèrent chez eux. Un épilogue sanglant termina l'insurrection dans le nord, quand deux gendarmes surpris à Asselborn furent sauvagement massacrés par des insurgés fuyards. Un dernier foyer insurrectionnel, surgi début novembre à Neufchâteau, s'éteignit avec l'arrivée des troupes, quelques jours plus tard. Dès le 10 novembre, c'est-à-dire deux semaines après le début de l'insurrection, tout était rentré dans l'ordre.

Les pertes parmi les paysans furent telles que tout le mouvement s'écroula en cinq jours

Cependant, les représailles de l'administration française étaient à la mesure de sa surprise et de son erreur d'appréciation au point de départ. Elle exagéra l'importance du mouvement pour pouvoir en découdre avec les paysans et le clergé, qui avait dressé ceux-ci contre la République. Les tribunaux militaires prononcèrent des dizaines de condamnations à mort, les premiers condamnés étant passés par les armes peu de temps

(doubles pages suivantes)

Des soldats révolutionnaires français d'après l'abbé Jakob Klein

Scène de répression lors du Klëppelkrich d'après l'abbé Jakob Klein (Section historique de l'Institut grand-ducal, Abt. 15/41).

Hallebardier
Carabinier

quebusier à pied
Lancier

Descendon

uv necat hum Joab alter. inermem &.

après, les autres, un peu plus tard, par la guillotine. Les tribunaux criminels, institués par après, acquittèrent par contre tous les prévenus.

Une espèce de Robin des Bois tragique de l'Oesling

Parmi les condamnés, il y eut aussi Michel Pintz, berger de son état, originaire d'Asselborn, lieu du massacre des gendarmes. Une tradition nationale romantique en fit un héros légendaire, symbole de la lutte contre l'oppression étrangère, une espèce de Robin des Bois tragique de l'Oesling. Plus tard, sous l'occupation nazie, l'administration allemande essaya de le récupérer en le glorifiant comme défenseur de la cause allemande contre l'influence étrangère française. Cette manœuvre grossière n'eut évidemment pas l'effet escompté, bien au contraire.

L'interprétation historique des événements du *Klëppelkrich*, mis à part la période nazie, varie selon les vues des auteurs et l'esprit de leur temps. Vers le milieu du 19e siècle, le prêtre et professeur de philosophie, Jean Engling, écrivit une histoire du *Klëppelkrich* à base de témoignages oraux, en présentant les événements essentiellement comme un sursaut national de fidélité à l'Église et à la monarchie. Dans le climat politique tendu des années 1860 et 1870, quand les cléricaux et les anticléricaux s'affrontaient, la riposte anticléricale ne se fit pas attendre. Auguste Neyen, dans ses publications historiques, représente le *Klëppelkrich* comme un soulèvement de villageois innocents, égarés par l'agitation anti-républicaine d'un clergé aux abois. Au tournant du siècle, des considérations plus sobres apportèrent des réserves et des nuances à ces perspectives traditionnelles.

Dans les années 1960, Gilbert Trausch analysa longuement les différents problèmes soulevés par l'historiographie du *Klëppelkrich*, en se limitant aux faits vérifiables à l'aide des documents, sans pour autant prendre le contre-pied absolu de l'approche traditionnelle d'Engling. Alain Atten par contre, dans l'ouvrage collectif consacré au *Klëppelkrich* à l'occasion de son bicentenaire, apporte une contribution historique haute en couleur locale, centrée sur le personnage du berger d'Asselborn, où il réhabilite en partie les vues d'Engling tout en amorçant des recherches bien plus vastes en direction de Liège, Bruxelles, Vincennes, Vienne et même Londres. Ceux qui pensent que le *Klëppelkrich* faisait partie d'un vaste mouvement insurrectionnel paysan s'étendant sur une dizaine de départements en Belgique et au Luxembourg, insistent sur le fait que tous ces soulèvements paysans ont éclaté au même moment, et qu'il y eut par conséquent un centre de coordination en haut lieu. D'autre part, des documents conservés dans les archives britanniques semblent corroborer cette hypothèse, rejoignant ainsi ce qu'Engling avait recueilli comme témoignages oraux de la part de contemporains impliqués dans les événements.

Même s'il n'y a pas unanimité quant aux origines et aux préparatifs, il est par contre certain que l'insurrection fut un feu de paille, écrasé en quelques jours et suivi de représailles sanglantes, événement tragique qui n'a cessé d'intriguer et de stimuler les historiens.

Scène du *Klëppelkrich* d'après Emile Probst.

Monument à la mémoire des victimes du *Klëppelkrich* au glacis à Luxembourg (1972).

IV
LE 19e SIECLE

L'ACCÈS À L'INDÉPENDANCE POLITIQUE SOUS LES ORANGE-NASSAU PAR LA VOLONTÉ DES GRANDS

Au 19e siècle, l'évolution du duché, puis du Grand-Duché de Luxembourg a été marquée par les effets souvent imprévisibles des manœuvres des grandes puissances européennes au lendemain des guerres napoléoniennes. Sans la défaite définitive de Napoléon à Waterloo, nous serions peut-être restés des citoyens français, habitant le Département des Forêts.

Portrait du roi grand-duc Guillaume Ier (Koninklijk Huisarchief, 's Gravenhage).

En 1814-1815, au Congrès de Vienne, les alliés vainqueurs retraçaient la carte de l'Europe en se partageant comme toujours les dépouilles des vaincus, tout en érigeant des garde-fous contre des velléités agressives futures de la France, enfant terrible et trouble-fête invétéré de l'Europe depuis Louis XIV. Des États tampons devaient l'empêcher de reprendre son expansionnisme en direction du Rhin, et la création du royaume des Pays-Bas donné à Guillaume Ier d'Orange-Nassau, flanqué par la Rhénanie prussienne à l'est devait précisément servir ce dessein. Le Luxembourg, avec sa capitale forteresse stratégique toujours imposante, devait faire partie de cette Rhénanie prussienne. Mais comme Guillaume Ier avait des possessions personnelles en Rhénanie, qui allaient tomber sous la souveraineté du roi de Prusse, une transaction entre les deux souverains finit par donner au roi des Pays-Bas, Guillaume Ier, le Luxembourg, élevé au rang de Grand-Duché, en échange de ses possessions rhénanes, cédées à la Prusse. La garnison prussienne restait dans la forteresse, et le Luxembourg restait membre de la Confédération germanique. Si, par hasard, Guillaume Ier n'avait pas eu ces possessions, nous serions devenus des Prussiens, plus tard des Allemands. Cependant, ce n'est là que le début de l'odyssée politique de notre pays dans la grande politique européenne du 19e siècle.

Guillaume Ier, au lieu de respecter le statut autonome du Grand-Duché, dont il était Grand-Duc en union personnelle avec le trône des Pays-Bas, le traitait comme sa dix-huitième province néerlandaise. Si, despote éclairé, il avait pu s'imposer avec cette politique de néerlandisation, nous aurions fini par devenir des citoyens néerlandais.

Mais quand la Révolution belge éclata en août 1830, les Luxembourgeois wallons et germanophones prirent fait et cause pour la Belgique indépendante, et nos ancêtres étaient sur le point de devenir des citoyens belges. Mais en 1839, Guillaume Ier se résigna à accepter le partage du Grand-Duché, prévu par les grandes puissances: nos frères wallons nous quittèrent au grand regret des deux communautés linguistiques, et nous nous retrouvâmes seuls, avec un souverain mal aimé et avec nos propres institutions politiques à fonder. C'était, après 1815, un nouveau pas en direction d'un État indépendant.

Guillaume II, aussi populaire que son père ne l'était pas, encourageait cette évolution. C'est alors qu'éclata en 1848 la révolution nationale et libérale dans la Confédération germanique, qui voulait faire de l'Allemagne un État

Portrait du roi grand-duc Guillaume II (Koninklijk Huisarchief 's Gravenhage).

unifié, le Luxembourg y compris. Mais en 1849-1850, les puissances conservatrices de la Prusse et de l'Autriche rétablirent le statu quo. Sans cette contre-révolution de Berlin et de Vienne, notre pays aurait été absorbé par cette nouvelle Allemagne.

Portrait du roi grand-duc Guillaume III (Koninklijk Huisarchief 's Gravenhage).

Dans les années 1860, Bismarck entreprit d'unifier l'Allemagne sous la direction de la Prusse. Après l'unification de l'Allemagne du nord suite aux victoires prussiennes sur le Danemark, en 1864, et sur l'Autriche, en 1866, Napoléon III prit ombrage de la nouvelle puissance allemande et demanda pour la France des compensations sur la rive gauche du Rhin. Provoquant une forte opposition en Allemagne, il se rabattit finalement sur le Luxembourg, que le Grand-Duc Guillaume III était prêt à lui vendre. Nous serions donc devenus des Français une fois de plus. C'est alors que Bismarck y mit son veto et la guerre semblait inévitable. Si cette guerre n'avait pu être évitée, notre pays aurait sans doute été donné en butin au vainqueur, peut-être à Bismarck.

Heureusement, la sagesse prévalut parmi les Grands, et à la Conférence de Londres, le 11 mai 1867, ils proclamèrent, en même temps qu'une garantie collective d'une valeur fort douteuse, le Luxembourg État indépendant, neutre et inaliénable. Cet arrangement permit à tous les participants de sauver la face. La garnison prussienne se retira, et la forteresse fut démantelée. Nous avions quitté l'union politique avec les États allemands. Si l'on peut dire, nous nous retrouvâmes indépendants sans avoir bougé le petit doigt, à l'exception du Prince Henri, lieutenant-représentant de son frère, un vrai Luxembourgeois, sinon d'origine, du moins de cœur.

La guerre franco-allemande de 1870-1871, qui mena à la proclamation de l'Empire allemand, faillit devenir fatale à notre fraîche indépendance, mais Bismarck respectait sa signature du Traité de Londres de 1867 et se contenta de nous annexer économiquement par notre adhésion au Zollverein, l'union douanière avec l'Allemagne, et par le contrôle des chemins de fer

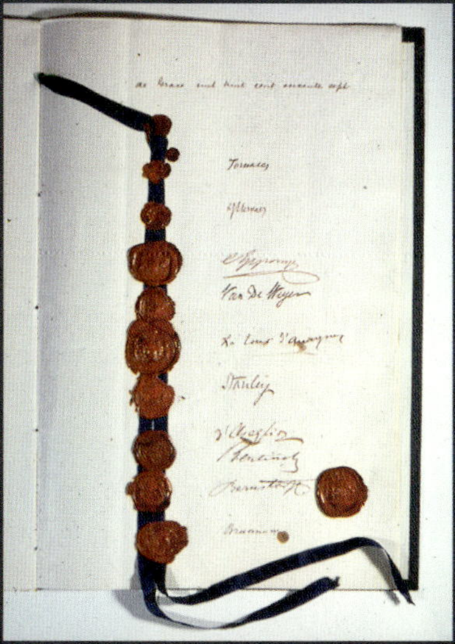

Acte du Traité de Londres du 11 mai 1867 (ANLux série K 43).

Le prince Henri des Pays-Bas (Koninklijk Huisarchief 's Gravenhage).

luxembourgeois. Grâce à l'habileté diplomatique et politique de nos grands hommes d'État du 19e siècle, Emmanuel Servais et Paul Eyschen, nous jouissions d'une indépendance tolérée par le grand frère allemand. C'est à partir des années 1860 que petit à petit, sous l'influence de nos poètes nationaux, Dicks, Rodange, et surtout Lentz, l'auteur du *Feierwon* et de la *Hémecht*, le peuple luxembourgeois s'éveillait à la nouvelle réalité, l'indépendance nationale, et y prenait goût. En 1890, l'arrivée à la tête de l'État de la dynastie des Nassau Weilbourg en la personne du Grand-Duc Adolphe mit fin à l'union personnelle avec la maison d'Orange-Nassau et aux relations quelque peu mouvementées avec les Pays-Bas.

Les représentants des forces vives du pays se mettaient à l'œuvre, lui conférant ainsi au fil des années une identité distincte assumant avec empressement et une certaine incrédulité inquiète la chance inouïe que le hasard et l'intérêt des Grands leur offraient.

Vignette non-postale représentant Michel Rodange.

(à droite)

WIJ WILLEM, *bij de gratie Gods*, KONING DER NEDERLANDEN, PRINS VAN ORANJE-NASSAU, HERTOG VAN LUXEMBURG, enz., enz., enz.

AAN alle de genen die deze zullen zien of horen lezen, salut!

Naauwelijks had de eenftemmige wil der Mogendheden, op het Congres van Weenen vergaderd, zich voor de vereeniging van al de Nederlanden onder het zelfde gemeenfchappelijk gebied verklaard, of de Ingezetenen der Belgifche Provincien betuigden Ons om ftrijd hunne vreugde over die gewigtige maatregel en hun verlangen dat tot hen wierde uitgeftrekt dat fouverein gezag het welk de liefde der Hollanders Ons bevorens opgedragen had.

Door die betuigingen diep getroffen, hadden Wij echter befloten alle verandering in de beftaande betrekkingen uit te ftellen tot dat de raadplegingen van het Congres volkomen ten einde zoude zijn geloopen en deszelfs beflisfingen in haar geheel konden worden ten uitvoer gebracht. Maar de onverwachte gebeurtenisfen, die in eenen naburigen ftaat plaats vinden, noopen Ons om dat befluit te laten varen. Zij fchrijven Ons voor, om aan den iever Onzer onderdanen door gelijken iever te beantwoorden en niemand hunner in de onzekerheid te laten over zijne pligten en Onze voornemens. Het is nu zich nieuwe zwarigheden in het verschiet fchijnen te vertoon en, het is op het oogenblik dat voor zoo vele volken de droeve herinnering eener vreemde overheerfching herboren is, dat de oprigting dringender wordt van een Rijk welks aanzijn de ftaatkunde van geheel Europa als een noodzakelijk bolwerk der algemeene ruft en veiligheid befchouwd heeft.

Bemoedigd door de denkwijze der magtigfte Souvereinen; Ons verlatende op de edele zucht voor burgerlijke vrijheid en onafhankelijkheid, het Nederlandfche karakter eigen; fterker nog door de menigvuldige bewijzen van verknochtheid die Wij dagelijks ontvangen, aanvaarden Wij tans den Schepter met geene andere bedoeling dan om Onze heerfchappij te doen dienen tot heil van al de genen die aan dezelve zijn onderworpen en om hun het ongeftoorde genot te verzekeren van al de weldaden des vredes en der eendragt.

En alzoo Wij willen dat de benaming zelve van den nieuwen Staat reeds dadelijk ten onderpand ftrekke van de naauwe en broederlijke verbintenis die tusfchen alle Onze onderdanen plaats vinden moet, hebben Wij Ons bewogen gevonden om te verklaren, zoo als wij verklaren bij dezen, dat alle de tot denzelven behoorende landen, van nu af, vormen, *het Koningrijk der Nederlanden*, hetwelk als zoodanig door Ons en Onze wettige nakomelingen, volgens het regt van eerftgeboorte, moet worden bezeten; En dat Wij, voor Ons zelve, en voor de Vorften die, na Ons, den alzoo opgerigten troon bekleeden zullen, de Koninklijke waardigheid en tijtel aannemen; bij dezen laatften echter dien van *Hertog van Luxembourg* voegende, uit hoofde der afzonderlijke betrekkingen, welke dat landfchap beftemd is om met *Duitfchland* te onderhouden.

Maar hoezeer ook deze bepalingen ftrooken met het gene Wij aan de uitgeftrektheid der Nederlanden, en aan de befchaafdheid van derzelver talrijke en nijvere inwoonders verfchuldigd zijn, niet mindert achten Wij ons verpligt om zorg te dragen, dat niet de naam dien Wij fteeds, in alle wisfelingen van de fortuin, met eere gedragen, en onder welken Onze Voorvaderen aan de zaak der vrijheid zoo menigvuldige dienften bewezen hebben, vernietigd worde en verdwijne. En begeeren en bepalen Wij uit dezen hoofde, dat voortaan de vermoedelijke Erfgenaam van het Koningrijk der Nederlanden zal aannemen, voeren en behouden den naam en tijtel van *Prins van Oranje*, dezelve reeds onmiddelijk bij dezen aan Onzen beminden oudften Zoom, met des te inniger genoegen verleenende, om dat Wij Ons verzekerd houden dat Hij den alouden luister daarvan zal handhaven door de ftipte vervulling zijner pligten als Onze eerfte onderdaan en als toekomftige beheerfcher van den nieuwen Staat en door, ten allen tijde, met moed en zelfopoffering te waken voor de veiligheid van het vreedzame en gaftvrije grondgebied der Nederlanden

Gij allen, Landgenooten! die dat grondgebied bewoont, ontsluit uwe harten voor het vertrouwen en de hoop! De beftanddeelen van het ftaatsgeluk zijn allen in uwe eigene magt! Zijt den vaderlande verkleefd, eendragtig en vrij van allen naijver, en gij zult fterk genoeg zijn voor de afwering van alle gevaren die u bedreigen mogten! Europa befchouwt uwe hereeniging met belangftelling en welwillendheid! De Grondwet, die reeds voor een groot aantal uwer verbindende is, zal welhaaft de wijzigingen ondergaan, die haar met de belangen en wenfchen van allen in overeenftemming moeten brengen, en dáár zult gij die waarborg vinden van den godsdienft, op welken Wij allen den hoogften prijs ftellen. Weldadige inrigtingen zullen, onder den zegen des Allerhoogften, de vrije ontwikkeling van alle foort van volksvlijt en de herleving uwer van ouds beroemde kunften bevorderen. En zoo uwe gevoelens en uwe pogingen aan die beantwoorden, welke uwe Koning u, op dezen plegtigen dag, hartgrondig en onherroepelijk toewijdt, zal de voorfpoed die u te beurt valt nog eeuwen lang het erfdeel zijn van een dankbaar nageslacht.

Gedaan in 's Gravenhage, den 16den Maart 1815.

WILLEM.

Ter Ordonnantie van Zijne Majefteit, A. R. FALCK.

NOUS GUILLAUME, *par la grâce de Dieu*, ROI DES PAYS-BAS, PRINCE D'ORANGE-NASSAU, DUC DE LUXEMBOURG, &c., &c., &c.

A tous ceux qui les préfentes verront, salut!

Les vœux unanimes des Puisfances asfemblées au Congrès de Vienne s'étaient à peine prononcés pour la réunion de tous les Pays-Bas fous une autorité commune, que les habitans des Provinces Belgiques nous témoignerent à l'envi leur joye fur cette importante mefure & leur defir de Nous voir étendre fur eux le pouvoir fuprême que l'amour des Hollandois nous avait précédemment confié.

Profondément touchés de ces témoignages, Nous avions cependant réfolu de différer tout changement dans les relations exiftantes jusqu'à l'époque où les délibérations du Congrès eusfent été complettement terminées & où fes décifions auraient pu être exécutées dans leur enfemble. Mais les événemens inattendus, qui ont lieu dans un État voifin, Nous engagent à Nous départir de cette réfolution. Ils nous prefcrivent de répondre au zèle de nos fujets par un empresfement analogue & de ne laisfer aucun d'eux dans l'incertitude fur fes devoirs & fur nos intentions. C'eft lorfque de nouvelles difficultés femblent fe préfenter dans le lointain; c'eft au moment où renaît pour tant de peuples le trifte fouvenir d'une domination étrangère, qu'il devient plus urgent de conftituer l'Etat dont la politique de l'Europe entière a confidéré l'exiftence comme néceffaire à la tranquillité & à la fûreté générales.

Animés par le fuffrage des plus puisfans Souverains; Nous confiant en cette noble pasfion pour la liberté civile & l'indépendance, qui, de tout tems, a caractérifé les Belges; plus forts encore des preuves multipliées d'attachement que Nous recevons de toutes parts; Nous prenons aujourd'hui le Sceptre en mains dans l'unique bût de faire fervir notre Gouvernement au bien-être de tous ceux qui y font foumis, & de leur asfurer la jouisfance tranquille de tous les biens de la concorde & de la paix.

Et comme Nous voulons que le nom même du nouvel état offre un premier gage de l'union intime & fraternelle qui doit régner parmi tous nos fujets, Nous avons jugé à propos de déclarer, comme nous déclarons par ces préfentes, que tous les pays y appartenant, forment dès-à-préfent, *le Royaume des Pays-Bas*; pour être ainfi posfédés par Nous & par nos légitimes fuccesfeurs d'après le droit de primo-géniture; & que nous prenons pour nous mêmes & pour les Princes qui monteront après nous fur ce trône la dignité Royale & le titre de Roi; en ajoutant cependant à ce dernier celui de *Duc de Luxembourg*, à caufe des rélations particulieres que cette Province est deftinée à avoir avec l'Allemagne.

Mais quelque convenables que puisfent paraître ces déterminations, eu égard à l'étendue territoriale des Pays-Bas & à la civilifation de leurs nombreux habitans, Nous ne Nous croyons pas moins obligés de prendre foin que le nom que, dans toutes les viciffitudes de la fortune, nous avons toujours porté avec honneur & fous lequel Nos ancêtres ont rendu tant de fervices à la caufe de la liberté, ne vienne à s'éteindre & à disparaître. --- A ces caufes, Nous voulons & ordonnons que déformais l'héritier préfomptif du Royaume des Pays-Bas prenne, porte & conferve le nom & le titre de *Prince d'Orange*; & nous les accordons par ces préfentes à notre cher Fils aîné, avec une fatisfaction d'autant plus vive que nous fommes convaincus, qu'il en faura maintenir l'antique éclat par l'accomplisfement fcrupuleux de fes devoirs comme Notre premier fujet & comme le Souverain futur de la nouvelle Monarchie, & par fon courage & un dévouement fans bornes toutes les fois qu'il s'agira de veiller aux droits de fa maifon & à la fûreté du territoire hofpitalier & paifible des Pays-Bas.

Vous tous, compatriotes, qui habitez ce territoire, ouvrez vos cœurs à l'efpoir & à la confiance! Les élémens du bonheur public se trouvent en vos propres mains! Dévoués à la patrie, unanimes & exempts de tout efprit de rivalité, vous ferez asfez forts pour écarter les dangers qui pourraient vous menacer. L'Europe contemple votre réunion avec intérêt et bienveillance. La loi fondamentale, déjà obligatoire pour un grand nombre d'entre vous, fubira bientôt les modifications qui doivent la mettre en harmonie avec les intérêts & les vœux de tous. C'eft là que vous trouverez cette garantie de la religion à laquelle nous attachons tous le plus haut prix. Des institutions bienfefantes favoriferont, fous la bénédiction divine, le développement de tous les genres d'induftrie & la renaisfance de vos arts jadis fi célèbres. Et fi vos fentimens & vos efforts répondent à ceux que votre ROI vous confacre aujourd'hui de la manière la plus folemnelle & la plus irrévocable, la fplendeur qui vous attend, sera, pendant plufieurs fiècles, l'héritage d'une reconnaisfante poftérité.

Fait à la Haye le 16 Mars 1815.

GUILLAUME.

Par Sa Majefté,

A. R. FALCK.

Carte des nouvelles frontières du Grand-Duché avec la Belgique suite

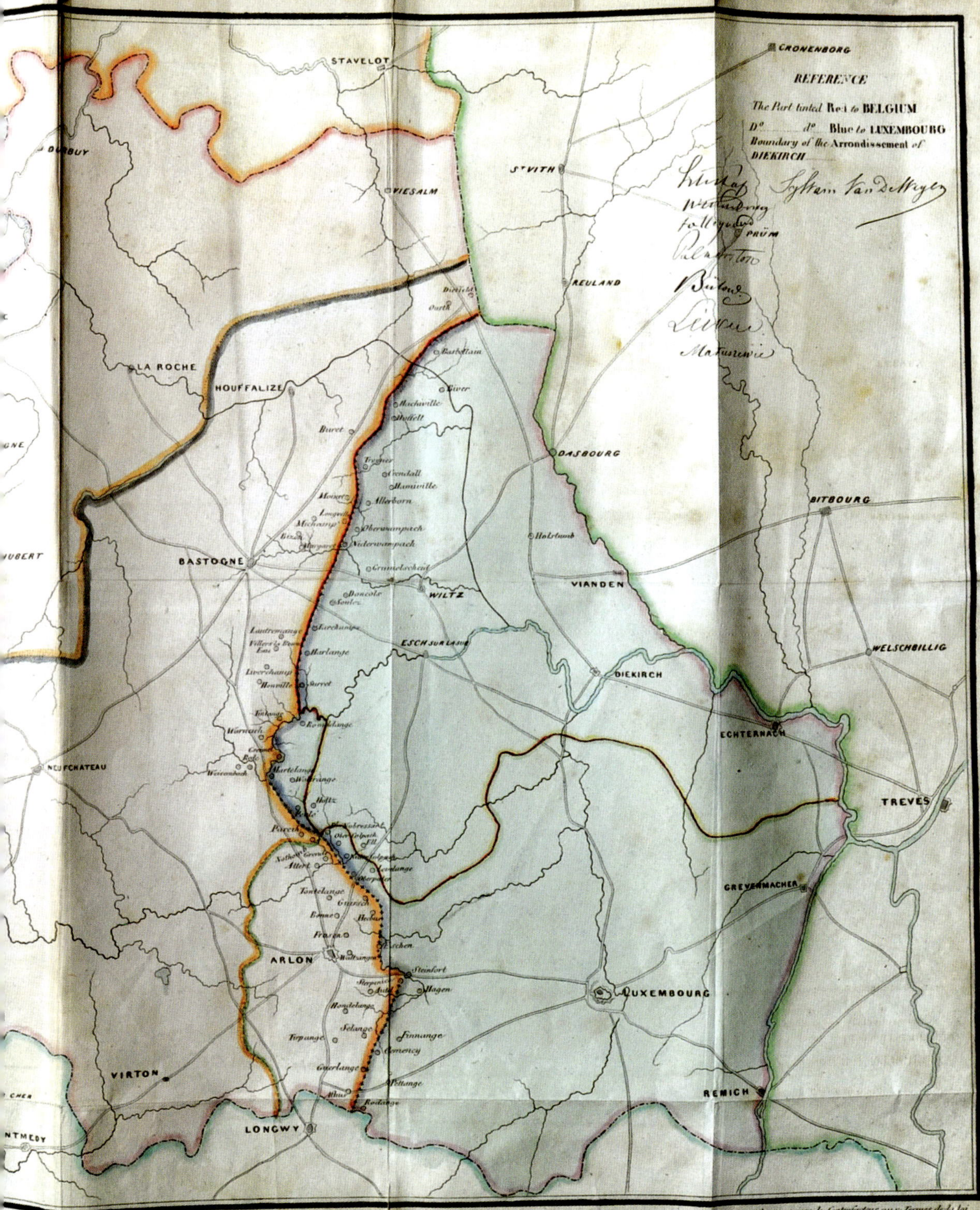

Déposé

On poursuivra le Contrefacteur aux Termes de la loi

CONGRES DE VIENNE

LE LUXEMBOURG DE 1815 À 1830-39
Du Congrès de Vienne à la Révolution belge

Après les guerres révolutionnaires et napoléoniennes qui pendant une vingtaine d'années avaient mis l'Europe à feu et à sang, les Alliés vainqueurs réunis au Congrès de Vienne en 1814-1815 mirent plus d'une année pour donner à l'Europe un nouveau visage, plus ou moins acceptable pour tous. Dans ce contexte, ils créèrent sur la frontière est et nord de la France une barrière d'États tampons de taille moyenne, capable de contenir dans un premier temps d'éventuelles poussées expansionnistes françaises. La création du royaume des Pays-Bas réunissant les anciennes Provinces unies et les anciens Pays-Bas autrichiens, c'est-à-dire Hollandais et Belges, sous la couronne des Orange-Nassau répondait à cet objectif.

Gravure représentant les plénipotentiaires réunis au Congrès de Vienne, 1815 (catalogue «De l'Etat à la Nation 1839-1989»).

Pour renforcer ce dispositif de sécurité, ils agrandirent la Prusse de la Rhénanie et ils installèrent une garnison prussienne dans la ville forteresse de Luxembourg, dont la position stratégique défensive face à la France était primordiale. Le Luxembourg, qui depuis quatre siècles avait partagé le sort des Pays-Bas, en fut séparé et incorporé dans la nouvelle Confédération germanique. Normalement, il aurait dû faire partie de la Rhénanie prussienne, mais puisque le roi de Prusse n'aimait pas garder au sein de son nouveau territoire des propriétés personnelles des Orange-Nassau, Guillaume Ier, en contrepartie de leur cession, reçut le Luxembourg amputé de ses régions situées à l'est de la Moselle, de la Sûre et de l'Our au profit de la Prusse. Érigé en grand-duché indépendant, il fut donné en union personnelle à Guillaume Ier, roi des Pays-Bas.

La situation juridique internationale du Grand-Duché était par conséquent très complexe

La situation juridique internationale du Grand-Duché était par conséquent très complexe, mais pas exceptionnelle, car le roi du Danemark était aussi grand-duc du Schleswig et du Holstein et dans cette qualité membre de la Confédération germanique, une situation difficile et même dangereuse que Bismarck mit à profit en 1864 pour lui faire la guerre. Le Luxembourg par contre allait profiter de cette situation, non

Portrait de Jean-Baptiste Nothomb (MNHA).

seulement pour éviter d'être absorbé à la première occasion par l'un de ses voisins, mais pour, en fin de compte, émerger des péripéties politiques qui tenaient l'Europe en haleine pendant plus d'un demi-siècle comme le plus petit État européen indépendant. Personne n'aurait pu prévoir cela en 1815.

Guillaume Ier était par son style et son attitude politique un homme du 18e siècle. Despote éclairé, autoritaire et intransigeant dans la poursuite de ses intérêts personnels, il s'aliéna, dès le début, les Belges libéraux et catholiques, les premiers par ses allures autoritaires et centralisatrices, les autres par sa prétention de contrôler le clergé. Quand, à partir de 1828, libéraux et catholiques firent bloc dans leur opposition, la situation devint explosive. Comme il favorisait sans vergogne ses provinces hollandaises dans l'administration et la gestion économique de son royaume, le mécontentement des Belges montait en flèche.

Son attitude à l'égard du Luxembourg était pire encore, car au-delà de son intransigeance politique et religieuse, il accablait la population grand-ducale, la plus pauvre parmi ses sujets, par une fiscalité insupportable, qui provoquait des révoltes de désespoir, intermittentes contre les agents du fisc hollandais. Il traitait son grand-duché non pas comme un État distinct, indépendant, mais comme la dix-huitième province de son royaume. Les notables seuls acceptaient cette situation, car ils se portaient acquéreurs des domaines publics, que Guillaume vendait à tour de bras pour éponger la dette publique monumentale que la Hollande avait accumulée sous le régime précédent.

Quand l'insurrection éclata en août 1830 à Bruxelles, un mois après la chute des Bourbon à Paris, les Luxembourgeois après quelques hésitations basculèrent du côté belge, d'abord les francophones, ensuite également les germanophones, à l'exception de la population de la ville forteresse de Luxembourg, maintenue dans l'obédience orangiste par la présence de la garnison prussienne.

La crise prit vite la dimension d'une révolution visant l'indépendance de la Belgique. Guillaume Ier, en fidèle disciple de Metternich, ne songea à rien d'autre qu'à écraser le mouvement avec l'aide de ses alliés conservateurs de l'Europe orientale, alors que les Belges comptaient sur l'appui de la France et de l'Angleterre. Dans cette situation, où le sort de la Belgique et du Luxembourg était en jeu, un jeune Luxembourgeois allait se distinguer en jouant un rôle clé sur la scène belge et européenne à la fois, Jean-Baptiste Nothomb.

(à droite)
9 juin 1815: Extrait de l'Acte final du Congrès de Vienne concernant le Grand-Duché de Luxembourg (Haus-, Hof- und Staatsarchiv Wien).

Jean-Baptiste Nothomb naquit le 3 juillet 1805 à Messancy, dans l'ancien duché du Luxembourg occupé par la France depuis 1794. Il fit de brillantes études à l'Athénée royal de Luxembourg avant de s'inscrire à la faculté de droit de l'Université de Liège, où il décrocha un doctorat en 1826, à l'âge de 21 ans. C'est là qu'il noua des liens personnels avec de jeunes opposants libéraux qu'il devait retrouver plus tard à Bruxelles. Revenu brièvement à Luxembourg pour faire son stage dans l'étude du futur gouverneur, de la tricts de Kyfwaerd, Lobith et de tout le territoire jusqu'à Kekerdom.

Les enclaves Huissen, Malbourg, le Lymers avec la ville de Sevenaer, et la Seigneurie de Weel feront partie du Royaume des Pays-bas, et Sa Majesté Prussienne y renonce à perpétuité pour Elle et tous Ses descendans et successeurs.

Art. LXVII.

La partie de l'ancien Duché de Luxembourg, comprise dans les limites spécifiées par l'article suivant, est égalment cédée au Prince Souverain des Provinces-unies, aujourd'hui Roi des Pays-bas, pour être possédée à perpétuité par lui et ses successeurs en toute propriété et souveraineté. Le Souverain des Pays-bas ajoutera à ses titres celui de Grand-Duc de Luxembourg, et la faculté est réservée à Sa Majesté de faire, relativement à la succession dans le Grand-Duché, tel arrangement de famille entre les Princes, Ses fils, qu'Elle jugera conforme aux intérêts de Sa Monarchie et à Ses intentions paternelles.

Le Grand-Duché de Luxembourg, servant de compensation

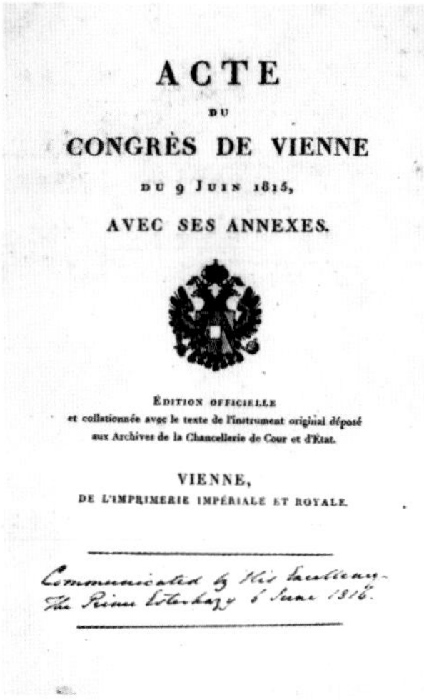

ACTE
DU
CONGRÈS DE VIENNE
DU 9 JUIN 1815,
AVEC SES ANNEXES.

ÉDITION OFFICIELLE
et collationnée avec le texte de l'instrument original déposé
aux Archives de la Chancellerie de Cour et d'État.

VIENNE,
DE L'IMPRIMERIE IMPÉRIALE ET ROYALE.

Communicated by His Excellency
The Prince Esterhazy 6 June 1816.

Page de titre de l'Acte du Congrès de Vienne (Haus-, Hof- und Staatsarchiv Wien).

Guillaume Ier vu par Opland (catalogue *Le Luxembourg sous la maison d'Orange-Nassau*, 1974).

Fontaine, Nothomb partit pour Bruxelles où, en 1828, il devint le principal rédacteur du journal libéral *Le Courrier des Pays-Bas*. Dès ce moment-là, il joua un rôle important dans l'union des libéraux avec les catholiques, qu'il ne considérait pas quant à lui comme un accord de circonstance, mais comme une alliance durable basée sur les principes de la liberté et de la tolérance. L'unionisme devint pour Nothomb une ligne politique fondamentale, dont il se faisait le défenseur jusqu'à la fin de sa carrière politique.

Quand la révolution éclata le 25 août 1830 à Bruxelles, Nothomb se trouvait en vacances au Luxembourg. Il rejoignit la capitale belge fin septembre. Ses amis politiques libéraux avaient entre-temps formé le gouvernement provisoire, mais connaissant sa précision et sa clarté de parfait juriste, ils le firent immédiatement membre de la commission chargée de rédiger un projet de Constitution. Il parvint à fixer l'âge de l'élection passive à 25 ans, ce qui lui permit de se faire élire dans la circonscription d'Arlon comme le plus jeune député à l'Assemblée nationale.

Dès le 17 novembre 1830, Nothomb plaida vigoureusement pour l'adhésion du Luxembourg à la Belgique. Membre du Comité diplomatique, Nothomb devint grâce à ses extraordinaires talents politiques et diplomatiques, ministre des Affaires étrangères, malgré son jeune âge.

Il voulait faire du nouvel État une monarchie constitutionnelle, évitant d'inquiéter les puissances européennes par le spectre de la république. Rejetant la candidature du prince d'Orange au trône, il réussit à faire accepter le prince Léopold de Saxe-Cobourg, soutenu par Londres, comme futur roi des Belges.

Fin stratège diplomatique

Grâce à son habileté diplomatique, il fit entériner par les puissances européennes le Traité des 18 articles, qui reconnaissait l'indépendance de la Belgique et délimitait son territoire, en attendant un accord final avec Guillaume Ier sur la question litigieuse du Limbourg et du Luxembourg. Celui-ci, déçu par les puissances continentales, attaqua le jeune État belge, mais une intervention militaire française fit échouer cette manœuvre. Cependant, sous la pression des trois puissances de l'Europe de l'est, l'Autriche, la Prusse et la Russie, les Belges durent accepter le Traité des 24 articles, moins favorable pour eux, puisqu'il prévoyait le partage du Luxembourg. Nothomb, en homme d'État réaliste, comprit que la Belgique n'avait pas le choix et il plaida vigoureusement pour l'acceptation du traité, sacrifiant une partie de sa patrie, le Luxembourg, sur l'autel de la raison d'État.

Le refus de Guillaume Ier de ratifier cet accord, dans l'espoir qu'un conflit européen entre les puissances lui permettrait de reprendre tout le territoire perdu, fit durer l'incertitude sur le sort du Luxembourg jusqu'en 1838-1839. Quand, en 1838, Guillaume accepta finalement le Traité des 24 articles, le gouvernement et la population belges, ulcérés et déçus, devaient sous la pression des puissances européennes se résigner à abandonner la partie non wallonne du Grand-Duché. Ce fut le troisième et dernier partage du Luxembourg. Nothomb dut monter au créneau une fois de plus pour braver l'opinion publique et les passions politiques déchaînées au sein du Parlement et pour faire prévaloir une fois pour toutes la raison d'État. La division du Luxembourg en une province belge et un grand-duché sévèrement diminué en territoire fut entérinée par le Traité de Londres du 14 avril 1839.

Dans tous ces bouleversements politiques, Jean-Baptiste Nothomb a joué un rôle essentiel, de sorte qu'on peut dire sans exagérer qu'il fut le plus important homme d'État luxembourgeois et belge à la fois au moment crucial où se séparaient les chemins et les destins des Luxembourgeois et des Belges. Ensuite, de 1840 à 1845, Nothomb était Premier ministre avant de commencer une longue carrière diplomatique comme ambassadeur belge à la Cour prussienne et allemande, où la mort le surprit en 1881. Avec le titre de baron, il menait une vie de grand seigneur à Berlin, respecté et admiré par son entourage. Il ne manqua pas de rendre d'importants services à sa patrie d'origine, notamment lors de la crise du Luxembourg en 1867. Son frère, Alphonse Nothomb, après une brillante carrière politique en Belgique, revint mourir dans son village natal de Pétange, et la fille cadette de Jean-Baptiste Nothomb par son mariage dans la famille Pescatore montra que la nouvelle frontière belgo-luxembourgeoise n'était pas forcément un obstacle pour les liens familiaux entre Luxembourgeois.

On peut dire sans exagérer qu'il fut le plus important homme d'État luxembourgeois et belge à la fois

Jean-Baptiste Nothomb, le plus belge des Luxembourgeois, a gardé une place de choix dans la mémoire collective des Luxembourgeois, alors que le roi grand-duc, Guillaume Ier, – qui pendant son règne n'a fait qu'une visite éclair à ses sujets luxembourgeois en n'allant pas plus loin que les abords d'Arlon – se trouve relégué aux oubliettes de notre passé national.

A.MERCIE

GUILLAUME II *1792 †1849
Un souverain populaire entre tous

La maison d'Orange-Nassau, contrairement aux Habsbourg, n'a jamais enflammé l'enthousiasme des Luxembourgeois. D'abord, les rois grands-ducs se sont retrouvés en possession du Luxembourg seulement à partir du Congrès de Vienne à la suite d'un marchandage entre grandes et moyennes puissances européennes. Ensuite et surtout, le premier souverain, Guillaume Ier, s'est complètement désintéressé d'un territoire qu'il traitait comme sa 18e province et dont il n'a jamais visité la capitale fortesse au cours de son règne de 25 ans. Qu'au moment de la Révolution belge l'immense majorité de la population, à l'exception de quelques rares notables, marquait sa sympathie pour les Belges, cela ne pouvait surprendre personne. Le nouvel arrangement européen de 1839 aboutit à une autonomie réelle de la partie germanophone du Grand-Duché, à partir de laquelle se développeront au cours des décennies suivantes la physionomie et les structures d'un État indépendant.

Avec l'accession au trône de Guillaume II, le climat général allait complètement changer. Sa personnalité, son style et son intérêt sincère et soutenu pour le Grand-Duché et le bien-être de son peuple contrastaient d'une façon saisissante avec la froideur distante de son père et lui apportaient les sympathies toujours grandissantes des Luxembourgeois, qui se manifestaient encore 35 années après sa mort avec l'érection de sa statue équestre sur la place qui porte son nom. C'est en sa personne que dans la mémoire collective se résume toute la période du règne des Orange-Nassau.

Reflets fidèles de l'histoire mouvementée du Luxembourg, l'enfance et l'adolescence du futur Guillaume II sont marquées par les péripéties de la Révolution française et de l'Empire napoléonien. Né le 6 décembre 1792 à La Haye, réfugié avec sa famille en 1795 à Londres, puis à Berlin puis encore à Londres, le jeune prince d'Orange reçoit une éducation militaire, d'abord en Prusse, ensuite à Oxford en Angleterre.

Statue équestre de Guillaume II à Luxembourg (1884).

Guillaume II vu par Opland (catalogue *Le Luxembourg sous la maison d'Orange-Nassau*).

Il préfère de loin l'éducation physique et l'équitation aux cours de philosophie, toujours accompagné du baron Constant de Rebecque, son mentor à vie.

De 1811 à 1813, il se distingue dans la campagne victorieuse de Wellington en Espagne. En 1815, de nouveau dans l'armée de Wellington, sa résistance acharnée aux Français près de Waterloo permet aux armées alliées de concentrer leurs forces et de vaincre Napoléon. Sérieusement blessé, il se remit assez vite, mais il garda des séquelles, qui apparemment précipitèrent sa mort subite survenue en 1849. Fêté dans l'enthousiasme populaire à Bruxelles en juillet 1815, comblé de hautes distinctions par les Alliés, le prince d'Orange se rendit à St Petersbourg fin 1815 pour épouser la princesse Anna Pavlovna, la sœur du tsar. Le lien dynastique avec la Cour de Russie allait jouer un rôle important pour la survie du pays lors de la question du Luxembourg de 1867.

Revenu aux Pays-Bas après 1816, le prince s'effaça derrière son père jaloux de la popularité de son fils, qui de son côté n'approuvait pas la politique autoritaire de Guillaume Ier.

Lors de la Révolution belge, le prince d'Orange essaya d'abord de sauvegarder le royaume des Pays-Bas pour la maison d'Orange, mais après l'échec de cette tentative, dû à l'attitude intraitable de son père, il reprit le commandement de l'armée et écrasa les insurgés près de Hasselt et de Louvain, s'aliénant ainsi définitivement leurs sympathies. Il vécut à l'écart jusqu'à ce que l'abdication de son père lui ouvrit l'accès au trône en octobre 1840.

Un souverain attaché à son grand-duché

Pendant un règne de moins de neuf années, relativement court comparé à ceux de Guillaume Ier (25 ans) et de Guillaume III (31 ans), Guillaume II marqua durablement le sort du Grand-Duché. Au début, héritier de son père dans son attitude de monarque autoritaire, il octroya d'abord, en 1841, une charte qui institua une Assemblée des États aux pouvoirs très limités. En 1848, il ne s'opposa pas à une constitution libérale qui donna pour quelque temps la prééminence au Parlement face au Grand-Duc.

Du point de vue psychologique, l'engagement public pris par Guillaume II au moment de son avènement de réserver le gouvernement du Luxembourg aux Luxembourgeois, suivi peu après du renvoi des deux Allemands Hassenpflug et Stifft qui occupaient des postes clés dans la gestion du pays, très impopulaires, changèrent le climat politique du tout au tout. Ses cinq visites successives au pays se transformèrent en fêtes populaires tout en permettant aux notables locaux de présenter leurs doléances et revendications. Les signes d'attention et les gestes de générosité prodigués par le Grand-Duc et son épouse à chacune de leurs visites ne manquèrent pas de renforcer leur popularité auprès du peuple.

L'administration gouvernementale, placée sous la responsabilité du gouverneur Ignace de la Fontaine, ainsi que la Chancellerie de l'État pour les Affaires luxembourgeoises à La Haye, confiée au baron de Blochausen, furent les premiers pas menant plus tard vers la séparation politique du Grand-Duché d'avec les Pays-Bas.

Guillaume II, après une période de tergiversations due à l'attitude contradictoire des différents milieux économiques luxembourgeois, ratifia finalement l'adhésion du Luxembourg au Zollverein, base de notre développement économique futur. Malgré l'influence prussienne omniprésente, venant entre autres du fait que la grand-mère et la mère de Guillaume II étaient des princesses de Prusse, celui-ci gardait une méfiance viscérale à l'égard des visées prussiennes sur le Luxembourg, bien décidé à ne pas se laisser faire.

Il gardait une méfiance viscérale à l'égard des visées prussiennes sur le Luxembourg, bien décidé à ne pas se laisser faire

En matière religieuse, il poursuivit une politique éclairée d'équilibre entre le laïcisme de la loge maçonnique, très influente au sein du gouvernement, et le cléricalisme intempestif du nouveau vicaire apostolique, Mgr Laurent, dont il demanda finalement à Rome le rappel en 1848.

Guillaume réforma la carte administrative du pays par le réaménagement territorial des cantons et des communes. Il favorisa le développement routier et ferroviaire et posa la base de l'enseignement primaire, en 1843, en instaurant à côté de l'allemand l'étude obligatoire du français, élevé au rang de langue administrative. Enfin, c'est lui qui mit en place le contingent militaire luxembourgeois négligé par son prédécesseur, réparti sur les sites de Diekirch, Ettelbrück et Echternach, sous l'œil narquois et vigilant de la Prusse.

À la suite des nombreuses visites de Guillaume II au Grand-Duché, une résidence royale fut construite à Walferdange, où allait s'installer par après le Prince Henri. Guillaume étendit sensiblement les domaines grand-ducaux par l'acquisition du Grünewald, des domaines de Berg et de Fischbach ainsi que des ruines des châteaux de Vianden et de Larochette.

L'élaboration de la constitution libérale et sa ratification par Guillaume, suivies de la nomination du gouvernement Willmar, accrurent la popularité et le prestige du Grand-Duc tout en inquiétant les milieux conservateurs.

Sa mort inattendue, le 17 mars 1849, provoqua la consternation générale. La preuve que sa popularité était plus grande au Luxembourg qu'aux Pays-Bas, c'est que sa statue équestre érigée sur la place Guillaume précédait de plusieurs années celle de la place du Buitenhof à la Haye. C'est sous lui que le Luxembourg a définitivement pris le chemin de l'indépendance. Sur ce point non seulement l'élite du pays, mais aussi les masses populaires ne se sont pas trompées en lui vouant un attachement durable.

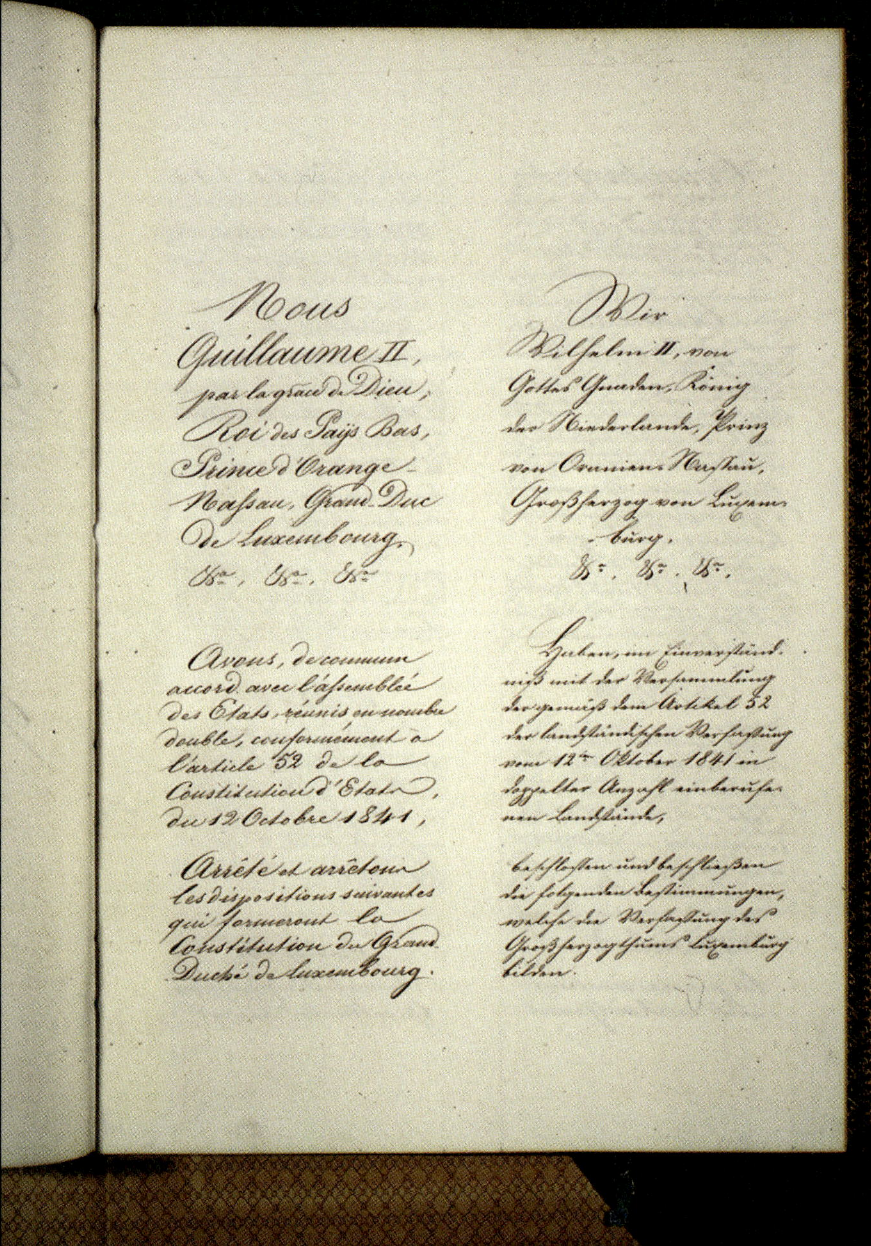

Nous
Guillaume II,
par la grâce de Dieu,
Roi des Pays Bas,
Prince d'Orange-Nassau, Grand-Duc de Luxembourg
&c. &c. &c.

Avons, de commun accord avec l'assemblée des Etats, réunis en nombre double, conformément à l'article 52 de la Constitution d'Etat du 12 Octobre 1841,

Arrêté et arrêtons les dispositions suivantes qui formeront la Constitution du Grand-Duché de Luxembourg.

Wir
Wilhelm II, von Gottes Gnaden, König der Niederlande, Prinz von Oranien-Nassau, Großherzog von Luxemburg.
&c. &c. &c.

Haben, im Einverständniß mit der Versammlung der gemäß dem Artikel 52 der landständischen Verfassung vom 12ten Oktober 1841 in doppelter Anzahl einberufenen Landstände,

beschlossen und beschließen die folgenden Bestimmungen, welche die Verfassung des Großherzogthums Luxemburg bilden.

Constitution du Grand-Duché de Luxembourg de 1848 (ANLux K 16).

(double page suivante) Inauguration solennelle de la statue équestre du roi grand-duc Guillaume II, le 5 novembre 1884 (collection privée).

Chapitre 1er

Du territoire et du Roi Grand-Duc.

Article 1er.

Le Grand-Duché de Luxembourg forme un Etat indépendant, indivisible et inaliénalable; il fait partie de la Confédération Germanique, d'après les traités existants; les changements qui pourraient être faits à ces traités seront soumis à l'approbation de la Chambre.

Article 2.

Les limites et chefs-lieux des arrondissements judiciaires ou administratifs, des cantons et des communes ne peuvent être changés qu'en vertu d'une loi.

Article 3.

Les pouvoirs constitutionnels du Roi Grand-

Kapitel 1.

Vom Gebiete und vom König Großherzog.

Artikel 1.

Das Großherzogthum Luxemburg ist ein unabhängiger, untheilbarer und unveräußerlicher Staat; es bildet einen Bestandtheil des deutschen Bundes, gemäß den bestehenden Verträgen. Die Abänderungen, welche an diesen Verträgen vorgenommen werden könnten, werden der Gutheißung der Kammer unterworfen.

Artikel 2.

Die Grenzen und Hauptörter der Gerichts- oder Verwaltungsbezirke, der Kantone und der Gemeinden, können nicht anders als kraft eines Gesetzes verändert werden.

Artikel 3.

Die verfassungsmäßigen Gewalten des Königs

LE PRINCE HENRI *1820 †1879
Un Luxembourgeois de cœur

Si son court règne, de 1840 à 1849, suffisait à Guillaume II pour devenir et rester le plus populaire des rois grands-ducs au Luxembourg, son fils cadet Henri, prince-lieutenant de Guillaume III durant 29 années, réussit le tour de force d'égaler son père dans l'affection des Luxembourgeois grâce à son rôle décisif de champion de l'indépendance luxembourgeoise durant les crises politiques de 1867 et de 1870. Cette popularité du prince et la gratitude que le pays lui témoigna dans la suite sont sans doute pour quelque chose dans le choix du nom de notre Grand-Duc actuel, Henri.

À plusieurs reprises, le Prince Henri prit, ouvertement ou en coulisse, position pour le maintien de l'indépendance du Grand-Duché

Né le 13 juin 1820 à La Haye, le cadet des trois fils du prince d'Orange – un quatrième allait mourir quelques mois seulement après sa naissance – Henri avait des chances plutôt limitées d'accéder un jour au trône et il reçut par conséquent, comme c'était l'habitude pour les fils cadets des maisons royales, une éducation militaire, dans son cas une formation d'officier de la marine. Le prince poursuivait cette carrière jusqu'à obtenir en 1852 le grade de lieutenant amiral de la flotte néerlandaise. Au cours de sa longue et riche formation de marin, commencée dès l'âge de 13 ans, Henri faisait escale dans les ports du monde entier, depuis l'Angleterre et l'Espagne jusqu'à la Scandinavie et la Russie, du Brésil aux Indes néerlandaises et britanniques. Il y développa une forte propension pour la correspondance et il acquit dans ce domaine une grande aisance, qu'il garda toute sa vie.

La sympathie et l'estime des Luxembourgeois

Henri, jeune homme plutôt timide et réservé, restait très attaché à sa mère et il subissait sa vie durant l'ascendant de son frère aîné dominateur, qui le nomma en 1850 son lieutenant-représentant à Luxembourg. Ses fonctions officielles de prince-lieutenant l'amenaient à faire chaque année de longs séjours au Grand-Duché, au château

Le Prince Henri des Pays-Bas (Nationaal Museum Paleis Het Loo, Apeldoorn).

de Walferdange spécialement aménagé à cet effet. Henri choisit comme épouse la princesse Amélie, fille du grand-duc Bernard de Saxe-Weimar, ancien gouverneur de Luxembourg. La Cour de Weimar était célèbre pour ses goûts musicaux et intellectuels. Par son éducation et sa fermeté de caractère, la Princesse Amélie complétait heureusement les qualités politiques et personnelles de son mari.

Pendant la première partie de son séjour à Luxembourg, de 1850 à 1862, Henri ne réussit pas encore à gagner la sympathie et l'estime des Luxembourgeois, parce qu'il avait adopté la même ligne autoritaire et la même langue de bois que son frère Guillaume, qui passait par ailleurs pour un solitaire excentrique en très mauvais termes avec la reine Sophie. C'est ainsi qu'Henri mit en scène, sur ordre de son frère et avec la complicité indirecte de Bismarck, le coup d'État de 1856 destiné à assurer la prérogative royale face au Parlement, auquel prit part également Charles-Gérard Eyschen, le père du futur ministre d'État. La nouvelle Constitution, décrétée d'en haut en 1856, remplaça la constitution libérale de 1848 et isola le gouvernement face au pays, indigné par ce coup de force. Cependant, l'héritage positif de cette manœuvre, c'est le Conseil d'État, qui s'est maintenu jusqu'à nos jours, faisant fonction de deuxième Chambre dans le processus législatif.

Les grandes fêtes des chemins de fer de 1859, au cours desquelles fut chanté pour la première fois le *Feierwôn* de Michel Lentz, ainsi que le remplacement de Mathias Simons par Victor de Tornaco comme ministre d'État, contribuèrent à faire baisser la tension politique et aboutirent petit à petit à une situation dite de conciliation.

C'est à partir de 1862 que le patriotisme du prince se manifestait sur la scène politique, agitée par les turbulences qui accompagnaient la politique bismarckienne d'unification de l'Allemagne et qui n'épargnaient pas notre pays. Au lendemain de deux guerres victorieuses menées par la Prusse, l'une contre l'Autriche en 1866, l'autre contre la France en 1870-71, le Luxembourg se retrouva au bord du gouffre, menacé par deux fois dans son existence. À plusieurs reprises, le Prince Henri prit, ouvertement ou en coulisse, position pour le maintien de l'indépendance du Grand-Duché. C'est ce qui lui valut, plus tard, le jugement élogieux d'Emmanuel Servais, à la fois témoin et acteur de ces crises: «Aucun Luxembourgeois n'était meilleur patriote que lui.»

Face aux menaces de la presse prussienne qui, au lendemain de la victoire sur l'Autriche, exigeait péremptoirement l'entrée du Luxembourg dans la Confédération de l'Allemagne du Nord, le prince-lieutenant reprit à son compte le refrain du *Feierwôn* en disant dans un discours officiel que sa présence au pays était «une garantie qu'il (le Luxembourg) restera ce qu'il est.»

Au moment où Napoléon III essayait d'obtenir l'accord de Bismarck pour acheter le Luxembourg et que la tension entre la France et l'Allemagne menaçait la paix, Henri envoya la Princesse Amélie, appréciée pour son énergie lucide, auprès du tsar Alexandre II,

Monument de la Princesse Amélie au parc de la Ville de Luxembourg, réalisé en 1876.

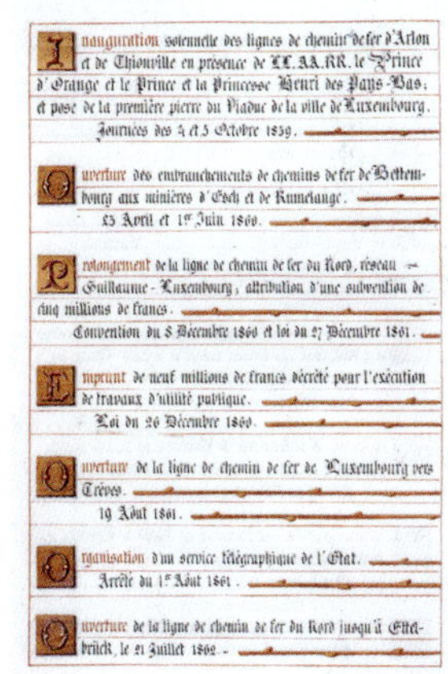

Inauguration solennelle des lignes de chemin de fer d'Arlon et de Thionville en présence de LL. AA. RR. le Prince d'Orange et le Prince et la Princesse Henri des Pays-Bas; et pose de la première pierre du Viaduc de la ville de Luxembourg.
Journées des 4 et 5 Octobre 1859.

Ouverture des embranchements de chemins de fer de Bettembourg aux minières d'Esch et de Rumelange.
23 Avril et 1er Juin 1860.

Prolongement de la ligne de chemin de fer du Nord, réseau Guillaume-Luxembourg, attribution d'une subvention de cinq millions de francs.
Convention du 8 Décembre 1860 et loi du 27 Décembre 1861.

Emprunt de neuf millions de francs décrété pour l'exécution de travaux d'utilité publique.
Loi du 26 Décembre 1860.

Ouverture de la ligne de chemin de fer de Luxembourg vers Trèves.
19 Août 1861.

Organisation d'un service télégraphique de l'Etat.
Arrêté du 1er Août 1861.

Ouverture de la ligne de chemin de fer du Nord jusqu'à Ettelbrück, le 21 Juillet 1862.

Faits mémorables sous la lieutenance du Prince Henri des Pays-Bas (Koninklijk Huisarchief 's Gravenhage).

(à gauche)
La Princesse Amélie, épouse du Prince Henri des Pays-Bas (Koninklijk Huisarchief 's Gravenhage).

Télégramme du Prince Henri
au ministre d'État de Tornaco
du 30 mars 1867
(ANLux H 28).

Le château de Walferdange
(ANLux F 285).

(à droite)
Extrait d'une lettre manuscrite
du Prince Henri, dans laquelle il
secoue l'inertie du gouvernement
face à la crise de 1867:
«Remuez-vous … au nom du ciel
remuez-vous …», 28 mars 1867
(ANLux H 28).

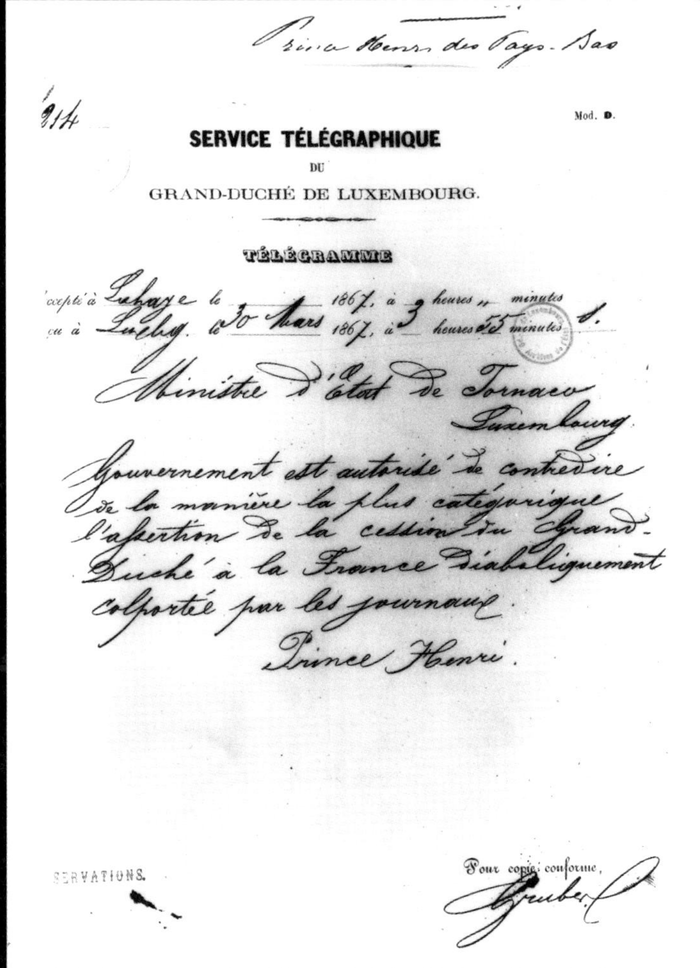

Prince Henri des Pays-Bas

214

Mod. D.

SERVICE TÉLÉGRAPHIQUE
DU
GRAND-DUCHÉ DE LUXEMBOURG.

TÉLÉGRAMME

Accepté à La Haye le 1867, à 3 heures „ minutes
Reçu à Luxbg. le 30 Mars 1867, à 3 heures 55 minutes s.

Ministre d'État de Tornaco
Luxembourg

Gouvernement est autorisé de contredire de la manière la plus catégorique l'assertion de la cession du Grand-Duché à la France diaboliquement colportée par les journaux.

Prince Henri.

SERVATIONS.

Pour copie conforme,
Gruber

invite les nations de tout le globe de venir assister à Paris à l'Exposition Universelle, comme à une réunion de la paix, on trame la destruction du bonheur et de la prospérité du Grand-Duché. Au nom du ciel remuez-vous. Efforcez-vous de faire placer ces articles dans les journaux influents en Belgique, en Allemagne, en Suisse et même en Angleterre. Faites comprendre en Belgique que son indépendance est gravement menacée par l'atteinte qu'on veut porter à ~~veut porter~~ l'autonomie du Grand-Duché. Encore une fois "remuez-vous" pour la sainte et juste cause que vous défendez. N'hésitez pas de dire toute la vérité; chaque heure peut aggraver la situation; vous déjouerez ainsi la fourberie. La publicité est votre force. Aide-toi et Dieu t'aidera. N'hésitez pas de faire paraître des numéros extraordinaires les dimanches.

Comme le Comte de Zuylen a dit très-carrément au Baron de Tornaco qu'au fond le Grand-Duc ferait bien d'avoir des représentants à Paris et à Berlin, ne serait-il pas urgent de mettre à exécution le plus promptement possible cette pensée et en faisant la proposition comme amendement du Gouvernement Grand-Ducal comme exécution et en faisant mention des titulaires qui se déclarent prêts à remplir ces missions. Monsieur Paul de Scherff de Luxembourg se refuserait-il d'aller à Berlin? Je l'ignore, pour que l'initiative vienne du Gouvernement, vous comprendrez, Messieurs, que c'est pour sauvegarder ma délicate position. Examinez donc cette question avec soin et si vous vous décidez à faire la proposition il serait utile de dire que c'est à la suite du dire du Comte de Zuylen.

Veuillez vous inspirer, Messieurs, du patriotisme le plus mâle, et ne pas oublier que vous êtes les

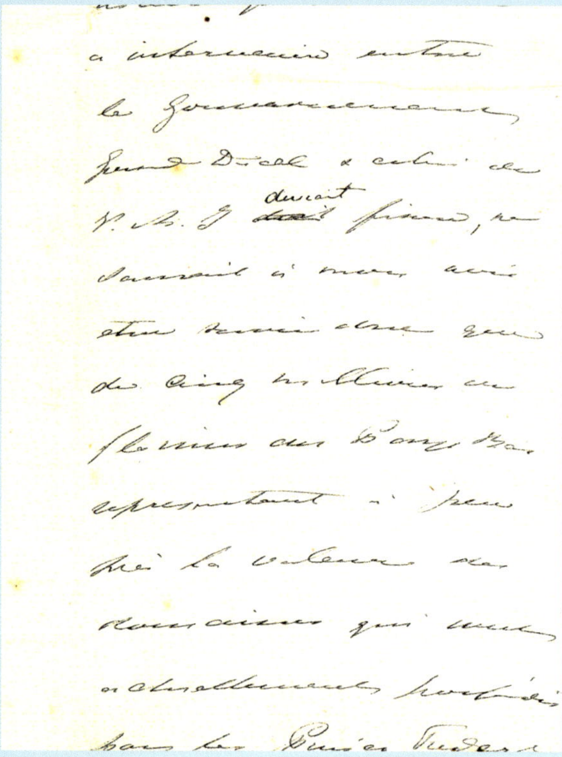

Extrait d'un projet de cession du Grand-Duché à la France pour 5 millions de florins (Archives nationales La Haye, collection Zuylen van Nijevelt, no 105/108).

Caricature sur carte postale parue à l'occasion du cinquantième anniversaire de la signature du Traité de Londres de 1867 (collection privée).

son cousin, pour qu'il intervînt en faveur de l'indépendance du Grand-Duché. La démarche fut efficace, le tsar s'engageant à trouver une solution pacifique équitable à la crise.

Henri proposa par la suite de remplacer la garnison prussienne par une garnison luxembourgeoise, et face à l'objection de Tornaco qui prétendait qu'une troupe luxembourgeoise dépassait les moyens financiers de l'État, Henri déclara: «Je suis prêt à supporter les sacrifices que la situation réclame.» Et de pousser Tornaco à agir avec «promptitude et discrétion».

Le sauveur de l'indépendance

Quand son frère était sur le point de signer l'acte de vente à La Haye, Henri retarda délibérément le départ de Tornaco, dont Napoléon III réclamait la signature et dont Guillaume III ordonnait la présence à La Haye.

Le veto bismarckien mit fin au projet de vente et poussa la crise à son paroxysme. Finalement, les interventions autrichienne et surtout russe à Londres, Paris et Berlin aboutirent à la Conférence de Londres du 11 mai 1867, dont allait sortir la proclamation de l'indépendance et de la neutralité du Luxembourg. Durant toute cette crise, l'énergie du prince contrastait nettement avec l'inertie de Tornaco et l'attitude fantasque de la municipalité de Luxembourg-ville. Son retour au pays en juin 1867, depuis Troisvierges jusqu'à Luxembourg, fut un long parcours triomphal où la liesse populaire éclatait au grand jour pour fêter celui qu'elle reconnut comme le sauveur de l'indépendance. La nouvelle Constitution de 1868, malgré des réserves de sa part, ne rencontra pas le veto formel du prince-lieutenant.

Durant la guerre franco-allemande de 1870-71, Bismarck menaça une nouvelle fois l'indépendance et la neutralité du Luxembourg. La réaction d'Henri, soutenu par Emmanuel Servais, ministre d'État et successeur de Tornaco depuis 1867, ne se fit pas attendre.

Son retour au pays en juin 1867, depuis Troisvierges jusqu'à Luxembourg, fut un long parcours triomphal

Une fois de plus, il contacta le tsar Alexandre II ainsi que son beau-frère, le grand-duc de Saxe-Weimar, présent à Versailles auprès de Guillaume Ier, roi de Prusse et futur empereur. Henri s'adressa même directement à ce dernier et fut rassuré par lui. Il fut, cette fois-ci, soutenu par une lettre adressée à Guillaume III, l'implorant de sauver le Luxembourg, lettre portant plus de 44 000 signatures.

Les dernières années du prince-lieutenant furent assombries par la mort subite de son épouse en mai 1872. Toute la population prit part au deuil et honora quatre années plus tard la mémoire de la princesse par l'érection d'un monument dans le parc municipal en 1876.

En 1875, le 25e anniversaire de sa lieutenance rassembla tout le pays derrière les pouvoirs publics pour rendre hommage à celui qui, à l'époque romaine, aurait sans doute été honoré du titre de Père de la Patrie. C'est durant ces festivités que le prince-lieutenant fit une confidence qui en dit long sur les sentiments qu'il éprouvait pour le pays dont il avait la charge: «Pendant les crises de 1867 et 1870, Je vous ai cru perdus; J'ai cruellement souffert. Mais lorsque J'ai eu la conviction que vous étiez sauvés, J'ai compris qu'on peut mourir de joie.»

En août 1878, Henri convola en secondes noces avec la princesse Marie de Prusse. Quelques mois plus tard seulement, la rougeole, une maladie normalement bénigne, provoqua des complications graves qui allaient emporter le prince le 14 janvier 1879. Le pays tout entier fut en deuil et il a gardé jusqu'à ce jour un souvenir affectueux du prince, qui par son action politique et son cœur était devenu le plus Luxembourgeois des Orange-Nassau.

(pages suivantes)
Le Prince Henri des Pays-Bas épouse en secondes noces la princesse Marie de Prusse à Potsdam, 1878 (collection privée).

Lith. Emrik & Binger.

Lentziana

Potpourri

über Lentz'sche Lieder

Dicksiana

Potpourri

über Dicks'sche Lieder

von

G. Kahnt.

Preis für Pianoforte Frs. 3.50 | Preis für Pianoforte Frs. 3.50

Preis ungültig!

Eigentum und Verlag der Hofmusikalien-Handlung

von

Guill. Stomps, M. Hülsemann succr., Luxemburg.

371. 372.

Oscar Brandstetter, Leipzig.

DICKS, LENTZ ET RODANGE
Les poètes nationaux

L'histoire du Luxembourg en tant qu'État indépendant comparée à celle de ses voisins est, le moins qu'on puisse dire, atypique. Sans révolution ni guerre de libération, l'indépendance lui fut octroyée au 19e siècle par les grandes puissances européennes au gré de leurs relations mouvementées. La population n'y eut aucune voix au chapitre et, pendant quelque temps, n'y croyait même pas pour l'avenir. Après tout, depuis l'extinction de la maison de Luxembourg en 1437 jusqu'au Congrès de Vienne de 1815 inclus, on avait refilé le pays à des puissances étrangères.

Ce n'est qu'à la veille de la Seconde Guerre mondiale que la date de 1839, celle du troisième partage du Luxembourg, fut retenue comme étant le point de départ de notre indépendance nationale, alors qu'à l'époque même, personne n'osait utiliser ce terme pour qualifier la situation politique du pays. Après des discussions agitées, le Luxembourg entra dans l'union douanière allemande en 1842, alors que depuis 1815 déjà, il était membre de la Confédération germanique et qu'une garnison prussienne occupait la forteresse de Luxembourg. Les liens multiples avec l'Allemagne prussienne semblaient l'attirer irrésistiblement vers celle-ci. D'ailleurs, malgré une aversion intime contre l'esprit prussien, bien répandue aussi dans la Confédération germanique elle-même, la plupart des notables luxembourgeois, surtout les maîtres de forges, par intérêt économique, tendaient vers l'Allemagne plutôt que vers la Belgique ou la France.

On avait des doutes sérieux quant à l'authenticité et la qualité littéraire du luxembourgeois

Non seulement ne croyait-on pas dans l'avenir de notre indépendance, mais on avait des doutes sérieux quant à l'authenticité et la qualité littéraire du luxembourgeois, qualifié avec condescendance de dialecte germanique mosellan.

Édition d'œuvres musicales de Dicks et de Lentz (collection privée).

C'est entre les deux grandes crises internationales, la Révolution de 1848 et l'affaire du Luxembourg de 1867, qu'apparurent les trois poètes qui sont toujours considérés comme nos grands classiques, Dicks, Lentz et Rodange, et qui par leurs œuvres réveillèrent dans l'opinion publique le sentiment national, le plaisir et la fierté de se sentir Luxembourgeois.

D'abord, un professeur de mathématiques de l'Athénée, Antoine Meyer, osa taquiner la Muse luxembourgeoise avec sa publication, en 1829, de *E Schréck op de Lëtzebuerger Parnassus* («Un pas sur le Parnasse luxembourgeois»). Même si le poème était un peu guindé, ce fut un début.

Le coup d'envoi pour la nouvelle génération des poètes luxembourgeois fut donné par Edmond de la Fontaine, mieux connu sous son nom de plume, Dicks, en novembre 1848 dans *D'Vulleparlament am Gréngewald* («Le Parlement des oiseaux au Grunewald»). Dicks s'y moqua copieusement et sans vergogne des députés du nouveau Parlement élu au lendemain de la Révolution de 1848, ce qui n'a certainement pas arrangé les affaires de son père, Théodore Ignace de la Fontaine, Président du gouvernement. Celui-ci après le rejet parlementaire du budget dut offrir sa démission.

Portrait d'Edmond de la Fontaine (Dicks), œuvre de Paul Ruard (collection André Kremer).

L'auteur n'avait pas seulement attiré l'attention du public par le côté mordant de sa critique du monde politique, mais aussi par la justesse de ses expressions et l'élégance de ses vers. Avec ce pavé dans la mare politique, l'auteur se révéla en même temps grand poète.

Cependant, Dicks, plus que par sa poésie, s'imposa par ses pièces de théâtre, qu'il produisait en série à partir de 1855, en commençant par son *De Scholdschäin* suivi de sa pièce maîtresse, *D'Mumm Séiss*, et par bien d'autres grandes réussites populaires comme *D'Kiermesgäscht* («Les invités de la Kermesse») ou *De Ramplassang* («Le remplaçant»).

Père du théâtre luxembourgeois

La langue populaire bien frappée de ses pièces, les chansons sentimentales et enjouées à la fois, comme *Et wor emol e Kanonéier* («Il était une fois un canonnier»), *D'Pierle vum Da* («Les perles de la rosée»), d'autres encore amusantes, ensorcelantes au rythme entraînant, comme *Ech sinn e groussen Hexemeeschter* («Je suis un grand magicien»), lui ont gagné immédiatement les faveurs du public et lui ont valu le titre bien mérité de père du théâtre luxembourgeois. La bonne humeur, l'humour rafraîchissant, la joie de vivre, le rire amusé et contagieux que Dicks a su insuffler à son théâtre – souvent en contradiction avec sa vie personnelle – ont fait comprendre à ses contemporains qu'ils avaient une langue, une littérature, une âme et un art de vivre bien à eux.

Dicks, à côté de sa muse légère, a recueilli dans d'autres publications les mythes et légendes, les us et coutumes, les chansons populaires du Luxembourg, dont il s'est inspiré dans ses propres poèmes et chansons. S'il n'a pas été le plus grand, il a été alors certainement le plus populaire de nos classiques.

Michel Lentz, né à Luxembourg en 1820, était d'origine bourgeoise, alors que Dicks appartenait à la noblesse. Après avoir obtenu son diplôme à l'Athénée et après une année d'études à l'université de Bruxelles, Lentz vivait et travaillait comme fonctionnaire d'État à Luxembourg-ville. Poète infatigable à ses heures de loisir, tout comme Dicks, il n'a cessé de chanter l'amour de la patrie, aussi bien au nom de ses compatriotes restés dans le pays qu'au nom de ceux qui, s'étant expatriés en Amérique, furent saisis par la nostalgie de la terre natale *Iwer mir nët e Stierchen* («Au-dessus de moi pas une étoile») *Vu mengem Dueref gong ech hier* («Je suis parti de mon village»). Très souvent, il composa la musique lui-même, tout comme Dicks.

Poète infatigable à ses heures de loisir, tout comme Dicks, il n'a cessé de chanter l'amour de la patrie

L'influence de Lentz vaut avant tout par ses nombreux poèmes et chants patriotiques qu'il composa en des moments cruciaux de notre histoire nationale. En 1859, quand le premier chemin de fer fut inauguré, Lentz accompagna l'événement avec son *Feierwon* («Le train de feu»), qui allait rester longtemps notre premier hymne national. Avant

Maison natale de Dicks au coin place Guillaume/rue du Fossé (MNHA).

Inauguration d'une plaque commémorative à la maison natale de Dicks, 24 juillet 1923 (collection privée).

(à droite) Plaque commémorative et médaillon de Dicks ornant sa maison natale.

même que l'avenir du pays ne fût dans la balance lors des crises de 1867 et de 1870-71, Michel Lentz composa, en 1864, son poème *Ons Heemecht*, mis en musique par Antoine Zinnen, et dont la première et la quatrième strophes allaient devenir notre hymne national appelé *D'Uelzecht* d'après le début de la première strophe.

Le patriotisme qui s'exprime avec force et conviction dans ces deux poèmes eut un puissant impact sur l'opinion publique et même sur la classe politique. Notre sentiment national en tira ses racines et y prit son envol. En effet, loin de se lancer dans un nationalisme agressif et tapageur contre des voisins ennemis, réels ou imaginaires, comme le fait *La Marseillaise*, Lentz, au contraire, invite simplement les mêmes voisins à venir nous rendre visite, à admirer nos beaux paysages et à constater comme les Luxembourgeois y vivent heureux, mais sans laisser le moindre doute quant à leur volonté de rester ce qu'ils sont: *Mir wëlle bleiwe wat mir sinn*. La *Heemecht* sur un ton tantôt lyrique, tantôt incantatoire, décrit la beauté des paysages, exprime l'amour profond que lui portent ses habitants et prie Dieu de les protéger et de préserver leur liberté.

L'influence de Lentz sur l'évolution du patriotisme et du sentiment national luxembourgeois a été immense, même si certains critiques ont parfois trouvé son exaltation patriotique un peu trop pathétique et exagérée et sa langue trop solennelle, étrangère à la langue du peuple.

Kuck wou's de stees a wou's de bass,
Den Zolverknapp ass kee Parnass!
(«Regarde où tu te places et où tu es,
La colline de Soleuvre n'est pas le Parnasse»)

lui lança Dicks, son confrère qui ne l'aimait pas trop, tout en reconnaissant, en grinçant des dents sans doute, que ses chansons lui survivraient encore longtemps.

Lentz, mort en 1892, eut droit à des funérailles nationales et à un éloge funèbre solennel de la part du ministre d'État, Paul Eyschen. L'ironie du sort a voulu que Lentz et Dicks furent honorés ensemble, comme nos grands poètes nationaux réunis sur la même stèle monumentale de la place d'Armes. Tous les deux, en écrivant dans la langue parlée à Luxembourg-ville et dans la vallée de l'Alzette, en avaient fait le luxembourgeois littéraire classique, quand entra en lice notre troisième poète national, Michel Rodange. Dans son *Renert*, il fera parler ses protagonistes dans un luxembourgeois tel qu'on le parlait dans les diverses régions du pays.

Par opposition aux citadins Dicks et Lentz, Rodange, né en 1827, à Waldbillig, dans un milieu rural pauvre, n'a jamais eu la vie facile, bien au contraire. Alors que ses deux

Inauguration du monument Dicks – Lentz place d'Armes, 11 octobre 1903 (collection privée).

confrères faisaient des études secondaires complètes et même universitaires, Rodange, après avoir fréquenté le progymnase de Diekirch, s'est inscrit, en 1845, à la nouvelle École normale à Luxembourg pour devenir instituteur, profession qu'il exerçait de 1847 à 1859 à Steinsel et à Larochette. Comme le salaire d'un instituteur de l'époque était fort modeste, Rodange quitta l'enseignement pour le poste de piqueur cantonal (conducteur de travaux publics) successivement à Echternach, Koerich, Wiltz et finalement à Clausen.

Sa nouvelle situation ne le mettait guère à l'abri des épreuves et des coups durs. Dès le début, il souffrait d'ulcères de l'estomac, et son état de santé ne faisait que s'aggraver au fil des années. Il mourut en 1876, alors qu'il n'avait que 49 ans. De ses dix enfants, six sont morts en très bas âge, peu après leur naissance. Enfin, Rodange dut changer de poste à la suite de décisions hiérarchiques ressenties comme arbitraires et injustes, alors que lui et sa famille venaient juste de s'acclimater.

Les frustrations et les déceptions personnelles et professionnelles dans un monde où triomphaient l'hypocrisie, la corruption et la manière forte des privilégiés l'ont finalement poussé, à l'âge de 40 ans, à prendre sa revanche et à régler ses comptes avec la société en en épinglant les travers de sa verve satirique et de son ironie cinglante. Rodange écrivait son épopée animalière *Renert* durant son séjour à Wiltz, de 1867 à 1872, et il s'inspirait essentiellement de *Reineke Fuchs* de son grand modèle Goethe, même si par endroits on trouve certaines ressemblances avec le *Roman de Renart*.

Avec une maîtrise inégalée des diverses facettes du luxembourgeois, Rodange critique impitoyablement des personnes précises de son temps. Cependant, il le fait avec un art si parfait qu'on oublie les individus visés et qu'on ne retient que les défauts typiques des hommes de tous les temps, tout comme dans le théâtre de Molière.

Rodange critique impitoyablement des personnes précises de son temps

Renert se lit et se relit avec beaucoup de plaisir. La sagesse qui s'en dégage a parfois des relents d'opportunisme ironique et amusé:

Et ginn duerch d'Welt zwéi Weën:
Sief Wollef oder Schof!
E gudde Fuuss ass béides
Als echte Philosoph.
(«À travers le monde il y a deux chemins:
Sois loup ou agneau!
Un bon renard est les deux
En philosophe authentique.»)

À d'autres endroits perce un pessimisme réaliste et amer:
D'Welt ass e Sak voll Kriibsen,
Wou een deen aner zwéckt;
Di iewescht gi gejuppelt,
Di ënnescht ginn zerdréckt.
(«Le monde est un panier de crabes,
Où l'un pince l'autre;
Ceux en haut sont bercés,
Ceux en bas sont écrasés.»)
Chant X

L'itinéraire *Renert* à Wiltz réalisé avec le concours de l'artiste Ad Deville.

La langue, la verve, l'acuité de l'observation et le trait de plume du narrateur sont tels que *Renert* relève de la vraie littérature et assure à Rodange une place égale à côté de Dicks et de Lentz. Il n'eut pas la satisfaction d'être reconnu comme tel de son vivant, car toute la bonne société de l'époque se sentait visée par le mordant de sa satire, et par

Inauguration du monument Rodange, place Guillaume II. Sur la photo au premier plan: Élise et Marguerite, les deux filles de Michel Rodange, le 26 juin 1932 (collection privée).

(à droite) Première édition du *Renert*, 1872 (collection privée).

conséquent le passait sous silence. Cependant, le temps des notables touchait à sa fin au début du 20e siècle, et les mérites de Rodange, sa langue extraordinairement vivante et ses prises de position pour la cause des laissés-pour-compte ont fortement marqué la conscience sociale et nationale des Luxembourgeois, qui l'ont finalement reconnu et célébré au point que parmi les trois classiques, il est considéré, à présent, comme le plus grand.

Renert

oder

de Fuuß am Frack an a Ma'nsgrëßt.

Op en Reis fotograféert

vun

Engem Letzebreger.

Letzebuurg.

Drock vum J. Joris.

1872.

No 15 Entr'Acte voir No 10 (page 51)

III. Akt.

Martplätz zu Spe'sbëch. 't ass um Deischtergin. Am Fong stêt 't Monument ze soe firdëg, ob de ve'er Ecke Mâschtbëm mat Girlanden, un dénen d'Sêl ugemât sin, fir 't Doch ze hâle, mat dëm 't Monument bis zur Aweihong ronderem verstoppt get. Arbëchter probe'eren, ob 't Doch licht ob an ofgêt. De Max stêt uewen op enger Lëder, fir un e puer Plätzen ma'm Schloper nozehellefen. Gruppe vu Vollëk. Mëd gi mat fresch gestreckte weiss Oenneschträck iwert den Theater. Memi, Bämpi, Mochel, Butz, Maja, Siny gin ob an of. Lënks vir un der Ramp, Pe'p am Gespre'ch mat Olly, rechts, me' verstoppt, Evelyn an d'Miss Kate, mat dëcke Schleieren.

ZINNEN, MENAGER ET LEURS SUCCESSEURS
La musique comme expression du sentiment national

La musique figurant souvent comme la sœur jumelle de la poésie, nos poètes nationaux Dicks et Lentz ont de temps à autre exercé leurs talents musicaux pour faire passer leur message et pour mettre en valeur leurs poèmes. Dicks a composé la musique de ses poèmes lyriques, devenus très vite populaires, comme *De Kanonéier* ou *D'Pierle vum Da*. Lentz, l'auteur d'innombrables œuvres lyriques, comme *Iwer mir nët e Stierchen*, mises en musique par des compositeurs inspirés, a lui-même composé à l'occasion de l'inauguration de notre première ligne de chemin de fer la mélodie du *Feierwon*, qui depuis sa création jusqu'en 1920 était notre hymne national.

Les auteurs de ces compositions poétiques et musicales ont joué un rôle clé dans la promotion de notre sentiment national. Ils ont fait comprendre au peuple luxembourgeois qu'il avait une identité propre, une âme à lui, sensible et aimable, distincte de celle de nos voisins. C'était leur réponse, en son nom, aux décisions politiques des grandes puissances européennes, qui firent de notre petit pays, trois fois mutilé, un État indépendant *sui generis*. C'était en même temps un signe fort donné à leurs compatriotes, les invitant à accepter pleinement cette situation et à bien se sentir dans leur peau de Luxembourgeois, fiers de leur pays et de ses beautés naturelles, déterminés à rester fidèles à eux-mêmes – *mir wëlle bleiwe wat mir sinn*.

Cependant, deux parmi leurs contemporains, Antoine Zinnen et Laurent Menager, sans posséder la même veine poétique, ont su s'affirmer comme nos compositeurs nationaux, en exprimant par leur musique les mêmes sentiments d'amour de la patrie, d'attachement à la terre natale et de joie de vivre librement dans un petit coin tranquille de l'Europe, à côté de voisins accueillis en bienvenus, certes, s'ils venaient en visiteurs paisibles.

Extrait de la partition originale de *t Wonner vu Spe'sbëch* de Batty Weber/Fernand Mertens (collection privée).

J.A. Zinnen, compositeur de l'hymne national *Heemecht* (collection privée).

Les sentiments que les deux compositeurs éprouvaient l'un pour l'autre, ainsi qu'à l'égard de leurs collègues poètes, étaient imprégnés d'amitié et d'estime mutuelles, un fait plutôt rare dans les milieux littéraires et artistiques, où la jalousie et la susceptibilité sont monnaie courante.

Zinnen, de huit années l'aîné de Menager, considérait celui-ci à la fois comme son frère cadet, qu'il protégeait et aidait selon ses moyens, et comme son successeur. Né en 1827 à Neuerburg, ancienne ville luxembourgeoise devenue prussienne en 1815, d'un père musicien, il s'installa avec sa famille au Grand-Duché en 1833. Ils vécurent d'abord à Clervaux, puis à Diekirch, pour se fixer enfin à Larochette, où son père prit la direction de l'école de musique nouvellement fondée. C'est auprès de lui qu'Antoine apprit les rudiments de la musique. À quinze ans, il s'engagea dans la musique militaire du contingent luxembourgeois, dont il gravit rapidement les différents échelons. En 1849, durant son séjour à Diekirch, il obtint la nationalité luxembourgeoise et s'établit, cinq ans plus tard, à Luxembourg pour occuper le poste de professeur et, bientôt après, celui de directeur de l'école de musique de la ville. Il devint en même temps directeur musical de la Société de musique de la Ville de Luxembourg et de bien d'autres sociétés de musique et de chant.

Hyperactivité musicale

Zinnen composa des œuvres musicales très variées

En 1863, il fut l'un des fondateurs de la Société générale de musique luxembourgeoise, l'ancêtre de l'Union Grand-Duc Adolphe, dont il prit également la direction. C'est durant cette période d'hyperactivité musicale qu'il accueillit à l'école de musique Laurent Menager, qui devint très vite son protégé. Zinnen composa des œuvres musicales très variées, mélodies, opérettes, ouvertures, dont il ne reste plus que des traces historiques. Cependant, son heure de gloire allait arriver à Ettelbrück, le 4 juin 1864, quand il dirigea lors d'un grand concert de la Société générale de musique plusieurs centaines de musiciens et de chanteurs. Le chant numéro 11 du programme était intitulé *Ons Heemecht*, d'après un texte que Michel Lentz avait écrit 14 années plus tôt et pour lequel il venait tout juste lui-même de composer la musique. L'effet fut bouleversant, le public fut ému jusqu'au fond de l'âme par cette combinaison extraordinaire de paroles d'un lyrisme exquis et d'une musique incantatoire qui rehaussait encore la dimension émotionnelle des paroles. Dès lors, la *Heemecht* devint le deuxième hymne national, à côté du *Feierwon*, l'autre chef-d'œuvre de Michel Lentz, pour être enfin reconnue officiellement seul hymne national en 1920, au lendemain de la Première Guerre mondiale, dont les séquelles faillirent nous coûter l'indépendance.

Au début des années 1880, Zinnen fut victime d'intrigues mesquines, ourdies au sein de l'école de musique et initiées aussi par des responsables de la Concordia, la fanfare rivale de la ville haute. Déçu et dégoûté, il démissionna de toutes ses fonctions et s'expatria en France, à Neuilly, où il vivait auprès de sa fille. Il y continua sa carrière de musicien dans des orchestres renommés, mais, pris de nostalgie, il préparait en 1898 son retour au pays, quand la mort le surprit. Ses amis et admirateurs luxembourgeois finirent par rapatrier sa dépouille mortelle, lui érigeant un tombeau commémoratif au cimetière Notre-Dame à Luxembourg. Même si aucune autre de ses compositions ne lui survécut, la *Heemecht*, tout comme sa personnalité droite et sympathique, suffisaient pour lui procurer auprès de la postérité une gloire et une célébrité à toute épreuve. C'est à ce titre qu'il est considéré comme notre compositeur national, en même temps que son disciple et successeur Laurent Menager, qui par ailleurs se distinguait de lui de plus d'une manière.

La «Heemecht» suffit à lui procurer auprès de la postérité une gloire et une célébrité à toute épreuve

Laurent Menager naquit en 1835 au Pfaffenthal, comme fils d'un boulanger aisé, féru de musique. Il apprenait les rudiments musicaux sous la férule d'un membre de la musique militaire de la garnison prussienne et poursuivait ses études musicales à l'école de musique sous Antoine Zinnen, en même temps qu'il faisait ses études classiques à l'Athénée grand-ducal. Laurent Menager ne s'arrêta pas là, mais s'inscrivit à l'école supérieure de musique de Cologne, dont la renommée était assurée par Ferdinand Hiller, une autorité reconnue de l'époque. Après un bref retour au pays, où il occupait le poste de professeur à l'école de musique, il retourna à Cologne et décrocha son diplôme avec la mention «très bien».

Vue du faubourg du Pfaffenthal, 1864 (ANLux).

Page de titre d'un recueil de compositions de Laurent Menager (collection privée).

***Der Geiger von Echternach*, texte Nicolas Welter, musique Lou Koster, affiche de la première audition (collection privée).**

Rentré au Luxembourg pour de bon, Menager, infatigable, déploya une activité musicale tous azimuts: professeur de musique sous Zinnen, fondateur et directeur du Sang a Klang Pafendall, fondateur et animateur de la fanfare de la Société des Compagnons (*Geselleverein*), collaborateur de Zinnen dans la Société de musique de la Ville, chargé de l'enseignement musical dans les écoles primaires de la ville, professeur de musique à l'Athénée, enfin fondateur et directeur de l'Union Grand-Duc Adolphe. Menager composa aussi des opérettes sur des textes de Dicks, des mélodies sur des textes de Rodange et de Lentz, des marches, des valses, des cantates, et il écrivit des livres d'instruction musicale à l'usage des écoles primaires.

Son engagement exemplaire, sa bonté naturelle, sa fidélité en amitié, son sens humanitaire et social le rendaient populaire auprès de ses compatriotes, au point qu'en 1902, quand il mourut, la population de Luxembourg, avec le ministre d'État Paul Eyschen et le gouvernement en tête, lui fit, tout comme à Michel Lentz, des funérailles solennelles. Son monument commémoratif s'élève au cimetière du Sichenhaff dans son *Pafendall* natal auquel il est resté attaché corps et âme toute sa vie.

Parmi ses nombreuses œuvres musicales, son opérette *Den Här an d'Madame Tullepant*, d'après un texte de Dicks, et *D'Margréitchen*, d'après Lentz, restent des témoignages toujours vivants de son extraordinaire talent musical.

Développement de la musique au Grand-Duché

À côté de Zinnen et de Menager, un nombre de compositeurs impressionnant pour un petit pays comme le nôtre ont apporté leurs contributions, petites ou grandes, au développement de la musique au Luxembourg ainsi qu'à sa réputation internationale dans ce domaine. L'esprit et le cadre du présent ouvrage ne permettent pas de les apprécier à leur juste valeur, les publications des spécialistes en la matière l'ont fait. Deux foyers d'inspiration et de promotion musicales se sont distingués depuis le milieu du 19e siècle. Il s'agit, d'une part, de la musique militaire, d'abord celle de la garnison prussienne de Luxembourg, puis celle du contingent luxembourgeois, enfin celle de l'armée luxembourgeoise. À côté de cette source d'inspiration plutôt martiale, il y eut dès sa création l'école de musique de la Ville de Luxembourg, devenue le Conservatoire, dont l'influence allait être prépondérante au 20e siècle, surtout après la Seconde Guerre mondiale.

Fernand Mertens peut être considéré comme un représentant typique de la lignée militaire. Originaire de Louvain, gardant toute sa vie son charmant accent belge, il est connu pour ses marches, dont la plus célèbre est *La Marche Grande-Duchesse Charlotte*, mais surtout pour sa *Sonnerie Nationale*, qui s'inspire de l'hymne national de Zinnen et suscite les mêmes émotions profondes auprès du public.

Comme représentants typiques du Conservatoire, trois personnalités méritent d'être évoquées. Lou Koster, l'une des rares femmes parmi les compositeurs luxembourgeois, Henri Pensis, chef d'orchestre à la réputation internationale, et Alex Mullenbach, pianiste et compositeur de musique contemporaine de réputation européenne.

Lou Koster, née en 1889, tenait à la fois de l'héritage de la musique militaire par son grand-père, musicien de l'ancienne garnison prussienne, et du Conservatoire, qu'elle fréquentait comme élève et où elle était professeur de 1922 jusqu'à sa retraite en 1954. Elle est surtout célèbre pour ses nombreuses mélodies, plus de 200, qu'elle composait sur des textes d'auteurs luxembourgeois, comme Nicolas Welter ou Marcel Gérard, mais aussi sur des poèmes de grands noms étrangers, comme Verlaine et Mörike. Elle composait de la musique pour des pièces de théâtre de Batty Weber et deux marches pour les fêtes du Centenaire de 1939. Elle considérait comme sa pièce-maîtresse sa mise en musique de la ballade de Nicolas Welter *Der Geiger von Echternach*. Toujours de bonne humeur et pleine d'humour, elle laissa après sa mort, survenue en 1973, le souvenir d'une femme sympathique, pleine de vitalité, toujours prête à s'engager pour les droits de l'homme et, surtout, pour ceux de la femme, populaire et respectée dans la longue lignée des compositeurs luxembourgeois.

Henri Pensis, né en 1900 dans la pépinière musicale du Pfaffenthal, manifesta son enthousiasme pour la musique dès son plus jeune âge et entra au Conservatoire très jeune, mais il ne sut pas trouver le même goût pour les études secondaires classiques que pour la musique. Cela ne l'empêchait pas de faire des études supérieures, d'abord au Conservatoire de Bruxelles, puis, suivant l'exemple de Menager, à l'école supérieure de musique à Cologne. En 1926, il fut engagé comme maître de concert à la radio officielle de Cologne-Langenberg, après s'être classé premier au concours d'admission.

Quand en janvier 1933 fut fondé l'orchestre de Radio Luxembourg, Henri Pensis en devint le chef. C'est dans cette fonction qu'il déployait ses talents de maestro, aussi bien en améliorant la qualité des performances musicales qu'en augmentant jusqu'à trente musiciens le nombre des membres de son orchestre, originaires non seulement du Luxembourg, mais de l'Europe entière. Stakhanoviste au travail, il dirigeait sans relâche des concerts produisant des œuvres de compositeurs européens les plus divers, de Dvořák à Wagner, de Bach à Beethoven, de Brahms à Debussy, réussissant par-dessus le marché à engager les plus fameux solistes ou chanteurs, comme Arthur Rubinstein ou Ninon Vallin. Pensis fut aussi invité pour diriger les plus grands orchestres symphoniques européens, comme le Gewandhausorchester de Leipzig et ceux de Vienne, de Paris ou de Rome.

Quand en 1939, au début de la guerre, Radio Luxembourg cessa ses émissions, Pensis s'expatria avec sa famille aux États-Unis, où il dirigeait des orchestres de renom au New Jersey, à Philadelphie et au Carnegie Hall à New York. Rentré en 1946, il reprit sa

Fernand Mertens, chef de la musique militaire de 1909 à 1937 (collection privée).

Henri Pensis, chef de l'orchestre de Radio Luxembourg de 1933 à 1958.

Roger Hastert
'tWonner vu Spe'sbëch
Operette a ve'er Akten
vum
Batty Weber
Musék vum
Fern. Mertens
1) VALSE: Mein Hierz dat klappt voll Angscht a Frëd (Evelyn, I Akt) . . 2.50 Fr.
2) AIR: Spe'sbëch leit am de'we Frid (Hane Pe'p, II Akt) . . . . . . 2,50 Fr.
ROMANCE: Hei hat mein Hierz eng Hémecht fondt (Evelyn, II Akt) . .
3) AIR: Wo ëch gin a wo ëch stin (Max, III Akt) . . . . 2,50 Fr.
SÉRÉNADE: Hierzëgt Kand am Lĭchteschein (Hane Pe'p, III Akt) .
4) DRËNKLID: Drëngelëngelëng, loszt Glieser klënken (Hane Pe'p, I Akt) 2,50 Fr.
ROMANCE: Emmer muss ëch duerun denken (Evelyn, III Akt)
N° 3
N° 3
Verlags-Hofmusikalienhandlung M. Hülsemann Luxemburg
Tous droits d'exécution, de reproduction d'arrangement et de traduction réservés.
En vente chez: Triphon Vermast, Avenue Monterey, Luxembourg.
PROPRIÉTÉ DE L'AUTEUR

baguette de chef d'orchestre de Radio Luxembourg et sans répit il offrait ses concerts aux auditeurs de l'Europe entière. Il ne lui restait que peu de temps pour ses propres compositions, des mélodies et des adaptations de pièces de théâtre à la radio.

Dès 1953, son surmenage se manifesta par une faiblesse cardiaque dont les conséquences diminuèrent même sa vue. Cependant, il ne relâcha pas son zèle, et c'est ainsi qu'en 1958, au lendemain d'un grand concert à l'Exposition universelle de Bruxelles, un arrêt cardiaque mit fin à la carrière du plus grand chef d'orchestre luxembourgeois, de renommée mondiale.

Henri Pensis, le plus grand chef d'orchestre luxembourgeois, de renommée mondiale

Recueil d'airs de *t Wonner vu Spe'sbëch* (collection privée).

Page de titre de l'opérette *De Kommissär kënnt* de Jos Sevenig/Gustave Kahnt (collection privée).

Lou Koster, une célébrité parmi les compositeurs luxembourgeois (collection privée).

(à droite) Hymne patriotique de Siggy vu Lëtzebuerg (Lucien Koenig/ Jean-Pierre Beicht, collection privée).

La génération d'après 1945 vit sortir de ses rangs un autre talent musical, dont la réputation de pianiste et de compositeur de musique moderne allait également franchir nos frontières, Alex Mullenbach. Né en 1949 à Luxembourg dans une famille d'amateurs de musique, Alex Mullenbach fut un surdoué. Pendant ses études au Conservatoire de Luxembourg, puis à celui de Metz et au Conservatoire de musique supérieure de Paris, il rafla les premiers prix de piano l'un après l'autre.

Ses compositeurs de prédilection allaient de Chopin à Berg, en passant par Liszt, Ravel, Debussy, Stravinsky et Prokofiev. La pratique du piano ne l'empêchait pas de réussir à l'examen de fin d'études secondaires à l'Athénée. Complètement dévoué à la musique, Mullenbach s'associa à des copains aussi enthousiastes que lui pour cultiver ensemble la musique moderne. Bientôt, il sentait de plus en plus le besoin de développer et de perfectionner ses connaissances de composition musicale. Il quitta donc le Luxembourg et s'inscrivit au Mozarteum de Salzburg. Il s'y sentait bien à l'aise, se fit connaître dans le monde musical autrichien et en 1980, il décrocha le premier prix dans un concours de composition de la radio autrichienne avec son *Hard by a Crystal Fountain*. D'autres compositions suivirent: *Progressions pour grand orchestre* en 1982, *Nuages* en 1984, *Night Music* en 1987, *Flugsand für Großes Orchester* en 1989, l'opéra *Die Todesbrücke* en 2003 et bien d'autres encore. À côté de ses œuvres d'inspiration cosmopolite, qui lui assurent une place de choix parmi les compositeurs contemporains, Mullenbach a trouvé le moyen d'enseigner à la fois au Conservatoire de Luxembourg et au Mozarteum de Salzbourg et d'y diriger l'Académie internationale d'été. Ainsi, le Luxembourg, surtout grâce à Alex Mullenbach, conserve sa place parmi l'avant-garde de la musique contemporaine sur la scène européenne.

Leurs héritiers plus lointains, Pensis et Mullenbach, ont à leur façon bien servi la réputation internationale de notre pays

Si à la fin du 19e siècle, nos compositeurs nationaux Zinnen et Menager et leurs successeurs immédiats ont exercé une influence décisive sur le développement du patriotisme luxembourgeois, leurs héritiers plus lointains, Pensis et Mullenbach, ont à leur façon bien servi la réputation internationale de notre pays.

3. Oplo. 3. Oplo.

U LETZEBURG!

Patriotesch Hymn.

Vum **Siggy vu Letzeburg.** Musék vum **J. P. Beicht.**

Fir d'e'scht gesongen vum **Aug. Donnen** am Juli 1915.

~~NB. D'Lidd mat Klawe'erbeglédonk ass ze kre'en zum Preis vun **1.25 Frang**, beim~~
~~**J. P. Beicht, Place d'Armes 9,**~~ a bei alle ~~Musikaliengeschéiter.~~

P. WORRE-MERTENS LUXEMBOURG

V

LE 19e SIECLE ET LA TRANSITION VERS LE 20^e

(doubles pages précédentes)
Travaux de démantèlement
de la ville forteresse de Luxembourg
pendant les années 1870
(photo Brandebourg, ANLux).

La Grande-Duchesse Marie-Adélaïde
après son abdication au moment
de son entrée au couvent des
carmélites à Modène
(«Le Pèlerin» du 17 octobre 1920).

Emile Mayrisch et Emile Reuter
à la Conférence de Gènes, en 1922
(ANLux).

LES PRÉCURSEURS DU MONDE D'AUJOURD'HUI

À la barre du gouvernement pendant plus d'un quart de siècle, Paul Eyschen, disciple de Bismarck aux niveaux politique et social mais en même temps grand admirateur de la France dans le domaine culturel, dominait de sa stature la politique nationale. Tour à tour, trois générations de Nassau-Weilburg se relayaient sur le trône, d'Adolphe en passant par Guillaume IV jusqu'à Marie-Adelaïde, soulignant le caractère national de la nouvelle dynastie.

L'industrie sidérurgique, avec des capitaux allemands, des ingénieurs et une main-d'œuvre également en grande partie d'outre-Moselle, auxquels se joignirent en nombre croissant des ouvriers italiens, se développa dans le sud du pays en profitant sans vergogne de l'union douanière avec l'Allemagne. Emile Mayrisch, issu de la dynastie des maîtres de forges, les Metz, présidait au regroupement de l'industrie sidérurgique au sein de l'Arbed et développa des liens avec la région industrielle de la Ruhr, ainsi qu'en direction de la Lorraine et de la Belgique. Durant les années de la guerre, tout en continuant

Médaillon à Kautenbach représentant le ministre d'État Paul Eyschen.

Le Grand-Duc Adolphe de la maison de Nassau-Weilburg (collection privée).

Le Grand-Duc Guillaume IV (ANLux).

à produire de l'acier au profit de l'Allemagne, il sut ménager une ligne de retrait grâce à laquelle, avec des capitaux belges, il réussit à sauvegarder au lendemain de 1918 les intérêts nationaux, tout en inaugurant une coopération prémonitoire européenne entre les vainqueurs et les vaincus, une première version de la Communauté européenne du charbon et de l'acier avant la lettre.

En même temps, dû au hasard des rencontres humaines, se profila John Owen Tudor dans son petit laboratoire physique et chimique de Rosport comme inventeur de la première batterie électrique productible d'une façon industrielle et exportable dans toute l'Europe, montrant ainsi qu'un petit pays avec des moyens limités mais beaucoup d'esprit d'invention et d'innovation pouvait se hisser au rang des grands inventeurs, suivi en cela un demi-siècle plus tard par Guillaume Kroll dans son laboratoire à Luxembourg.

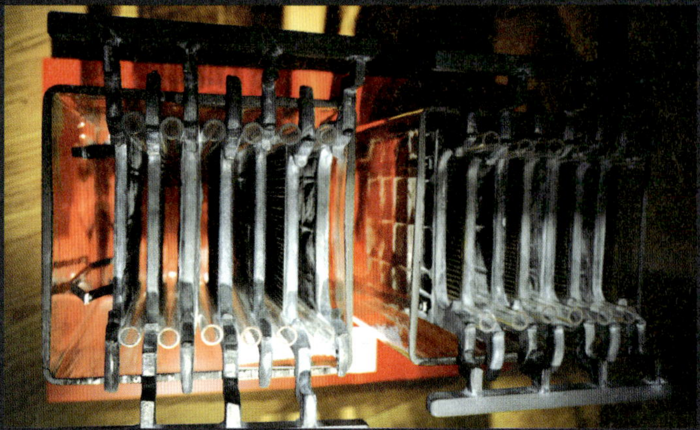

Musée Henri Tudor à Rosport.

Également dans le domaine de l'industrie apparut une autre grande figure d'ingénieur novateur, Eugène Ruppert, qui, à cheval sur les deux siècles, au service de Cockerill et de l'État belge, inaugura l'industrie sidérurgique en Chine, ébranlée par les soubresauts politiques entre l'ancien régime manchou et les précurseurs de la Chine révolutionnaire moderne.

La ville de Luxembourg de son côté, libérée du carcan de ses fortifications, commença à s'étendre tous azimuts pour doubler et tripler sa surface et le nombre de ses habitants à la recherche d'une nouvelle entité urbaine comme capitale d'un petit pays.

Première Guerre mondiale, entrée à Luxembourg du 109e R.I., route d'Arlon/place de l'Étoile, 22 novembre 1918 (photo Meyer).

PAUL EYSCHEN *1841 †1915
Un Premier ministre à vie

Depuis que les grandes puissances européennes avaient décidé en 1867 que le Grand-Duché serait un État indépendant et neutre, notre pays a eu la chance providentielle d'avoir à sa tête des hommes politiques exceptionnels pour le diriger durant les périodes mouvementées de son existence nationale.

Notre pays a eu la chance providentielle d'avoir à sa tête des hommes politiques exceptionnels

Parmi ceux-ci se détachent nettement la personnalité et l'œuvre de Paul Eyschen, ministre d'État de 1888 à 1915. En effet, Paul Eyschen n'a pas seulement battu le record de longévité d'un Président de gouvernement, mais il a également posé les bases d'un État moderne.

Né le 9 septembre 1841 à Diekirch, issu d'une vieille famille de notables originaire de l'ouest du pays, Paul Eyschen était d'abord un représentant de la droite catholique intransigeante. Son père, Charles Gérard Eyschen, avait été mêlé au coup d'État de 1856 qui avait aboli la constitution libérale de 1848 et il était également l'un des principaux fondateurs du *Luxemburger Wort*, porte-parole, à l'époque, du catholicisme le plus conservateur.

Au cours de ses études secondaires à l'Athénée, il n'avait pas seulement pris goût à une vaste culture générale, mais il y avait développé aussi une aisance naturelle d'orateur capable de parler sans recourir à des notes. Ses études de droit à Paris et à Bonn firent de lui un juriste accompli, qui allait exercer ses talents d'avocat pendant 11 ans, à partir de 1865, au barreau de Luxembourg.

Élu le plus jeune député, à moins de 25 ans, en 1866 à Wiltz, Eyschen se vit confier par le gouvernement Servais – ironie du sort – le rôle de rapporteur du projet de révision de la Constitution de 1868, qui corrigeait dans un sens plus libéral la dérive autoritaire de 1856, dont son père, décédé en 1859, avait été l'un des principaux artisans. C'est dans la

Paul Eyschen, ministre d'État (tableau à l'huile, collection privée).

Portrait officiel de Paul Eyschen, ministre d'État (collection privée).

suite que devait s'opérer la métamorphose du jeune Eyschen de catholique conservateur pratiquant en libre penseur tolérant, ne versant jamais dans l'anticléricalisme à la mode. Ses références oratoires occasionnelles à la providence divine font d'ailleurs penser qu'il a su, à l'exemple de Bismarck, son lointain modèle, garder jusqu'à la fin un contact très personnel avec le Divin.

À partir de 1875, nous le retrouvons comme chargé d'affaires du Luxembourg à Berlin, tâche qu'il assumait jusqu'en 1888 sans y résider en permanence. Ce furent des années d'apprentissage décisives pour le futur ministre d'État. En effet, il y noua des relations personnelles avec le fils du chancelier, Herbert Bismarck, et apprit bien des leçons à force d'observer de près Bismarck père à l'œuvre. Celui-ci gouvernait l'Empire allemand en s'appuyant au Reichstag tantôt sur les conservateurs, tantôt sur les libéraux, sans jamais se lier à aucun parti politique. Eyschen allait, durant les 27 années passées à la présidence du gouvernement – une année de moins que Bismarck – passer maître dans cet art de la bascule politique. La législation sociale bismarckienne allait également lui servir de modèle dans l'adaptation qu'il en faisait après 1900. Mais l'inspiration bismarckienne s'arrête là. En effet, le chancelier allemand devenait au fil des années de plus en plus autoritaire et conservateur avant de démissionner en 1890, alors qu'Eyschen restera jusqu'à la fin un esprit tolérant, pragmatique et flexible, comme Cavour, toujours prêt à s'entendre avec ceux qu'il attirait dans son sillage, sans jamais renier ni ses principes ni sa ligne politique générale.

Si Paul Eyschen n'a jamais caché son admiration pour l'Empire allemand et son essor économique et scientifique, il ne s'est pas privé de cultiver assidûment les contacts avec la France et la culture française, ses meilleurs amis politiques sur la scène internationale étant des Français, entre autres Léon Bourgeois et Alexandre Millerand. Les reproches de germanophilie qu'on lui a faits et qui l'ont profondément blessé, surtout après 1914, ont été réfutés par Marcel Noppeney, à la fois francophile inconditionnel et admirateur d'Eyschen.

Si Paul Eyschen n'a jamais caché son admiration pour l'Empire allemand et son essor économique et scientifique, il ne s'est pas privé de cultiver assidûment les contacts avec la France et la culture française

En 1876, le baron de Blochausen fit entrer Eyschen dans son ministère comme directeur général de la Justice et des Travaux publics.

Il s'y distingua en libéralisant le code pénal suivant l'exemple de la Belgique, à la grande fureur de la droite catholique, et en soutenant à fond la loi scolaire Kirpach de 1881, qui instaura l'obligation scolaire allant de six à douze ans, contre l'opposition de la droite. Chargé, en tant que responsable des Travaux publics, du démantèlement de la place forte, Eyschen réussit à sauvegarder les atouts touristiques pittoresques de la forteresse malgré la pression allemande. Il prit par ailleurs un intérêt très personnel dans l'érection, en 1883, de la statue équestre de Guillaume II, le plus populaire des rois grands-ducs. C'est grâce à lui que l'établissement thermal de Mondorf resta propriété de l'État.

Après la démission de Blochausen en 1885, Eyschen gardait ses fonctions sous la présidence de Thiltges, avant de devenir lui-même Président du gouvernement en 1888. C'est à partir de ce moment-là et jusqu'à sa mort subite en 1915 que Paul Eyschen domina la scène politique du pays. Son intégrité personnelle et son humanisme, son souci du bien-être du pays et de son peuple étaient universellement reconnus et admirés.

Paolo im Kyffhäuser.

Tief im Maximeinersteine,
Sitzt Paolo seit zweitausend Jahren. —
Längst ist ihm der Bart gewachsen
Durch des Tisches Marmorplatte
Und die welschen Klosterraben
Fliegen kreischend um ihn her —
Seine bösen Feinde sagen,
Er sei längst schon tot,
Und sein Geist der säss im Hades
Mit der Seele Menelaos,
Strategie zu discutieren,
Indess Frau Herodias-Uraka
Seinen Leib mit Pommard salbe,
Und mit seltenen Specereien,
Um des Todes Eis zu bannen.
Wie im Traume sitzt Paolo. —
Um das Gehege seiner Zähne
Spielt ein sanft Augurenlächeln
Sybillinisch, schwer zu deuten
Gleich dem Delphischen Orakel —
Tief im Maximeinersteine,
Sitzt Paolo seit zweitausend Jahren. —

En même temps, il ne manquait jamais d'adversaires politiques et d'ennemis personnels tels que Servais et Blochausen, prédécesseurs et anciens protecteurs qui lui en voulaient par dépit ou pour des raisons souvent obscures, tels ses adversaires politiques de droite ou de gauche, Prum, Tornaco ou le docteur Welter, impatients de sa longévité au pouvoir. Il n'hésitait jamais à les ébahir, à les mener à la baguette, voire à leur donner l'estocade, si l'occasion se présentait. Personne n'a mieux su esquisser ce politique pur sang que Batty Weber, correspondant plein de verve de la *Frankfurter Zeitung* et proche d'Eyschen:

«Er ist aalglatt, lässt den Gegner gerne an sich vorbei mit dem Schädel an die Wand schiessen und verbirgt dann seine Schadenfreude unter salbungsvoller Mahnung zur Arbeit fürs Vaterland. Im ganzen ist er eine der merkwürdigsten Mischungen von Idealist und Wirklichkeitsmensch, von Lässigkeit und Energie, von Schaumschlägerei und Sachlichkeit. Er verführt durch seine Fehler die Gegner zum Angriff und haut sie dank seiner Talente in die Pfanne.»

Un bilan éloquent

Le bilan des 27 années pendant lesquelles il a été aux affaires est aussi impressionnant que son auteur. L'agriculture et la viticulture lui doivent une fière chandelle, car c'est lui qui est à l'origine de la fondation de l'École agricole à Ettelbrück, de l'introduction massive de la scorie Thomas pour améliorer les rendements des sols pauvres de l'Oesling surtout, de l'unification des comices viticoles en une seule fédération, encourageant la mise en place de coopératives.

En matière d'éducation, Paul Eyschen se fit le champion de la modernisation de l'enseignement postprimaire en créant l'École industrielle pour l'enseignement des sciences, en favorisant la création d'un lycée pour jeunes filles et en fondant l'École d'artisans de l'État. Enfin, la loi scolaire de 1912, votée contre l'opposition farouche des milieux catholiques, allongea la scolarité de six à sept ans et reconnut définitivement le monopole de l'État dans l'enseignement, tout en préservant la part d'instruction religieuse dans le cadre de l'école publique.

Le ministre d'État put mener à bien ces projets si fondamentaux pour l'avenir du pays parce qu'il s'était entouré de collaborateurs intelligents, efficaces et dévoués, qui veillaient à l'application rigoureuse des réformes. Ce fut surtout le cas dans l'introduction de la législation sociale, c'est-à-dire des assurances obligatoires contre les maladies, les accidents, la vieillesse et l'invalidité, inspirées du modèle bismarckien.

Satire sur Paul Eyschen, 1905 (collection privée).

D'un autre côté, Eyschen poussa au développement de la sidérurgie, en réservant les dernières propriétés minières aux maîtres de forges du pays face aux convoitises des

Paul Eyschen en promenade dans le parc de la station thermale de Mondorf (BNL).

sidérurgistes allemands. Il encouragea Emile Mayrisch dans ses projets de réunir les principales sociétés sidérurgiques au sein de l'Arbed. Fidèle au principe de la monarchie constitutionnelle, Paul Eyschen joua un rôle clé dans l'accession au trône du Grand-Duc Adolphe ainsi que dans celle de la Grande-Duchesse Marie-Adélaïde, préparée sur le plan législatif dès 1907.

Il avait fait sienne la devise de Bismarck «Patriae inserviendo consumor» («Je me consume au service de la Patrie»)

Dans sa vie privée, Paul Eyschen se révéla célibataire endurci, la politique étant sa véritable vocation, qui ne tolérait pas d'autre centre d'intérêt majeur. Dans la pratique, il avait fait sienne la devise de Bismarck *Patriae inserviendo consumor* («Je me consume au service de la Patrie»). Cependant, cela ne l'empêchait pas de goûter aux plaisirs collatéraux du fin épicurien, tel que le décrit son biographe, Jules Mersch:

«Gentleman accompli, fine bouche, bien logé dans sa patricienne demeure de la rue Chimay garnie de tableaux et de meubles de valeur, il recevait presque tous les jours des hôtes à sa table et éprouvait un plaisir particulier à leur faire savourer les trésors d'une cave fort réputée. D'après Batty Weber il aurait même prétendu que c'était uniquement par des caves bien garnies que les célibataires pourraient racheter leur inutilité.»

La dernière année de sa vie fut marquée par des coups et des chocs politiques qui finirent par ébranler sa santé et avoir raison du vaillant septuagénaire toujours sur la brèche.

Énervé par la hargne implacable avec laquelle ne cessaient de l'attaquer, même après 1912, les adversaires de la loi scolaire, vexé par le refus temporaire de la Grande-Duchesse de promulguer ladite loi et d'entériner les nominations de certains maires, c'est l'approche de la guerre, en 1914, qui ébranla la résistance physique du ministre. La violation par l'Allemagne de la neutralité du Luxembourg lui fit craindre le pire pour l'avenir de notre pays, pour lequel il s'était toujours engagé corps et âme.

Sous l'effet d'un surmenage aigu, alors que le cœur et les reins donnaient déjà des signes de défaillance, une crise subite l'emporta le 11 octobre 1915.

La longue épreuve de la guerre et surtout la double crise politique et dynastique de 1919, qui secoua le pays tout entier jusque dans ses fondements, allaient faire oublier par le grand public pour quelque temps l'œuvre titanesque accomplie par Paul Eyschen. Mais le recul du temps permet à présent d'apprécier à sa juste valeur le rôle de Paul Eyschen comme père fondateur du Luxembourg moderne.

Le recul du temps permet à présent d'apprécier à sa juste valeur le rôle de Paul Eyschen comme père fondateur du Luxembourg moderne

Les funérailles nationales de Paul Eyschen (ANLux/D.H.).

EMILE MAYRISCH *1862 †1928
Le grand patron de l'industrie sidérurgique

Parmi les grandes figures de notre histoire nationale récente, Paul Eyschen, homme d'État, et Emile Mayrisch, grand patron de l'industrie, ont tous les deux durablement marqué l'avenir de notre pays au début du 20e siècle. Eyschen aurait pu être le grand frère de Mayrisch, même si 20 années les séparent, à tel point les deux se ressemblent par les origines, le caractère, la stature physique, la vision des choses, l'engagement personnel au service du pays et de la société, le sens social et enfin la durée de leur action – 30 années – dans les plus hautes fonctions.

Paul Eyschen, homme d'État, et Emile Mayrisch, grand patron de l'industrie, ont tous les deux durablement marqué l'avenir de notre pays au début du 20e siècle

Origines et années de formation entre 1862 et 1897

Né le 10 novembre 1862 à Eich, d'un père descendant d'une longue lignée de médecins et d'une mère issue de la célèbre famille de maîtres de forges, les Metz, le jeune Mayrisch, après la mort prématurée de son père, s'orienta vers les études d'ingénieur. Il avait commencé ses études classiques à l'Athénée, mais il les poursuivit après son changement de cap en Belgique dans un institut spécialisé en mathématiques pour s'inscrire en 1891 à l'école technique supérieure d'Aix-la-Chapelle où il termina ses études d'ingénieur des mines en 1885.

Entré d'abord comme volontaire à l'usine de Dudelange, nouvellement fondée par son grand-oncle Norbert Metz, dont il sera l'héritier à part entière, Mayrisch y occupa le poste d'ingénieur chimiste en 1886. Il le quitta l'année suivante pour celui de chef de la fabrication à l'usine de Rodange. Revenu à Dudelange en 1891, il s'y fixa pour de bon et gravit rapidement les différents étages de la hiérarchie, de chef du laboratoire jusqu'au poste de directeur technique de l'usine en 1897. En 1894, il avait épousé Aline de St Hubert, issue également d'une famille très aisée, qui lui sera une alliée et une

Emile Mayrisch dans son usine (ANLux/DH).

Emile et Aline Mayrisch.

conseillère précieuse pendant toute sa vie. Mayrisch devait sa carrière fulgurante non pas seulement à ses liens avec la famille Metz, mais surtout à ses qualités personnelles exceptionnelles: son esprit d'initiative et d'innovation, sa clairvoyance de chef d'entreprise, ses talents de meneur d'hommes et son dynamisme.

De l'usine de Dudelange à la fondation de l'Arbed de 1897 à 1911

Durant les 14 années qu'il avait en charge l'usine de Dudelange, Mayrisch a donné la pleine mesure de ses talents de grand industriel en jouant sur tous les bords pour développer son entreprise et son influence personnelle.

Au niveau technique, il a modernisé l'usine de Dudelange en remplaçant les vieilles installations par des moyens de production modernes: hauts-fourneaux, convertisseurs Thomas et laminoirs. C'est ainsi qu'il a pu, après cinq années de crise et de stagnation, accroître la production de son usine, en neuf années, de plus de 100 000 tonnes de fonte et d'acier. En s'assurant l'approvisionnement en charbon par des contrats de livraison conclus avec la société de charbonnage d'Eschweiler et en s'ouvrant le marché de l'acier allemand par son adhésion à l'association allemande des industries sidérurgiques Stahlwerksverband, Mayrisch a posé les bases de l'envolée future de l'industrie sidérurgique luxembourgeoise.

Timbre-poste représentant Emile Mayrisch, émis en 1978.

Au point de vue social, il allait donner l'exemple aux autres patrons, à l'instar de Robert Owen en Angleterre, en offrant à ses ouvriers une coopérative d'achat à prix réduits des produits de première nécessité (Économat). À la caisse de maladie pour ouvriers établie par son prédécesseur, il ajouta une caisse de pension pour employés, ainsi qu'une semaine de congé pour ses ouvriers méritants. Même si ces initiatives relevaient plutôt d'un certain paternalisme social, il était quand même le précurseur d'une législation sociale, instaurée par la suite par Paul Eyschen. En effet, tous les deux faisaient preuve d'un libéralisme à connotation sociale. Même si Mayrisch n'a pas joué de rôle sur le devant de la scène politique, il ne fait pas l'ombre d'un doute que par son appui financier au journal *Les Temps Nouveaux* et par son influence discrète mais réelle il devint l'un des promoteurs du bloc des gauches, libéraux et socialistes qui allaient dominer la vie politique luxembourgeoise jusqu'à la veille de la Première Guerre mondiale. En retour, l'entente discrète entre Eyschen et Mayrisch allait procurer aux maîtres de forges luxembourgeois les concessions minières restantes dans le sud du pays, aux dépens de l'industrie lourde allemande.

Par ailleurs, Mayrisch a soutenu dans le même esprit de progrès social la promotion de l'égalité des femmes, cheval de bataille de Mme Mayrisch. Il encouragea celle-ci à fonder un lycée de jeunes filles. Le résultat de cette initiative privée fut, en 1911, la fondation de deux lycées publics de jeunes filles, l'un à Luxembourg, l'autre à Esch. La même année, il couronna ses activités industrielles en réunissant trois entreprises sidérurgiques en une seule puissante société: les Aciéries Réunies de Burbach, Eich et Dudelange (ARBED). Grâce à l'appui financier d'un investisseur belge, Gaston Barbanson, trois usines clés en partie complémentaires qui se trouvaient déjà sous le contrôle de la famille Metz et de ses associés, étaient ainsi regroupées dans un trust puissant, comparable à ceux de l'Allemagne et de la France.

L'Arbed de 1911 à 1920

À partir de 1911, Mayrisch reprit au sein de l'Arbed sa politique de modernisation et d'extension pour égaler les grandes forges du Stahlverband. Des accords avec des charbonnages allemands furent conclus afin d'assurer les sources d'énergie indispensables. La Première Guerre mondiale mit à rude épreuve la politique industrielle de Mayrisch, tout comme la politique générale de Paul Eyschen. Tous les deux adoptèrent une ligne

de neutralité que Mayrisch demandait aussi à ses ouvriers. Il donna l'exemple en transformant sa villa de Dudelange en centre de soins pour soldats blessés, français et allemands. Cependant, il n'arrêta pas la production de ses usines. S'il évitait ainsi la mise au chômage, certainement désastreuse, de dizaines de milliers d'ouvriers, il contribua néanmoins de ce fait à l'effort de guerre allemand, même si la production allait baisser de moitié jusqu'en 1918. Ceci lui valut des bombardements de l'usine de Dudelange par l'aviation française en 1916 et en 1918. En même temps, les relations littéraires de sa femme avec la France lui permirent en 1917, lors d'un voyage en Suisse, de remettre à l'écrivain Jean Schlumberger, agent du Deuxième bureau français, des informations intéressantes sur l'industrie de guerre allemande. Apparemment, les Allemands ne se doutaient de rien et les Français n'oublièrent pas son geste au moment de la réorganisation industrielle après la fin de la guerre.

Dès octobre 1917, le gouvernement luxembourgeois avait chargé une commission d'examiner les options du Luxembourg dans l'après-guerre, entre autres en matière économique. Mayrisch en faisait partie. Comme il voyait surtout la complémentarité entre les sidérurgies française et luxembourgeoise, il penchait plutôt vers un rapprochement économique avec la France, tout comme le gouvernement et l'opinion publique en général.

Il penchait plutôt vers un rapprochement économique avec la France

Dès 1919, Mayrisch, malgré son étroite collaboration avec le Belge Gaston Barbanson, s'efforça de maintenir dans la mesure du possible des liens économiques avec tous les pays voisins afin d'échapper à une dépendance trop étroite par rapport à la Belgique. Après la fin du Zollverein et vu le refus de la France, l'Union Économique Belgo-Luxembourgeoise (UEBL) fut signée en 1922. Les tractations difficiles qui y avaient finalement mené n'avaient pas empêché Mayrisch de poursuivre sa propre politique industrielle. Grâce à ses relations personnelles, il réussit un coup de maître. Il persuada, en 1919, les dirigeants de la Gelsenkirchener Bergwerks-AG de céder leurs usines et leurs mines situées sur la rive gauche du Rhin aux deux sociétés des Terres Rouges constituées par Mayrisch en partenariat avec le Français Schneider Creusot. Mayrisch devenu, en 1918, seul directeur général de l'Arbed, en occupa la présidence en 1920.

Mayrisch, grand patron de l'industrie sidérurgique européenne de 1920 à 1928

En 1920, les Mayrisch s'installèrent dans leur nouvelle résidence du château de Colpach, acquis en 1917 et destiné à devenir un centre de rencontres politiques, économiques, intellectuelles et culturelles au rayonnement européen.

Minière Hiel. Des ouvriers à l'œuvre, aquarelle de 1913 d'Edmund Siegel (1874-1953) (collection privée).

De 1920 à 1928, Mayrisch agissait en grand patron de l'industrie luxembourgeoise et européenne à partir à la fois de son bureau du quartier général de l'Arbed à Luxembourg

120.

Maîtres de forges dans
la cour intérieure de l'hôtel
de l'Arbed à Luxembourg
(ANLux/DH).

et, grâce à la collaboration intellectuelle de sa femme, de leur résidence privée, le château de Colpach.

Dès 1920, Mayrisch renoua les liens avec l'Allemagne en prenant une participation décisive dans la société métallurgique Felten et Guillaume de Cologne, moyen important pour garder et développer la place de l'Arbed sur le marché sidérurgique allemand. En même temps, la fondation du comptoir de vente Columéta permit de promouvoir la vente des produits de l'Arbed dans le monde entier. L'Arbed élargit ses activités jusqu'en Amérique latine en prenant des participations dans des entreprises industrielles au Brésil et en Argentine en 1922. Elle renforça en même temps sa base luxembourgeoise dans les anciens Établissements Paul Wurth. Du côté de la Belgique, elle gagna en 1925 de nouveaux débouchés en se liant étroitement avec la Clouterie et Tréfilerie des Flandres. Mayrisch était le *spiritus rector* de cette politique d'expansion tous azimuts qui réorienta l'entreprise vers la production d'acier et de produits semi-finis et finis.

Mayrisch était le spiritus rector de cette politique d'expansion tous azimuts

En 1911, Mayrisch se donna un organe de presse, le *Luxemburger Zeitung*, dans lequel il prit une participation importante en 1920. Il entreprit de relever le niveau intellectuel du journal en ouvrant largement ses colonnes aux hôtes européens du château de Colpach: Rivière, Curtius, Kolb et bien d'autres. Mayrisch sut faire profiter discrètement les auteurs de ces articles assez nombreux à caractère européen de son mécénat intellectuel et culturel. Malgré ses efforts, Mayrisch ne réussit pas, par manque de temps, à faire du *Luxemburger Zeitung* le porte-parole influent du libéralisme radical. Les quelques collaborateurs luxembourgeois de renom, comme Batty Weber et Frantz Clément, déçus, se retirèrent petit à petit, et la disparition de Mayrisch en mars 1928 scella le sort du journal.

De 1922 à 1924, l'Arbed et son chef eurent à traverser une mer houleuse à la suite d'une nouvelle flambée de l'antagonisme franco-allemand. Après l'échec de la Conférence de Gênes (1922), qui aurait dû relancer l'activité économique et commerciale en Europe – Mayrisch y représentait le Luxembourg – la France choisit la manière forte en occupant la Ruhr en janvier 1923. Les conséquences en furent une très forte tension dans les relations internationales, la ruine de la monnaie allemande et une crise de régime de la République de Weimar. Même si le pire put être évité, il fallait deux ans pour recoller les morceaux et essayer d'aboutir à une certaine normalisation des relations franco-allemandes. Ce fut l'œuvre des deux Ministres des Affaires Étrangères, Aristide Briand et Gustav Stresemann.

Les répercussions désastreuses de la crise sur le marché de l'acier permirent à Mayrisch de faire entendre raison à ses collègues français et belges. Les Allemands eux-mêmes, par la voie de Fritz Thyssen, s'adressèrent à lui pour l'amener à jouer au Monsieur Bons Offices pour négocier un «Locarno sidérurgique» sur la base d'un accord multilatéral entre producteurs d'acier. C'était l'heure de Monsieur Mayrisch, selon la formule de Charles Barthel, spécialiste de l'histoire de l'Arbed. En effet, les négociations menées au niveau gouvernemental sur la question, épineuse entre toutes, des quotas à respecter dans la production d'acier par les quatre pays voisins, qui venaient à peine de sortir d'une confrontation politique et militaire, s'annonçaient extrêmement difficiles. Or, Mayrisch se montra à la hauteur des attentes de tout le monde.

Grâce à son doigté, à sa connaissance des dossiers et à ses relations personnelles, Mayrisch réussit à mettre sur pied, le 20 septembre 1926, l'Entente Internationale de l'Acier (E.I.A.), à la présidence de laquelle le portait l'unanimité des partenaires en reconnaissance de ses mérites. Mayrisch n'avait rien laissé au hasard. En effet, parallèlement à ces négociations ardues, il avait créé le Comité franco-allemand d'information et de documentation qui devait, dans l'esprit de son auteur, servir au rapprochement entre la France et l'Allemagne, condition sine qua non de toute coopération industrielle et

Grâce à son doigté, à sa connaissance des dossiers et à ses relations personnelles, Mayrisch réussit à mettre sur pied l'Entente Internationale de l'Acier (E.I.A.)

Inauguration de la Maternité Grande-Duchesse Charlotte, initiée par Aline Mayrisch (à droite sur la photo), le 10 mars 1936 (collection privée).

économique entre des voisins divisés par un antagonisme séculaire. Il devait servir également de base à la formation et au développement de l'E.I.A. qui allait s'élargir aux pays de l'Europe centrale et orientale, préfigurant ainsi, d'une façon éphémère certes, la future construction européenne.

Dès lors, les mérites européens de Mayrisch furent reconnus internationalement par les universités de Heidelberg et son *alma mater* d'Aix-la-Chapelle, qui lui conférèrent le doctorat d'honneur.

La mort subite de Mayrisch en 1928 et la grande crise économique de 1929 allaient sonner le glas à la fois de l'E.I.A. et du comité franco-allemand. Cependant, le souvenir des effets bénéfiques de ces deux créations de Mayrisch ne fut pas complètement perdu dans les catastrophes à venir, mais ressurgit au début des années cinquante comme un exemple à suivre dans le rapprochement des États européens.

L'œuvre d'Emile Mayrisch est vraiment monumentale. En investissant toute son énergie dans le développement de la sidérurgie en général et de l'Arbed en particulier, il a assuré la prospérité économique et la stabilité sociale du pays pour la majeure partie du 20e siècle. Cependant, ses mérites s'étendent bien au-delà du milieu des affaires. Par ses œuvres sociales et humanitaires, il a donné l'exemple à d'autres et à l'État lui-même. Mentionnons:
- la Croix Rouge luxembourgeoise, fondée en 1914;
- la Maison de repos pour enfants convalescents, mise en place à Dudelange après 1920;
- le projet de construction de la maternité, réalisé après sa mort,

qui sont quelques exemples seulement de l'œuvre humanitaire d'Emile Mayrisch.

Sa disparition brutale cassa net le dynamisme exubérant de ses entreprises, mais même à leur vitesse de croisière, elles sont restées pour l'avenir du pays un atout incomparable, le legs d'un grand homme.

Monument érigé à l'endroit de l'accident qui fut fatal à Emile Mayrisch à Châlons-sur-Marne.

Tombeau d'Emile et d'Aline Mayrisch dans le parc du château de Colpach avec *L'homme qui va se lever*, une sculpture de Georges Despiau.

La voiture accidentée d'Emile Mayrisch. Le cortège funèbre en hommage à Emile Mayrisch passe le pont Adolphe (collection privée).

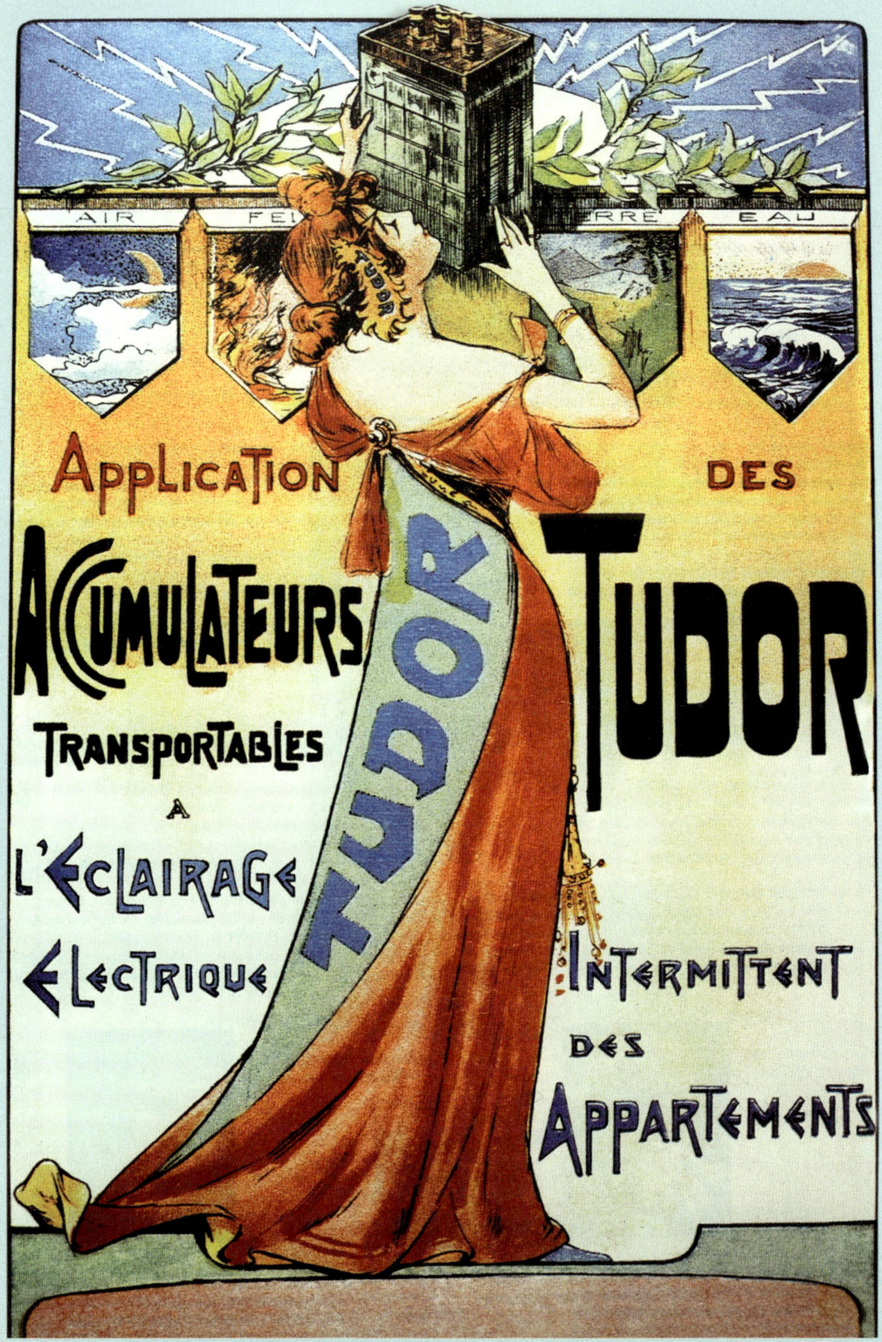
AIR
FEU
TERRE
EAU
TUDOR
APPLICATION DES
ACCUMULATEURS
TUDOR
TRANSPORTABLES
A
L'ECLAIRAGE
ELECTRIQUE
INTERMITTENT
DES
APPARTEMENTS

HENRI TUDOR *1859 †1928
Le premier grand scientifique luxembourgeois

Le Luxembourg a produit au cours de sa courte histoire d'État indépendant, à la fin du 19e et au début du 20e siècle, deux ingénieurs chercheurs dont les inventions ont influencé d'une façon décisive l'évolution des sciences appliquées au niveau mondial, Henri Tudor et William Kroll, l'un dans le domaine de l'utilisation industrielle de l'électricité par l'accumulateur électrique, l'autre par la production industrielle du Titanium.

Tous les deux ont été des chercheurs individualistes qui, dans des laboratoires privés installés à leurs domiciles, à Rosport respectivement à Belair, ont, à force de génie et de recherches soutenues, mis au point des inventions dont les applications pratiques ne pouvaient être réalisées que sur une vaste échelle industrielle à l'étranger, en Europe pour Tudor, aux États-Unis pour Kroll.

Leurs curricula vitae font apparaître de remarquables ressemblances, même si trente années ainsi qu'une situation mondiale complètement changée les séparent l'un de l'autre. Tudor a travaillé dans un monde encore en paix dans les années 80 et 90 du 19e siècle, alors que Kroll a fait ses recherches dans l'entre-deux-guerres, quand l'Europe, à peine sortie de la Première Guerre mondiale, s'acheminait presque inexorablement, surtout après l'arrivée au pouvoir d'Hitler, vers le deuxième conflit mondial, autrement dévastateur.

Henri Tudor, après une éclipse d'une trentaine d'années depuis sa mort en 1928, a connu une reconnaissance tardive plus que méritée de son œuvre, aussi bien dans le village de son enfance (Rosport), où le château Tudor abrite à la fois l'administration communale et le Musée Tudor, qu'au niveau national où un Centre de recherche public – CRP Henri Tudor, rattaché à l'Université du Luxembourg, honore sa mémoire et continue sur la voie tracée par lui.

Publicité pour les accumulateurs Tudor (Musée Tudor à Rosport).

(double page suivante) Excursion en famille des Tudor. (Musée Tudor à Rosport).

Des ouvriers de l'usine Tudor à Rosport (Musée Tudor à Rosport).

Origines, enfance et jeunesse

Les origines et l'enfance de Henri Tudor baignent à la fois dans un milieu cosmopolite et dans une société de notables du 19e siècle. Son père, John Thomas Tudor, d'origine anglaise, retraçait son arbre généalogique jusqu'à la dynastie royale des Tudor, qui accéda au trône à la fin de la Guerre des Deux Roses, en 1485. C'est d'après le premier roi Tudor, Henri VII, qu'il appela son fils cadet Henri Owen.

Agronome de formation, il s'était aventuré, à la fin des années 1830, sur le continent, où son intérêt professionnel pour la modernisation de l'agriculture continentale, toujours attachée aux méthodes du Moyen Âge, et son goût de la chasse lui firent rencontrer Hubert Loser, grand propriétaire terrien, notaire et bourgmestre de Rosport.

Dès décembre 1846, il prit en main la gestion de la ferme du Kippenhof près de Diekirch, qu'il transforma d'une façon exemplaire et, trois années plus tard, il épousa la fille de son hôte, Marie-Irmine Loser.

Henri Owen fut le troisième garçon né de ce mariage, en 1859, près de Bitbourg, où John Tudor assurait à ce moment la gestion d'une autre ferme. La famille garda son port d'attache à Rosport, où les trois fils passaient leur jeunesse, mais ils suivirent leur père dans ses déplacements professionnels, qui le menaient en Belgique, où Henri fréquenta le lycée de Chimay. Après son baccalauréat, décroché en 1878, toute la famille passa une année en Angleterre, où l'attendait un riche héritage.

Un musée dédié à son œuvre a été aménagé dans l'ancienne demeure d'Henri Tudor.

Études et recherches

De 1879 à 1883, le jeune Tudor étudiait à la faculté des sciences appliquées de l'Université libre de Bruxelles, où il obtint son diplôme d'ingénieur civil.

Dès le début de ses études, Tudor concentrait son intérêt sur le problème technique de l'éclairage électrique. Il fréquentait les cours du professeur Ernest Rousseau, grand spécialiste en la matière, et à Paris, en 1884, il se familiarisa avec les travaux de Zénobe Théophile Gramme sur la dynamo qui porte son nom et avec ceux de Gaston Planté sur l'accumulateur. Il maintenait par ailleurs un contact régulier avec l'inventeur américain Thomas Edison, dont il écoutait les conseils.

Rentré chez lui à Rosport, Tudor utilisait le moulin de la ferme paternelle pour produire de l'électricité avec une dynamo de son invention, en essayant de mettre au point un accumulateur de plomb plus performant et à la vie plus longue répondant aux exigences de l'industrie que l'accumulateur Planté ne remplissait pas.

Rentré chez lui à Rosport, Tudor utilisait le moulin de la ferme paternelle pour produire de l'électricité avec une dynamo de son invention

Objets d'exposition de l'ancienne usine Tudor.

Henri O. Tudor, chercheur encore tout jeune, eut l'intuition géniale de réaménager la composition interne des éléments constitutifs de son accumulateur, dès lors beaucoup plus efficace que l'accumulateur Planté. C'était la percée décisive qu'attendait l'industrie électrique.

Dès 1884, il essaya son accumulateur aussi bien dans l'éclairage de la maison paternelle que dans la mise en marche électrique d'une moissonneuse. Les tests étant concluants, Henri O. Tudor fit patenter son invention en juillet 1886.

Les applications pratiques de son invention

Avec son frère Hubert et son cousin, il construisit, à Rosport, une petite usine pour fabriquer les nouveaux accumulateurs électriques «Système Tudor», usine qui employait jusqu'à trente ouvriers recrutés dans les environs.

Après avoir fourni la preuve publique du fonctionnement de ses accumulateurs avec l'éclairage électrique de la ville d'Echternach, le 12 avril 1886, un événement qui fit sensation bien au-delà du voisinage immédiat, la demande d'accumulateurs fut telle au-delà des frontières, que la petite usine de Rosport était complètement débordée. Les coûts de production, à cause des barrières douanières qui séparaient le Luxembourg de la Belgique et de la France, étaient par ailleurs trop élevés pour en assurer la rentabilité. Des usines plus grandes furent construites et de nouvelles sociétés «Accumulateurs Tudor» furent fondées en Belgique, à Florival, en France, à Lille, en Allemagne, à Hagen, en Suisse, à Oerlikon, en Grande-Bretagne, à Manchester, et un peu partout en Europe.

Le succès en fut tel qu'à la fin du compte, plus de 25 000 ouvriers travaillaient à la fabrication des accumulateurs «Système Tudor» dans l'Europe entière, alors que l'usine de Rosport ferma ses portes en 1908 et que beaucoup de ses ouvriers mirent à profit leurs connaissances dans les usines des pays voisins. Par contre, la tentative de produire une voiture électrique, appelée «Energy car», à une échelle industrielle se solda par un échec.

Henri Tudor, l'homme

Son extraordinaire succès scientifique et commercial ne changea pas pour autant son caractère modeste, profondément humain, très ouvert à son entourage et à sa famille.

En 1892, il épousa Marie-Madeleine Pescatore, dont les frères avaient pris en main l'usine de Manchester. La même année, il commença à construire à côté de la ferme «Irmine», l'ancienne résidence des Loser, un nouveau château avec un parc aménagé à l'anglaise, qui allait devenir la résidence de la famille Tudor: Henri, sa femme Marie-Madeleine Pescatore et leurs enfants Anne, Marie-Antoinette et John Tudor. «Partageant son existence entre sa famille, ses recherches scientifiques et techniques et la nature, sa vie s'écoulait douce et paisible jusqu'au moment où un cruel destin se dressa sur sa route où une douloureuse maladie s'abattit sur lui» (*Die Tudors in Rosport*, page 31). Un empoisonnement au plomb contracté au cours de ses expériences scientifiques entraîna la paralysie de ses jambes et finalement, après un calvaire douloureux supporté avec beaucoup de force de caractère, la mort l'emporta en 1928.

Henri Tudor et ses deux frères, Hubert et Robert, s'étaient fort bien intégrés dans la société luxembourgeoise et dans la communauté villageoise de Rosport, dont Robert Tudor, le deuxième fils de John Thomas, très populaire, allait devenir le bourgmestre, prenant ainsi la relève de son grand-père maternel, Hubert Loser.

L'idée de Henri Tudor devint réalité, rappelant avec force à la postérité son rôle exceptionnel de pionnier dans le domaine de la production électrique industrielle

Henri restait attaché à son village et, sans doute pour compenser la fermeture de son usine, il développa un projet de centrale hydroélectrique sur la Sûre, à Rosport, qu'il soumit au gouvernement Reuter en 1920. Le manque de coopération allemande, indispensable du fait que la Sûre est une rivière frontalière, fit échouer le projet. Cependant, quarante ans plus tard, le 15 décembre 1960, dans un contexte politique complètement changé, l'idée de Henri Tudor devint réalité, rappelant avec force à la postérité son rôle exceptionnel de pionnier dans le domaine de la production électrique industrielle.

Après sa mort, le 15 mai 1928, un certain silence s'installa autour de son nom et de son œuvre, sans doute sous l'impact de la grande crise économique qui commença en octobre 1929. Cependant, sa mémoire fut ravivée dans les années cinquante. Quant à l'homme et à son œuvre scientifique, nul n'a mieux su les décrire et les apprécier que l'auteur de la nécrologie qui lui fut dédiée au lendemain de sa mort: «Ce n'est pas à l'aide de puissants laboratoires ou le concours d'un état-major opulent, mais avec des moyens de fortune et un outillage rudimentaire, dans un petit bourg perdu du Grand-Duché de Luxembourg, qu'avec la patience et la ferveur d'un savant de race, sans défaillance, Henri Tudor a su dès le début, lutter pour le triomphe de son idée; et petit à petit, par la force même et l'impulsion des résultats acquis, il s'est imposé au monde scientifique et a doté l'industrie d'un appareil qui devait révolutionner la technique de l'art électrique.»

Trente ans plus tard, William Kroll, l'autre grand scientifique luxembourgeois, allait faire une expérience comparable avec ses recherches sur le titane.

EUGÈNE RUPPERT «LE CHINOIS» *1864 †1950 Le pionnier de la sidérurgie moderne en Chine

À la même époque où Emile Mayrisch se mit à moderniser et à restructurer la sidérurgie luxembourgeoise en créant l'Arbed, un autre Luxembourgeois, Eugène Ruppert, entreprit pour le compte de Cockerill à Han Yang (aujourd'hui Wuchang, capitale de la province de Hubei en Chine), avec une équipe d'ingénieurs et de contremaîtres luxembourgeois, de mettre sur pied la plus grande usine sidérurgique de l'Empire de Chine.

Le personnage

Eugène Ruppert est né le 20 mars 1864 à Luxembourg-Grund, comme fils de Mathias Ruppert, maître-forgeron. Il fréquenta l'Athénée grand-ducal puis l'École d'industrie et du commerce. Il termina, tout comme Mayrisch, sa formation d'ingénieur métallurgiste à l'école polytechnique d'Aix-la-Chapelle. Rapidement, il décrocha le poste de chimiste aux hauts-fourneaux de Phoenix (Laar/Ruhrort), dont il parvint à devenir le directeur adjoint.

Aventurier de cœur, il accepta, en 1894, sur recommandation d'Emile Hiertz, chef des hauts-fourneaux de Cockerill, le poste de directeur technique des usines de Han Yang. Cockerill recrutait des Belges et des Luxembourgeois pour développer l'influence de la Belgique en Chine. Sa politique de recrutement s'inscrivit dans les projets coloniaux de Léopold II en Chine. Eugène Ruppert n'hésita point à accepter l'invitation «(…) da einerseits mir ein sehr hohes Gehalt zugesichert wurde, und andererseits der Reiz des Unbekannten mich mächtig anzog (…)» (*Tagebuch*).

Pourtant en 1898, épuisé et malade à cause du climat et des conditions de vie difficiles dans son nouvel environnement, il revint à Luxembourg.

Eugène Ruppert avec ses collaborateurs chinois à Han Yang.

Les années 1898 à 1905 furent des années fructueuses au niveau professionnel. Eugène Ruppert travailla comme expert-géologue pour la Deutsche Diskonto-Gesellschaft au Japon, où il examina plusieurs sites en vue de l'implantation d'usines sidérurgiques modernes. En 1903, il accepta le poste de directeur des hauts-fourneaux de la Dortmunder Union.

Enfin en 1905, il retourna en Chine pour occuper le poste de directeur général technique des Iron & Steel Works de Han Yang. Il garda cette fonction jusqu'en 1912, moment où il laissa «son» usine à des responsables chinois. À Luxembourg, il continua à représenter les Iron & Steel Works jusqu'à leur dissolution en 1923. Avec François Cox, il dirigea le bureau conseil technique Ruppert & Cox de 1920 à 1934. Il déclina le poste de directeur pour construire des usines à Tsingtau et dans la baie Ste Olga (Chine) et celui de directeur général du commerce et de l'industrie à Luxembourg.

Eugène Ruppert est décédé le 3 novembre 1950 à Luxembourg. Le conseil municipal de la capitale lui dédia une rue à la Cloche d'Or.

Le renouveau économique de la Chine

Le gouverneur de la province de Kueichow fut à l'origine de la sidérurgie moderne en Chine. Il avait compris que la Chine pouvait mieux se protéger contre les convoitises étrangères diverses en se donnant une économie forte.

Dès 1880, il encouragea la production d'acier pour les chemins de fer, l'industrie, l'artillerie, la construction navale.

Dès 1889, le vice-roi Tchan Tchi Tung, gouverneur de la province de Kuantung, prit un second élan pour promouvoir l'industrialisation moderne en Chine. Le pays avait besoin d'une armée et d'une marine modernes, d'un chemin de fer servant d'épine dorsale à l'industrialisation. Convaincu que seule la formation de spécialistes sur place pouvait garantir un véritable décollage industriel, Tchan Tchi Tung ouvrit à cet effet une école industrielle pour former de jeunes Chinois. Pour réaliser ses projets, il trouva l'appui d'industriels belges.

Léopold II voulait établir des liens économiques et diplomatiques avec la Chine. Grâce à une politique habile du gouvernement belge, la société Cockerill prit dès 1889 une part active dans l'industrialisation du bassin industriel de Han Yang.

Carte postale envoyée par Eugène Ruppert à Ferdinand Pescatore, datée à Nagasaki, le 17 juin 1901 (collection Armand A. Wagner).

Le vice-roi Tchan Tchi Tung commanda des usines «clés en mains» comprenant deux hauts-fourneaux, un four Bessemer et deux convertisseurs, un four Martin, avec une

den

Mes meilleurs compliments de
bord du poisson et dessous. Espérons
qu'il vous conduit au succès

Sug. Ruppert.

GES. GESCH. 3711 L. ÄBERLE & Cº, BERLIN.

capacité journalière de production de 120 tonnes d'acier. Il incomba à Eugène Ruppert de mener à bien ce projet pour le compte de la société Cockerill.

Le voyage en Chine

Eugène Ruppert commença son voyage vers la Chine au moment où éclatait la guerre sino-japonaise. Le 4 février 1894, lui et trois compagnons embarquèrent à la gare centrale de Luxembourg pour un trajet de cinq semaines. En cours de route, le petit groupe visita des infrastructures techniques modernes, telles que le canal de Suez ou les barrages d'Aden.

Aussitôt arrivé, Ruppert se mit à étudier son nouvel environnement: la géologie, les traditions, les croyances, le milieu des affaires

Aussitôt arrivé, Ruppert se mit à étudier son nouvel environnement: la géologie, les traditions, les croyances, le milieu des affaires.

Ruppert et son équipe belgo-luxembourgeoise transposaient sur le terrain les ambitions de Cockerill et de Léopold II. Un syndicat franco-belge se mit à construire le chemin de fer Grand Central, dont le but fut de relier les centres industriels à Pékin.

Les revirements politiques suite à l'insurrection des Boxers (1897) firent passer les usines de Han Yang aux mains du gouvernement. Plusieurs employés étrangers furent licenciés. Ruppert supportait mal ces tensions et rentra en 1898 pour cause de maladie. Rappelé dès l'accalmie politique, à Han Yang, il y prit en 1904 le poste de directeur technique.

Il construisit alors une nouvelle usine à Han Yang, offrant une capacité de production équivalente à la totalité de la production nationale chinoise.

En 1912, les usines de Han Yang comprenaient quatre hauts fourneaux, sept fours Martin, des aciéries et six laminoirs. Les Iron & Steel Works disposaient de leurs propres charbonnages et mines de fer, et d'une manufacture de poudres et de munitions.

Pour diriger cette entreprise de 20 000 ouvriers et employés, Ruppert s'entoura d'une équipe de 35 à 40 cadres – contremaîtres et conseillers européens – pour l'usine et 20 pour les mines, de préférence Luxembourgeois, car il voulait voir «nos compatriotes à la tête de la première usine de Chine» (Eugène Ruppert, 1906). Il ne recruta pas moins de 16 Luxembourgeois pour réaliser son projet.

Leur contrat de travail était conclu pour une période de trois ans. Il offrait la garantie du salaire et le logement. Il couvrait les frais médicaux et pharmaceutiques pour l'employé et sa famille et une assurance accidents de travail. Les Iron & Steel Works offraient par ailleurs deux mois de congés payés et un forfait pour les frais de voyages pour l'aller-retour Luxembourg-Han Yang pour toute la famille.

Marche des étudiants luxembourgeois **dédiée à Eugène Ruppert (collection privée).**

L'aspect colonial

L'activité des Belges et des Luxembourgeois à Han Yang s'inscrivait dans la politique coloniale des puissances européennes en Chine, et plus particulièrement dans celle de Léopold II.

On voulait industrialiser le pays pour mieux le contrôler. Les compagnies européennes se lançaient dans la construction d'importantes voies de communication et reliaient la Chine au réseau télégraphique international. Des filiales de banques occidentales, mais aussi des représentants de services publics étrangers devaient assurer le financement des projets. Des sociétés à capital mixte (chinois et étranger) furent créées sur le terrain. Les Iron & Steel Works avaient des représentations à Londres et des contacts avec des investisseurs européens et américains.

Les autochtones, avec à leur tête les Mandarins, réagissaient contre cette politique d'occidentalisation et furent à l'origine de nombreux incidents.

L'écart entre le niveau de vie des Occidentaux et celui des indigènes sautait aux yeux. Deux sociétés évoluaient séparément l'une de l'autre. Les Occidentaux vivaient à l'européenne, les Luxembourgeois par exemple se firent régulièrement envoyer à Han Yang des produits de leur pays natal, Madame Ruppert cultivait des roses luxembourgeoises à Han Yang. Les autochtones vivaient selon leurs propres traditions.

En Chine, les actes de résistance contre les Occidentaux se multipliaient. Depuis les guerres de l'opium (1844 et 1877) et la guerre sino-japonaise (1894-95), la crise couvait. Si les insurrections des Taiping visant à renverser la dynastie mandchoue, et celle des Boxers avaient échoué, les révoltes au Turkestan et en Chine du nord déstabilisaient le pouvoir. L'impératrice, Tseu Hi, tentait de revigorer le régime en s'appuyant sur le général Yuan Che-k'ai. Son décès en 1908 précipita la fin de la dynastie mandchoue et la montée du Kuomintang, le parti nationaliste chinois.

Sentant monter la tension politique, le conseil d'administration des Iron & Steel Works voulut s'assurer les faveurs du gouvernement. Il décida d'honorer Tchang Tchi Tung par un monument dans l'usine. Eugène Ruppert sollicita le sculpteur luxembourgeois, Jean Mich, pour dresser un avant-projet du monument. Parallèlement, le ministre d'État, Paul Eyschen, lui conféra les plus hautes décorations luxembourgeoises.

L'insurrection de 1911 empêcha la réalisation de ces projets. Dans un premier temps, les insurgés ne s'attaquaient pas directement aux étrangers. La direction des usines de Han Yang adopta en conséquence une politique de neutralité dans le conflit. Pourtant, le mouvement insurrectionnel prit de l'ampleur, et la direction ne pouvant plus assurer la sécurité, ni prévoir une date pour la reprise des activités, invita son personnel étranger à se réfugier à Hankow.

Les Iron & Steel Works tombèrent entre les mains des révolutionnaires

Les troupes impériales réussirent à repousser les rebelles sur Han Yang. Les Iron & Steel Works tombèrent entre les mains des révolutionnaires. La production s'arrêta, et même les ouvriers chinois prirent la fuite. L'usine, les logements des employés étrangers et l'hôpital furent pillés. La direction des usines invita finalement les employés étrangers à regagner leurs patries.

La relance des activités

Ne croyant pas en la politique de Sun Yat Sen à la tête des nationalistes du Kuomintang, Ruppert préféra confier un maximum de responsabilités dans l'usine à des Chinois. D'autre part, il voulait empêcher une mainmise des Japonais sur les installations. Ainsi, il réussit à ce que son collaborateur Woo Tsang Tse Thien, qu'il avait formé lui-même, accepte en avril 1912 le poste de directeur des Iron & Steel Works. Confiant dans l'avenir de «son» usine, Ruppert quitta Han Yang, le même mois. Les usines relancèrent leur production le 1er novembre 1912. Quatre Luxembourgeois restèrent au service de l'entreprise dans le laboratoire de l'aciérie et aux hauts-fourneaux. Le pari semblait gagné, car entre 1915 et 1922 Tien rajoutait deux hauts-fourneaux aux installations existantes. Ruppert représentait «son» usine officiellement à Luxembourg jusqu'en 1923.

Ayant survécu à l'insurrection de 1911, son entreprise devint la proie de la révolution nationaliste et de sa campagne militaire de 1923. Les Iron & Steel Works liquidés dès cette époque tombèrent en ruine. Ruppert dut constater que le projet de sa vie était anéanti.

Un homme de culture

Les arts, la peinture et l'histoire permettaient à Eugène Ruppert de se ressourcer. Il s'adonna à la peinture d'aquarelles de paysages et d'ethnographie. En Chine et au Japon, il profita de ses relations pour constituer des collections de monnaies, d'armes, de bois sculptés, de laques et de porcelaines. «Ich habe deshalb auch schon mehrere Gelegenheitskäufe für mich gemacht, welche ich gelegentlich nach Hause senden werde, und es würde mir Freude machen zur Vervollkommnung unseres Museums etwas beitragen zu können» (1895, E. Ruppert au conservateur de la Société Archéologique, Nicolas van Werveke).

Souvenirs chinois dans l'ancienne résidence d'Eugène Ruppert au Limpertsberg.

À Luxembourg, Ruppert demanda à Georges Traus, architecte en vue, de construire son hôtel au rond-point Schuman. Racheté plus tard par le ministre d'État Pierre Werner, il héberge aujourd'hui l'ambassade de la République tchèque.

Eugène Ruppert est le type même du citoyen du monde du 19e siècle. La nouvelle mobilité, la technologie en progrès et l'industrie permirent de conquérir le monde. L'économie devint l'enjeu du pouvoir réel. Fier de son pays et plus particulièrement de ses aciéries, il profita des ambitions économiques et politiques belges en Chine pour assurer à ses compatriotes, ingénieurs et affairistes, pas moins aventuriers que lui, des emplois intéressants.

Les relations historiques et privilégiées, les attaches très fortes avec le pays à cette époque, permirent à Ruppert de profiter des mêmes opportunités que les ressortissants belges. Parti pour européaniser la Chine et exploiter ses ressources naturelles, imbu du sentiment de supériorité de l'Occident, Ruppert revint assagi à Luxembourg. Les événements tragiques lui avaient appris que les Chinois étaient décidés à prendre en mains eux-mêmes leur destin et l'avenir de leur pays.

Alors que Ruppert, pionnier de l'industrie sidérurgique pour le compte de Cockerill, après des débuts prometteurs, devait assister de son vivant à l'échec de ces mêmes industries, son compatriote Emile Mayrisch, au contraire, resté au Luxembourg, devint le fondateur de l'Arbed, aux ramifications européennes et internationales qu'une mort abrupte l'empêcha de voir poursuivre son élan de grande entreprise sidérurgique. Malgré des résultats très inégaux, les deux ingénieurs avaient cependant en commun d'être des pionniers de la sidérurgie, des aventuriers au bon sens du terme de la Révolution industrielle imbus du même esprit d'entreprise, du goût du risque et de la volonté d'en faire profiter leur pays d'origine et leurs compatriotes.

L'échec de Ruppert ne lui enlève pas le mérite d'avoir tenté l'aventure. *Tamen est laudanda voluntas,* disaient en pareil cas nos très lointains ancêtres, les Romains.

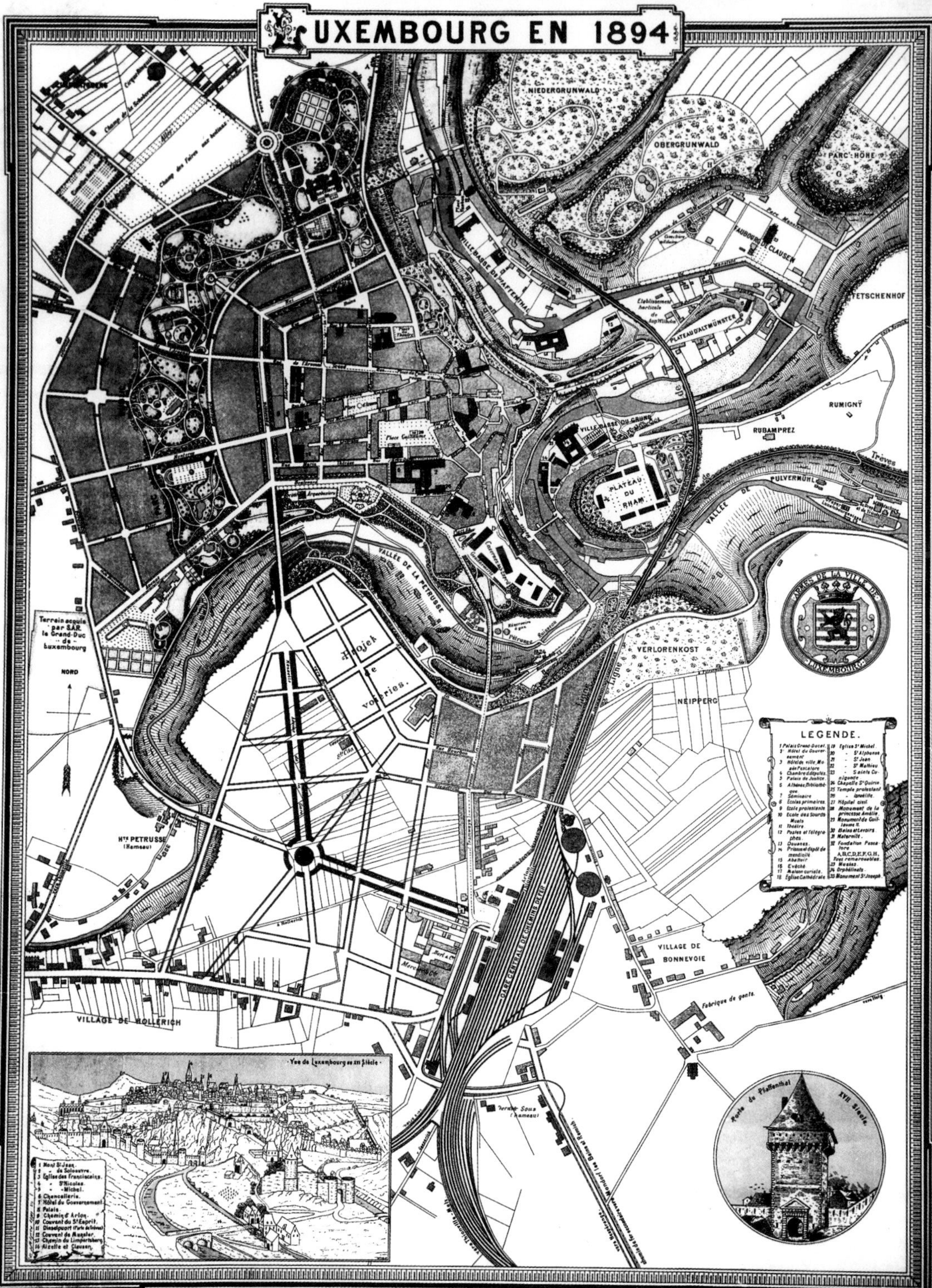

Déposé. Dressé par J. P. BIERMANN, Dessinateur, Membre de l'Institut R. G. D. — Échelle de 1 à 5.000 — Impr. Lith. TH. SCHAEFER, Luxembourg.

LA VILLE DE LUXEMBOURG
De la ville forteresse à la ville ouverte entre 1867 et 1920

Luxembourg de 1867 à 1920: des friches militaires à la capitale nationale

En 1867, la ville étouffe dans ses remparts. Elle ne dispose plus de place pour évoluer, pour s'étendre. Elle ne peut plus héberger des infrastructures encombrantes. Le Traité de Londres du 11 mai 1867 exigeant le départ de la garnison prussienne, le démantèlement des ouvrages militaires et la neutralité politique du pays libère la ville de son carcan militaire et l'oriente vers une identité nouvelle. La fusion de la ville avec ses communes limitrophes en 1920 va intégrer la périphérie à la cité.

Le chemin de fer va structurer l'espace

La gare des voyageurs et marchandises, construite pour des raisons de stratégie militaire sur les territoires de la commune de Hollerich, fixait le pôle d'attraction économique et industriel de la ville extra muros. La construction du Viaduc reliant la ville à la gare avait bouleversé l'organisation spatiale et économique de la ville haute, qui disposait désormais de deux entrées au lieu d'une seule. Les villes basses exclues de ces voies de communication sont laissées pour compte.

L'octroi confirme à la ville sa fonction de centre économique, même s'il la prive des recettes que procure l'industrie. Les communes de Hollerich et d'Eich, qui ignorent cette taxe, accueillent industries et manufactures. L'octroi évite à la ville des équipements encombrants et polluants. Le centre-ville assume des fonctions nobles, à haut rendement économique: exercice du pouvoir politique et économique, gestion des fortunes, enseignement, logement de l'élite bourgeoise. La suppression de l'octroi coïn-

Plan de la ville au tournant du 19e au 20e siècle (ANLux).

N° 342.

Nous Guillaume III,

par la grâce de Dieu,

Roi des Pays-Bas, Prince d'Orange-Nassau,

Grand-Duc de Luxembourg,

&c., &c., &c.

Vu le Traité signé à Londres à la date du 11 mai 1867 entre Nos plénipotentiaires et les Plénipotentiaires de Leurs Majestés l'Empereur d'Autriche, le Roi des Belges, l'Empereur des Français, la Reine du Royaume-Uni de la Grande-Bretagne et d'Irlande, le Roi d'Italie, le Roi de Prusse et l'Empereur de toutes les Russies;

Attendu qu'aux termes de l'article 3 du dit Traité la ville de Luxembourg, considérée jusque là sous le rapport militaire comme forteresse fédérale allemande, devait cesser d'être une ville fortifiée; que d'après l'article 5 du même acte ladite place forte devait être convertie en ville ouverte au moyen d'une démolition que Nous jugerions suffisante pour remplir les intentions des hautes parties contractantes exprimées dans l'article 3 du même Traité;

Vu

Arrêté grand-ducal proclamant Luxembourg ville ouverte, 22 mai 1883 (erreur de date sur le document) (ANLux lois et arrêtés grand-ducaux).

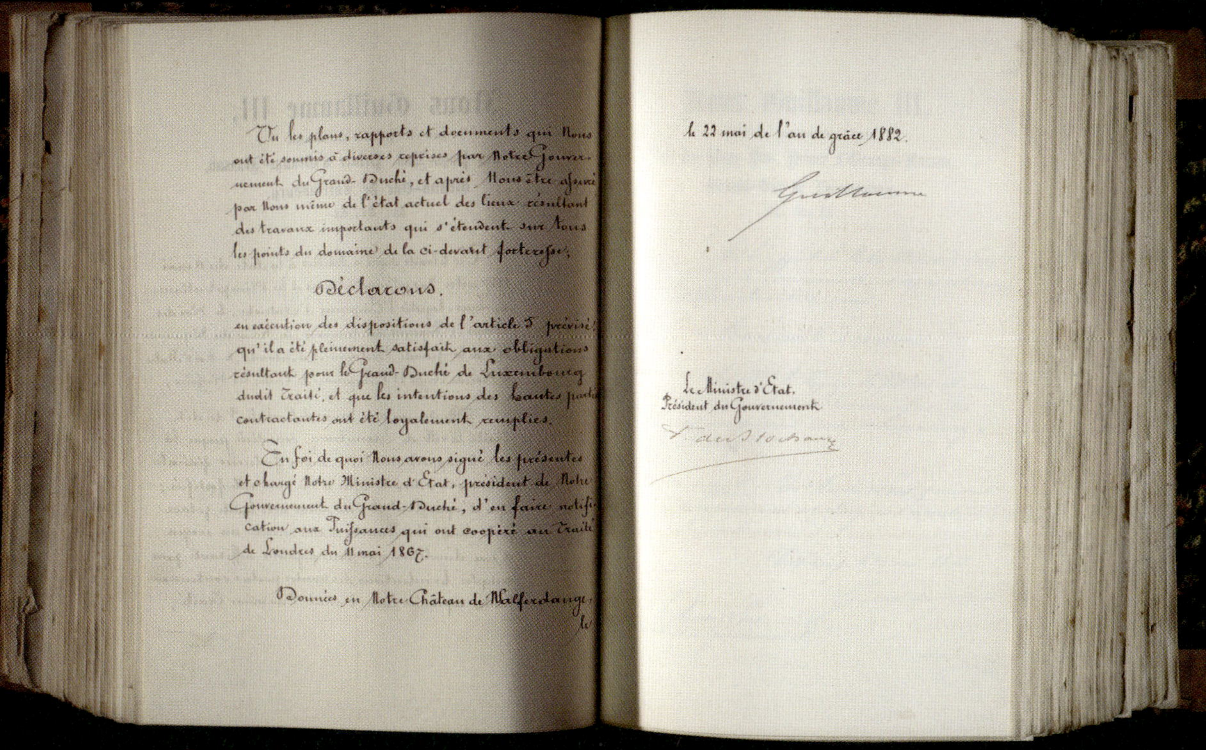
Vu les plans, rapports et documents qui Nous ont été soumis à diverses reprises par Notre Gouvernement du Grand-Duché, et après Nous être assuré par Nous même de l'état actuel des lieux résultant des travaux importants qui s'étendent sur tous les points du domaine de la ci-devant forteresse;

Déclarons.

en exécution des dispositions de l'article 5 prévisé, qu'il a été pleinement satisfait aux obligations résultant pour le Grand-Duché de Luxembourg dudit traité, et que les intentions des hautes parties contractantes ont été loyalement remplies.

En foi de quoi Nous avons signé les présentes et chargé Notre Ministre d'État, président de Notre Gouvernement du Grand-Duché, d'en faire notification aux Puissances qui ont coopéré au traité de Londres du 11 mai 1867.

Donné en Notre Château de Walferdange, le

le 22 mai de l'an de grâce 1882.

Guillaume

Le Ministre d'État,
Président du Gouvernement

Vue sur la ville depuis la porte de Trèves, dessin au crayon, 1841 (ANLux F 231[2]).

Luxembourg sera un centre de décisions, les autres régions seront réservées à la production industrielle ou agricole

cide avec la confirmation du centre comme «city». Plus rien n'empêche la fusion avec les communes limitrophes en 1920. Le Traité de Londres de 1867 marque la fin d'un système économique basé sur l'autarcie. Le départ de la garnison signifie la perte de consommateurs. Une nouvelle identité est recherchée: ville universitaire ou industrielle, centre économique et politique du pays. Le choix tomba sur cette troisième opportunité: Luxembourg sera un centre de décisions, les autres régions seront réservées à la production industrielle ou agricole. Le nouveau plan d'urbanisation reflète ce choix. La capitale sera raccordée aux marchés étrangers par la percée de nouvelles avenues.

La ville optimale

L'adoption du plan radio-concentrique fut complété d'un «système de villas» à construire dans et autour d'un immense parc public. Le centre réunit les services publics et

religieux. Des avenues se raccordent aux routes nationales. Le boulevard Royal assure la transition entre la ville dense et la campagne. Les ingénieurs Louis Fuchs, Oscar Bélanger et Edouard André ont ainsi fait de Luxembourg un des premiers *park estates* du continent. Victor Jamaer, architecte de la ville de Bruxelles, approuvait le plan définitif en 1873. L'approche fut celle des «régionalistes» opposés à la ville culturaliste. Le tramway assurait la liaison avec la périphérie.

Scènes du démantèlement de la forteresse de Luxembourg (ANLux Fonds divers).

Le cadre législatif protège de mieux en mieux la santé publique, les quartiers malsains sont assainis, l'alignement des bâtisses supprime tout recoin malpropre. La conduite d'eau, la canalisation, les bains publics, les bornes fontaines, les cours d'aération, les salles de bains privées et les toilettes publiques font partie de ces mesures d'hygiène. L'abattoir et le laboratoire bactériologique sont bannis à la périphérie par crainte de contagion. Des constructions à au moins deux étages masquent les taudis et quartiers vétustes.

Ces mesures assurent à l'économie des travailleurs en bonne santé. La propriété privée fixe l'habitant sur le site, favorise la famille, et le jardin privé garantit une occupation intelligente.

La nature augmente la qualité de vie et accroît l'attrait et la valeur foncière de la cité

La nature gagne la ville dense au moyen de squares et allées, de jardins précédant les hôtels particuliers. Elle rétablit l'équilibre avec l'homme industriel. Les parcs paysagers offrent au citadin le spectacle d'une campagne idéalisée. Progressivement, la promenade publique se mue en parc populaire. Le projet d'aménagement d'un jardin d'acclimatation, exhibant la flore et la faune «nationale», vise une prise de conscience du terroir qu'on habite. L'économie n'est stable que si elle repose sur une démographie en progression. Les arbres et bosquets masquent les endroits malpropres, les remparts. La nature augmente la qualité de vie et accroît l'attrait et la valeur foncière de la cité. Le parc protège la ville dénudée de ses murs protecteurs des avatars du climat. Il assure la transition de la ville vers la campagne, car depuis la disparition des ouvrages militaires, la cité commence à s'étaler sans fin.

Les décombres en provenance des démolitions de la forteresse vont remblayer les fossés et créer des pentes artificielles. On aménage une topographie nouvelle. Le souci du pittoresque évite la disparition complète de la forteresse. L'État décide seul de ce qui est patrimoine et de ce qui ne l'est pas. Les vestiges isolés, placés dans l'axe du regard, doivent unir histoire et présent. Tout est rasé qui ne peut être récupéré à des fins économiques. Les éléments irrécupérables qui échappaient à la pelle, comme la Dent Creuse ou les échauguettes espagnoles, servent de bornes limites de l'espace urbain.

Le gouvernement comme promoteur urbain

Généralement, les forteresses passèrent de l'État aux villes qui les cédaient à des promoteurs. À Luxembourg, le gouvernement, de peur de ne pas satisfaire aux exigences du traité de Londres et d'être entraîné dans la guerre franco-allemande, tenait tout le projet d'urbanisation en mains. Les recettes perçues sur la vente des friches devaient financer les frais de démantèlement et d'urbanisation. Le contrôle des travaux par une commission internationale, en 1883, mit à jour l'inexpérience du gouvernement en matière de «démantèlement». L'État dut trancher entre le «tout garder» et le «tout sacrifier». Les avenues devaient traverser les ouvrages militaires; des particuliers durent raser tout vestige militaire récupéré comme cave ou dépôt.

Le gouvernement conserva pour ses propres besoins, respectivement ceux de la ville, certains terrains militaires, ce qui explique la construction d'édifices publics en ces endroits. Le souci social ne manquait pas à l'entreprise. Les anciennes casernes servaient de premiers logements aux ouvriers en charge de la démolition des forts. Aucune qualification professionnelle ne fut exigée pour participer aux travaux. Des chômeurs réalisaient des

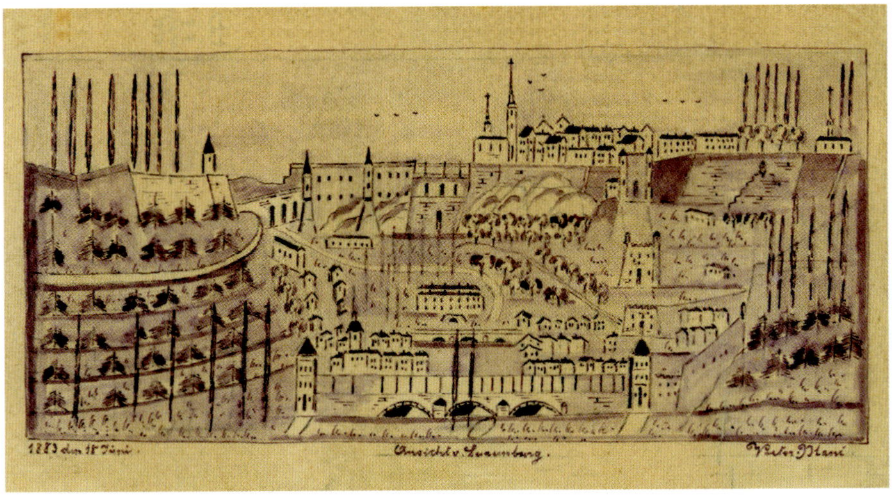

Dessin à la plume de la ville de Luxembourg de 1883 (collection privée).

travaux de démolition supplémentaires en période de ralentissement économique. Des ébauches pour la construction de cités ouvrières pour le Limpertsberg furent dressées. La parcellisation des anciennes friches militaires reflète le souci d'ouvrir la ville aussi aux classes moyennes.

Le démantèlement fut aussi un spectacle grandiose célébrant les nouvelles techniques, et des projets audacieux, comme la transformation de la place de la Constitution en gare ferroviaire ou la construction d'une gigantesque digue dans la vallée de la Pétrusse, virent le jour.

L'extension de la ville

L'extension de la ville se faisait par étapes, tout en confirmant l'ancienne ville haute comme centre-ville. Dans cette approche, les gouvernements successifs et la municipalité se faisaient guider par des experts étrangers.

La ville se débarrasse d'infrastructures encombrantes pour un meilleur rendement économique. La délocalisation du réservoir d'eau du «bastion Berlaimont» au Limpertsberg permit de lotir des terrains touchant au centre-ville.

Le lotissement des terrains domaniaux «au-delà du parc» débuta en 1871. Les constructions ne s'y élevaient qu'à partir de 1885. Trop éloignés de la gare pour accueillir des industries, mais suffisamment proches de la ville, ces terrains convenaient parfaitement à la construction de villas suivant les conceptions d'Édouard André. Les jardins des villas devaient se fondre dans le parc public.

Scènes du démantèlement
de la forteresse de Luxembourg
(ANLux Fonds divers).

L'urbanisme régulateur enlève la butte à la hauteur de la place Churchill, centre du nouveau quartier. Des carrefours de formes différentes cassent la monotonie du tracé du boulevard Joseph II. Celui-ci prend son départ sur une placette dominée par des maisons bourgeoises triplées et agrémentées de rotondes. La chapelle du Glacis sert de clôture visuelle au boulevard.

Plus l'agglomération s'étendit, plus la valeur des terrains sis «derrière la Fondation Pescatore» augmenta. En 1867, ces terrains se trouvaient à l'extérieur de la ville, dans un endroit isolé et exposé aux vents. Ils accueillaient alors la baraque du choléra et étaient envisagés pour recevoir l'abattoir de la ville, ou encore le laboratoire bactériologique. Grâce au développement du Limpertsberg, le site fut successivement pris en compte pour accueillir l'école d'artisans, le musée national, un hôtel de luxe. L'évêché songea même à construire une nouvelle cathédrale à proximité. Joseph Stübben élabora un projet de lotissement. Le quartier accueillit le lycée de jeunes filles, des maisons de maîtres.

Le «Limpertsberg», situé à l'écart des grands axes de communication, était une terre d'agriculteurs et de rosiers, partagée entre les communes de Luxembourg, Rollingergrund et Eich. Suite à certaines adaptations timides de la voirie locale en 1868, de nouvelles communications furent aménagées dès 1875. Le plan d'alignement général du quartier approuvé par l'État remonte à 1897. L'objectif fut de créer un quartier résidentiel pour une population à pouvoir d'achat élevé. Comme les constructions privées suivaient en corridor les chemins vers Kopstal et Septfontaines, il fallait urbaniser l'enclave née entre ces deux voies. La situation calme attira des religieux fuyant le *Kulturkampf*, respectivement le combat laïciste. La même quiétude explique la présence de l'école d'industrie et du commerce, de l'école d'artisans. On songea même à y ouvrir un hôpital communal. La tradition des foires du Glacis permit de fixer le Limpertsberg comme siège des foires commerciales.

Le plan de Joseph Stübben proposa de réaliser un boulevard le long des coteaux du plateau pour relier cette partie de la ville au centre. Il voulait créer un second «chemin de la Corniche» et gommer les antagonismes entre la ville et la campagne. Hygiéniste convaincu, il assurait au quartier l'air, la lumière et la verdure. Basé sur la petite et moyenne maison de ville avec jardin, son plan proposait des places monumentales dotées d'immeubles représentatifs. Même si le plan n'a jamais obtenu de valeur légale, il servit d'orientation à la politique urbaine de la Ville. La municipalité acquit de grands espaces libres pour les transformer en centre du quartier avec établissements scolaires, église paroissiale et ateliers pour le tramway. Elle réserva certaines parcelles à la construction de logements à prix modérés.

L'État urbanisa ses terres au quartier de la gare, dès 1868. Les voies de communication entre la gare centrale, la filature de coton de Pulvermühle et les villes basses furent améliorées. Dès la démolition des anciens ouvrages militaires (1876-77), l'avenue de la Gare fut rectifiée, et dès 1878 on songea à réunir la ville haute au plateau Bourbon au moyen d'un second pont traversant la vallée de la Pétrusse. D'autres projets visaient à la construction d'une nouvelle gare plus proche de la ville. Édouard André dessina les quartiers touchant à l'avenue de la Gare.

La «Corniche» inspirait l'ingénieur Suttor pour dessiner les boulevards d'Avranches et de la Pétrusse. L'avenue de la Liberté, appelée à relier les nouveaux quartiers du front de la plaine à la gare, devenait une voie initiatique vers la ville haute. Le centre du plateau Bourbon devait offrir, à mi-chemin entre la ville et la gare, soit une église avec école primaire, soit un hôtel de luxe, un musée national ou un palais de Justice. Le terrain fut vendu à l'Arbed qui y établit son siège. L'implantation de cette société respectait les visions de l'État de faire de cette partie de la ville un «centre d'affaires». Le gouvernement demanda à la Caisse d'Épargne de l'État et à la direction des chemins de fer Guillaume Luxembourg de construire leurs sièges place de Metz. Ces sociétés assuraient au commerce de la ville haute une clientèle à pouvoir d'achat élevé. Une architecture représentative, affichée dès l'entrée sur le territoire de la ville et les anciennes friches militaires (place de Paris), devait signifier la centralité du lieu.

L'avenue de la Liberté est jalonnée d'une architecture représentative inspirée de celle de la ville de Paris

Joseph Stübben et Édouard André furent consultés pour dresser les plans d'urbanisation du plateau Bourbon, formant frontière avec la commune de Hollerich. L'avenue de la Liberté possède une architecture représentative inspirée de celle de la ville de Paris. Elle affirme le caractère francophile des Luxembourgeois, en contrepoids à l'appartenance du pays à l'union douanière avec l'Allemagne. Le pont Adolphe menant au haut-lieu que représente la ville haute devait «sentir le terroir» (Paul Eyschen), et donc être construit en pierre de taille locale. La mentalité ambiante refusait tout monument officiel conçu ou construit par des étrangers ou réalisé en matériaux non luxembourgeois. Le pont Adolphe met en scène le savoir-faire artisanal et artistique des Luxembourgeois formés à la nouvelle école d'artisans. La dalle en béton qui relie ses deux arches en pierre affiche le caractère moderne et industriel du pays. L'intégration du pont dans son environnement naturel et bâti lui valut la reconnaissance comme «la plus belle scène d'Europe» (Édouard André).

Le plan du quartier de la gare comprit aussi l'aménagement de la place de la Gare en carte de visite de la ville et du pays. Tous les acteurs professionnels furent unanimes pour établir des «jonctions» avec les quartiers voisins de Bonnevoie, Bongeschwan, Gasperich et Hollerich.

Hollerich commençait à se rapprocher de la route de Longwy. La place de l'Étoile fut un site industriel. L'industriel Jean-Pierre Brasseur y était propriétaire de plusieurs hectares de terrains, tout comme les congrégations des sœurs franciscaines et de sainte Elisabeth. Verlorenkost formait la banlieue lointaine. Proche du bruit et de la fumée de la gare, ce

La rue du Breedewee au tournant du 19e au 20e siècle (collection privée).

fut un site réservé à des infrastructures délicates, telles le laboratoire bactériologique, de nouvelles prisons (non réalisées) ou des industries.

La digue du chemin de fer vers Pétange coupant Hollerich de Gasperich et Cessange, retardait le développement de ces zones. La zone industrielle qui longe la digue du côté de Hollerich attirait une population ouvrière (S.A. Maisons Ouvrières, 1899).

La population des villes basses resta stable. L'ingénieur Alphonse Kemp proposa en 1911 de dévier l'Alzette et de convertir son lit en boulevard urbain. Son eau aurait alimenté une centrale hydroélectrique. Une gare de marchandises reliée à la ligne du nord et au tramway ainsi qu'au nouveau boulevard devait favoriser le développement du quartier. Les hauteurs du Fetschenhof, jusque-là totalement à l'écart de tout projet d'urbanisme, devaient accueillir une cité-jardin pour ouvriers. Les habitants des villes basses réclamaient vainement de 1858 à 1922 l'ouverture d'une gare à hauteur du pont de Clausen.

Le traité de 1867 fut à l'origine de la subdivision du Grand-Duché en une zone de décisions, Luxembourg, et une zone de production, le bassin minier.

Réservée aux bourgeois et aux classes moyennes, sa qualité de vie devait rendre la ville désirable

Luxembourg sera une ville mono-concentrique, réunissant pouvoirs publics, politique et économique. Réservée aux bourgeois et aux classes moyennes, sa qualité de vie devait rendre la ville désirable. Le gouvernement sollicitait ainsi Louis Fuchs, Édouard André, Victor Jamaer et Joseph Stübben comme experts pour dresser les plans d'aménagement qui dépassaient les frontières communales. La suppression des remparts engendrait un étalement urbain sans fin. Le *park estate* allait assurer la transition de la ville vers la campagne et garantir l'hygiène publique. Ce type de ville se fondait sur la propriété foncière que le gouvernement se proposait d'étendre aux classes moyennes pour mieux les fixer au sol. Cette politique devait assurer à l'économie des travailleurs en bonne santé. Les lieux centraux étaient mis en scène par une architecture représentative. Une topographie artificielle, les vestiges de la forteresse visualisant l'entrée en ville, l'aménagement partout de raccourcis et de liaisons directes devaient garantir une qualité de vie élevée. La concentration exclusive de l'ensemble des friches militaires dans la main du pouvoir politique représente le modèle luxembourgeois qui permit la mise en œuvre d'un concept urbanistique cohérent.

A. EWERLI

VI
LE 20e SIÈCLE

LE RÈGNE HISTORIQUE DE LA GRANDE-DUCHESSE CHARLOTTE

Dans l'évolution historique du Luxembourg vers son destin d'État indépendant, il existe un remarquable parallélisme entre la première moitié du 19e siècle grosso modo et celle du 20e siècle. Si les relations politiques entre grandes puissances européennes aboutirent à déclarer le Luxembourg État indépendant et neutre en 1867, parce que cela les arrangeait, pendant la même période au 20e siècle, le Grand-Duché eut à affronter lors des deux guerres mondiales des dangers existentiels très graves qui mirent lourdement à contribution sa population. Celle-ci manifesta clairement sa volonté d'indépendance lors du référendum de septembre 1919 et paya le prix du sang pour cette même indépendance lors de l'occupation nazie durant la Seconde Guerre mondiale.

En 1918-19, le Premier ministre Emile Reuter fut à la hauteur de la situation pour sauver le trône pour la Grande-Duchesse Charlotte et l'indépendance du pays lors de la double crise nationale et internationale. La nouvelle Grande-Duchesse, Charlotte, par son charme et son doigté, au-dessus de la

Le monument de la Grande-Duchesse

ELSY JACOBS
CHAMPIONNE CYCLISTE
F. FABER
CHAMPION CYCLISTE
VAINQUEUR DU
TOUR DE FRANCE 1909
TOMBE AU
CHAMP D'HONNEUR EN 1915
MEDAILLE MILITAIRE
CROIX DE GUERRE
NICOLAS FRANTZ
VAINQUEUR DU TOUR DE FRANCE
1927 ET 1928
1899 - 1985
LAURÉAT DU «GUIDON D'OR» 1976
CHALLENGE DE L'ASSOCIATION INTER-
NATIONALE DES ORGANISATEURS DE
COURSES CYCLISTES 1976
CHARLY GAUL
CHAMPION CYCLISTE
1932-2005

mêlée politique, ne sut pas seulement remonter la pente au bas de laquelle la monarchie avait glissé, mais même s'élever si haut comme figure emblématique de l'avenir de son pays et de son peuple, qu'elle joua un rôle clé avant, durant et après la Seconde Guerre mondiale. Ses 45 années de règne se terminaient presque en apothéose.

Pendant cette même période se déploya la vitalité scientifique, sportive et culturelle du pays en produisant le grand scientifique Guillaume Kroll, inventeur de la production industrielle du titane, et cela dans son laboratoire personnel dans la maison Leclerc à Belair. D'un autre côté apparurent de grands sportifs cyclistes, dignes successeurs de François Faber, Nicolas Frantz et Charly Gaul, tous les deux vainqueurs du Tour de France. En athlétisme, Josy Barthel remporta les 1500 mètres aux Jeux Olympiques à Helsinki en 1952, suivi par d'autres athlètes qui se distinguaient dans leur discipline.

Quatre grands cyclistes luxembourgeois (de g. à dr.): Elsy Jacobs, François Faber, Nicolas Frantz et Charly Gaul (plaques commémoratives dans le parc de la Ville de Luxembourg).

Dans le domaine des arts, parmi un nombre impressionnant d'artistes nationaux de grande valeur, se détachèrent deux noms, celui du peintre Joseph Kutter durant l'entre-deux-guerres et celui du sculpteur Lucien Wercollier dans l'après-guerre.

Le gouvernement lui-même, ayant appris les leçons de la Première Guerre mondiale, se mit en dehors de l'emprise de l'ennemi nazi avec la Grande-Duchesse et rejoignit le camp des Alliés pour assurer l'avenir du pays. Parmi la population, exposée au joug nazi, la jeunesse, à l'exemple de Raymond Petit, s'engagea dans la résistance, même armée, contre l'oppresseur, alors que la population juive paya un terrible tribut à ceux qui cherchaient à lui appliquer la solution finale.

Au lendemain de la guerre, d'abord sous la direction de Pierre Dupong, à la haute stature de bon père de famille, le Luxembourg s'engagea dans le

Pierre Dupong, ministre d'État de 1937 à 1953 (Archives Luxemburger Wort).

Edmond Israël et Mgr Jean Hengen, archevêque de Luxembourg, lors d'une réunion du Centre interconfessionnel, le 31 mars 1992 (Archives *LW*).

vaste chantier de la reconstruction, alors que son ministre des Affaires étrangères, Joseph Bech, vieux routinier sur le parquet diplomatique, lui fit occuper une première loge dans le vaste programme de la construction européenne qui commença au début des années cinquante, sous la houlette de Jean Monnet et de Robert Schuman.

Entre-temps, Victor Bodson fournit amplement la preuve de ses bouillants talents de ministre des Transports et autres, alors que Pierre Werner, après la mort de son tuteur Pierre Dupong, en prit la succession comme ministre des Finances et après comme Premier ministre.

Depuis les années trente, John Dolibois, émigré aux États-Unis, fit une brillante carrière dans l'administration universitaire américaine et s'apprêta ensuite à faire connaître en contrepartie à ses nouveaux compatriotes les attraits de son pays natal en préparant l'implantation de la Miami University au Luxembourg, au milieu d'une Europe occidentale en pleine ébullition.

Œuvres de Lucien Wercollier au cloître du Centre culturel de rencontre Abbaye de Neumünster.

John E. Dolibois, ambassadeur des États-Unis au Luxembourg de 1981 à 1986.

EMILE REUTER *1874 †1973 ET PIERRE DUPONG *1885 †1953
Deux personnalités politiques hors pairs

Alors que Paul Eyschen avait dominé la vie politique du Grand-Duché pendant presque trente ans, sa mort inopinée survenue le 12 octobre 1915 plongea le pays dans le désarroi et provoqua une instabilité politique endémique, aboutissant à un enchaînement de crises politiques qui ébranlèrent l'État jusque dans ses fondements. Au milieu de ces turbulences dangereuses apparaissent sur la scène politique deux hommes, avocats de formation, fortement imprégnés, de par leur milieu familial et leurs expériences universitaires, de la doctrine sociale de l'Église catholique, héritage du pontificat de Léon XIII.

Emile Reuter, né en 1874, brillant avocat, et son cadet, Pierre Dupong, né en 1884, disciples de Marc Sangnier, militant engagé de la démocratie chrétienne en France, s'engagèrent tous les deux dans les cercles d'étudiants catholiques, pour se retrouver en 1914 comme principaux fondateurs du parti catholique, dit le «parti de droite», dont Dupong devint secrétaire général, décidé à faire pièce au bloc de la gauche libérale et socialiste, radicalement anticléricale, qui dominait la scène politique. Reuter fut élu à la Chambre dès 1911, Dupong en 1915. Le nouveau parti mobilisa surtout les masses rurales et se profila dès lors comme le premier parti moderne, amené à dominer la vie politique du 20e siècle. Alors que le jeune Dupong se consacra surtout à la gestion du parti, Reuter entra dès la fin de 1918 dans les plus hautes fonctions de l'État. Président du gouvernement d'octobre 1918 jusqu'en mars 1925, il joua un rôle clé à l'époque pour la survie du pays.

Emile Reuter, sauveur de l'indépendance

Plutôt de petite taille, mais impressionnant par sa dignité courtoise, son flair politique, son sens de la mesure et son ardeur au travail, Reuter affronta deux crises, l'une intérieure, l'autre de nature internationale, les deux étant étroitement liées entre elles.

Emile Reuter, Pierre Dupong et Robert Schuman, promoteurs de l'Europe (Archives *LW*).

En effet, les déchirements internes entre partisans et adversaires de la monarchie, déclenchés par l'attitude très personnelle et parfois peu flexible de la Grande-Duchesse Marie-Adélaïde, et les menaces annexionnistes belges, s'appuyant sur la prétendue attitude pro-allemande de la souveraine durant la guerre, se combinaient dans un mélange explosif dans les mois qui suivaient le retrait des troupes allemandes en novembre 1918.

Reuter sut utiliser la présence des troupes françaises pour mettre fin à des tentatives plutôt farfelues de proclamer à Luxembourg un régime soviétique ou la république. Il évita la division du pays en deux camps hostiles en formant un gouvernement d'union nationale avec les libéraux et les socialistes. De cette façon, il évitait de justesse que les partisans de la déchéance de la monarchie ne trouvent une majorité au Parlement. En conseillant à Marie-Adélaïde d'abdiquer en faveur de sa sœur Charlotte, il coupa court aux menées antimonarchiques.

Sans se laisser décourager par l'attitude très hostile du gouvernement français, fin novembre 1918, il joua habilement sur les dissensions entre Français et Belges à propos de l'avenir de leur petit voisin, en attendant le moment propice pour revenir à la charge. L'introduction de la journée de travail de huit heures, en décembre 1918, neutralisa en grande partie l'extrémisme révolutionnaire qui agitait les masses ouvrières du sud du pays, alors que le droit de vote accordé aux femmes lui permit de se prévaloir du principe de l'autodétermination démocratique cher au président américain Wilson.

L'indépendance politique du Luxembourg était une option valable pour les vainqueurs de l'Allemagne

Il est difficile de vérifier dans quelle mesure les nombreuses lettres envoyées à la Maison Blanche par les émigrés luxembourgeois aux États-Unis en faveur du maintien de l'indépendance de leur pays d'origine ont pu influencer l'attitude du président américain. De même, l'intervention auprès de Clémenceau du généralissime Ferdinand Foch, très pro-luxembourgeois à la suite de la présence de 3 000 volontaires luxembourgeois dans l'armée française durant la Grande guerre, n'est pas facile à apprécier. Ce qui est sûr par contre, c'est que dans la nouvelle entrevue du gouvernement luxembourgeois avec les Alliés à Paris fin mai 1919, l'habileté politique et diplomatique de Reuter à défendre son point de vue finit par convaincre même le *Tigre* que l'indépendance politique du Luxembourg était une option valable pour les vainqueurs de l'Allemagne.

La monarchie, garante de l'indépendance

Reuter fit entériner ce succès diplomatique par le célèbre référendum du 28 septembre 1919. Il formula les questions si habilement qu'une majorité de 80% votait pour le maintien de la monarchie en la personne de la Grande-Duchesse Charlotte et ipso facto pour l'indépendance du pays. Si la France renonça en faveur de la Belgique à l'offre d'une union économique avec le Luxembourg, c'était qu'elle avait trouvé son compte sur le plan militaire dans des tractations secrètes avec les Belges, Reuter n'y étant pour rien. Ses mérites pour le maintien de l'indépendance et pour celui de la monarchie, garantie et symbole de cette indépendance, sont uniques et dépassent de loin ceux d'autres hommes politiques d'avant et d'après 1918-19. Soucieux de maintenir la cohésion nationale et sociale du pays, il créa cinq chambres professionnelles, appelées à exprimer les vues de leurs membres dans le processus législatif. La stature d'Emile Reuter comme *Pater Patriae* fut reconnue par les hommes politiques de tout bord qui ont honoré jusqu'à la fin de sa longue vie, survenue en 1973, ce grand serviteur de son pays, à la fois efficace et d'un naturel simple et attachant.

Ses mérites pour le maintien de l'indépendance et pour celui de la monarchie sont uniques

Pierre Dupong, droiture et compétence au service du pays

Le contraste ne pouvait être plus grand au point de vue de l'apparence physique entre Reuter et Dupong. Pierre Dupong, de taille élancée, dégageait une impression d'autorité et de fermeté, mais au sein de son parti il travaillait la main dans la main avec son aîné. Son action politique, comme ministre des Finances d'abord, à partir de 1926, puis comme Président du gouvernement à partir de 1937, était moins spectaculaire, mais aussi efficace que celle de Reuter. Pierre Dupong gérait le ministère des Finances pendant plus d'un quart de siècle, jusqu'à sa mort inopinée en 1953. Il le combinait cependant souvent avec le ministère du Travail et de la Prévoyance sociale, comme le font d'ailleurs encore parfois ses lointains successeurs aujourd'hui.

Inauguration du mausolée des soldats français au cimetière Notre-Dame, le 26 novembre 1924. Discours d'Emile Reuter.

Le général américain Pershing
au balcon du palais grand-ducal,
le 21 novembre 1918
(ANLux/DH).

Visite à Luxembourg du maréchal Foch, qui ne cachait pas ses sympathies pour les volontaires luxembourgeois de la Grande Guerre, le 25 novembre 1918 (ANLux/DH).

LA GRANDE-DUCHESSE CHARLOTTE *1896 †1985
Un destin exceptionnel

Dans l'histoire du Luxembourg, depuis ses origines jusqu'à l'époque contemporaine, le fait dynastique a joué un rôle clé. Sans la maison des comtes de Luxembourg au Moyen Âge, il n'y aurait pas eu d'entité politique luxembourgeoise propre, et sans les rois grands-ducs au 19e siècle, il n'y aurait pas eu d'État luxembourgeois indépendant. Si les constitutions successives ont fini par réduire le pouvoir du souverain à des fonctions essentiellement représentatives, au 20e siècle, la Grande-Duchesse Charlotte a réussi l'exploit de jouer, durant son long règne de 45 ans, dans le plus strict respect de la Constitution, un rôle politique décisif bien au-delà de ses pouvoirs constitutionnels, ce qui lui a valu une place à part dans l'histoire et dans la mémoire de son peuple.

Personnalité, enfance et jeunesse de 1896 à 1919

Née en 1896, deuxième parmi les six filles du Grand-Duc héritier, le futur Guillaume IV, elle a manifesté dès son plus jeune âge des traits de caractère qui allaient se développer dans la suite pour faire d'elle, plus tard, une souveraine populaire.

Tous ceux qui l'approchaient étaient subjugués par son charme

Très belle, comme sa sœur aînée, Marie-Adélaïde, avec laquelle elle vivait en parfaite entente, Charlotte était d'un naturel gai et ouvert qui contrastait avec la timidité et la gravité mélancolique de sa sœur. Sportive et intéressée au monde extérieur, elle alliait grâce et discrétion, vive intelligence et amabilité spontanée, de sorte que tous ceux qui l'approchaient étaient subjugués par son charme, même l'ambassadeur allemand, von Schwerin, qui rapporta à ses supérieurs à Berlin: «Cette amabilité est le trait fondamental de son caractère et en plein accord avec son physique gracieux.»

Charlotte, Grande-Duchesse de Luxembourg de 1919 à 1964 (Photothèque de la Ville de Luxembourg).

Alors que Marie-Adélaïde recevait une éducation spécifique de future souveraine, dans ses apparitions officielles, quand elle remplaçait son père, terrassé par la maladie, elle se faisait la plupart du temps accompagner par sa sœur, comme si elle pressentait qu'un jour elle lui céderait sa place. En tout cas, en sa présence, elle se sentait plus à l'aise. De cette façon, Charlotte était bien préparée à prendre la succession au moment où éclatait la crise dynastique et nationale de 1918-1919.

Au cours de la guerre, elle fit la connaissance durant une fête familiale du Prince Félix de Bourbon-Parme, son cousin, avec qui elle se fiança le 6 octobre 1918, alors que la fin de la guerre s'annonçait et que grondait déjà la crise qui allait ébranler le pays jusque dans ses fondements.

Carte postale représentant la Grande-Duchesse Charlotte.

(à gauche)
Mariage de la Grande-Duchesse avec le Prince Félix de Bourbon-Parme le 6 novembre 1919 (Photothèque de la Ville de Luxembourg).

La succession et l'entre-deux guerres de 1919 à 1939

Quand Marie-Adélaïde abdiqua, le 9 janvier 1919, sous la pression des Alliés et à cause des émeutes et turbulences politiques qui menaçaient la survie de la monarchie, elle recommanda sa sœur Charlotte pour lui succéder, ce qui était d'ailleurs prévu par la loi. L'assermentation de Charlotte eut lieu le 15 janvier au château de Berg. Tout de suite, la nouvelle Grande-Duchesse renvoya le personnel allemand de la Cour et le remplaça par des Luxembourgeois.

Ce furent l'intelligence et le génie politique d'Emile Reuter, ministre d'État, qui réussirent à sauver le trône et l'indépendance par le fameux référendum du 28 septembre 1919, organisé avec l'aval des Alliés.

Le mariage de la Grande-Duchesse, le 6 novembre 1919, avec le Prince Félix, devenu la veille sujet luxembourgeois, fut célébré dans la cathédrale sous les applaudissements de la foule. La personne et le style direct de la nouvelle Grande-Duchesse avaient déjà eu leur effet, moins sur la classe politique que sur les masses populaires de la ville de Luxembourg. L'affluence populaire à la fête nationale du 23 janvier 1920 en fut la preuve. La rencontre avec le président de la République française, Raymond Poincaré, en février 1920 à Thionville, rétablit les bonnes relations avec la France, et le départ de la grande-duchesse Marie Anne et des sœurs de Charlotte pour la Bavière sortit le Luxembourg de la ligne de tir de la diplomatie française, quand celles-ci épousaient des princes allemands. La Belgique mit un peu plus de temps avant de renoncer à ses ambitions annexionnistes.

Deux autres aspects dans la ligne de conduite de la Grande-Duchesse Charlotte contribuèrent à leur façon à détendre l'atmosphère: d'un côté, sa stricte neutralité politique lors des crises ministérielles de 1925 et 1926, et de l'autre, son bonheur familial illustré par les naissances successives de six enfants, à commencer par le Prince Jean, futur prince héritier, en 1921, jusqu'à la fille cadette, Alix, en 1929.

Les années trente s'annonçaient autrement houleuses et dangereuses à la suite de la crise économique de 1929 et de l'accession au pouvoir d'Hitler en 1933, alors que tout avait si bien commencé avec la visite du roi Albert et de la reine Élisabeth, début 1930, preuve de l'entente renouvelée avec la Belgique.

Par contre, la loi pour la défense de l'ordre politique et social, appelée loi muselière, initiée par le gouvernement Bech et, quoique votée par la Chambre, rejetée par une majorité au référendum de 1937, précipita le pays dans une grave crise politique, en dressant une moitié de la population contre l'autre, au moment où la menace nazie se concrétisait. C'était comme un retour aux pires moments de 1918-1919. La Grande-Duchesse se tint strictement au-dessus de la mêlée, et quand la classe politique reprit enfin ses sens, on forma un gouvernement en quelque sorte d'union nationale sous la présidence de Pierre Dupong pour réparer les pots cassés face au danger nazi. Mais, comme en 1938 et en 1939 les autres démocraties occidentales capitulaient devant les agressions hitlériennes dirigées contre l'Autriche et la Tchécoslovaquie, le Luxembourg se retrouva tout seul.

Un symbole vivant de l'indépendance nationale, véritable «Mater Patriae»

C'est alors qu'il y eut un sursaut national extraordinaire autour de la Grande-Duchesse quand, en 1939, on fêtait à la fois le centenaire de l'indépendance et le 20e anniversaire du règne de Charlotte. Les festivités commencèrent en grande pompe dès janvier et se poursuivirent jusqu'à la fin avril avec en leur centre la Grande-Duchesse, symbole vivant de l'indépendance nationale, véritable *Mater Patriae*. Elle attira les foules ferventes lors de ses visites dans tout le pays et se prêta à cette vénération populaire avec sa grâce et sa distinction naturelles. Cet enthousiasme allait donner la force et l'endurance nécessaires au peuple pour résister durant la longue et rude épreuve de l'occupation nazie, et le rôle de la Grande-Duchesse dans cette mobilisation spontanée, unique en son genre vu les circonstances de 1939, fut capital pour l'avenir.

Les années de guerre 1939-1945

Quand la guerre éclata le 1er septembre 1939, le gouvernement, de concert avec la Grande-Duchesse, tira les leçons de 1914 et prépara son départ pour se soustraire à l'ennemi. La population, ignorant ces préparatifs il est vrai, se sentit abandonnée à son sort, le 10 mai 1940, mais toute sa colère se reportait sur les ministres, soupçonnés d'avoir emmené quasi de force la Grande-Duchesse, dont le prestige et le charisme auprès du peuple restaient intacts. Cette fuite éperdue, précipitée par la débandade inattendue de l'armée française face à la Wehrmacht, conduisit les responsables politiques luxembourgeois de Paris au sud de la France, pour aboutir provisoirement près de Lisbonne. La Grande-Duchesse était tiraillée entre la raison d'État qui lui dictait cette conduite et les élans de son cœur, qui la faisaient souffrir de cette fuite comme d'une trahison. Quand elle reçut à Lisbonne des lettres du président de la Chambre, Emile Reuter, et du président de la Commission administrative, Albert Wehrer, l'implorant de revenir auprès de son peuple, ainsi que des avis malencontreux de diplomates américains allant dans le même sens, elle fut bouleversée et voulut rentrer. Les ministres, surtout Bech et Bodson, n'en voulurent rien savoir. La nouvelle de l'arrivée à Luxembourg du Gauleiter Gustav Simon mit fin à ces tergiversations.

Entre-temps, le Prince Félix et les enfants princiers s'étaient, sur invitation du président américain Roosevelt, embarqués sur le croiseur Trenton en direction des États-Unis. La Grande-Duchesse, accompagnée par Bech, rendit d'abord visite au souverain britannique Georges VI et à Churchill à Londres sous les bombes allemandes avant de rejoindre sa famille aux États-Unis, puis au Canada. La place du Luxembourg dans les rangs des pays alliés en guerre avec l'Allemagne était ainsi définitivement assurée.

L'influence de la Grande-Duchesse jouait sur plusieurs plans et eut un impact décisif pendant toute la durée de la guerre.

D'abord, les relations personnelles de sa famille avec le président Roosevelt, qui la reçut officiellement à la Maison Blanche et en privé dans sa résidence à Hyde Park, facilitèrent singulièrement les efforts du gouvernement luxembourgeois, auquel toutes les portes en haut lieu à Washington s'ouvraient sans problème. Les dirigeants américains connaissaient très bien la Grande-Duchesse, mais certainement pas autant ses ministres.

Par ses campagnes de visites dans les grandes villes américaines, elle mobilisait les Américains d'origine luxembourgeoise pour la cause du Luxembourg et contribuait aussi à préparer l'opinion publique américaine à une entrée en guerre future contre les puissances de l'Axe.

Surtout, elle s'adressa sur les ondes de la BBC aux Luxembourgeois souffrant sous le joug nazi pour leur faire comprendre qu'ils n'étaient pas abandonnés, que le gouvernement en exil veillait à leurs intérêts, qu'ils ne devaient pas perdre courage et qu'elle souffrait elle-même de cette situation. Comme sa personne était l'objet d'un véritable culte parmi toute la population et surtout parmi les membres de la Résistance, ses interventions à la radio étaient écoutées avec une ferveur spéciale et contribuaient à remonter le moral de la population aux heures les plus sombres de la guerre.

À son retour, le 14 avril 1945, la population lui fit un accueil triomphal. Aucun souverain luxembourgeois n'a jamais connu un attachement, voire un culte populaire

(page suivante)
Indicatifs de la BBC pour les émissions destinées aux populations étrangères (*Hei ass BBC*, 1945).

(1) اینک اخبار روز

(2) 'HERE IS THE NEWS'

(3) این خبرهاس ملایو

(4) การบรรยายข่าวมีดังต่อไปนี้

(5) 'Hier, Radio België'

(6) தற்சமய சமாச்சார திரபடு

(7) 'Fala a BBC de Londres. Vamos transmitir o terceiro boletim de noticias'

(8) 'Englannin yleisradio Lontoo. Suomenkielinen lähetys alkaa'

(9) သတင်းများအစီရင်ခံပါမည် ။

(10) 'Şimdi Havadis bültenimizi okuyorum'

(11) 'Hier volg die Nuus in Afrikaans'

(12) 'Aici este postul de Radio Londra. Bună dimineaţa! Veţi auzi acum primul buletin de ştiri în limba română'

(13) આજના સમાચાર આ રહ્યા

(14) 'Ici Radio Belgique'

(15) এই হচ্ছে সব খবর।

(16) 'Estación de la BBC. Vamos a radiar nuestro boletín de noticias en castellaño'

(17) 'Ici Londres.
Voici notre bulletin
d'informations'

(18) 'Po apim buletinin e
lajmeve
në gjuhën Shqipe'

(19) 'Parla Londra.
Prima trasmissione serale
in lingua italiana'

(20) 'Se nxandru issa, it-Taħdida ta' Aħbarijiet bil-Malti'

(21) 'He aquí las noticias'

(22) [illegible]

(23) 'Volá Londýn . . .
vypočujte si dnešné zprávy'

(24) 'Þetta er brezka útvarpid i London,
sem utvarpar à Islenzku'

(25) 'Bonjour allegurten dohem an an der Friemt. Hei ass BBC London mat dem Letzeburger Programme'

(26) 'Volá Londýn . . . Vyslechněte
dnešní zprávy'

(27) 'De hører BBC's
aftenudsendelse paa dansk'

(28) 'God Morgen. Dette er London med morgennyhetene'

(29) आता आपण आमचे मराठी बातमीपत्र ऐकाल

(30) 'Dobár den dragi slushateli'

(31) 'Aqui estão as noticias'

32 'Ιδού αἱ εἰδήσεις

(33) 'Radio London: dajemo prenos poroci!
ki ga oddajamo vsaki dan v slovenšcini'

(34) 'Hier ist England. Hier ist England. Hier ist England'

(35) 'Hireket mondunk'

(36) ايها المغاربة والجزائريين والتونسيين والليبيين اليكم نشرة الاخبار

(37) 'Dzieńdobry Państwu.
Nadajemy drugi dziennik Radja Brytyjskiego w języku Polskim'

(38) 'Goeden middag . . .
Nu volgt het nieuws'

(39) 'Detta är London med
nyheterna på svenska'

(40) 'So iomradh ann
an Gàidhlig'

(41) 'Dyma'r Newyddion'

(42) 'Radio London daje svojim slušaocima Jugoslovenima vesti'

(43) یہ خبریں آپ لندن سے سُن رہیا ہیں

(44) والآن اليكم نشرة الاخبار

(45) 下面是今天的中文新聞

(46) 現在粵語廣播新聞

(47) 現在厦門語廣播新聞

(48) ロンドンよりのニュースを申上げます

de Winston Churchill à Luxembourg,
les 14 et 15 juillet 1946
(collection privée).

(double page suivante)
Lettre de la Grande-Duchesse
au président du Conseil suprême
de l'URSS demandant la libération
des prisonniers luxembourgeois
détenus en URSS
(Archives du ministère
des Affaires étrangères, Moscou).

Luxembourg, le 11 août 1945.

Monsieur le Président,

Je Vous adresse cet appel dans une affaire qui me tient profondément à coeur.

Le 10 mai 1940 les hordes de Hitler ont envahi mon pays qu'elles ont occupé jusqu'à sa libération, le 10 septembre 1944.

Après l'avoir rattaché et annexé au Reich l'usurpateur nazi a décrété le 30 août 1942, contrairement au droit des gens et aux conventions internationales le service militaire obligatoire dans le Grand-Duché. En conformité de ce décret plus d'une dizaine de milliers de jeunes Luxembourgeois furent criminellement forcés par l'occupant fasciste à revêtir l'uniforme allemand hai et à servir contre leur propre pays et ses vaillants alliés, comme leurs infortunés camarades d'Alsace et de Lorraine. Un grand nombre ont réussi à se soustraire au service militaire nazi ou à déserter à la première occasion les rangs de l'ennemi pour rejoindre les partisans et les combattants du maquis. Environ deux mille de ces jeunes gens se trouvent encore comme prisonniers de guerre sous l'uniforme allemand en territoire soviétique et dans les territoires occupés par les forces

soviétiques...

soviétiques attendant avec impatience le retour dans leurs foyers. A la demande des mères de ces malheureux Je me permets de m'adresser personnellement à Vous pour obtenir leur libération et leur rapatriement. Je suis persuadée qu'une haute intervention de Votre part sera de nature à hâter leur retour. Ce geste sera accueilli avec une gratitude infinie par le peuple luxembourgeois déjà si reconnaissant à la glorieuse Armée Rouge qui a si puissamment contribué à chasser les intrus fascistes des pays occupés de l'Europe. Je suis convaincue que Vous écouterez avec bienveillance cet appel que Je Vous adresse comme mère au nom de milliers de mères de famille et Je Vous en exprime dès maintenant ma plus profonde reconnaissance.

Des centaines séjournent encore dans des camps de prisonniers américains et anglais. J'ai adressé le même appel aux chefs d'Etat d'Amérique et de Grande-Bretag pour obtenir leur libération.

Je prie Votre Excellence de croire à Ma plus haute considération.

A Son Excellence

Monsieur Mikh. Ivanovitch KALININE

Président du Conseil Suprême de l'Union des Républiques Soviétiques Socialistes

à

M o s c o u .-

Charlotte

Grande Duchesse de Luxembourg

Le gouvernement en exil à Londres.

Londres 1944. S.A.R. la Grande Duchesse et ses Ministres

comparable. Ses visites dans les villages, rappelant celles du Centenaire de 1939, encourageaient les habitants dont beaucoup se retrouvaient dans des maisons en ruines. Sa position au-dessus de la mêlée politique était une condition importante et un lien puissant pour sauvegarder l'unité nationale parfois mise à mal par l'antagonisme aigu entre les organisations de Résistance et les ministres du gouvernement, revenus d'exil pour reprendre en main la direction du pays.

L'après-guerre et le recentrage du pays dans le bloc occidental et le cadre européen entre 1945 et 1964

Pendant que s'effectuait la tâche ardue et épineuse de l'épuration et de la reconstruction, l'Europe en ruines fut exposée à une nouvelle menace, de la part de l'Union soviétique stalinienne, dont l'expansionnisme idéologique et politique se rapprochait de plus en plus de l'Europe centrale et occidentale.

L'ONU, dont le Luxembourg était membre fondateur, ne semblait pas capable d'assurer la paix. Les États-Unis réagirent par la politique du *containment* en regroupant la plupart des États européens au sein de l'Organisation européenne de coopération économique (OECE) pour le développement économique et de l'OTAN pour leur défense militaire. Le Luxembourg rejoignit ces organismes, abandonnant sa politique de neutralité traditionnelle qui ne l'avait guère protégé ni en 1914, ni en 1940, alors que les Américains avaient libéré le pays en 1918 et en 1944-1945. Les relations bilatérales entre le Luxembourg et les États-Unis étaient excellentes, et la Grande-Duchesse y était pour beaucoup.

D'un autre côté, dans les années cinquante, notre pays prit une part active dans les différentes étapes de la construction européenne.

La Grande-Duchesse reprit avec sa discrétion naturelle son rôle constitutionnel de chef d'État au-dessus des partis, tout en s'exposant d'autre part à la liesse populaire lors des fêtes nationales et des mariages de ses enfants. Parmi ces mariages, celui du Prince héritier Jean avec la sœur du roi des Belges, Joséphine Charlotte, était l'illustration personnelle des bonnes relations entre les monarchies voisines.

En même temps, le développement économique et social du Luxembourg transformait le pays d'un coin perdu, plutôt provincial, en un État florissant au sein des communautés, européenne et internationale, pleinement reconnu par les Grands de ce monde. Quand la Grande-Duchesse fut reçue à l'Élysée par le Général de Gaulle en 1961 et en 1963 et à la Maison Blanche par le président Kennedy en 1963, ce ne furent pas seulement des gestes politiques à l'égard du Luxembourg, mais aussi un hommage à la Grande Dame qui l'avait si bien représenté pendant presque un demi-siècle.

Le crépuscule en famille de 1964 à 1985

Après un règne de 45 ans couronné de succès, qui laissait la maison grand-ducale plus populaire que jamais, la Grande-Duchesse abdiqua le 11 novembre 1964 en faveur de son fils, le Grand-Duc héritier Jean. Contrairement à 1919, ce fut une transition parfaite, célébrée dans la liesse populaire.

La Grande-Duchesse se retira avec le Prince Félix au château de Fischbach pour goûter les plaisirs d'une vie familiale calme et discrète et surtout les joies d'une grand-mère de 25 petits-enfants. Après la mort du Prince Félix, en 1970, ses apparitions publiques se firent encore plus rares, sauf à l'occasion de son 80e anniversaire, en 1976, et à l'occasion de la visite du pape en 1985. Cette même année, le 9 juillet, elle s'éteignit au château de Fischbach.

La statue de la Grande-Duchesse est un témoignage saisissant de l'affection profonde que lui portait la population au-delà de son long règne de 45 ans

La statue de la Grande-Duchesse, érigée non loin du monument équestre de Guillaume II, est un témoignage saisissant du rôle historique qu'elle a joué et de l'affection profonde que lui portait la population au-delà de son long règne de 45 ans.

La Grande-Duchesse en visite à Paris avec le Général de Gaulle, 1963 (ANLux).

Cérémonie d'abdication de la Grande-Duchesse Charlotte, le 12 novembre 1964 (Photothèque de la Ville de Luxembourg).

JOSEPH KUTTER *1894 †1941 ET LUCIEN WERCOLLIER *1908 †2002

Les grands maîtres de l'art

Si nos grands poètes nationaux ont, en quelque sorte, activement assisté aux origines de notre indépendance nationale au 19e siècle, il a fallu attendre le 20e pour voir surgir nos grands artistes qui allaient illustrer notre vie artistique nationale à l'intérieur et à l'extérieur de nos frontières. Parmi ces talents remarquables, nombreux pour un petit pays, il y en eut deux qui sortent du lot: le peintre Joseph Kutter durant l'entre-deux-guerres et le sculpteur Lucien Wercollier des années cinquante aux années quatre-vingt.

Les artistes luxembourgeois du 20e siècle ont suivi l'évolution générale de l'art en Europe avec un certain décalage avant de rattraper l'avant-garde européenne. Dominique Lang a ainsi découvert l'impressionnisme à la veille de la Grande Guerre et Jean-Pierre Beckius vingt ans plus tard, au début des années trente, ce qui ne diminue pas leurs mérites d'épigones de talent.

Ce qui est vrai pour l'histoire de notre pays ne l'est pas moins pour nos artistes: ils ont subi l'influence de l'art français, allemand et belge, parce qu'ils ont étudié et vécu dans les grands centres culturels comme Paris, Bruxelles, Anvers, Munich et Vienne. Fortement influencés par ces milieux étrangers, ils sont revenus au pays pour retrouver leurs racines et pour y vivre, travailler et exposer leurs œuvres, tout en continuant à cultiver leurs liens avec l'étranger qu'ils avaient noués au temps de leur jeunesse.

À partir de 1893, le Cercle artistique de Luxembourg (CAL) a joué un rôle de premier plan dans la promotion de l'art au Luxembourg, en offrant aux jeunes artistes la possibilité d'exposer leurs œuvres au grand public et de se faire connaître. Comme leur situation matérielle était précaire, surtout à cette époque, les artistes indépendants vivant de leur art ont été très rares, Kutter et Trémont faisant exception. La plupart d'entre eux ont exercé une profession rémunérée, comme enseignant par exemple, pour avoir un

Le peintre Joseph Kutter (Archives *LW*).

gagne-pain et être à même de nourrir leurs familles, comme cela se fait d'ailleurs encore de nos jours.

D'un autre côté, les amateurs d'art, pour s'adonner à leur passion, doivent disposer des moyens financiers et des loisirs nécessaires; or le Luxembourg, pays très pauvre depuis toujours, commençait seulement, au début du 20e siècle, à accéder à une certaine prospérité grâce au développement de l'industrie sidérurgique. C'est donc à partir de ce moment-là que la demande d'œuvres d'art bien cotées s'est répandue parmi la bourgeoisie enrichie.

Influencés par les courants artistiques de leur époque, Kutter et Wercollier y ont activement participé et se sont assuré une place originale

Influencés par les courants artistiques de leur époque, Kutter et Wercollier y ont activement participé et se sont assuré une place originale, Kutter au sein de l'expressionnisme des années vingt et trente, Wercollier parmi les représentants de l'art abstrait de l'après-guerre. Ils furent reconnus comme grands artistes, à l'étranger d'abord – c'était surtout le cas de Kutter – puis au Grand-Duché, après que la mesquinerie provinciale eut finalement cédé le pas à une vision plus éclairée, européenne de l'art. Tous les deux sont nés dans un milieu familial très imbu d'art. Le père de Kutter était photographe, celui de Wercollier était lui-même un sculpteur connu. Tous les deux ont fréquenté l'École des arts et métiers de Luxembourg avant de continuer des études supérieures à l'étranger, Kutter à Strasbourg (ville allemande à l'époque) et à Munich, et Wercollier à Bruxelles et à Paris, où chacun de son côté a appris les fondements de son art de peintre respectivement de sculpteur.

Joseph Kutter, l'influence de l'expressionnisme allemand

Kutter, de 14 années l'aîné de Wercollier, est né en 1894 à Luxembourg. Il fit ses études supérieures aux Écoles des Arts Décoratifs de Strasbourg et de Munich où il fréquenta également pendant un an l'Académie. Pendant son séjour prolongé dans la capitale bavaroise, il épousa une Munichoise, d'une famille aisée, subit l'influence de l'expressionnisme allemand, mais découvrit aussi Cézanne, et par la suite les fauves français Derain et Vlaminck. Rentré au Luxembourg pour s'y établir pour de bon, en 1924, il choqua les bien-pensants et les esprits étriqués par ses nus exposés au Salon du Cercle artistique, la même année. Kutter voyagea beaucoup, à Venise, dans le Midi, en Italie du nord, en Bavière et en Suisse. Face à l'hostilité des milieux artistiques établis à Luxembourg, Kutter ne baissa pas les bras, mais dès 1930 il commença à exposer régulièrement aux différents salons parisiens avec ses plus grands tableaux (*L'Homme au doigt coupé* et la *Nature morte* de 1930).

Les critiques français et belges saluèrent son œuvre comme celle d'un artiste promis à un grand avenir.

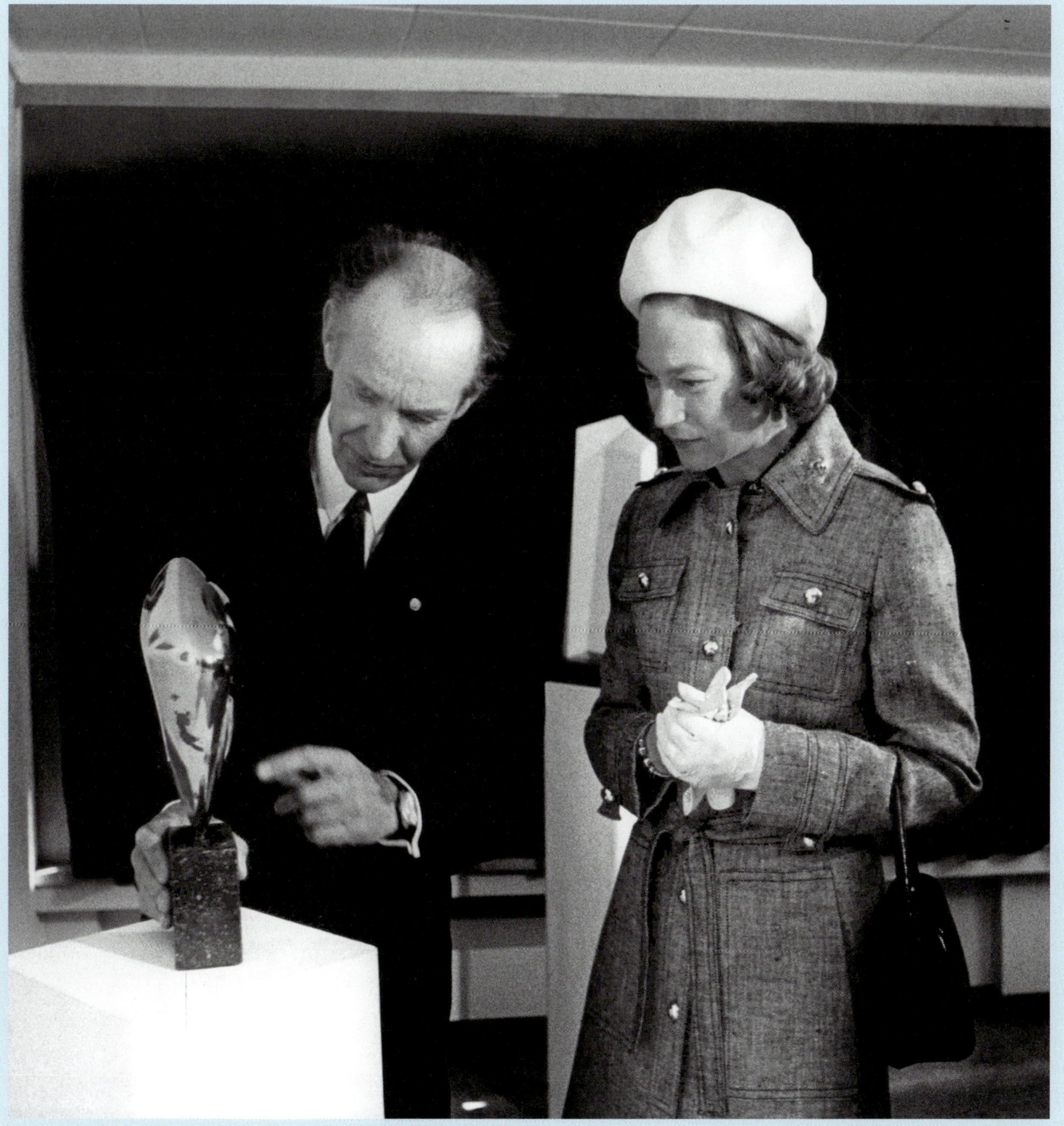

La Grande-Duchesse Joséphine-Charlotte à l'atelier du sculpteur Lucien Wercollier (Archives *LW*).

En 1932, il fit son fameux portrait *Le Champion* inspiré sans doute par l'authentique champion Nicolas Frantz, mais refusa d'exposer ses grandes toiles à Luxembourg à cause de l'hostilité de la coterie artistique en place. Il exposa par contre aux Salons de la Sécession berlinoise et de la nouvelle Sécession munichoise.

Cependant, après l'arrivée au pouvoir d'Hitler, il fut relégué en Allemagne parmi les «peintres dégénérés» et participa par la suite aux grandes expositions à Paris, Bruxelles et Anvers.

En 1937, l'État luxembourgeois lui commanda enfin deux tableaux, l'un de Luxembourg, l'autre de Clervaux pour l'Exposition universelle de Paris.

Dès 1936, Kutter dut faire face à une maladie insidieuse, non identifiée par les médecins mais incurable, qui s'aggrava au fil des années. Le spectre de la mort ne le quittait plus et se reflétait dans ses portraits de clowns tragiques, en fait des autoportraits, dans ses portraits d'enfants jouants et même dans ses paysages et ses natures mortes. Malgré ses angoisses et ses tourments, il continua à travailler, soutenu par sa femme, elle-même en but au rejet populaire avant et après l'invasion allemande du 10 mai 1940. Finalement, une crise d'apoplexie mit fin à ses souffrances le 2 janvier 1941, mais aussi à la vie d'un grand artiste, à l'âge de 47 ans, dans la maturité de son art. Sa gloire posthume lui a certes rendu justice, d'autant plus que son talent et les mérites de son art étaient reconnus en France, en Belgique et partout ailleurs. Ses compatriotes ne comprirent que très tardivement leur tragique erreur et le fait que sa réputation avait depuis longtemps dépassé les frontières et assuré à son pays d'origine une petite place à part parmi les grands de la peinture européenne.

Lucien Wercollier, du réalisme à l'art abstrait

Lucien Wercollier a rendu hommage à son grand prédécesseur, Joseph Kutter, par sa sculpture *Accord*, érigée dans le parc de Luxembourg. Contrairement à Kutter, Wercollier a connu une longue carrière professionnelle, actif jusqu'à la fin, dépassant avec ses 93 ans Michel-Ange en longévité, doublant celle de Kutter. Orienté vers la France et la Belgique, Wercollier eut, très tôt dans sa carrière, le coup de foudre pour Maillol dont il connut l'œuvre lors de ses études à Paris. Rentré à Luxembourg en 1933, il devint enseignant à l'École des arts et métiers à Luxembourg comme son père, tout en faisant ses premiers pas de sculpteur. Collaborateur de Trémont, autre grand de la sculpture luxembourgeoise, pour le pavillon du Luxembourg à l'Exposition universelle de Paris en 1937, il exécuta lui-même une sculpture allégorique pour celle de New York en 1939.

Durant la Seconde Guerre mondiale, l'occupant nazi le priva de l'exercice de son métier comme opposant du régime dès 1940. En 1942, il fit l'expérience des camps de concentration puis de la déportation en 1944 avec toute sa famille. Ces épreuves douloureuses n'altéreront pas sa vision résolument optimiste de la vie et de l'art, sans pour autant lui fermer les yeux sur les catastrophes et les déchirements du monde contemporain. Après sa rentrée au pays en 1945, il reprit son enseignement à l'école, prit part à des expositions en Belgique, en France et à Luxembourg et commença avec d'autres jeunes artistes luxembourgeois à tourner le dos au réalisme.

Lors d'une visite au Musée national d'art moderne de Paris, en 1949, il découvrit avec enthousiasme l'art d'Henri Laurens et de Brancusi, qui devint son grand modèle. En 1950, la *Repliée sur elle-même* fut sa première sculpture moderne et en 1952, avec *Germination*, il s'engagea définitivement dans la voie de l'art abstrait, dans lequel il avancera jusqu'à la fin, étendant la gamme de ses matériaux du bronze au marbre, de l'albâtre à l'onyx en s'inspirant du corps humain, du monde animal et des formes végétales. Parallèlement, son style évolua, d'abord fortement structuré d'une façon presque architecturale, vers plus de souplesse et de dépouillement sans diminuer en sa rigueur, toujours fidèle à lui-même et portant sa marque personnelle indélébile.

En 1965, tout près de l'âge de la retraite, il quitta l'enseignement pour se consacrer corps et âme à son art, évoluant toujours à la recherche de la perfection. Tout en continuant à exposer au Luxembourg qui l'a toujours accueilli à bras ouverts, contrairement à Kutter, il participa à des expositions dans le monde entier. Ses sculptures furent acquises par de grands musées, ses œuvres ornent les monuments nationaux, comme son *Prisonnier politique*, le monument national de la Résistance et de la Déportation à Luxembourg, et ses *Résistants fusillés*, le monument national de la Grève à Wiltz. D'autres œuvres s'élèvent aux abords d'écoles, de cliniques, de parcs. Après 1975, les rétrospectives se multiplient, de même que les publications. Les critiques d'art ne ménagent pas leurs éloges dans leurs appréciations des œuvres exposées par Wercollier dans les grandes capitales.

Ses relations avec ses confrères, surtout des peintres, compagnons de route dans l'art abstrait comme François Gillen et Joseph Probst, furent imprégnées de collégialité et de cordialité. Ils organisèrent d'ailleurs très souvent des expositions communes.

Lucien Wercollier, d'un abord très facile, aux manières simples et dignes à la fois, laissa une œuvre monumentale quant à la quantité et à la qualité. Tout comme les grands poètes et les grands sportifs, Kutter et Wercollier ont ainsi, chacun à sa façon, bien mérité de leur patrie au 20e siècle. Cependant, il ne faut pas oublier que leurs œuvres artistiques ont trouvé, pour les analyser, les évaluer, les expliquer et les faire connaître au grand public, un critique d'art hors pair en la personne de Joseph Emile Muller, dont la carrière exceptionnelle était parallèle à celle de Wercollier. Grand connaisseur d'art, non seulement au Luxembourg, mais très coté également en France par ses nombreuses publications à Paris sur l'art du 20e siècle, J.E. Muller a considéré Joseph Kutter et

Œuvres d'Auguste Trémont sur la façade de l'ancien bâtiment Accinauto, qui héberge actuellement des services de P&T Luxembourg à Luxembourg-gare.

Lucien Wercollier, d'un abord très facile, aux manières simples et dignes à la fois, laissa une œuvre monumentale

Lucien Wercollier comme nos plus grands artistes, à la réputation nationale et internationale, à laquelle les monographies qu'il leur a consacrées n'ont pas été étrangères.

Kutter et Wercollier ont été les chefs de file d'un nombre toujours croissant d'artistes doués et dynamiques, qui continuent à faire évoluer la scène artistique du Luxembourg à l'instar de leurs grands prédécesseurs. Le Musée national d'histoire et d'art, le Musée d'art contemporain Grand-Duc Jean, le Casino, la Villa Vauban, les nombreuses galeries d'art et les expositions foisonnantes ont transformé Luxembourg-ville, d'une ville à l'allure encore provinciale à la veille de la Seconde Guerre mondiale, en l'une des capitales européennes, une métamorphose impressionnante, à laquelle nos grands artistes comme Kutter et Wercollier ont apporté une contribution artistique indéniable.

Espace Lucien Wercollier à l'abbaye de Neumünster. C'est tout à côté où l'artiste a été détenu dans la prison du Grund en 1942.

(à gauche) Le Monument aux morts à Strassen, «Le Sacrifié», œuvre de Lucien Wercollier.

Tableaux à l'huile de Joseph Kutter:
Rue de village

Le village blanc, Munshausen
(MNHA).

LES GRANDS SPORTIFS LUXEMBOURGEOIS
Des champions d'un siècle à l'autre

Si dans la deuxième moitié du 19e siècle nos trois éminents poètes ont su par leurs œuvres inspirer la prise de conscience de notre identité nationale, ce furent nos grands sportifs du 20e siècle qui, à tour de rôle, ont stimulé notre fierté nationale en démontrant aux yeux du monde par leurs exploits que le Luxembourg, tout petit qu'il est, peut produire des champions absolument comparables à ceux des grands pays européens. Leur nombre est impressionnant, dans les disciplines les plus variées.

François Faber, volontaire dans l'armée française dans la Grande Guerre, mort en 1915.

(à gauche)
François Faber, vainqueur du Tour de France en 1909.

Cinq parmi eux sortent du lot par leurs performances exceptionnelles et par la réputation qu'ils ont acquise dans l'univers du sport. Cela ne leur a pas seulement valu la popularité et l'admiration de leurs compatriotes, mais ils attiraient également de cette façon l'attention de l'opinion publique internationale sur leur pays d'origine comme pépinière de grands sportifs et d'hommes de valeur. La réputation du Luxembourg s'en est trouvée rehaussée.

Il s'agit de François Faber, vainqueur du Tour de France en 1909, de Nicolas Frantz, vainqueur du Tour de France en 1927 et en 1928, de Josy Barthel, champion olympique de 1952 sur 1500 mètres, de Charly Gaul, vainqueur du Tour de France en 1958 et du Giro d'Italia en 1956 et en 1959, enfin de Lull Gillen, vainqueur onze fois dans des courses poursuites sur piste entre 1952 et 1966.

Les cinq athlètes hors pairs avaient comme points communs d'être des individualistes marqués, ambitieux, infatigables et exigeants dans leur entraînement, souvent classés en seconde et troisième position avant d'accéder à la première place, capables d'encaisser des défaites, de rebondir par après et de surprendre leurs rivaux. S'entraînant systématiquement en solitaires durant leurs loisirs, c'est le succès et les victoires remportées qui leur ont rapporté honneurs et récompenses pécuniaires.

numéro 41 1 franc 19 Juillet 1927

match l'intran

le plus grand hebdomadaire sportif

Nicolas Frantz a bouclé en vainqueur le 21e Tour de France

TOUR DE FRANCE

Comme la petite [illegible]
[illegible] doigts dans [illegible]

match

le plus grand hebdomadaire sportif

Nicolas Frantz enlève la 23e étape... et le Tour de France

Harassé mais vainqueur, le Luxembourgeois Frantz est porté
en triomphe. Louesse crie sa joie de coéquipier

Nicolas Frantz, vainqueur du Tour de France en 1927 et 1928.

François Faber remporta la Grande Boucle en 1909, raflant cinq étapes consécutives, un record inégalé jusqu'à ce jour

Les deux premiers, Faber et Frantz, ont été des forces de la nature, bravant les plus rudes intempéries dans des étapes du Tour de France longues de 300 à 400 km, chargés de victuailles de ravitaillement gargantuesques – un poulet et une douzaine de côtelettes dans la musette de Faber. François Faber, né en 1887 d'un père luxembourgeois et d'une mère française, passa presque toute sa vie en France, mais opta pour la nationalité luxembourgeoise afin d'éviter le service militaire français. Débardeur sur les quais de la Seine à Courbevoie, il avait l'habitude du travail manuel dur. Comme il faisait assidûment du vélo dans ses loisirs, ses copains de travail l'encourageaient à participer au Tour de France organisé pour la première fois en 1903, ce qu'il fit. 7e en 1907, 2e en 1908, François Faber remporta la Grande Boucle en 1909, raflant cinq étapes consécutives, un record inégalé jusqu'à ce jour, et il gagna parallèlement de grandes classiques, Paris-Tours et Paris-Bruxelles.

Les Français célébraient «le géant de Colombes» comme l'un des leurs et quand sa vraie nationalité fut connue, sa popularité se répandit rapidement au Grand-Duché. Faber se classa très honorablement par la suite, entre autres 2e en 1910. En 1914, comme 3 000 autres Luxembourgeois, il s'engagea comme volontaire dans l'armée française et trouva la mort près du Pas de Calais en 1915.

Érigé en modèle, il eut au début des années 1920 un digne successeur en la personne de Nicolas Frantz. Celui-ci, de nature coriace par ses origines paysannes, est né en 1899 à Mamer, véritable nid d'athlètes exceptionnels, comme Frantz, Barthel ou Letsch, joueur de football bien connu. Admirateur de Faber, Frantz fit sa première course à la veille de la Grande Guerre en 1914, ses parents n'étant pas très enthousiastes.

En 1920, il quitta son statut d'amateur, devint champion national et gagna deux ans plus tard le Tour de Belgique. Frantz courut son premier Tour de France en 1924 et pendant

Des maillots de sportifs luxembourgeois (de gauche à droite): Josy Barthel, Elsy Jacobs, Charly Gaul (2), Andy Schleck, Fränk Schleck (Musée des sports).

les années suivantes, il gagna 18 étapes. En 1927, il remporta le Tour pour la première fois et il récidiva en 1928, l'année où il porta le maillot jaune du début à la fin, bien servi d'ailleurs par son équipe Alcyon. Encore vainqueur d'étapes en 1930, Frantz termina cinquième.

Dans les années 1930, d'autres Luxembourgeois prirent la relève de Frantz pour gagner des étapes et porter le maillot jaune temporairement, mais sans réussir à remporter le Tour qui était largement dominé par les Français. Il faudra attendre la fin des années 1950 pour voir réapparaître à nouveau un vainqueur luxembourgeois.

L'essor de l'athlétisme luxembourgeois

Entre-temps, Mamer avait donné naissance à un autre champion, Josy Barthel, qui mit le Luxembourg à l'honneur en athlétisme.

Josy Barthel est né dans une modeste famille de cheminots en 1927, année de la première victoire de Frantz au Tour de France. Inspiré par celui-ci, il conçut dès son plus jeune âge l'ambition de devenir un grand champion de course à pied et il s'y prépara à fond. Le terrain choisi fut le 800 et le 1500 mètres. Grâce à un entraînement rigoureux et régulier, surtout dans les bois autour de son village natal, Barthel avait développé un moteur cardio-pulmonaire performant qui lui permettait de fournir des efforts exceptionnels aux moments cruciaux, c'est-à-dire en fin de course.

Nicolas Frantz et Josy Barthel, monument devant la mairie de Mamer.

Élève sérieux en même temps que sportif engagé, Barthel apporta la preuve au cours de ses études secondaires qu'on pouvait être à la fois premier de sa classe et recordman

Josy Barthel
à l'entraînement, vers 1950
(collection privée).

du 800 mètres. Son copain de classe Lull Gillen, futur recordman cycliste, ne le voyait pas autrement. Après s'être frotté victorieusement à la concurrence nationale, Barthel se fit remarquer aux Jeux Inter Alliés de Berlin, en 1947, puis aux Jeux Olympiques de Londres en 1948. À partir de 1949, il poursuivait parallèlement des études de chimie à l'École nationale supérieure de chimie de Strasbourg et en même temps, il se préparait aux Jeux Olympiques d'Helsinki, sous la direction d'un entraîneur exceptionnel, l'Allemand Waldemar Gerschler, en visant le 1500 mètres.

Josy Barthel (Spora) (à droite) et Pierre Kieffer (CAL), au début des années 1950.

Brevet de Josy Barthel de sa victoire aux XVes Jeux Olympiques (Musée des sports).

Le jour J vint le 26 juillet 1952 à Helsinki. Parti comme outsider, à côté de grands favoris, Josy Barthel attendit la dernière ligne droite pour lancer son sprint irrésistible et remporter la médaille d'or dans un temps record olympique, à savoir en 3'45"28. Le Luxembourg eut sa première médaille d'or olympique, l'unique jusqu'à ce jour, dans l'épreuve reine du 1500 mètres, grâce à Josy Barthel qui avait cloué sur le poteau les meilleurs spécialistes étrangers. L'enthousiasme populaire était à son comble.

Le Luxembourg eut sa première médaille d'or olympique, l'unique jusqu'à ce jour, dans l'épreuve reine du 1500 mètres, grâce à Josy Barthel

Dans les années suivantes, Barthel acheva ses études universitaires aux États-Unis tout en poursuivant sa carrière sportive. Mais grand solitaire dans son entraînement implacable, il avait atteint ses limites avec la victoire en 1952. Il ne réussit pas à battre le record du monde par la suite. Il termina sa carrière de sportif actif, mais il resta sur la brèche comme responsable du sport national, comme ingénieur sanitaire au Laboratoire de l'État, puis comme ministre, soutenu par sa famille, sa femme et ses deux filles. Populaire et sympathique jusqu'à sa mort en 1992, il donna son nom au stade d'athlétisme de la capitale et au lycée de sa commune natale, Mamer.

Charly Gaul, l'ange de la montagne

Josy Barthel n'avait d'égal en popularité nationale et en prestige international que Charly Gaul, digne successeur de François Faber et de Nicolas Frantz. Né dans un foyer modeste au Pfaffenthal en 1932, Charly Gaul fut découvert pour le cyclisme par un grand de l'époque, Pierre Clemens. Sportif élégant, de taille plutôt moyenne, Gaul impressionnait par son aisance sur le vélo et surtout par son coup de pédale rapide, résultat d'un appareil cardio-pulmonaire bien développé dès son plus jeune âge grâce à l'utilisation systématique de petits développements, même dans les montées. Tout comme Josy Barthel, Charly Gaul possédait dans le sprint final des réserves de force insoupçonnées, qu'il déployait aussi dans la montagne avec une facilité et une élégance juvénile qui lui valurent l'admiration du public, la jalousie de ses rivaux et surtout son surnom d'Ange de la montagne.

Josy Barthel en sa qualité de ministre (collection privée).

La bicyclette de Charly Gaul
(Musée des sports).

Charly Gaul en pleine action
dans l'ascension du Galibier
(Musée des sports).

Charly Gaul, Jacques Anquetil
et Ercole Baldini, les rivaux
côte à côte
(Musée des sports).

Débutant à l'âge de 16 ans, amateur un an plus tard, ambitieux, il voulut démontrer sa force de frappe de grimpeur en remportant le Grand Prix Général Patton en 1950. Au Tour d'Autriche, qu'il termina 3e, il battit le record de l'ascension du Großglockner. Passé professionnel en 1953, il se classa deuxième au Dauphiné Libéré et remporta le prix de la montagne. Gaul révéla toute sa force dans la Grande Boucle de 1955, en précédant, dans les Alpes, ses concurrents immédiats de plus de 13 minutes à l'arrivée de l'étape à Briançon. Dès lors on l'appela Ange de la montagne, mais il était un ange bien solitaire, alors que ses rivaux, français et italiens, étaient entourés et soutenus par des équipes nationales bien soudées, entièrement à leur service. Charly Gaul faisait figure de *lonely rider* traqué par la meute de ses rivaux, ce qui ne fit qu'augmenter sa popularité et l'admiration du public. Il termina 3e au Tour de France de 1955 que beaucoup d'observateurs l'avaient jugé capable de remporter, s'il avait eu une forte équipe pour le soutenir.

Une légende façonnée en montagne

1956 fut l'année du triomphe, d'abord au Giro. L'ascension foudroyante du Monte Bondone lui valut la victoire finale et une popularité légendaire auprès de ses fans italiens. Les victoires au Tour de Luxembourg et au championnat national arrondirent le palmarès de 1956.

1957 fut par contre l'année des revers. Il perdit le Giro sur une attaque de son grand rival Bobet au moment où il fit une courte «pause pissette». Complètement démoralisé, il abandonna au Tour de France.

1958 fut l'année de la revanche. Troisième au Giro, Gaul surprit tout le monde au Tour de France quand il fit cavalier seul dans l'étape alpestre décisive Briançon-Aix les Bains; il reprit à ses adversaires directs presque entièrement son retard de 15 minutes pour revenir à la portée immédiate du maillot jaune et remporter ensuite la victoire finale. C'était sa manière de retourner complètement par cet exploit incroyable une situation compromise grâce à une étape en solitaire déchaîné. Les spécialistes, ses coéquipiers, son directeur sportif Jean Goldschmit et ses supporters étaient époustouflés.

Capable de surprendre tout le monde par des exploits dans la montagne par mauvais temps, Charly Gaul est devenu une légende

Au Giro de 1959, il joua à Jacques Anquetil, qui croyait déjà l'avoir gagné, le même tour qu'à Geminiani au Tour de France en 1958. Dans la 21e étape, qui comprenait plusieurs grands cols, sous une pluie battante, il attaqua au Petit Saint Bernard, reprit les trois minutes de retard sur Anquetil et relégua celui-ci à plus de six minutes à la deuxième place. Ce fut sa deuxième victoire au Giro et en même temps le point culminant de sa carrière.

Il fut encore troisième au Tour de France en 1961 et quatrième au Giro de la même année, mais le retrait en 1962 du sport actif de Marcel Ernzer, son coéquipier fidèle, ami et confident, et une santé défaillante amenèrent Gaul à faire ses adieux en 1965 après un dernier tour de piste avec son autre grand copain et compagnon Lull Gillen. Élu meilleur sportif luxembourgeois de l'année à maintes reprises, il fut élu meilleur sportif du siècle car plus que tout autre, il avait gagné les plus grandes épreuves et les classiques avec un panache extraordinaire. Capable de surprendre tout le monde par des exploits dans la montagne par mauvais temps, Charly Gaul est devenu une légende, et sa popularité, comme dans l'entre-deux-guerres celle de Nicolas Frantz, a motivé bien des jeunes à tenter leur chance dans une carrière sportive.

Lull Gillen dans l'ombre de Charly Gaul

Moins spectaculaire, mais très longue et émaillée de nombreuses victoires et performances, a été la carrière cycliste de Lull Gillen, essentiellement mais pas seulement coureur de course poursuite sur piste. Le cadet d'une année de Josy Barthel et l'aîné de quatre de Charly Gaul, Lull Gillen est né en 1928 dans une famille de férus de sport. Son père Maurice a été un entraîneur exigeant et efficace de bien des sportifs luxembourgeois. Grand copain de Josy Barthel, avec qui il partageait le sérieux de son entraînement de base, Lull Gillen commença sa carrière de cycliste professionnel en 1947.

Sans tourner le dos complètement aux épreuves traditionnelles, courses classiques ou tours de dimensions diverses, Lull Gillen se spécialisa dans la course poursuite sur piste avec différents partenaires. Dans cette discipline, son palmarès est absolument impressionnant. Sur plus de 120 participations à des courses poursuites de 6 jours sur piste, Gillen et son partenaire remportèrent 11 victoires et se classèrent vingt fois deuxièmes et vingt-quatre fois troisièmes. Il battit, par ailleurs, le record de vitesse sur 5000 mètres en 1955 au vélodrome de Milan.

Curieusement, Gillen avait commencé sa carrière de spécialiste sur piste dans le Nouveau Monde fin octobre 1948 avec les 6 jours sur piste de New York, et il la termina fin mai 1966 avec les 6 jours sur piste de Québec. Après quoi, il s'est lancé dans une nouvelle et longue carrière de banquier aussi réussie que celle de coureur cycliste, avant de nous quitter en août 2010.

À côté des grands champions bien connus et admirés pour leurs exploits exceptionnels, notre pays a produit dans la plupart des disciplines sportives d'autres athlètes performants dignes émules des précédents.

Dans le monde cycliste Charly Gaul était entouré par des camarades vainqueurs d'autres tours ou vainqueurs d'étapes au Tour de France comme Jang Goldschmit,

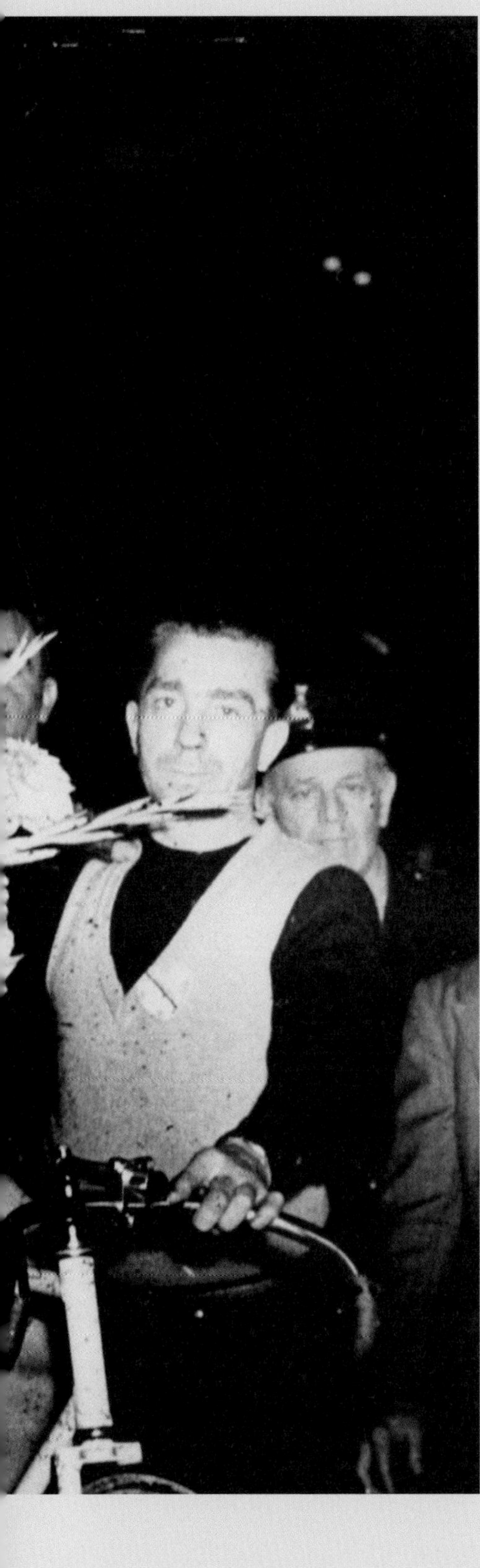

Mett Clemens et Lull Gillen lors des 6 jours sur piste à New York en 1948 (Musée des sports).

Lull Gillen, très jeune, vainqueur d'une course de trottinettes (Musée des sports).

Jengi Kirchen, Jempy Schmitz, Bim Diderich, Marcel Ernzer, Aldo Bolzan, Johny Schleck et bien d'autres encore.

Alors que Gaul continuait sa carrière victorieuse dans les grands tours, une autre étoile apparut à grand éclat, Elsy Jacobs, championne du monde cycliste des femmes en août 1958. Sur sa lancée, elle battit le record du monde de vitesse de l'heure sur piste en novembre 1958, un exploit qui ne fut dépassé que 14 années plus tard par une Italienne. Championne cycliste nationale des femmes pendant quinze ans (1959-1974), Jacobs, après une lamentable querelle avec la fédération cycliste, tourna le dos au cyclisme luxembourgeois et s'établit à Paris comme, un siècle plus tôt déjà et dans des circonstances comparables, Antoine Zinnen, compositeur national. Il faut croire que le Luxembourg a mal cultivé ses grands talents.

Parallèlement à Elsy Jacobs s'affirma une autre grande sportive, Sylvie Hülsemann, double championne du monde de ski nautique en 1961 et neuf fois championne d'Europe en 1961 et après, confirmant ainsi que le «sexe faible» ne cédait rien au «sexe fort».

Jean Link a été double champion du monde junior de fleuret en 1958 et 1959. Colette Flesch en escrime a raté de très peu le podium des médailles olympiques aux Jeux de Montréal.

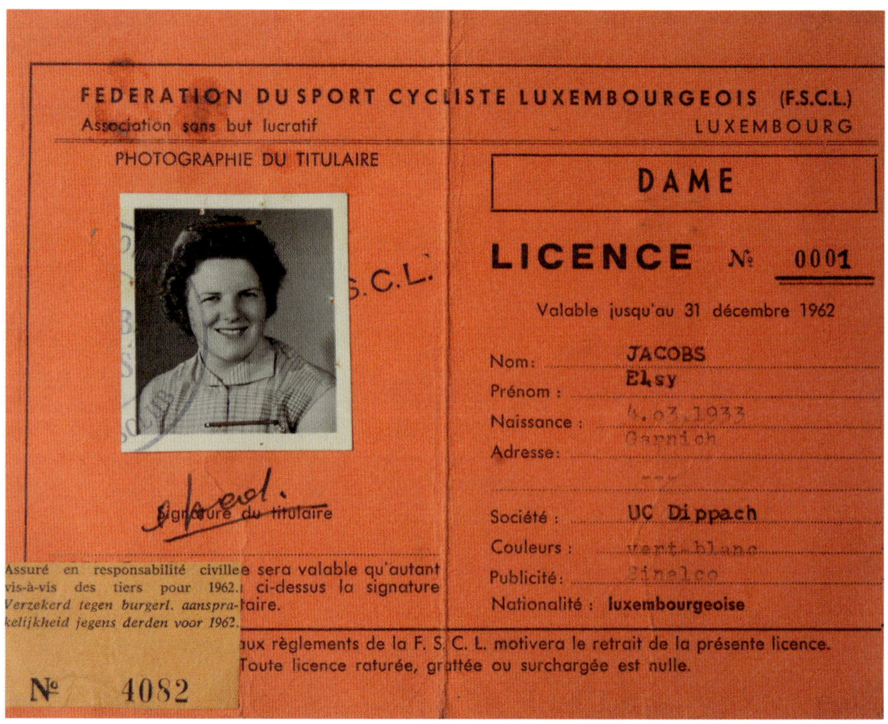
FEDERATION DU SPORT CYCLISTE LUXEMBOURGEOIS (F.S.C.L.)
Association sans but lucratif
LUXEMBOURG
PHOTOGRAPHIE DU TITULAIRE
DAME
LICENCE № 0001
Valable jusqu'au 31 décembre 1962
Nom: JACOBS
Prénom: Elsy
Naissance: 4.03.1933
Adresse: Garnich
Signature du titulaire
Société: UC Dippach
Couleurs: vert-blanc
Publicité: Sinalco
Nationalité: luxembourgeoise
Assuré en responsabilité civile vis-à-vis des tiers pour 1962.
Verzekerd tegen burgerl. aansprakelijkheid jegens derden voor 1962.
№ 4082
…e sera valable qu'autant ci-dessus la signature …taire.
…aux règlements de la F. S. C. L. motivera le retrait de la présente licence.
Toute licence raturée, grattée ou surchargée est nulle.

Licence de la cycliste Elsy Jacobs auprès de la fédération (Musée des sports).

Elsy Jacobs, championne du monde cycliste des femmes en 1958 (Musée des sports).

RECTIFICATION
Tél 52 43
L'A

OFFICIAL
LONG BEACH, CALIFORNIA, U.S
1961
CHAMPIONSHIPS

Sylvie Hülsemann, championne du monde de ski nautique en 1961 (Musée des sports).

Colette Flesch,
championne nationale d'escrime pendant de nombreuses années d'affilée (collection privée).

Tessy Scholtes, vice-championne du monde 2002 (kumite individuel open), karateka de renommée internationale.

Les frères Andy et Fränk Schleck, deuxième et troisième sur le podium du Tour de France 2011, avec le vainqueur Cadel Evans. Des supporters luxembourgeois (photos Roland Miny).

Génération montante

Fonsi Grethen a été quatre fois champion du monde de billard et même quatorze fois champion d'Europe dans la même discipline, un record sans doute jamais égalé.

Alberto David s'est distingué comme champion au jeu d'échecs dès son plus jeune âge. Devenu Grand Maître en 1998, seul Luxembourgeois à porter ce titre, il remporta la médaille d'argent au championnat d'Europe en 2002 et la médaille d'or en 2003, puis vainqueur en 2005 du Paris Open, sa ville préférée de participation aux grands tournois d'échecs, d'où il sortit souvent vainqueur.

Tessy Scholtes, karateka de renommée mondiale, a remporté la médaille d'argent au championnat d'Europe junior de sa catégorie début 2002 et la médaille d'or au championnat du monde fin 2002.

David Fiegen, valeureux successeur de Josy Barthel, devint vice-champion d'Europe en 2006 sur 800 mètres. Après une pause prolongée, à la suite d'une mauvaise passe de blessures, il a entamé un «comeback» prometteur, montrant qu'il n'a pas encore dit son dernier mot.

En tennis, Gilles Muller a été le «shootingstar» de l'année 2001 où il gagna l'US Open juniors. Passé professionnel la même année, il n'a pu s'établir en tête de liste des grands, par contre ses victoires sur des champions avérés comme Andre Agassi, Rafael Nadal ou Nikolaï Dawydenko lui ont valu la réputation d'un outsider redoutable, toujours prêt à créer la surprise et à faire mordre la poussière aux plus grands.

La longue lignée de grands cyclistes luxembourgeois ne s'est pas pour autant éteinte avec la disparition de Charly Gaul et de Lull Gillen. Comme un phénix de ses cendres, elle a ressurgi avec la nouvelle génération des Kirchen et Schleck. Les performances des frères Schleck, Fränk et Andy, suscitent des espoirs fondés de les voir triompher à l'avenir dans les grandes classiques et même dans la Grande Boucle. Comme jadis leurs illustres prédécesseurs, ils assurent ainsi la continuité de la renommée cycliste du Luxembourg en Europe.

GUILLAUME KROLL *1889 †1973 Le père de la métallurgie du titane

Le Luxembourg a produit au cours des 19e et 20e siècles des hommes de science dont les recherches et les découvertes ont marqué l'évolution des sciences et des techniques. Gabriel Lippmann a reçu le prix Nobel de physique en 1908. Henri Tudor a inventé le célèbre accumulateur Tudor. Michel Lucius est le père de la géologie luxembourgeoise et de ses applications pratiques. Pour reconnaître leurs mérites, on a donné leurs noms à des centres de recherche et à des écoles.

Parmi ces pionniers scientifiques, il y en a un qui, à peine connu du grand public, est pourtant universellement considéré comme le père de la métallurgie du titane et du zirconium, des métaux de masse volumique assez faible, mais très résistants, utilisés couramment dans les domaines de l'aéronautique, du nucléaire, de la médecine et dans bien d'autres: il s'agit de Guillaume Kroll.

Origines, études et expériences de jeunesse

Né au centre de l'industrie sidérurgique naissante à Esch-sur-Alzette, le 24 novembre 1889, Guillaume Kroll, dont le père était le directeur de l'usine Brasseur's Schmelz à Esch-sur-Alzette, grandit en étroit contact avec la métallurgie.

Il fit ses études secondaires classiques à l'Athénée où il acquit l'art de s'exprimer clairement, dans trois langues modernes (allemand, français, anglais) et où il contracta la passion des sciences chimique et physique.

En 1910, il commença ses études d'ingénieur à l'école supérieure de technologie à Berlin-Charlottenburg. Pendant la Première Guerre mondiale, il y écrivait sa thèse de

Guillaume Kroll dans son laboratoire de la Villa Leclerc à Belair, en 1937 (collection privée).

La Villa Leclerc où Guillaume Kroll a développé son procédé de fabrication de titane (collection privée).

doctorat sur la préparation du Bore élémentaire. Ses travaux de laboratoire se concentraient sur cet élément assez peu connu, aux propriétés métalliques et non métalliques à la fois. Kroll était fortement attiré par l'expérimentation en chimie inorganique et par la métallurgie à haute température.

En 1918, Kroll réussit à produire un alliage à base de plomb, le *Lurgimetall*, un brevet qui lui procura une certaine indépendance financière. D'autres brevets allaient récompenser ses recherches sur des métaux à plus haute densité (plomb, étain, antimoine). En 1919, il travaillait à Vienne, puis en Hongrie, pour revenir ensuite en Allemagne, à Baden-Baden. Il y réussit à mettre au point un alliage de magnésium, qui allait être utilisé pendant la Seconde Guerre mondiale dans l'aviation militaire allemande et américaine.

Ses recherches au Luxembourg de 1923 à 1940

Après 13 années d'absence, Kroll rentra au Luxembourg et acheta dans le quartier résidentiel de Belair la Villa Leclerc pour y installer son laboratoire, doté d'un équipement moderne. Aidé seulement d'un secrétaire, d'un mécanicien et d'un laborantin, il se lança corps et âme dans ses travaux de recherche. Une de ses connaissances en rendit compte: «Celui qui dans les années trente, au beau milieu de la nuit, trouvait en rentrant les fenêtres de la Villa Leclerc toutes illuminées demandait ce qui s'y passait, se voyait répondre qu'un ingénieur du nom de Kroll, un inventeur, y travaillait jour et nuit, ce à quoi le promeneur nocturne de répondre: Tiens, tiens. Qui aurait pensé que des choses pareilles pourraient se passer dans notre petit Luxembourg.» En 1956, Kroll lui-même

L'ancienne usine CERAMETAL à Béreldange où fut produit le premier titane (collection privée).

se rappela avec une pointe d'humour ces temps épiques: «Au commencement, les voisins se méfiaient de moi. Dans les cafés de Merl, on chuchotait que j'allais faire sauter la Villa Leclerc avec tout le voisinage. Finalement, c'étaient les roses qui fleurissaient abondamment dans mon jardin qui les rassurèrent. Dites-le avec des fleurs!» Kroll s'engagea avec passion dans des expériences portant sur des éléments nouveaux destinés à durcir les métaux: le germium et le béryllium. Ensuite, il se concentra sur la métallurgie sous vide, qui lui permit de produire des métaux d'une grande pureté. Au début des années trente, Kroll consacra toute son attention à l'étude du titane et de ses alliages. Dès 1937, il mit au point une nouvelle méthode de production de titane pur, connue comme procédé Kroll, permettant sa fabrication industrielle sous forme de lamelles, de fils ou de profiles. En 1940, Kroll s'assura le brevet américain pour produire le titane et ses alliages. Mais déjà en automne 1938, il s'était rendu aux États-Unis pour intéresser les industriels américains à son invention. Il leur montrait des échantillons de fils et de plaques en titane malléable fabriqués dans les ateliers de Cerametal, dont le patron, Nicolas Lanners, avait spontanément offert son aide à l'inventeur. Pourtant, les patrons américains n'étaient pas intéressés, et Kroll rentra profondément déçu. Mais il restait convaincu que ses idées innovatrices n'avaient de chance de réussir qu'aux États-Unis.

Le 10 février 1940, Kroll s'embarqua pour l'Amérique, en laissant derrière lui son laboratoire et ses biens. Ses débuts outre-Atlantique furent durs. Il finit par dénicher un poste d'expert consultant dans les laboratoires de l'Union Carbide et Carbon à Niagara Falls. Mais les autorités américaines saisirent son brevet du titane en vertu d'une loi permettant de confisquer les biens des citoyens de pays ennemis. Le Luxembourg annexé de fait par l'Allemagne nazie fut apparemment assimilé à elle, au moins par une certaine bureaucratie américaine. Sept années de bataille juridique coûteuse lui rendirent finalement sa propriété.

À la fin de la guerre, la valeur du brevet de Kroll fut enfin comprise, et la production industrielle du titane fut lancée dès 1948 par Du Pont de Nemours. Déjà en 1946, le Bureau des Mines avait entrepris des recherches sur la production industrielle du zirconium, métal indispensable pour le développement du nucléaire. Dès lors, Kroll fut étroitement associé aux recherches sur le titane et le zirconium et il s'établit à Albany, au centre de recherches du Bureau des Mines, dans l'Oregon. Kroll était enfin arrivé à son but. Dès ce moment, les distinctions et doctorats honorifiques commencèrent à combler l'inventeur, qui gardait toujours sa modestie et son pragmatisme goguenard: «Le génie de l'inventeur consiste en 99% de transpiration et 1% d'inspiration.» En 1955, Kroll arrêta ses recherches et ses publications scientifiques. Il rentra en Europe en 1961 pour se retirer à Bruxelles dans le voisinage immédiat de son frère, où il mourut en 1973 à l'âge de 84 ans.

«Le génie de l'inventeur consiste en 99% de transpiration et 1% d'inspiration»

Guillaume Kroll le scientifique

Les travaux de recherche de Kroll, visant essentiellement des applications techniques, ne se limitaient pas au titane et au zirconium, mais englobaient la plupart des métaux rares, comme le béryllium, le césium, le tungstène et bien d'autres. Parmi ses inventions, son procédé de fabriquer à l'échelle industrielle le titane ouvrit un immense chantier d'application

Guillaume Kroll à l'usine Zirconium à Albany dans l'Oregon, en janvier 1958 (collection privée).

de ce métal résistant et léger dans tous les domaines, de l'aéronautique jusqu'à l'ordinateur. Ceci lui valut très tôt le surnom de «Titanium Kroll». Pourtant, ce ne furent pas les travaux de recherche longs et ardus sur ce métal qui lui causèrent le plus de peines et d'ennuis, comme il le reconnaît lui-même: «Dès le début de ma carrière j'ai dû affronter l'inconséquence et même la résistance de chefs d'entreprise en Europe et aux États-Unis. Les convaincre était peut-être ma tâche la plus difficile. (...) J'ai lutté contre la stupidité des hommes bien plus que je me suis débattu avec le système périodique des éléments.»

Guillaume Kroll l'homme

Ceux qui l'ont bien connu s'accordent à reconnaître que toute sa vie durant Kroll est resté un homme sans prétentions, charmant et serviable. Célibataire endurci, il n'a vécu que pour sa passion des sciences. Fidèle en amitiés, toujours ouvert et en relation avec d'autres scientifiques à travers le monde, Kroll restait pourtant jusqu'à la fin de sa vie un individualiste chevronné qui faisait ses recherches en solitaire, sans doute l'un des derniers représentants de cette tradition.

Il s'est d'ailleurs longuement exprimé sur ce thème de la recherche individuelle: «Quand en 1937 j'ai entrepris avec mes moyens limités à résoudre le grand problème de trouver un procédé bon marché pour produire du titane malléable j'étais un visionnaire et j'ai été considéré comme tel par des métallurgistes éminents aux États-Unis quand j'ai visité ce pays un an plus tard.

Guillaume Kroll recevant la prestigieuse médaille Perkin en 1958 (collection privée).

Guillaume Kroll, examinant quelques-uns des premiers spécimens produits à la Villa Leclerc à Luxembourg (collection privée).

C'était le plaisir de la découverte, l'envie d'apprendre ce qui se trouve au-delà du coin de la rue qui ont motivé mon action et qui m'ont permis de venir à bout d'épreuves dures et de vivre chichement jusqu'au succès final. Cet exemple devrait réfuter tous ceux qui prétendent que de nos jours la recherche individuelle – à la Pasteur ou à la Fleming – est morte et qu'elle a été remplacée par le travail organisé collectivement par des équipes et des groupes d'hommes payés qui utilisent le matériel scientifique dans des laboratoires privés et gouvernementaux, dans l'espoir de découvrir quelque chose sous les ordres d'un directeur qui, loin d'observer les expériences, est supposé y réfléchir. Je ne suis pas d'accord avec cette façon de voir. L'individu libre qui accepte les risques et les années de sacrifices et qui est poussé par un dévouement religieux à sa tâche et la joie de l'esprit que procure l'invention, de même que l'artiste avec ses œuvres esthétiques, peut encore aujourd'hui mettre au défi et dépasser la recherche dépendante, rémunérée, pratiquée à des coûts extravagants dans des laboratoires de luxe où rien d'autre n'est requis que des idées. L'argent seul ne crée et n'invente rien et l'individu libre a toujours de grandes chances de succès parce que ses idées sortent de ce même cerveau qui dirige l'activité de ses mains pendant que son œil songeur observe ce qui se passe. C'est là la philosophie derrière l'invention du titane malléable.»

JOHN E. DOLIBOIS *1918
L'un des descendants de l'émigration vers les États-Unis

Au 19e siècle, à l'époque où le Grand-Duché de Luxembourg a évolué vers l'indépendance, les conditions de vie d'une grande partie de sa population se sont dégradées de plus en plus, au point que seule l'émigration semblait offrir la chance de voir des jours meilleurs.

La France et le Nouveau Monde exerçaient une très forte attraction sur les pauvres, surtout ceux du nord et de l'est du pays, menacés par la famine et l'épidémie du choléra, deux fléaux récurrents dans la première moitié du 19e siècle. C'est ainsi que, de 1845 à 1895, plus de 30 000 Luxembourgeois se sont installés à Paris ou en Lorraine et plus de 70 000 à Chicago et dans les États du Middle West – Illinois, Wisconsin, Minnesota et Iowa.

Ce flux d'émigrants va baisser après 1890, quand le sud du pays avec son industrie sidérurgique attire de son côté de plus en plus d'immigrants, d'abord des Allemands, puis des Italiens. Cependant, le flot des émigrants ne tarissait pas complètement, et même à la veille de la Première Guerre mondiale, plus d'un millier de Luxembourgeois sont encore allés chercher fortune outre-Atlantique. La plupart d'entre eux se sont installés dans des communautés rurales du Middle West et se sont assimilés au fil des générations, tout en restant attachés à leur pays d'origine.

À la veille de la Première Guerre mondiale, plus d'un millier de Luxembourgeois sont encore allés chercher fortune outre-Atlantique

Après la Première Guerre mondiale, notamment sous l'effet de la grande crise économique de 1929, rares ont été ceux qui se sont expatriés. Parmi eux, l'histoire de John E. Dolibois mérite une attention toute particulière, car dans sa vie riche en événements exceptionnels, il a trouvé le moyen de déclencher un mouvement en sens inverse, de sa nouvelle vers son ancienne patrie. Il y est même temporairement revenu comme ambassadeur américain.

John E. Dolibois, lieutenant de l'armée américaine, à la fin de la Seconde Guerre mondiale (collection privée).

John E. Dolibois et son père dans les années 1920 à Luxembourg (collection privée).

(à droite) La famille Dolibois aux États-Unis après 1931: Marie, la sœur de John, son père, John et sa nièce (collection privée).

De par son curriculum, John Dolibois a été un émigrant hors norme, faisant preuve d'ouverture d'esprit et d'initiative, étroitement associées à l'ambition tenace de réussir.

Né le 4 décembre 1918 comme le cadet d'une famille nombreuse de huit enfants, à Bonnevoie, où son père exerçait le métier de plâtrier, John perdit sa mère dix jours après sa naissance à la suite de l'épidémie de la «grippe espagnole» qui ravagea l'Europe au lendemain de la Première Guerre mondiale, emportant des millions de victimes.

La famille Dolibois, venue à Luxembourg en 1909, avait des origines internationales – française, allemande et hongroise. John fut élevé par sa sœur aînée de 19 ans, Marie, qui resta au Luxembourg avec son père et son jeune frère avant de rejoindre aux États-Unis, seulement dix années plus tard pour l'épouser, le soldat américain dont elle était tombée amoureuse au lendemain de la guerre. John passait son enfance à Bonnevoie et au quartier de la gare, où il nouait des amitiés durables et où il fréquentait l'école primaire.

En 1931, en pleine crise économique, face à un avenir incertain, le père Dolibois avec son fils John, répondit à l'invitation de sa fille aînée établie avec son mari à Akron, siège de Good Year, dans l'Ohio. Tous les deux prirent le bateau et vinrent s'établir auprès des leurs en juillet 1931. Malgré le fait qu'il ne parlait pas un mot d'anglais, John s'intégra rapidement dans la vie scolaire américaine. Juste un peu plus âgé que ses copains, ce qui allait d'ailleurs se révéler être un atout, John, excellent élève, rejoignit les boy-scouts d'Akron où il noua d'excellents contacts sociaux, qui allaient bien le servir plus tard. Pour aider sa famille, il accepta toutes sortes d'emplois à mi-temps, ce qui allait renforcer son sens de l'indépendance.

Dans sa High School, il réussit à décrocher une bourse d'études pour la Miami University, bien cotée pour ses programmes d'*Undergraduate Studies*. Il finit par s'y inscrire avec la jeune fille qu'il allait épouser un peu plus tard. John était devenu Américain à part entière, sept années seulement après avoir débarqué avec son père à New York. Quand les États-Unis entrèrent officiellement en guerre, le 8 décembre 1941, John s'inscrivit avec beaucoup de ses copains comme volontaire pour le service militaire, mais il fut refusé à cause d'une faiblesse des yeux. Tout de suite après son diplôme de bachelier, il commença à travailler chez Procter and Gamble à Cincinnati avant d'être quand même appelé sous les drapeaux.

L'armée américaine comprit le parti qu'elle pouvait tirer de ses connaissances des langues, surtout de l'allemand

L'armée américaine comprit le parti qu'elle pouvait tirer de ses connaissances des langues, surtout de l'allemand, et il fut spécialement entraîné pour interroger des prisonniers de guerre allemands. Le lieutenant Dolibois, devenu entre-temps papa, fut envoyé en Allemagne en mars 1945. À la fin de la guerre, il fut affecté à la commission d'investigation sur les crimes de guerre nazis qui préparait les procès de Nuremberg. En cette qualité, John Dolibois renoua le contact avec son pays d'origine car il passa plusieurs

EXPEDITION
nach den Häfen von
Nord & Süd
AMERICA

HAUPT-E
für Au

ADOLPH STRAU

Quai Jordaens No 6.

Schiffs

Unterzeichneter Adolphe Str
übernimmt laut heutiger Uebereinku
abgehenden

No.	Namen	Alter

Contrat de voyage pour
les émigrants vers les États-Unis
(ANLux H 795).

DITION
nderer
freie Übernahme
VON DEUTSCHLAND
Bis nach
AMERICA
IN ANTWERPEN.
an der Schelde

ntrack
xpediteur & Schiffsbefrachter in Antwerpen
ffstehende Passagier mit dem ...
ampfschiff .... Capitain
andern guten ....

Wohnort	Kreis oder Kanton

semaines au Palace Hôtel à Mondorf, transformé en lieu de détention pour le gratin des nazis, Goering, Ley, Streicher, entre autres, et pour des officiers de haut rang, comme Doenitz et Kesselring, qu'il y interrogea en vue du procès. Ses mémoires d'interrogateur, si jamais publiées, promettent d'être passionnantes.

Démobilisé en juin 1946, il rentra à Cincinnati reprendre son poste chez Procter and Gamble, mais dès mai 1947 il fut recruté par la Miami University comme secrétaire à plein temps, en charge de l'association des anciens, qui comptait plus de 10 000 membres. Même dans la vie d'une université publique américaine, les anciens jouent un rôle important en la soutenant, entre autres par des dons non négligeables. À partir de ce moment-là, John Dolibois avait trouvé son champ d'action, auquel il alla se vouer corps et âme pendant plus de 34 ans, et apportant la preuve de ses talents extraordinaires d'orateur, d'administrateur et de visionnaire dans d'intérêt de son *alma mater*.

Grâce à lui, le nombre des membres de l'association des anciens augmenta de 10 000 à 60 000 et le montant de leurs contributions à l'université de 10 000 à 2 millions de dollars par an. En 1967, il fut élevé au rang de vice-président de l'université en charge du développement et des anciens. Sur le campus, les nouveaux bâtiments, comme le centre des anciens, la chapelle interconfessionnelle, un nouveau stade pour compétitions athlétiques et bien d'autres portent sa marque.

Grâce à lui l'État de l'Ohio autorisa la Miami University à établir un centre d'études à Luxembourg en 1968

Dolibois devint membre pour de longues années du Board of Foreign Scholarships (Commission Fulbright), qu'il dota d'une association des anciens. Le couronnement de ses activités universitaires fut le fait que grâce à lui l'État de l'Ohio autorisa la Miami University à établir un centre d'études à Luxembourg en 1968, centre nommé plus tard en son honneur Miami University Dolibois European Center – MUDEC. Installé d'abord à Luxembourg, le MUDEC changea de résidence en 1997, en occupant le château de Differdange abandonné par l'Arbed. En 2008, l'année du 40e anniversaire du centre, son palmarès est impressionnant: plus de 8 000 étudiants américains y ont étudié en approfondissant leurs connaissances de l'Europe d'aujourd'hui, et grâce à lui une centaine d'étudiants luxembourgeois ont pu faire leurs études universitaires au campus de la Miami University à Oxford dans l'Ohio. Entre-temps, le poste de directeur a été élevé au rang de *Dean*, et le centre est devenu un campus de la Miami University.

Enfin, John Dolibois, à cause de son engagement professionnel et personnel pour la promotion des relations entre les États-Unis et le Luxembourg, a connu le grand honneur et l'immense satisfaction d'être nommé, en 1981, ambassadeur des États-Unis au Luxembourg, fonction qu'il occupa jusqu'à sa retraite en 1986. Pour un retour au pays de ses origines, nul n'en a connu de plus prestigieux et de plus éminent.

Ainsi, John Dolibois n'a pas seulement bien mérité des États-Unis dont il est le fier citoyen depuis les années trente, mais aussi de son pays natal où il a gardé de nombreux amis et dont il a renforcé à sa façon les liens d'amitié et d'attachement avec les États-Unis qui existent depuis le temps où les premiers émigrants luxembourgeois ont fait la longue traversée de l'Atlantique, à savoir depuis plus de 180 années.

John Dolibois n'a pas seulement bien mérité des États-Unis

Le château de Differdange, siège du Miami University Dolibois European Center (MUDEC) au Luxembourg.

LE GOUVERNEMENT À L'ÉPREUVE DE LA SECONDE GUERRE MONDIALE

1940, l'année du dilemme

L'invasion allemande de notre pays, le 10 mai 1940, ses antécédents et ses suites ont mis la Grande-Duchesse et son gouvernement au défi de ne pas se tromper dans leur action de préserver au mieux les intérêts vitaux du Grand-Duché. Dès l'arrivée au pouvoir d'Hitler, le 30 janvier 1933, et surtout après les premières violations territoriales, à commencer par l'annexion de l'Autriche en mars 1938, les dirigeants luxembourgeois n'avaient plus le moindre doute que le Luxembourg courût les plus graves dangers de la part de son voisin de l'est et qu'il dût se préparer au pire.

En pleine politique de concessions des démocraties occidentales face à Hitler, alors que l'Autriche et la Tchécoslovaquie avaient déjà disparu de la carte politique comme États souverains, le peuple luxembourgeois et ses dirigeants célébraient en mars-avril 1939, dans un vaste mouvement national, le centenaire de notre indépendance, en manifestant pendant des semaines dans toutes les localités du pays une ferveur enthousiaste à l'adresse de la Grande-Duchesse, devenue le symbole vivant de notre indépendance. C'était à l'adresse de l'Allemagne nazie un message clair qui allait avoir une valeur psychologique importante plus tard, quand le pire fut arrivé. Aucun de nos voisins n'osait s'associer officiellement à cette fête, contrairement à ce qui allait se passer en 1989. Le président français Lebrun effectuait quand même à cette occasion une visite privée furtive auprès de notre souveraine.

Nos hommes politiques avaient appris la leçon de 1914 et ses conséquences pour le trône et l'avenir du pays. Ils avaient pris des dispositions pour se soustraire à l'emprise allemande. Une villa avait été aménagée à Lasauvage à l'ombre de la ligne Maginot pour recevoir la Grande-Duchesse et son gouvernement dans le cas d'une invasion, en attendant la rapide et foudroyante riposte de l'armée française sur laquelle reposaient tous les espoirs.

Entrée de la Wehrmacht au Luxembourg (Eisenbach) le 10 mai 1940 (National Archives Washington).

Entrée des soldats allemands
à Ettelbrück le 11 mai 1940
(National Archives Washington).

Cependant, la Drôle de Guerre, l'inertie des troupes franco-britanniques et les succès étonnants d'Hitler dans sa campagne de Scandinavie provoquaient le découragement et des doutes et amenaient le gouvernement à envisager de passer directement la frontière française et d'aller attendre à Paris la suite des événements militaires.

Les événements

Avertis à temps de l'imminence de l'attaque allemande, les responsables luxembourgeois mirent en marche leur plan de retrait vers la France

Avertis à temps de l'imminence de l'attaque allemande prévue pour l'aube du 10 mai 1940, les responsables luxembourgeois mirent en marche leur plan de retrait vers la France. À l'exception de la Grande-Duchesse qui franchit la frontière à Rodange sans être menacée, les enfants princiers et les ministres avec leurs familles, surpris par l'avant-garde allemande aéroportée près des frontières française et belge, échappèrent de justesse à l'ennemi grâce à une chance inouïe, à leur connaissance du terrain et à leur sang-froid. Seul le ministre Nicolas Margue fut rattrapé par les Allemands, alors que sa voiture taxi l'avait déposé de l'autre côté de la frontière belge.

Le séjour de la Grande-Duchesse et de ses ministres à Paris, dans une atmosphère de débandade générale, allait être de courte durée, alors que l'évacuation de plus de 60 000 habitants du sud du pays vers la France se déroulait également dans un chaos indescriptible, provoquant tout naturellement la colère et les ressentiments des évacués ainsi que de ceux restés au pays; tous se sentaient complètement abandonnés par le gouvernement en fuite, qui bien entendu n'avait pu révéler les raisons politiques et les détails de son repli vers la France, au risque de tout compromettre.

Le 17 mai, Pierre Dupong sur les ondes de radio-France s'en prit violemment aux «barbares de l'Est» qui venaient pour la deuxième fois de violer la neutralité du Luxembourg. Le même jour, la Grande-Duchesse, sur le conseil du gouvernement français, se retira dans le sud de la France pour s'installer dans un château près de Bergerac. La situation sur le front allant de mal en pis, le gouvernement français demanda le 10 juin aux ministres de quitter Paris et de rejoindre la Grande-Duchesse. Huit jours plus tard, les Français leur firent savoir qu'ils ne pouvaient plus garantir leur sécurité devant l'imminence de la capitulation de la France.

Ce fut le début de longues délibérations sur la voie à suivre dans l'intérêt du pays. La solution nord-africaine, qui aurait signifié une séparation complète avec le Luxembourg et les Luxembourgeois évacués en France, fut écartée. La solution anglaise fut abandonnée aussi vu l'impossibilité de rallier l'Angleterre. Alors, on se décida à rejoindre le Portugal, pays neutre, pour y attendre la suite des événements.

Ce nouveau départ fut ressenti douloureusement, surtout par le Premier ministre Pierre Dupong, en parfait accord certes avec ses collègues, mais à qui il coûtait de s'éloigner encore davantage du pays. Une fois la frontière espagnole franchie à Saint Jean de Luz, la colonne luxembourgeoise fut sommée par le gouvernement franquiste, neutre, mais plutôt favorable à l'Allemagne nazie, de quitter le territoire espagnol dans les 48 heures. Le général carliste, commandant de la garnison de Salamanque, accueillit cependant les réfugiés avec les honneurs militaires. Le gouvernement portugais, neutre, mais plutôt pro-anglais, les reçut amicalement, d'autant plus que la grande-duchesse douairière Marie-Anne, princesse de Bragance, était d'origine portugaise.

Le séjour au Portugal

Marqués par les circonstances harassantes d'une longue fuite, ils s'établirent dans les environs de Lisbonne pour se réunir en des conciliabules interminables afin de trouver la meilleure solution pour la survie du pays. On n'écartait aucune possibilité: soit abandonner pour de bon la neutralité et rejoindre la Grande-Bretagne, soit rentrer au pays en cas de victoire allemande, mais seulement si l'Allemagne donnait des garanties quant à l'indépendance future du pays. C'est alors que des interventions externes commençaient à pousser les ministres luxembourgeois à sortir de l'indécision et du profond désarroi qui prévalaient jusque-là à Lisbonne.

D'abord, le président américain Roosevelt, qui dès le 10 mai avait offert à la famille grand-ducale l'hospitalité pour la durée de la guerre, avait donné l'ordre au croiseur Trenton, qui avait quitté Lisbonne, de faire demi-tour pour aller prendre à son bord les enfants grand-ducaux. Il serait à Lisbonne à partir du 11 juillet et reprendrait le large le 15, avec ou sans les jeunes passagers.

Le 12 juillet, coup de théâtre: l'ambassade américaine transmit une longue dépêche du chargé d'affaires américain à Luxembourg, George Platt Waller, qui contenait un appel pathétique de la Chambre des députés, présidée par l'ancien Premier ministre Emile Reuter, et de la commission administrative, présidée par Albert Wehrer, ancien bras droit de Joseph Bech et parfaitement au courant des projets d'évasion du gouvernement. Au nom du peuple luxembourgeois, ils en appelaient à la Grande-Duchesse de revenir d'urgence au pays après la démission du gouvernement, seule chance de survie du Luxembourg. Ils demandaient par ailleurs à la Grande-Duchesse de recevoir une délégation venant du Luxembourg pour établir les modalités de son retour. Pas un mot sur l'attitude allemande dans cette affaire! Ce fut la consternation. Les ministres, ébranlés, offrirent en bloc leur démission pour donner toute liberté d'agir à la Grande-Duchesse. Celle-ci rejeta l'offre. Au milieu du désarroi total, il fut quand même décidé d'accepter la proposition de Roosevelt d'accueillir la famille grand-ducale aux États-Unis. La refuser aurait été l'ultime faute politique à ne pas commettre. Le Prince Félix et les enfants allèrent donc à bord du Trenton qui appareilla comme prévu le 15 juillet. Ceci fut une option capitale pour la suite, mais au fond, la Grande-Duchesse et

Bombardement de Bonnevoie par l'US Air Force en 1944 (collection privée).

ses ministres étaient forcés de prendre position d'une façon claire et nette: rentrer au pays, rester au Portugal ou jouer définitivement la carte anglaise, c'est-à-dire abandonner le statut de neutralité politique, qui n'avait pas empêché l'invasion allemande.

Les ministres socialistes Bodson et Krier étaient en faveur de cette dernière solution. Bech dans son for intérieur sans doute aussi, mais il préférait comme d'habitude suivre la maxime talleyrandienne «surtout pas de zèle», c'est-à-dire gagner du temps en attendant le verdict des événements. Dupong aurait préféré retourner dans la zone libre de la France. La Grande-Duchesse était soumise à des tiraillements et déchirements véritablement cornéliens. En tant que chef d'État, elle approuvait totalement la ligne politique rationnelle de ses ministres consistant à éviter de s'exposer à l'emprise de l'ennemi, comme l'avait fait Léopold II de Belgique. D'un autre côté, elle se sentait comme la mère de son peuple, ses enfants qui l'imploraient de venir les sauver. L'absence du Prince Félix, son conseiller intime, se faisait cruellement sentir, lui qui n'avait jamais flanché dans son hostilité envers l'Allemagne hitlérienne. La formule pascalienne «le cœur a ses raisons que la raison ne connaît pas» était alors de toute actualité.

Bech argumentait qu'il fallait avant toute chose sonder les intentions de l'Allemagne quant à ses projets futurs pour le Luxembourg et pour savoir si elle acceptait de laisser une délégation rencontrer la Grande-Duchesse. Il contacta une vieille connaissance, le diplomate espagnol Aunos qui avait des entrées à l'ambassade allemande de Madrid. Entre-temps, tout un manège de diplomates, américains, hollandais et belges, présents à Lisbonne, fut consulté. Les Belges et les Hollandais se prononçaient contre le projet de retour. Les Américains étaient complètement divisés sur la question: les uns, comme les ambassadeurs Cudahy à Bruxelles et Phillips à Rome, de passage à Lisbonne, se prononçaient pour le retour au pays, alors que celui en poste à Lisbonne, Pell, était absolument contre et préconisait même pour des raisons de sécurité de se replier en Amérique du Nord. C'est alors que l'arrivée à Lisbonne, le 25 juillet, de l'attaché naval américain à Bruxelles Gade précipita la Grande-Duchesse dans une crise de conscience aiguë. En effet, Gade apporta une nouvelle lettre de Platt Waller conjurant la Grande-Duchesse de rentrer immédiatement au pays où l'attendait son peuple désespéré. Le roi Léopold, dont la conduite fut approuvée dans une lettre pastorale du cardinal van Roy, était cité en exemple. Les conseils de gouvernement se poursuivaient sans relâche.

La Grande-Duchesse était soumise à des tiraillements et déchirements véritablement cornéliens

Le cas de conscience de la Grande-Duchesse

Alors, la radio de Beromunster annonça le 27 juillet que l'administration militaire allemande serait remplacée par une administration civile, signal clair des intentions annexionnistes de l'Allemagne. Le 29 juillet, Bech réussit à convaincre ses collègues et la Grande-Duchesse que celle-ci ne pouvait agir pour le bien du pays qu'en dehors de l'emprise allemande.

Le 31 juillet, au conseil des ministres, Pierre Dupong se fixa définitivement sur une ligne politique claire et nette en excluant tout retour au Luxembourg. La Grande-Duchesse, usée par les avis contradictoires, voulut rentrer en zone libre pour s'occuper du sort des réfugiés luxembourgeois à Montpellier, à mi-chemin du Luxembourg. L'inaction au Portugal lui était devenue insupportable, alors que lui parvenaient les cris de détresse de ses compatriotes. C'est avec la plus grande peine que ses ministres réussirent à lui faire abandonner ce projet. Pourtant, le même soir, elle rencontra à dîner les deux diplomates américains Cudahy et Phillips, auxquels elle exposa son dilemme. La raison lui dictait de rester en dehors de l'emprise allemande, alors que son cœur la poussait à rentrer partager le sort de son peuple. Les deux diplomates étaient catégoriques: qu'elle suive son cœur, les Alliés comprendraient son geste, à condition que les Allemands donnent leur accord. Elle rentra du dîner complètement bouleversée et décida de rentrer.

Quand le lendemain elle informa ses ministres de son intention de rentrer, ce fut la consternation totale. Elle maintenait sa décision en disant: «mon peuple le demande!»

Cette fois-ci c'était la crise au sein du gouvernement: la Grande-Duchesse voulait absolument rentrer, alors que tous ses ministres s'y opposaient catégoriquement. Bech, vieux renard, expert en expédients, trouva la solution: il fallait gagner du temps et demander des garanties aux Allemands. Pour la Grande-Duchesse, l'épreuve politique et psychologique de l'exil, loin de son peuple et de son mari, fut à son paroxysme. Elle n'en pouvait plus d'être séparée des siens, impuissante à les aider.

Dans les jours qui suivirent, les mises en garde contre les dangers et les illusions d'un retour au Grand-Duché se multiplièrent. Finalement, le diplomate espagnol Aunos, ami de Bech arrivé à Lisbonne, confirma que l'Allemagne avait décidé l'annexion du Luxembourg et de bien d'autres territoires voisins. Enfin, l'annonce que le Gauleiter avait proclamé l'allemand langue officielle et que l'avenue de la Liberté était rebaptisée Adolf-Hitler-Straße finirent par persuader la Grande-Duchesse que son retour ne servirait à rien sauf à se mettre à la merci du Gauleiter, risquant ainsi de compromettre sa réputation et l'avenir du pays.

Dès le 7 août, les impératifs de la raison reprenaient complètement le dessus

Dès le 7 août, les impératifs de la raison reprenaient complètement le dessus. Dans les jours suivants, l'attitude du gouvernement fut définitivement arrêtée: la neutralité, bafouée par l'ennemi, était abandonnée, et le Luxembourg rejoignait le camp de l'Angleterre en guerre avec l'Allemagne. Ce même 7 août, Bech contacta l'ambassadeur britannique à Lisbonne pour lui annoncer l'attitude luxembourgeoise.

Deux ministres, Bech et Krier, iraient s'établir à Londres pour souligner l'engagement du Grand-Duché aux côtés de l'Angleterre en guerre, les deux autres, Dupong et Bodson, et les familles iraient s'établir provisoirement à Montréal, au Canada, dans le voisinage immédiat des États-Unis. L'entrée en guerre de ceux-ci était attendue tôt ou tard, et leur rôle après la victoire serait prédominant au moment de la conclusion du traité de paix. La Grande-Duchesse irait d'abord remercier le président américain pour son amitié et son hospitalité et reviendrait ensuite s'établir à Londres. Pour bien manifester ce choix historique, Bech et la Grande-Duchesse se rendirent en plein Blitz dans la capitale britannique pour nouer des liens solides avec le gouvernement et la famille royale britanniques.

À leur retour à Lisbonne, début septembre, chacun se préparait à rejoindre son poste. Entre-temps, la machine de propagande et la brutalité du chef de l'administration civile, le Gauleiter Gustav Simon, avaient ouvert les yeux, d'abord aux politiques restés au pays, puis à la majorité du peuple, sur le bien-fondé du départ en exil de la Grande-Duchesse et de son gouvernement. Même si les animosités et les ressentiments de beaucoup à l'égard des ministres ne s'estompèrent guère tout à fait, la personne de la Grande-Duchesse, au contraire, n'était jamais mise en cause. Sur ce point le peuple ne se trompait pas: le cœur de la souveraine était avec les siens, comme sa crise de conscience de début août l'avait montré. C'est vers elle que se tournaient les espoirs et les attentes durant les longues années sombres de la guerre, en attendant la libération par l'armée américaine.

La ligne politique suivie par le gouvernement de mai à septembre 1940 était décidée, malgré les incertitudes, d'un commun accord par le gouvernement et la Grande-Duchesse, et non pas par les uns sans les autres ou contre les autres, comme d'aucuns l'ont pensé durant et après la guerre. À la fin du compte, les réfugiés de Lisbonne ne s'étaient pas trompés.

La Grande-Duchesse Charlotte, le Prince Félix et Joseph Bech, ministre des Affaires étrangères, à Londres, en 1944 (collection privée).

LE SORT DE LA POPULATION JUIVE
Trois cas de figure: Edmond Israël, Alfred Oppenheimer et Josy Schlang

Le sort de la communauté juive au Luxembourg est étroitement lié à l'évolution historique du pays. Certes, il y eut dès le haut Moyen Âge la présence isolée de l'une ou l'autre famille juive de passage dans le comté ou le duché de Luxembourg, pays pauvre, sans grand commerce et donc peu attrayant pour une population que son statut discriminatoire condamnait dans une grande mesure à des activités commerciales pour survivre. Avec la Révolution française, qui mit fin à ce statut en accordant à la population juive l'égalité des droits, une quinzaine de familles sont venues s'implanter dans le Département des Forêts.

Au fur et à mesure que le Grand-Duché de Luxembourg devenait indépendant et prospère, la population juive augmenta, surtout dans la deuxième moitié du 19e siècle. Une première vague arriva de l'Alsace-Lorraine après l'annexion de ces territoires par l'Allemagne bismarckienne. Ensuite, avec le développement de l'industrie sidérurgique dans le sud du pays et l'immigration d'ouvriers étrangers, d'abord des Allemands, dans ces centres industriels, la population juive finit par compter autour de 1 300 personnes à la veille de la Première Guerre mondiale. Elle s'était dotée de structures religieuses autonomes après 1839, d'un consistoire et d'une synagogue, et grâce à l'action énergique de fortes personnalités, de grands rabbins, comme Samuel Hirsch au milieu du 19e siècle et Robert Serebrenik dans l'entre-deux-guerres, elle affirma sa place originale dans la société luxembourgeoise.

Après la Première Guerre mondiale, la communauté juive s'accrut régulièrement pour atteindre plus de 2 200 personnes à la fin des années vingt. C'est l'arrivée au pouvoir d'Hitler, en janvier 1933, qui provoqua une véritable poussée, grossissant le nombre de Juifs jusqu'à 3 700 personnes à la veille de 1940, dont la grande majorité était constituée de réfugiés fuyant les persécutions politiques et raciales.

Edmond Israël posant comme ouvrier métallurgiste en souvenir de son expérience américaine (photo Marc Theis).

Indications relatives au Candidat :

Nom : I S R A E L',
Prénoms : Edmond,
né à Luxembourg, (Grand Duché)
le 5 mai 1924,
habitant à Luxembourg, 1, rue Adolphe Fischer.

Numéro d'inscription : A. C. /1. 889.

Section : Ingénieurs Commerciaux

Signature du porteur :

Je soussigné, Directeur de l'Académie Commerciale, certifie que le porteur de la présente carte d'étudiant, dont photographie ci-dessus, est régulièrement inscrit en qualité de « Candidat Ingénieur Commercial » à l'établissement ci-dessus.

Liége, le 19 octob. 1949.

Le Directeur,

ACADÉMIE COMMERCIALE LIÈGE

Le titulaire de la présente carte, est prié d'effectuer le versement de Frs 250. le 19.... de chacun des mois soulignés ci-dessous.

ANNÉE 1949	Visa pour acquit	ANNÉE 1950	Visa pour acquit	ANNÉE 1951	Visa pour acquit
Janvier		Janvier		Janvier	
Février		Février		Février	
Mars		Mars		Mars	
Avril		Avril		Avril	
Mai		Mai		Mai	
Juin		Juin		Juin	
Juillet		Juillet		Juillet	
Août		Août		Août	
Septem.		Septem.		Septem.	
Octobre		Octobre		Octobre	
Novem.		Novem.		Novem.	
Décem.		Décem.		Décem	

Comme contrôle de ses payements, le candidat apposera son paraphe en regard de chacun des mois soldés. Lors du dernier payement il enverra sa carte à l'A. C. pour acquit général.

Carte d'étudiant d'Edmond Israël inscrit à l'académie commerciale de Liège en 1949, 1950 et 1951 (collection Consistoire israélite).

Durant la Drôle de Guerre, des centaines de ces réfugiés réussirent à gagner la France ou le Nouveau Monde, alors que la plupart furent surpris par l'invasion allemande du 10 mai 1940. L'arrivée de l'administration civile nazie sous le Gauleiter Gustav Simon provoqua le départ forcé par trains entiers vers la France d'un très grand nombre, alors que ceux qui restaient subirent finalement le même sort que leurs coreligionnaires allemands. Plus de 700 furent concentrés dans le nord du pays, à Cinqfontaines, avant d'être acheminés vers les camps de la mort, à partir de 1942. Trente-six seulement rentrèrent après la libération. Parmi les survivants de la vague d'extermination nazie, trois personnes ont connu un sort assez exceptionnel avant, durant et après la guerre, au point que leur histoire personnelle mérite d'être relevée spécialement: il s'agit d'Edmond Israël, d'Alfred Oppenheimer et de Joseph Schlang.

Edmond Israël, une brillante carrière

Monsieur Edmond Israël, après avoir survécu aux événements tragiques évoqués, a fait une brillante carrière de banquier, longue d'un demi-siècle. À la retraite, respecté et toujours consulté, il a développé une sagesse humaine, faite de clairvoyance et d'optimisme, qu'il partage avec ses contemporains dans un récit d'entretiens autobiographiques intitulé *La vie, passionnément.*

Plus de 700 furent concentrés dans le nord du pays, à Cinqfontaines, avant d'être acheminés vers les camps de la mort

Les Israël, venus de Lorraine, se sont installés au Luxembourg au lendemain de la Révolution française. Issu d'une famille modeste en quatrième génération, le père d'Edmond, à force de travail et de persévérance, devint comptable et gérant d'un magasin important, assurant ainsi une certaine aisance aux siens.

Né en 1924, fils unique dans une famille très unie, comprenant ses parents, une tante et un oncle, Edmond grandit, surprotégé, un enfant choyé selon ses dires, dans ce cocon familial de cinq personnes dans le quartier de la gare à Luxembourg. La guerre, à laquelle ils s'étaient préparés, les surprit quand même le 10 mai 1940, mais ils réussirent de justesse à s'échapper, se réfugiant d'abord à Paris, puis dans le sud de la France où ils réussirent, après une attente anxieuse de deux ans, une fois encore à s'enfuir en direction de New York, avant que le filet allemand ne pût se refermer sur eux.

Ils eurent beaucoup de chance, mais le séjour aux États-Unis, tout en laissant des impressions durables très positives dans la mémoire du jeune Edmond, fut quand même marqué par trois années de travail manuel très dur, entre autres dans une usine fabriquant du matériel pour l'effort de guerre américain.

Rentré au Luxembourg avec toute sa famille en 1945, il rattrapa les trois dernières années de ses études secondaires à l'Athénée en 1945-46, comme c'était le cas de beaucoup de jeunes, dont la guerre avait brutalement interrompu les études. Renonçant à poursuivre des études universitaires longues, surtout pour des raisons familiales – l'état de santé de son père, fortement ébranlé par les péripéties éprouvantes de la fuite, déclinait rapidement – Edmond eut une fois de plus la chance d'être embauché par le directeur d'une grande banque. L'occasion lui était offerte de commencer une carrière bancaire pour laquelle rien – ni ses antécédents, ni ses préférences – ne le prédestinait. Il fut promu jusqu'aux plus hauts sommets sans que sa vie ne fût marquée négativement par son expérience de 1940-45.

Certes, Edmond Israël et sa famille avaient la chance, refusée à beaucoup d'autres, d'échapper aux nazis et aux chambres à gaz. Cependant, la surprotection familiale dans son enfance et sa jeunesse ne l'a pas empêché de s'affirmer et de se lancer, sans études préparatoires adéquates, dans la carrière de la haute finance dont il allait gravir, grâce à son ambition, son énergie, son assiduité et son intelligence, tous les échelons jusqu'aux postes de commande. Après un curriculum peu banal, c'est le moins qu'on puisse dire, Edmond Israël nous a quittés le 4 février 2011.

Portrait d'Alfred Oppenheimer à la fin de sa vie (collection privée).

Le destin tragique d'Alfred Oppenheimer

Par contre, le sort d'Alfred Oppenheimer et de sa famille durant la Shoah prit une tournure autrement plus dramatique et tragique.

Commerçant de son état, Alfred Oppenheimer, né le 11 octobre 1901 à Metz, vint s'établir à Luxembourg en 1925, où il fit la connaissance de sa première femme avec laquelle il eut, en 1930, son fils unique René. L'invasion allemande du 10 mai 1940 mit brusquement fin à une activité commerciale couronnée de succès et à une vie familiale heureuse.

Son engagement personnel au sein de la communauté juive, qu'il essayait d'aider de son mieux, l'empêcha de partir pour se mettre en sécurité avec sa famille. D'un autre côté, sa position ingrate d'intermédiaire, sur ordre allemand, entre l'administration nazie et la population juive, à laquelle il devait communiquer les mesures répressives, l'exposait à l'incompréhension et aux soupçons des siens, alors qu'il partageait, jusqu'aux dernières conséquences, leur sort tragique.

Parqué au centre d'isolement de Cinqfontaines avec sa famille et les autres Juifs restés au Luxembourg, Alfred Oppenheimer et les siens le quittèrent fin juin 1943, avec un des derniers transports en direction de Theresienstadt, ghetto nazi modèle, antichambre de la mort. C'est là que mourut sa femme, à bout de force. En octobre 1944, lui et son fils furent transportés au camp d'extermination d'Auschwitz-Birkenau. Tout de suite après leur arrivée, le jour de son anniversaire, le 11 octobre, il apprit que son fils René avait partagé le sort de l'immense majorité des nouveaux arrivants, immédiatement conduits dans les chambres à gaz.

Alfred Oppenheimer survécut par miracle. Il revint au Luxembourg et reprit ses activités commerciales. Il se remaria, mais marqué à vie, il voua ses quinze dernières années au travail de mémoire, afin que la postérité n'oublie pas la Shoah. Après avoir témoigné au procès d'Eichmann à Jérusalem, Alfred Oppenheimer, donnant des interviews aux médias, participant à des tables rondes et à des visites aux anciens camps de concentration et d'extermination, s'adressa surtout aux jeunes.

Lui qui avait vécu le pire, qui avait tout perdu, parlait de son expérience avec mesure et sérénité. L'effet de son témoignage en était d'autant plus grand. Voici quelques-uns des épisodes qu'il racontait et qui se passent de commentaires:

- Quand les nazis avaient pris le petit chien et l'oiseau préférés de son fils parce que les Juifs n'étaient plus autorisés, en 1942, à en avoir, son fils René lui demanda: «Papa, pourquoi suis-je né Juif?»
- Lors du transport de Theresienstadt à Auschwitz, il était pendant plusieurs jours assis sans bouger entre un prisonnier tué et un autre mortellement blessé par le garde SS, parce qu'ils avaient osé ouvrir la fenêtre du wagon de bétail.

- Il fut suspendu, les bras liés derrière le dos, pour avoir dérobé une pomme de terre, alors que son copain tchèque fut pendu sauvagement pour en avoir dérobé six.
- Lui et deux copains sautèrent dans les latrines du camp d'Auschwitz pour échapper aux SS qui massacraient les derniers survivants avant l'arrivée de l'Armée Rouge.

À la mémoire de son fils René, Alfred Oppenheimer créa une fondation, qui porte son nom, pour récompenser celles et ceux qui se distinguent par leur engagement public contre le racisme et la xénophobie.

Le 5 octobre 1993, peu de temps après la mort de sa seconde épouse, et à quelques jours de ses 92 ans, Alfred Oppenheimer s'éteignit, ayant été un témoin exemplaire de la Shoah jusqu'à son dernier souffle.

La vie brisée de Joseph Schlang

Joseph Schlang, pris dans l'engrenage de la Shoah alors qu'il n'avait que 17 ans, fut à tel point traumatisé par les horreurs qu'il avait vues qu'il resta un homme brisé pour le reste de sa vie et qu'il ne réussit jamais à maîtriser les émotions que faisaient revivre ses souvenirs.

Joseph Schlang est né le 5 juin 1924 à Rodange, dans une famille modeste d'immigrants juifs polonais. L'histoire et le hasard semblent parfois jouer aux pauvres humains de sinistres tours, et c'est bien le cas de Joseph Schlang. En effet, sa mère était originaire d'Auschwitz, l'endroit même où son fils allait connaître le pire.

Le père travaillait comme contremaître à l'Arbed, et la famille s'était relativement bien intégrée dans son voisinage à Esch. Le 10 mai 1940, tout allait basculer. À peine la famille était-elle revenue de l'évacuation en France que le père fut licencié parce que Juif et forcé de travailler dans une carrière en Allemagne. Son fils, qui avait appris le métier de coiffeur, fut renvoyé à son tour en 1941 pour rejoindre son père dans la carrière. Maltraité par la Gestapo pour avoir insulté la croix gammée, Joseph Schlang, ses parents et sa sœur, de 17 mois son aînée, furent déportés le 16 octobre 1941 vers le ghetto de Lodz (Litzmannstadt).

À peine deux jours après son arrivée dans le ghetto, Joseph Schlang fut de nouveau arrêté par la Gestapo et transféré dans un camp de travail forcé pour Juifs dans la région de Posen, camp appelé «À la Remu pâle». Il quitta ainsi ses parents et sa sœur pour ne plus les revoir. Plus tard, il apprit par un coprisonnier juif venu de Lodz à Auschwitz que sa famille avait été transportée au camp d'extermination de Majdanek. Lui-même resta plus d'un an et demi au camp de la «Remu pâle», forcé de couper de la tourbe douze heures par jour.

Son métier de coiffeur lui permit de compléter sa maigre diète de camp pour survivre. Transféré dans un autre camp au printemps 1943 après la dissolution du précédent, il arriva fin août 1943 à Auschwitz. Il survécut à la brutalité traumatisante de l'arrivée en wagons à bestiaux, et grâce à son jeune âge, il fut sélectionné pour travailler dans une usine de production de canons antiaériens. Ses souvenirs sont quelque peu confus, sans doute par suite de l'horreur du vécu quotidien. Il a certainement travaillé aussi dans l'équipe du CANADA, c'est-à-dire des prisonniers qui devaient vider les bagages des victimes des chambres à gaz. Les souvenirs des jeunes mamans avec leurs bébés et des vieilles personnes forcées de se déshabiller avant d'être poussées sans merci dans les chambres à gaz déguisées en douches allaient le hanter et le terroriser jusque dans ses vieux jours.

Quand Auschwitz fut vidé à l'approche des Russes, Joseph Schlang connut le calvaire de la marche de la mort et du transport dans des wagons à bétail vers le camp de Mauthausen près de Linz, en janvier 1945, en plein hiver, où la plupart de ses compagnons de camp périrent. Après quelques mois de travail dans le camp secondaire de Gusen I, réputé pour sa dureté, la veille de l'arrivée des Américains, les SS sortirent à nouveau une colonne de 300 prisonniers en direction de Linz. C'est de cette colonne que Joseph Schlang réussit à s'échapper pour se cacher et attendre l'arrivée de l'armée américaine.

Émacié jusqu'aux os, il réussit à reprendre des forces pour trouver, une fois rentré chez lui, des étrangers dans la maison paternelle. Abandonné à lui-même, tout seul, Jos Schlang se ressaisit, trouva un emploi comme machiniste à l'Arbed, fonda une famille avec une épouse française et réussit enfin à obtenir dans les années cinquante la nationalité luxembourgeoise. Malgré ses efforts de vivre une vie normale, il ne put se libérer des douloureux souvenirs de sa famille gazée à Majdanek, des horreurs et des fantômes d'Auschwitz. Il ne put se défaire de sa haine et de ses ressentiments à l'égard de tout ce qui est allemand. Pourtant, il participa, de longues années durant, aux tables rondes et aux témoignages oraux face aux jeunes élèves et étudiants, et malgré les souffrances, les cauchemars et la hantise du passé, il restait engagé jusqu'au bout dans la lutte contre l'oubli.

Malgré les souffrances, les cauchemars et la hantise du passé, il restait engagé jusqu'au bout dans la lutte contre l'oubli

Durement éprouvée par la Shoah avec plus de 700 morts, la communauté juive du Luxembourg, en 1947, comptait à nouveau 870 membres de retour au pays. Au fur et à mesure que la société luxembourgeoise changeait son caractère provincial un peu étriqué pour devenir européenne et cosmopolite, la communauté juive s'y est profondément réintégrée sans pour autant renoncer à son identité et à son héritage ancestral. De cette façon, elle continue à apporter sa contribution propre à la vie publique, à la culture et à la prospérité de son pays d'accueil.

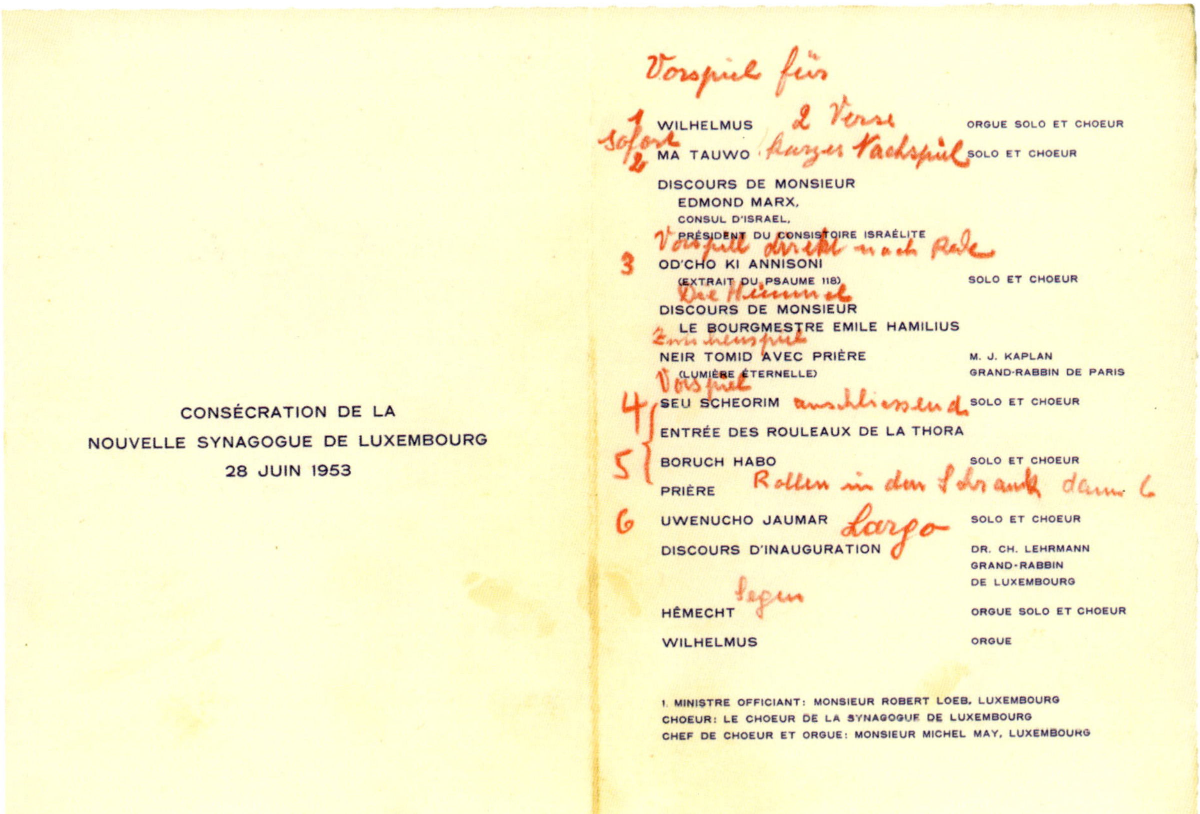

CONSÉCRATION DE LA
NOUVELLE SYNAGOGUE DE LUXEMBOURG
28 JUIN 1953

WILHELMUS	ORGUE SOLO ET CHOEUR
MA TAUWO	SOLO ET CHOEUR
DISCOURS DE MONSIEUR EDMOND MARX, CONSUL D'ISRAEL, PRÉSIDENT DU CONSISTOIRE ISRAÉLITE	
OD'CHO KI ANNISONI (EXTRAIT DU PSAUME 118)	SOLO ET CHOEUR
DISCOURS DE MONSIEUR LE BOURGMESTRE EMILE HAMILIUS	
NEIR TOMID AVEC PRIÈRE (LUMIÈRE ÉTERNELLE)	M. J. KAPLAN GRAND-RABBIN DE PARIS
SEU SCHEORIM	SOLO ET CHOEUR
ENTRÉE DES ROULEAUX DE LA THORA	
BORUCH HABO	SOLO ET CHOEUR
PRIÈRE	
UWENUCHO JAUMAR	SOLO ET CHOEUR
DISCOURS D'INAUGURATION	DR. CH. LEHRMANN GRAND-RABBIN DE LUXEMBOURG
HÊMECHT	ORGUE SOLO ET CHOEUR
WILHELMUS	ORGUE

1. MINISTRE OFFICIANT: MONSIEUR ROBERT LOEB, LUXEMBOURG
CHOEUR: LE CHOEUR DE LA SYNAGOGUE DE LUXEMBOURG
CHEF DE CHOEUR ET ORGUE: MONSIEUR MICHEL MAY, LUXEMBOURG

Programme de la consécration de la nouvelle synagogue, le 26 juin 1953. L'ancienne synagogue fut démolie par l'occupant nazi entre 1941 et 1943 (collection privée).

RAYMOND PETIT *1920 †1942
La Résistance contre l'occupation nazie

Au cours de leur histoire beaucoup de pays ont dû conquérir leur indépendance au prix d'une guerre ou d'une révolution, comme les Pays-Bas contre l'Espagne aux 16e et 17e siècles, les États-Unis contre la Grande-Bretagne au 18e et la Belgique contre les Pays-Bas au 19e siècle. L'indépendance du Luxembourg par contre fut le résultat imprévu d'une série de compromis européens conclus entre 1815 et 1867, dans lesquels le peuple ne joua aucun rôle. Il fallait attendre le référendum de 1919 pour voir l'immense majorité des Luxembourgeois proclamer leur volonté de rester indépendants. C'est enfin au cours de la Seconde Guerre mondiale que le peuple luxembourgeois a payé de son sang, avec presque 5 800 morts, le prix de son indépendance, qui après 1945 ne fut plus jamais remise en cause.

Opposition du peuple au joug allemand

La Grande-Duchesse et son gouvernement s'étaient bien soustraits à l'emprise nazie, le 10 mai 1940, sauvegardant ainsi l'avenir du pays. Mais c'est l'opposition résolue et la résistance acharnée du peuple au joug et à la politique de germanisation et de nazification de l'occupant qui confirma d'une façon éclatante la justesse de cette politique aux yeux des Alliés, maîtres et juges de la situation dans l'après-guerre.

Les sentiments de rejet, voire d'hostilité, des Luxembourgeois à l'égard de l'Allemagne prussienne au 19e siècle et au début du 20e n'étaient un secret pour personne. Ces sentiments se sont encore renforcés, durant l'occupation de 1914-1918, pour devenir particulièrement forts et se mêler d'inquiétude après 1933. Ils trouvèrent leur paroxysme en 1939, lors des fêtes du centenaire de notre indépendance. Bien qu'abandonnés à eux-mêmes, les Luxembourgeois, unis autour de la Grande-Duchesse, ont affirmé à l'adresse

Raymond Petit, étudiant du Lycée classique d'Echternach (LCE), à la veille de la guerre (Conseil national de la Résistance).

de l'Allemagne nazie menaçante et en face de l'Europe entière, paralysée de peur par les agressions hitlériennes à répétition, leur attachement enthousiaste à leur indépendance nationale.

Cette attitude ne changea pas après le 10 mai 1940. Certes, il y eut une poignée de traîtres de la première heure, dès avant l'invasion, auxquels se sont joints par la suite des opportunistes de tout crin et des petites natures intimidées par la brutalité ou séduites par la propagande nazies. Enfin, face à la menace d'être renvoyés de leur lieu de travail, un grand nombre de pères de famille, par crainte pour la subsistance des leurs, se sont pliés comme des roseaux sous le vent et ont adhéré pour la forme à la Volksdeutsche Bewegung, le mouvement populaire pro-allemand. Mais même les services secrets allemands (SD) n'étaient pas dupes, avertissant leurs responsables berlinois que cela ne correspondait en rien aux vrais sentiments des Luxembourgeois, au contraire. Les vrais sentiments se sont manifestés clairement à deux reprises officielles, lors du recensement du 10 octobre 1941 et lors de l'introduction du service militaire obligatoire, le 30 août 1942. Quand en 1941 des sondages nazis révélèrent que 90% des Luxembourgeois avaient écrit «Luxembourgeois» au lieu d'«Allemand» sous les rubriques de la nationalité, de la langue et des origines ethniques, le Gauleiter Gustav Simon arrêta sur le champ l'opération de recensement, qui se révélait être un flop monumental. La grève générale du 31 août 1942, en réponse à l'introduction du service militaire obligatoire, suivie par l'arrestation, la condamnation à mort et l'exécution de 21 Luxembourgeois choisis pour l'exemple, fit clairement comprendre à l'opinion publique mondiale que les Luxembourgeois ne voulaient en aucun cas devenir des Allemands.

Lors de ces deux événements significatifs et dramatiques, les mouvements de Résistance, qui s'étaient constitués spontanément dans tout le pays dès l'automne 1940, ont joué un rôle de premier plan. Une dizaine de ces organisations ont ainsi vu le jour, dont les plus connues ont été la LPL (Ligue patriotique luxembourgeoise) – il y en eut même deux de ce nom – la LVL (Ligue populaire luxembourgeoise) et le LRL (Lion Rouge luxembourgeois). Leurs fondateurs étaient le plus souvent des étudiants de lycées ou de l'École normale, sans responsabilité familiale, farouchement opposés à l'agresseur, ainsi que des jeunes issus des mouvements scouts, interdits par les Allemands. Vu le manque d'expérience dans le domaine de l'activité clandestine et en l'absence de vastes forêts ou de massifs montagneux, leur résistance n'avait guère de caractère militaire.

Leurs fondateurs étaient le plus souvent des étudiants de lycées farouchement opposés à l'agresseur

Parmi les mouvements de Résistance, la LPL et surtout son fondateur Raymond Petit se sont particulièrement distingués dès le début.

Raymond Petit, né le 16 janvier 1920 dans une famille commerçante de la capitale, a fréquenté, avec son frère Pierre, le Lycée classique d'Echternach. Handicapé à la marche à la suite d'une attaque de poliomyélite, Raymond avait développé une forte personnalité.

Intelligent, esprit indépendant, grand débatteur, endurci dans l'effort, féru de musique et de littérature, il attirait l'attention de ses professeurs et de ses condisciples et ne laissait personne indifférent. Possédant toutes les qualités d'un meneur d'hommes, Raymond n'avait pas caché, dès la fin des années 1930, sa farouche opposition au national-socialisme et dès la Drôle de Guerre, il renseignait le 2e Bureau français sur les mouvements de troupes allemands de la ligne Siegfried.

Mise en place d'un réseau national de Résistance

Dès le jour de l'invasion, Raymond Petit se voua corps et âme à l'organisation d'un réseau national de Résistance, la LPL, en utilisant les facilités de déplacement des élèves des lycées à travers le pays pour distribuer des tracts et pour recruter de nouveaux membres. Malgré ses difficultés physiques à se déplacer, il parcourait lui-même inlassablement le pays de l'est au centre, du nord au sud, à vélo, en train, recourant à ses contacts personnels et familiaux. Dès la rentrée scolaire d'octobre 1940, il avait mis sur pied et décrit dans un tract mélangeant le réalisme à la fiction, le mouvement de Résistance de la LPL. Un «Gouverneur» mystérieux, représentant dans le pays même le gouvernement en exil, agissait à partir d'un quartier général secret (QG). Lui-même signait au nom de ce «Gouverneur» ses missives AC13. Son tract d'octobre 1940 décrit les objectifs de la LPL:

«1) Recruter des agents dans toutes les couches sociales et dans toutes les régions du pays;
2) Maintenir vivante la conscience nationale et prévenir les tentatives de germanisation par une information efficace de la population;
3) Assister et secourir tous les Luxembourgeois qui se trouvent en difficulté à cause de leurs attitudes patriotiques, accueillir des réfugiés politiques;
4) Recueillir des fonds par des collectes effectuées auprès de la population par des agents de la LPL;
5) Tenter de contrôler la situation politique afin d'éviter que des Luxembourgeois ne souffrent des conséquences de provocations inutiles.»
(Aimé Stoll dans *Rappel I* 1992)

Vaste et ambitieux programme, que son auteur s'attela à réaliser par la suite. Il apporta la preuve qu'un élève de 20 ans pouvait posséder une maturité d'esprit exceptionnelle, une conscience aiguë des dangers de la situation et une vive sensibilité pour le désarroi, les souffrances et les besoins de la population, bref le profil du chef résistant modèle.

Pendant l'été 1940, grâce à ses copains d'école, Petit avait rapidement étendu le réseau LPL à tout le pays et réussi à gagner aussi beaucoup d'adultes qui voyaient en lui, dans un premier temps, l'agent du mystérieux «Gouverneur», représentant du gouvernement en exil. Actif sur bien des plans, la LPL, contrairement à d'autres mouvements de

Résistance, était ouverte à toutes les tendances politiques, avec comme seule pierre de touche le patriotisme et l'opposition inconditionnelle à l'occupant nazi.

L'activité débordante de Raymond Petit finit par attirer l'attention des Allemands. Il fut renvoyé du lycée, quelques semaines seulement avant l'examen de fin d'études secondaires de 1941.

Il vécut désormais tantôt à Echternach dans une chambre près de son lycée, tantôt à Luxembourg chez ses parents, tout en continuant sans relâche son travail d'information et de recrutement pour la LPL. Le fiasco du recensement du 10 octobre 1941, dans lequel les mouvements de Résistance et surtout la LPL eurent une part décisive, ouvrit les yeux aux Allemands quant à l'efficacité du travail de sape anti-allemand effectué par les mouvements de Résistance. Des arrestations suivirent, mais Petit l'évita de justesse en rentrant, le soir du 21 novembre 1941, chez ses parents.

Un homme traqué par la Gestapo

Désormais, il fut un homme traqué, passant d'une cachette à l'autre. Le 20 février 1942, après des arrestations massives dans les rangs de la LPL et des interrogatoires impitoyables, accompagnés de violences physiques, le nœud de la Gestapo se resserra autour de Petit, reconnu comme le chef de la LPL, qui malgré la traque continuait à diriger les activités de la LPL à partir de ses diverses cachettes. Enfin, suite à des dénonciations sans doute obtenues sous la torture, la Gestapo apprit autour du 20 avril qu'il se cachait dans le village de Berdorf. Pressentant une descente de la police allemande, les amis de Petit préparaient sa fuite, mais avant que ce plan ne pût être réalisé, un commando spécial de la Gestapo cerna le village et les maisons suspectes, le soir du 22 avril. Comprenant qu'il n'avait aucune chance de s'en tirer, Raymond Petit, après une courte fusillade avec ses poursuivants, au cours de laquelle deux d'entre eux furent blessés, se donna la mort avec la dernière balle de son révolver, comme il l'avait toujours annoncé, pour ne pas tomber vivant entre les mains de la Gestapo et ne pas dénoncer ses camarades sous la torture.

Sa mort fut un choc pour tous ceux qui avaient partagé sa lutte, mais ils se ressaisirent et continuèrent son combat jusqu'à la libération. Son engagement inlassable malgré tous les risques et périls, ses qualités humaines et ses talents d'organisation ainsi que les circonstances dramatiques de sa mort ont fait de ce héros exemplaire de la Résistance une légende. Les Allemands refusèrent de rendre son corps à sa famille et, après l'avoir incinéré, l'emportèrent pour l'enterrer dans un lieu secret en Allemagne, tellement ils avaient peur, au-delà de sa mort, de son charisme et de son influence sur ses compatriotes.

Il va sans dire que les autres mouvements de Résistance, avec des chefs également inspirés et dévoués, continuèrent la lutte pour se fédérer enfin en 1944, à la veille de la libération, dans l'*Unioun* afin de préparer la transition vers l'après-guerre. Durant toute cette période, la répression allemande sévit impitoyablement, aboutissant à des centaines d'arrestations, d'exécutions, de détentions dans les prisons et les camps de concentration et à la déportation des familles de résistants vers l'Europe de l'Est. Le bilan des victimes de la Résistance approche les 800 morts.

Il y eut également des dizaines de jeunes, souvent issus des mouvements de Résistance, qui ont voulu se battre l'arme à la main. Les uns ont réussi, souvent dans des conditions difficiles et dangereuses, à rejoindre les forces armées alliées en Angleterre, les autres les maquis français ou belges, où beaucoup sont morts au combat.

Le sort des volontaires de l'armée luxembourgeoise d'avant-guerre qui ont refusé de servir dans la police allemande pour combattre les partisans dans les Balkans n'a guère été moins tragique. Jetés dans des camps de concentration, beaucoup ont péri à la fin de la guerre, fusillés par les Allemands comme déserteurs. D'autres, appelés sous les drapeaux allemands, ont refusé de servir ou ont déserté. Ceux que les Allemands ont capturés par la suite ont également payé leur opposition de leur vie.

Dramatique également a été le sort de la plupart des enrôlés de force. Endossant l'uniforme allemand si abhorré pour éviter la déportation à leurs familles, envoyés sur le front de l'Est, ils payèrent un lourd tribut avec plus de 2 850 morts au front, en captivité ou portés disparus.

Même s'il y eut des traîtres avoués et quelques centaines d'égarés prêts à servir librement dans la Wehrmacht et les Waffen-SS, l'immense majorité de la population resta fidèle à elle-même et paya, chacun à sa façon, cette fidélité en s'exposant à la persécution de l'occupant. Les quelque 5 800 morts sont devenus ainsi le prix du sang que les Luxembourgeois ont payé pour leur indépendance, que dès lors plus personne ne pouvait considérer comme un cadeau des grandes puissances ou une grâce du ciel.

L'immense majorité de la population resta fidèle à elle-même et paya, chacun à sa façon, cette fidélité en s'exposant à la persécution de l'occupant

Entre la plaque commémorative que son lycée d'Echternach lui a dédiée en 1992 et le Mémorial de Jean Moulin, chef emblématique de la Résistance française, il devrait y avoir un moyen terme, à savoir un monument national digne de sauvegarder la mémoire de Raymond Petit, surtout auprès des jeunes, en leur montrant qu'à leur âge, il s'est engagé et a sacrifié sa vie pour l'indépendance nationale, que beaucoup considèrent de nos jours comme un bien allant de soi, acquis depuis toujours et à tout jamais.

S.E. Joseph Bech
Ministre d'Etat
Président du Gouvernement
(Luxembourg.)
O. LAZAR.

JOSEPH BECH *1887 †1975
Au service du pays des années 1920 aux années 1950

Parmi les hommes d'État qui ont marqué leur époque d'une façon durable, tant par leur action politique que par leur longévité aux affaires, deux sortent nettement du lot: Paul Eyschen, ministre d'État de 1888 à 1915, et son fils spirituel, Joseph Bech, entre autres ministre des Affaires étrangères de 1926 à 1959, tous les deux originaires de Diekirch.

Bech est né en 1887 dans une famille typique de notables campagnards engagés dans la politique locale et nationale et qui avaient leur fief électoral du côté de la Moselle, raison pour laquelle Bech gardera, sa vie de ministre durant, le portefeuille de la viticulture. Même s'il appartenait, sans doute pour des raisons d'opportunité, tout comme Eyschen, à la mouvance du catholicisme politique, Bech fut par conviction un libéral pragmatique avec un penchant conservateur indéniable.

Bech fut par conviction un libéral pragmatique avec un penchant conservateur indéniable

Après des études secondaires plutôt moyennes au Lycée classique d'Echternach et des études de droit à Fribourg et à Paris, le jeune avocat avoué frais émoulu apparaît bientôt sur la scène politique, ayant été élu député du canton de Grevenmacher en 1914. Il se faisait remarquer par son éloquence et son engagement pour la couronne dans la crise de 1918-19, qui le marqua profondément, de sorte qu'Emile Reuter l'appela au gouvernement comme ministre de l'Intérieur en 1921. Après l'interlude du ministère Prum, Joseph Bech devient, en juillet 1926, ministre d'État, Président du gouvernement en même temps que directeur général des Affaires étrangères. Il occupera cette dernière fonction jusqu'à son départ du gouvernement en 1959, un record de longévité que ne réussit même pas à égaler, à cinq ans près, l'éternel ministre des Affaires étrangères soviétiques Gromyko.

Portrait de Joseph Bech comme ministre d'État (collection privée).

Caricature d'Albert Simon (Escher Tageblatt, 8 août 1952).

Personnalité et style

De son prédécesseur, Emile Reuter, qu'il avait vu en action de près durant les jours sombres de 1918-19 où tout semblait basculer, Bech avait appris que les petits, en jouant dans la cour des grands, devaient se tenir aux seconds rangs conformément à la sagesse de Dicks qui avait écrit «Kuck wou' s de stees a wou's de bass, den Zolverknapp ass kee Parnass!». Par ailleurs, il avait fait sienne – peut-être depuis ses années de lycée – la fameuse devise de son idole Talleyrand «surtout pas de zèle» et l'appliquait systématiquement, en accumulant sur son bureau les dossiers non lus avec cette conviction typiquement «bechoise» que le temps résoudrait lui-même la plupart des problèmes. C'est ainsi que durant l'exil gouvernemental à Londres, il accueillit un jour son fidèle secrétaire André Clasen avec ces paroles-ci: «André, apporte-moi, s'il te plaît, mon meilleur ami», désignant en même temps la corbeille à papier pour lui confier une immense pile de dossiers, que le secrétaire abasourdi l'avait vainement exhorté des mois durant à régler. Il compensait cette façon désinvolte de traiter les choses sérieuses par son aptitude à saisir aisément les points essentiels des dossiers dans des conversations occasionnelles sur le sujet et à trouver presqu'intuitivement des solutions aux problèmes posés. Comme sa longue expérience des affaires lui permettait de bien connaître les traits de caractère et surtout les faiblesses de la plupart des hommes politiques qu'il rencontrait sur son chemin, il restait souvent silencieux à la table de conférence, mais il les abordait plus tard, le soir au bar par exemple, et moyennant une blague juteuse, bien placée, obtint dans la bonne humeur générale les concessions qu'il recherchait dans l'intérêt du pays. Avec sa bonne humeur et son sourire, parfois narquois, mais très contagieux parce que

Joseph Bech à l'occasion de l'inauguration du monument érigé en l'honneur de Michel Rodange, le 26 juin 1932 (collection privée).

toujours assaisonné d'anecdotes piquantes ou amusantes, Joseph Bech était une figure populaire et sympathique pour ses collègues certainement mais aussi pour les journalistes, toujours aux aguets pour l'aborder. Cependant, sous l'apparence de la bonhomie se cachait l'homme politique sérieux, qui se rendait parfaitement compte qu'en tant que représentant d'un petit pays, sa marge de manœuvre était toujours très étroite, et qu'il valait mieux éviter les discussions et les affrontements à la table des négociations et tenter sa chance plus tard, quand ses interlocuteurs étaient sans doute un peu moins sur leurs gardes et partant plus compréhensifs pour ses «petites demandes». Son style était original, ses résultats impressionnants. Gentilhomme campagnard, Bech aimait la chasse; épicurien raffiné comme Paul Eyschen, il appréciait les plaisirs de la table et surtout les bons vins.

Sous l'apparence de la bonhomie se cachait l'homme politique sérieux

De sa longue carrière politique, étroitement liée aux turbulences de la vie politique nationale et internationale, trois périodes distinctes se dégagent clairement:
- les années vingt et trente,
- les années de guerre et de l'immédiat après-guerre,
- les années cinquante.

Les années vingt et trente

Dans les conférences internationales d'avant et d'après la grande crise économique de 1929, sa présence régulière aidait à faire comprendre aux représentants des grands pays qu'il y avait bien un Luxembourg indépendant – qui voulait le rester. Même s'il ne réussit pas à obtenir de nos voisins des garanties formelles de respecter notre neutralité en cas de conflit, au moins lui assurait-on une place parmi les petites nations européennes dans le Groupe dit d'Oslo.

Bech commit dans sa politique intérieure l'erreur de voir un plus grand danger pour l'avenir du pays à gauche, alors que la menace réelle se profilait de plus en plus à droite, outre-Rhin. L'échec de la loi muselière au référendum du 6 juin 1937 précipita le pays dans une crise politique dangereuse; Bech céda la présidence du gouvernement à son ami Dupong, mais garda les Affaires étrangères dans le nouveau gouvernement d'union nationale. Avec ses collègues, il prépara le retrait du gouvernement et de la Grande-Duchesse derrière les lignes françaises en cas d'attaque allemande.

(double page suivante)
Joseph Bech se rendant avec d'autres membres du gouvernement (René Blum, Pierre Dupong et Pierre Krier) au Te Deum en 1939 (Archives *LW*).

Les années de guerre et de l'immédiat après-guerre

Après la fuite éperdue en France, le 10 mai 1940, puis à travers l'Espagne jusqu'au Portugal, ce fut Bech qui sut finalement convaincre la Grande-Duchesse de ne pas rentrer

au pays et de choisir l'exil aux côtés des Anglais et des Américains. Alors que la Grande-Duchesse et les ministres Dupong et Bodson s'installaient à Montréal, au Canada, Bech avec son collègue Krier se rendit à Londres pour y représenter les intérêts du Luxembourg auprès du gouvernement anglais. Il y commença à nouer les liens dont allaient sortir à la fin de la guerre le Benelux et la participation luxembourgeoise aux grandes organisations internationales comme l'ONU, par exemple. C'est lors d'une rencontre avec Churchill et Montgomery après 1945 que Bech, par une boutade un peu crue, expliqua à sa manière pourquoi le Luxembourg abandonnait sa neutralité traditionnelle: «Having been raped twice we couldn't pretend to be a virgin.» L'activité de Bech à Londres, comme celle de la Grande-Duchesse aux États-Unis, assurèrent définitivement l'indépendance future du Grand-Duché.

En juin 1945, Bech représenta le Luxembourg à la conférence fondatrice de l'ONU à San Francisco. La participation du Luxembourg au Plan Marshall en 1947, au Conseil de l'Europe et à l'OTAN en 1949 furent autant d'étapes où notre ministre des Affaires étrangères n'avait qu'à emboîter le pas à ses homologues occidentaux.

Les années cinquante

Par contre, son rôle devint plus actif au moment de la mise en chantier des grands projets européens du début des années cinquante (la Communauté européenne du charbon et de l'acier, la CECA, et la Communauté européenne de défense, la CED). Préparée par Jean Monnet et lancée par Robert Schuman, la CECA devint le coup d'envoi de la construction européenne en commençant par l'économie, et plus précisément par le charbon et l'acier. Si le rôle de Bech dans les négociations elles-mêmes ne sortait guère de l'ordinaire, son intervention par contre dans le choix de la capitale, Luxembourg, comme siège de la Haute Autorité de la CECA, présentée par Bech comme lieu de travail provisoire, fut habile et décisive.

Après l'échec de la CED, rejetée par la majorité des députés français en 1954, alors que les mêmes Français en avaient été les auteurs, le processus européen fut relancé en 1955. Bech laissa le premier rôle à son collègue et ami Paul-Henri Spaak, ministre des Affaires étrangères belge. Les Traités de Rome donnaient naissance en 1957 à la CEE (Communauté économique européenne) et à l'Euratom (l'Europe du nucléaire civil). Bech n'y participa guère d'une façon très active et laissa également passer l'occasion, délibérément ou par inadvertance, d'attirer les nouvelles institutions européennes à Luxembourg pour faire de notre capitale en quelque sorte un district européen, à l'instar du district de Columbia pour Washington, comme l'aurait voulu Jean Monnet. Un proverbe américain dit «opportunities lost never return». Le Luxembourg allait s'en rendre compte dans la suite, quand il dut partager son

Joseph Bech en conversation avec la princesse Béatrix des Pays-Bas et la Grande-Duchesse héritière Joséphine-Charlotte, le 9 avril 1953 (collection privée).

Joseph Bech tout souriant racontant l'une de ses fameuses histoires *Schnooken*, entre autres, au chancelier allemand Konrad Adenauer, qui semble plutôt interloqué (Archives *LW*).

Protocole de signature du Traité Benelux du 3 février 1958 (ANLux).

rang de centre européen avec Bruxelles et Strasbourg, tout en gardant un certain nombre d'institutions européennes de taille comme attributs de son ancien rang de première capitale européenne, à savoir la Cour européenne de Justice, la Cour européenne des comptes, la Banque européenne d'investissement, Eurocontrol, Eurostat, la première École européenne. Bech réussit toutefois à obtenir certaines dérogations économiques, notamment pour l'agriculture luxembourgeoise.

Cependant, une certaine lassitude se faisait sentir chez ce vétéran des Affaires étrangères, qui avait en plus pris la relève de son vieux compagnon de route, Pierre Dupong, mort inopinément fin 1953.

En 1958, il se déchargea de la présidence du gouvernement sur les épaules de Pierre Frieden. En 1959, il démissionna aussi comme ministre des Affaires étrangères quand à la mort de Frieden le premier gouvernement présidé par Pierre Werner fut formé.

PROTOCOL VAN ONDERTEKENING

Na heden een Verdrag tot instelling van de Benelux Economische Unie te hebben ondertekend, zijn de Hoge Verdragsluitende Partijen het volgende overeengekomen:

1. De in de artikelen 86, lid 1, en 87, lid 2, van het Unieverdrag voorziene gemeenschappelijke uitvoerings- en controlemaatregelen worden binnen een termijn van twee jaar te rekenen vanaf de inwerkingtreding van dit Verdrag vastgesteld door het Comité van Ministers op voorstel van een Groep van deskundigen, te dien einde bij de ondertekening van het Unieverdrag ingesteld.

2. Wat betreft het goederenvervoer over de weg tussen de grondgebieden der Hoge Verdragsluitende Partijen zal deze Groep van deskundigen een ontwerp opstellen van tarieven, die maxima en minima inhouden, waaraan alle vervoerders zich dienen te houden. Te dien einde zullen de Hoge Verdragsluitende Partijen elkaar mededeling doen van hun prijzen welke op de kostprijzen van de betrokken vervoerondernemingen zijn gebaseerd.

3. Bij de opstelling van het ontwerp voor de gemeenschappelijke tarieven zal de Groep van deskundigen rekening houden met:

a) de afgelegde afstand;

b) een gelijke tonnage-indeling (5, 10, 15 en 20 ton);

c) een gelijke goederenclassificatie;

d) de mate waarin de capaciteit van de voertuigen wordt gebruikt.

TEN BLIJKE WAARVAN de Gevolmachtigden van de Hoge Verdragsluitende Partijen dit Protocol hebben ondertekend en voorzien van hun zegel.

GEDAAN te 's-Gravenhage, 3 februari 1958, in drievoud in de Nederlandse en in de Franse taal, zijnde beide teksten gelijkelijk authentiek.

PROTOCOLE DE SIGNATURE

Ayant signé en date de ce jour un Traité instituant l'Union économique Benelux, les Hautes Parties Contractantes sont convenues de ce qui suit:

1. Les règles communes d'exécution et de contrôle visées aux articles 86, alinéa 1 et 87, alinéa 2 du Traité d'Union sont fixées — sur proposition d'un Groupe d'experts institué à cette fin dès la signature du Traité d'Union — par le Comité de Ministres dans un délai ne pouvant dépasser deux ans à partir de l'entrée en vigueur dudit Traité.

2. En ce qui concerne les transports routiers de marchandises entre les territoires des Hautes Parties Contractantes, ce Groupe d'experts établira un projet de tarifs comportant des minima et des maxima à appliquer par tous les transporteurs. A cet effet, les Hautes Parties Contractantes se communiqueront leurs prix respectifs basés sur le prix de revient des entreprises de transport en cause.

3. Lors de l'établissement du projet de tarifs communs, le Groupe d'experts tiendra compte:

a) de la distance parcourue;

b) de catégories identiques de tonnages (5, 10, 15 et 20 tonnes);

c) d'une classification uniforme des marchandises;

d) du degré d'utilisation des véhicules.

EN FOI DE QUOI, les Plénipotentiaires des Hautes Parties Contractantes ont signé le présent Protocole et l'ont revêtu de leur sceau.

FAIT à La Haye, le 3 février 1958, en trois exemplaires, en langues française et néerlandaise, les deux textes faisant également foi.

Voor het Koninkrijk België: Pour le Royaume de Belgique:

Voor het Groothertogdom Luxemburg: Pour le Grand-Duché de Luxembourg:

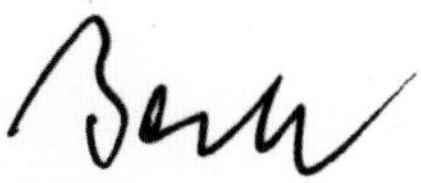

Voor het Koninkrijk der Nederlanden: Pour le Royaume des Pays-Bas:

Inauguration du canal de la Moselle le 26 mai 1964 en présence de la Grande-Duchesse Charlotte, du Général de Gaulle et du président allemand Heinrich Lübke.

Emile Reuter, Joseph Bech et Pierre Frieden se rendant au palais grand-ducal à l'occasion du mariage de la princesse Marie-Adélaïde, le 10 avril 1958 (Archives *LW*).

Après 33 années de service au sein des différents gouvernements, Joseph Bech succéda comme Président de la Chambre à Emile Reuter, qui, ayant exercé cette fonction pendant 33 ans, égalait le record de Bech aux Affaires étrangères.

Bech resta à son nouveau poste encore cinq années. En 1964, il se retira définitivement de la vie politique active. Pourtant, sa silhouette familière allait encore hanter les abords de la Chambre et des ministères jusqu'à la veille de sa mort, en 1975.

C'est grâce à l'œuvre, à la personnalité et au style de Joseph Bech que le Luxembourg devint un membre à part entière des grands organismes internationaux et que son ministre des Affaires étrangères, comme tous les autres, y a son mot à dire, même si le style profil bas un peu nonchalant en surface du moins de son illustre prédécesseur est resté jusqu'à ce jour unique en son genre.

ROBERT SCHUMAN *1886 †1963
Son empreinte luxembourgeoise

L'impact de son enfance et de sa jeunesse luxembourgeoises sur sa carrière politique européenne ultérieure est souvent escamoté

Dans la galerie des portraits de grands personnages qui ont laissé leurs traces dans l'histoire de notre pays ou qui ont été marqués par lui, Robert Schuman occupe une place à part. Alors qu'il est célébré comme Lorrain et Père de l'Europe dans des publications diverses par des historiens de renom, surtout en France, l'impact de son enfance et de sa jeunesse luxembourgeoises sur sa carrière politique européenne ultérieure est souvent escamoté.

Sans verser dans l'esprit de clocher en le revendiquant comme Luxembourgeois à part entière, force est de constater que – contrairement à d'autres éminents Lorrains, comme Maurice Barrès ou Raymond Poincaré, qui se sont distingués par un nationalisme outrancier et une hostilité irréductible envers le voisin allemand – Robert Schuman, profondément imprégné de culture allemande et française, a sa vie durant cherché et réussi à concilier les deux pays au niveau européen dans une symbiose viable et fructueuse. Il ne fait pas de doute que son passé luxembourgeois y a été pour quelque chose.

Naissance à Clausen

Son père, Jean-Pierre Schuman, né à Évrange, village lorrain situé à deux pas de la localité frontalière luxembourgeoise de Frisange, citoyen français jusqu'en 1871, devint sujet allemand avec l'annexion de l'Alsace-Lorraine par l'Empire bismarckien. En 1884, il épousa une jeune Luxembourgeoise, Eugénie Duren, originaire de Bettembourg. Le jeune couple vint s'installer à Luxembourg-ville, dans le quartier de Clausen. Deux ans plus tard Robert y est né, comme fils unique d'un couple bien rangé et très catholique.

Garçon à la taille élancée et à la stature frêle et mince, chouchou de sa mère, peu sportif mais très sensible à la musique, Robert, après l'école primaire à Clausen, entra à l'Athénée

Portrait de Robert Schuman dans les années 1950 (Photothèque de la Ville de Luxembourg/collection Théo Mey).

Robert Schuman, élève de 3e (1900-01) à l'Athénée, au milieu du premier rang (*50 Joer Schumanplang*, Centre d'études et de recherches européennes, Luxembourg, 2000).

dès l'âge prématuré de dix ans, pour devenir très vite un excellent élève et réussir brillamment son examen de maturité en 1903. Schuman s'est toujours senti bien à l'aise parmi ses camarades de classe, où l'on retrouve d'autres futurs grands noms comme Camille Wampach, figure de proue dans l'historiographie luxembourgeoise, Gaston Diderich, homme politique libéral et de longues années durant maire de la ville de Luxembourg, Jean-Pierre Erpelding, professeur et écrivain bien connu, son ami de toute une vie. Son attachement à sa classe et à son lycée n'a pas faibli et il n'a jamais manqué la réunion annuelle de sa promotion. C'est ainsi que Schuman, 50 ans après son examen de fin d'études en 1953, a pris part comme ancien prestigieux aux festivités du 350e anniversaire de l'Athénée.

Dans un article révélateur paru dans le livre anniversaire, Schuman rend un vibrant hommage à son *alma mater:* «Nous étions sur cette ligne de démarcation entre la France et l'Allemagne, dans la nécessité de mener de front la connaissance approfondie de deux langues et de deux cultures (...) J'ai le sentiment qu'à aucun stade de ma vie, je n'ai travaillé davantage, en profondeur autant que pour l'élargissement de mes connaissances. Si je dois résumer sommairement les caractéristiques de la formation qu'on nous

La maison natale de Robert Schuman à Luxembourg-Clausen, aujourd'hui siège du Centre d'études et de recherches européenes Robert Schuman.

Plaque à l'effigie de Robert Schuman, montée de Clausen.

dispensait dans ma ville natale au début de ce siècle, je crois pouvoir les formuler ainsi: en première ligne, nous apprenions la nécessité et la valeur de l'effort personnel et de l'émulation entre camarades. Ensuite nous avions la fenêtre grande ouverte au-delà des frontières politiques, vers l'est et vers l'ouest.»

Son choix surprenant d'étudier le droit en Allemagne plutôt qu'en France, contrairement à l'immense majorité des juristes luxembourgeois, ne s'explique pas seulement par son origine lorraine, terre allemande en 1903, mais également par le climat anticlérical et les mesures hostiles à l'enseignement catholique qui précédaient la séparation de l'Église et de l'État en France. Le catholicisme luxembourgeois subissait avant tout l'influence de la Rhénanie allemande, et le jeune Schuman très pieux fut repoussé par le laïcisme républicain français. De 1904 à 1911, Schuman étudiait aux universités allemandes de Bonn, Munich, Berlin, puis Strasbourg les cinq dernières années, toujours engagé dans les cercles d'étudiants catholiques. Il se plaisait surtout à Strasbourg où il fit la connaissance de son futur meilleur ami, Henri Eschbach, plus tard grand magistrat. Schuman ne resta pas à l'abri de coups du sort douloureux. En 1899 il perdit son père dont la santé était fragile depuis des années. En 1911, à la fin de ses études de droit, sa

Monument Robert Schuman près du rond-point Robert Schuman à Luxembourg (1966).

(à droite) Robert Schuman, citoyen d'honneur de la ville de Luxembourg, le 13 juillet 1949 (Archives de la Ville de Luxembourg).

mère à laquelle il était très attaché mourut dans un accident. Ce fut pour lui un choc terrible et une blessure qui ne cicatrisa pas.

Une solide carrière d'avocat

En 1912, Schuman commença sa carrière d'avocat en Lorraine allemande au barreau de Metz. Pendant la guerre 1914-1918, sa frêle constitution physique le dispensa d'endosser l'uniforme allemand et de monter au front contre la France, ce qui plus tard, à l'époque de la Guerre froide, ne le mit pas à l'abri de violentes invectives de «boche» de la part de ses adversaires politiques communistes ni même de la part de de Gaulle dont il devint la bête noire à cause de ses convictions européennes.

Après que la Lorraine fut revenue dans le giron de la France, Schuman, devenu citoyen français à 32 ans, continua à exercer sa profession d'avocat en commençant en même temps sa carrière d'homme politique mosellan. Député à l'Assemblée nationale, régulièrement élu dans son fief politique compris entre Thionville et Metz, Schuman, dans l'entre-deux-guerres, y établit une base politique solide et une réputation de travailleur sérieux et compétent. Il finit par acheter une maison à Scy-Chazelles, près de Metz, où sa fidèle femme de charge luxembourgeoise, Marie Kelle, lui faisait le ménage à partir de 1919 jusqu'à la fin de sa vie. Schuman y passa la plus grande partie de sa vie dans un décor modeste, menant un train de vie frugal dans le voisinage immédiat d'un monastère où il faisait régulièrement ses dévotions plusieurs fois par jour, presqu'en moine laïque.

Durant la Drôle de Guerre et sous l'occupation allemande, le parcours politique de Schuman fut plutôt agité, voire rocambolesque et dangereux. Membre du cabinet Reynaud en 1940, en charge des réfugiés, brièvement attiré par Pétain, rapidement écarté par Laval, arrêté par les Allemands en Lorraine, assigné à résidence surveillée en Allemagne, évitant de justesse le camp de concentration de Dachau, c'est-à-dire une mort certaine, Schuman réussit à s'échapper et à passer dans la clandestinité à partir de 1942 jusqu'à la fin de la guerre, pour resurgir en 1945 avec beaucoup de peine sur la scène politique lorraine, prêt à assumer des responsabilités politiques au plus haut niveau, si l'on allait faire appel à lui.

Schuman n'a pas hésité sa vie durant à affirmer que sa langue maternelle était le luxembourgeois

Depuis son départ de Luxembourg, il n'avait cessé de cultiver des relations étroites avec son pays d'origine. Il gardait ses biens à Clausen où se trouvent les tombes de ses parents et de ses grands-parents maternels. Il voyait régulièrement ses camarades de classe, sa famille et ses amis luxembourgeois, surtout Jean-Pierre Erpelding et le moine bénédictin Jules Fohl de l'abbaye de Clervaux. D'ailleurs Schuman n'a pas hésité sa vie durant à affirmer que sa langue maternelle était le luxembourgeois et que le français, qu'il parlait avec un fort accent, était sa langue nationale, ce que certains milieux français ultra ne lui ont pas pardonné au-delà de sa tombe jusqu'à nos jours.

Le Droit de **Citoyen d'Honneur** *a été conféré à*

Monsieur le Président Robert Schuman
Ministre des Affaires Étrangères
de la Republique Française

Séance solennelle du Conseil Municipal du 13 juillet

1949

Robert Schuman

Entre Schuman et ses homologues luxembourgeois, le courant politique passait sans problème

Dans la deuxième partie des années quarante, quand s'épanouit sa grande carrière politique, il noua des contacts étroits avec les dirigeants luxembourgeois: Joseph Bech, Pierre Dupong et surtout Emile Reuter. Avec ce dernier il avait des ressemblances frappantes par son style politique discret mais efficace, clair et précis, évitant les mises en scène tapageuses. Si Reuter, Premier ministre du Luxembourg, avait été à la hauteur de la situation critique en 1919, quand la survie du pays et de sa dynastie était dans la balance, Schuman, ministre français des Affaires étrangères, allait être l'homme de la situation au milieu de la Guerre froide, alors que l'avenir de l'Europe était en jeu. Chaque fois que Schuman venait au Luxembourg à titre personnel ou en mission politique, il allait voir Emile Reuter et restait à dîner chez lui. Madame Reuter lui préparait son plat préféré, des patates à la luxembourgeoise telles que sa femme de ménage Marie Kelle savait les faire. Entre Schuman et ses homologues luxembourgeois, le courant politique passait sans problème. Leur adhésion commune au catholicisme social, initié par le pape Léon XIII, renforçait les liens tissés entre eux déjà par la communauté du terroir et l'éducation plurilingue et pluriculturelle qui les prédestinaient à s'entendre, surtout pour traiter le problème allemand au niveau européen.

La France de l'après-guerre se voyait tiraillée entre les visées révolutionnaires des communistes, d'un côté, et les ambitions dominatrices de de Gaulle, de l'autre. Au centre, on retrouvait les radicaux, les socialistes modérés, les républicains et la formation catholique du Mouvement républicain populaire (MRP), auquel Schuman avait fini par se rallier pour en devenir l'un des principaux chefs de file. Son style prudent mais ferme au milieu d'une foule de figures flamboyantes et ambitieuses n'était guère imprégné de charisme, mais sa droiture et sa volonté désintéressée de servir au mieux son pays inspiraient confiance. C'est ainsi que Schuman gravit les plus hauts échelons du pouvoir: ministre des Finances en 1947, Premier ministre en 1947-1948, puis ministre des Affaires étrangères de 1948 à 1952. Durant son mandat de Premier ministre, sa fermeté imperturbable et son sang froid, mis à rude épreuve par des avalanches d'attaques injurieuses, lui avaient permis de survivre victorieusement aux manifestations et grèves insurrectionnelles lancées par le parti communiste et lui valurent le respect et la reconnaissance de ses collègues même anticléricaux.

Le «Père de l'Europe»

Ce fut son œuvre accomplie pendant les quatre années qu'il passait au Quai d'Orsay comme ministre des Affaires étrangères qui lui valut plus tard au même titre qu'à Jean Monnet, le nom de «Père de l'Europe». Après le succès mitigé quasi échec politique du Conseil de l'Europe, Schuman prêta son concours à la mise en place de l'OTAN, malgré l'opposition acharnée des communistes et des gaullistes. Son grand casse-tête à la fin des années quarante était le retour sur la scène politique de l'Allemagne occidentale devenue en 1949 République fédérale d'Allemagne RFA et ses prétentions sur la Sarre, de même que les velléités des Américains de la réarmer pour faire pièce aux forces conventionnelles de l'Armée Rouge en Europe centrale. Dès la fin de 1949, Schuman avait tracé les lignes de convergence entre ses politiques allemande et européenne: «L'accession de l'Allemagne à l'organisation européenne, si elle lui impose une subordination aux besoins de l'ensemble, constitue en contrepartie pour elle une sorte de réhabilitation et pour nous (Français) une garantie» (François Roth, *Du Lorrain des frontières au père de l'Europe*, page 375). Cependant, en dépit de leur parenté idéologique, Schuman avait des difficultés à s'entendre avec Konrad Adenauer, le nouveau chancelier allemand, sur certains points sensibles.

C'est alors qu'entra en lice Jean Monnet, le commissaire général au Plan en France, avec qui Schuman avait toujours gardé le contact, pour couper au niveau européen le nœud gordien qui hypothéquait les relations franco-allemandes. L'idée conçue par Monnet au début de 1950 de créer une Communauté européenne du charbon et de l'acier (CECA) permettait d'espérer résoudre à la fois le problème sarrois et celui du contrôle de l'industrie lourde allemande, menace endémique d'un réarmement futur. Schuman, Européen convaincu mais prudent et pragmatique, sauta sur l'aubaine pour sortir de l'impasse de sa politique allemande et pour réaliser son rêve de réunir la France et l'Allemagne sous le même toit européen. Aux débuts de la CECA un autre personnage d'origine luxembourgeoise, Paul Reuter, petit-neveu d'Emile Reuter, allait en tant qu'auteur du premier texte du projet, jouer un rôle de premier plan, mais en coulisse cette fois. «Paul Reuter, un professeur de droit de 39 ans, né à Metz et dont jadis Robert Schuman avait fréquenté le père, un collègue du barreau et un compatriote luxembourgeois mort jeune (...) fut selon la formule de Georges Vedel (...) celui qui a inventé l'appareil conceptuel et institutionnel qui lui (l'Europe) a permis de prendre chair» (François Roth, *ibid.*, page 385).

La naissance de la CECA

Tout comme George Kennan, professeur et diplomate américain bien connu, a été de par ses textes à l'origine de la doctrine du *containment* et du plan Marshall sous l'administration Truman, Paul Reuter a rédigé le texte du projet que Jean Monnet et ses collaborateurs ont mis au point et qui donna le plan Schuman, fondement de la future construction européenne. Paul Reuter est resté dans l'ombre, alors que Robert Schuman prit sur lui les propositions de Jean Monnet pour les présenter solennellement, le 9 mai 1950, sous le nom qui leur est resté, le plan Schuman, qui donna naissance à la CECA. Le plan Schuman aboutit au Traité de Paris, signé le 18 avril 1951 par les six membres fondateurs de la CECA et ratifié dans la suite par les Parlements nationaux.

Resta à trancher la question du siège de la Haute Autorité, l'instance dirigeante de la CECA, à la Conférence de Paris, les 22 et 23 juillet 1952. Après une nuit houleuse où se sont affrontées les candidatures les plus diverses, bloquées respectivement par Adenauer et par Monnet, «vers 3 heures du matin, le Luxembourgeois Joseph Bech qui semblait alors somnolant proposa que le travail de la Haute Autorité commence aussitôt à Luxembourg, cela nous donnera le temps de réfléchir à la suite» (François Roth, *ibid.*, page 424). Tout le monde accepta, et Jean Monnet, son premier président, s'installa le 10 août 1952 dans des locaux de fortune à Luxembourg, devenu ainsi première capitale européenne.

Il n'est pas facile d'imaginer comment l'histoire aurait évolué, s'il n'y avait pas eu de Luxembourg – comme d'aucuns ont osé exprimer le souhait récemment – pour prêter à l'Europe trois de ses descendants marqués par le croisement des influences française et allemande: Paul Reuter, Joseph Bech et surtout Robert Schuman.

Au début de 1953, Robert Schuman quitta le Quai d'Orsay et quelques années plus tard il se retira dans sa modeste maison à Scy-Chazelles non loin de son pays d'origine, le Luxembourg, pour s'y éteindre le 4 septembre 1963. À ses obsèques, à la cathédrale

Die Fahne des Schumanplans weht über Luxemburg.

Caricature d'Albert Simon (Escher Tageblatt, août 1952).

de Metz, le 9 septembre, au milieu d'une foule immense venue lui rendre un dernier hommage, il n'y avait qu'un seul chef de gouvernement, le Premier ministre luxembourgeois Pierre Werner, jusqu'au bout fidèle en amitié envers celui que la plupart des Luxembourgeois continuent à considérer, certes, comme un Français, mais également comme l'un des leurs.

Robert Schuman et Jean Monnet quittant l'ancien bâtiment de la direction des CFL, premier siège des responsables de la CECA à Luxembourg (Centre d'études et de recherches européennes).

VICTOR BODSON *1902 †1984
L'homme d'action tous azimuts

Victor Bodson a laissé sa trace dans l'histoire du Luxembourg pendant près de 50 ans par sa forte personnalité, son style bien frappé, son énergie indomptable, son audace lucide, ses engagements idéologiques, son riche palmarès politique, enfin son allure de grand seigneur imperturbable.

Jeunesse et entrée en lice politique entre 1902 et 1939

Issu d'un milieu bourgeois libre penseur, Victor Bodson est né le 24 mars 1902 à Luxembourg. Son enfance se passa à l'époque de l'antagonisme farouche entre le bloc de gauche et la droite, des luttes syndicales, de la Première Guerre mondiale et des crises, dynastique et nationale, de 1918-1919. Élève plutôt moyen à l'Athénée, il se dépensa par contre à fond dans la pratique de sports parfois dangereux et violents, comme la course motocycliste, la boxe et la natation. Il y donna libre cours à ses instincts de compétiteur intrépide toujours prêt à se battre et à relever les défis et il y gagna la réputation d'un vrai champion. Après des études de droit à Strasbourg, à Montpellier et, curieusement, à Alger, Victor Bodson commença sa carrière d'avocat en 1928. Une autre passion qu'il garda toute sa vie fut la chasse, où il côtoya les notables de son temps. Cependant, son métier d'avocat fut la vraie grande passion de sa vie et, quand la politique lui en laissait le temps, il le pratiqua avec un engagement infatigable. Son tempérament de lutteur, sa sagacité, enfin sa repartie prompte, souvent fulgurante, complétaient à merveille son acharnement au travail et lui valurent très vite la réputation d'un maître du barreau redoutable, imprévisible dans ses attaques et jamais à court de surprises.

Militant dans les milieux universitaires de gauche, Bodson, en 1930 en pleine crise économique, rejoignit tout naturellement le parti socialiste. Élu en 1934 à la Chambre des

Militant dans les milieux universitaires de gauche, Bodson, en 1930 en pleine crise économique, rejoignit tout naturellement le parti socialiste

Portrait du ministre Victor Bodson au début des années 1950 (collection privée).

députés et en 1935 au Conseil municipal de Luxembourg, le jeune avocat défendait des causes qui dépassaient largement le cadre national.

Dès 1933, il devint membre d'un réseau clandestin antinazi et il prit de gros risques personnels pendant de longues années à aider des victimes du nazisme, juives et autres, à s'échapper de l'Allemagne au fond de sa voiture, ce qui lui valut, dans les années 1970, la Médaille des Justes qu'il reçut du gouvernement israélien pour avoir sauvé des centaines de vie pendant la Shoa. Il a été l'un des très rares Luxembourgeois à obtenir cette distinction personnelle.

Quand éclata la guerre civile d'Espagne, en juillet 1936, nous retrouvons Victor Bodson, consul de la république espagnole, mobilisant des volontaires antifranquistes et, après 1938, protégeant les mêmes volontaires de retour au pays contre des poursuites juridiques éventuelles.

En 1937, Bodson était de ceux qui luttaient contre la célèbre loi muselière dirigée contre les communistes, bien qu'il fut opposé à toute idée de front populaire, tel qu'il avait existé en France ou en Espagne.

Le 6 avril 1940, un mois avant l'invasion allemande, il entra au gouvernement d'unité nationale présidé par Dupong, en remplacement de René Blum démissionnaire pour des raisons personnelles. C'est alors que commença la carrière ministérielle de Victor Bodson, au moment précis où l'avenir du Luxembourg et de l'Europe entière était dans la balance.

La guerre et l'après-guerre de 1940 à 1951

Durant toute la guerre, la personnalité et les nombreuses initiatives du bouillonnant nouveau ministre n'ont cessé d'entraîner des réactions controversées

Durant toute la guerre, la personnalité et les nombreuses initiatives du bouillonnant nouveau ministre n'ont cessé d'entraîner des réactions controversées, souvent passionnées. En effet, Bodson n'a jamais laissé personne indifférent à son égard. Planant au-dessus de la mêlée, il continua, imperturbable, à poursuivre son action au service du pays, bravant ceux qui lui résistaient. Cette attitude de farouche détermination dans la poursuite de ses objectifs ne le quitta jamais. Elle fut honorée par ses électeurs qui ne lui firent jamais défaut, bien au contraire.

Quand au moment de l'invasion la Grande-Duchesse et le gouvernement quittèrent le pays en secret, la population comprit mal le motif politique de cette fuite. Elle se sentait abandonnée et elle en voulut au gouvernement et plus particulièrement au ministre de la Justice, en l'occurrence Victor Bodson, pour les propos tenus au moment de son départ: il aurait en effet incité les volontaires de l'armée, abandonnés à eux-mêmes, à résister par les armes à l'agression. Quand, quelques semaines plus tard, le même scénario se répéta au moment du départ pour l'Espagne, les milliers d'évacués luxembourgeois se sentirent à nouveau abandonnés à leur triste sort par les ministres, et Victor Bodson redevint le point de mire de l'indignation générale. Enfin, ses appels sur les ondes de la BBC – «Tenez-leur-tête» – rallumaient les rancunes toujours vivaces de la population qui en voulait au ministre, qu'elle imaginait bien au chaud et en sécurité en Angleterre, ayant abandonné le peuple à la barbarie de l'oppression nazie.

Les démentis formels de Bodson à propos de ses paroles d'adieu n'ont évidemment ni convaincu ni apaisé ses détracteurs. Aujourd'hui, personne ne discute plus ni le principe ni la manière du double départ, considéré comme la seule solution réaliste dans les circonstances données.

Quand après l'épisode du séjour à Lisbonne, les dirigeants politiques luxembourgeois, désormais solidement ancrés dans le camp des Alliés, se séparèrent, les uns pour s'établir au Canada, les autres à Londres, Bodson ne supportait pas son inactivité à Montréal, rongeant son frein jusqu'à ce que Dupong lui permit de rejoindre Bech et Krier à Londres. Il s'y occupait surtout à mettre sur pied, en collaboration avec les autorités britanniques, un service de renseignements sur les agissements nazis au Luxembourg et sur les activités industrielles et militaires de l'effort de guerre allemand en général.

Il s'efforça en même temps, par des voyages clandestins à Lisbonne, de secourir les Luxembourgeois réfugiés dans la zone libre en France et les prisonniers politiques du camp de Miranda interceptés par les autorités franquistes sur leur route vers Londres.

Rentré après la libération, Bodson eut une double mission difficile et de longue haleine. En tant que ministre de la Justice, il devait organiser et surveiller la dénazification et l'épuration dans un cadre légal en évitant tout excès. On lui fit grief d'être trop indulgent envers les anciens partisans de l'Allemagne nazie et, surtout, on le soupçonna d'avoir trempé dans le suicide du Gauleiter Gustav Simon pour l'empêcher de mouiller des notables luxembourgeois. En tant que ministre des Travaux publics et des Transports, Bodson était confronté à la tâche immense de reconstruire un pays dévasté surtout lors de la bataille des Ardennes. Il réussit à obtenir de la France la cession de son contrôle sur le réseau ferroviaire luxembourgeois et des Américains la mise en place de l'aéroport de Findel et son utilisation par l'aviation civile luxembourgeoise.

En tant que ministre de la Justice, il devait organiser et surveiller la dénazification et l'épuration dans un cadre légal en évitant tout excès

Le commencement de la Guerre froide, en mars 1947, mit fin au gouvernement d'union nationale. Le parti socialiste passa dans l'opposition, et Bodson reprit son activité d'avocat huppé avec beaucoup de succès jusqu'en 1951.

Maître d'œuvre des grands travaux d'infrastructure de base du Luxembourg moderne entre 1951 et 1959

Bodson fut réélu sans problème en 1951 et rentra au gouvernement Dupong avec ses trois ressorts clés, Justice, Travaux publics et Transports. Les grands travaux qu'il réalisa en tant que ministre responsable furent certes l'œuvre commune de l'équipe gouvernementale. L'instigateur et surtout le promoteur dynamique de ces projets fut Victor Bodson, qui n'hésita ni sur les moyens ni sur les méthodes, parfois à la limite de la légalité, pour faire avancer ses projets.

La construction du barrage hydroélectrique d'Esch-sur-Sûre de même que le barrage de Vianden et la centrale électrique du Mont St-Nicolas devaient assurer l'approvisionnement du pays en électricité. Bodson, dès les années cinquante, était déjà en faveur de l'utilisation de l'énergie nucléaire à cette même fin. Vingt ans plus tard, déjà à la retraite, il regrettera amèrement l'échec du projet de construction d'une centrale nucléaire à Remerschen. Le barrage d'Esch-sur-Sûre allait se révéler, plus tard, être un réservoir incontournable pour le ravitaillement en eau de tout le pays. Pour l'extension de l'aéroport de Findel, Bodson réussit à obtenir l'appui financier de l'OTAN. L'électrification des lignes de chemin de fer modernisa le transport sur rail. La canalisation de la Moselle, importante surtout pour le trafic fluvial entre l'Allemagne et la France, lui fournit l'occasion d'obtenir de la France une douzaine de locomotives en compensation. Sous son impulsion, la construction du «Pont rouge» reliant le centre de la ville au plateau du Kirchberg fut mise à l'étude. Enfin, la création d'une station de contrôle technique pour véhicules automobiles fut son dernier projet majeur, dont l'utilité très controversée au début allait être reconnue plus tard.

Les dernières étapes politiques et la retraite active entre 1959 et 1984

Bodson quitta la présidence de la Chambre en 1967 pour occuper le siège de commissaire luxembourgeois à la Commission européenne de Bruxelles

Après la fin plutôt orageuse de la coalition chrétienne sociale-socialiste, Bodson et son parti passèrent dans l'opposition jusqu'en 1964. Élu sans problème, il préféra siéger au Conseil d'État. En 1964, après la victoire électorale des socialistes et leur entrée en coalition avec le parti chrétien-social, il succéda à Joseph Bech comme président de la Chambre. Les deux hommes, anciens antagonistes des années trente, devenus collègues et partenaires dans les gouvernements de guerre et d'après-guerre, avaient fini par s'estimer mutuellement, entre autres parce que l'épicurisme et le pragmatisme politique avaient rapproché, sinon politiquement, alors certes personnellement, les deux derniers hommes politiques survivants des années de guerre.

Bodson quitta la présidence de la Chambre en 1967 pour occuper le siège de commissaire luxembourgeois à la Commission européenne de Bruxelles, chargé du ressort des

Transports communautaires. Avec un arrière-goût d'amertume, il quitta ce poste après la fin de la législature et le retour du parti démocrate au gouvernement. Bodson ne put empêcher la scission du parti socialiste à la fin des années soixante, mais il refusa quand même de quitter son parti et de suivre un certain nombre de ses amis personnels dans la sécession. Une fois de plus, il retourna à son étude d'avocat pour réapparaître au barreau et y apporter la preuve que le vieux baroudeur gardait toujours intacte sa combativité d'antan.

Après son retour de Bruxelles, Victor Bodson avait définitivement élu domicile à Mondorf, où il aménagea à ses goûts une propriété qu'il appela, d'après son œuvre littéraire préférée, Villa Malpaartes, le domaine du Renard, héros épique de Michel Rodange, modèle admiré et imité par Bodson dans sa vie d'avocat et d'homme politique. Ses apparitions au barreau se faisaient plus rares, mais il continua à observer l'évolution politique nationale et internationale avec le détachement légèrement ironique du sage, donnant son avis et ses conseils à ceux qui voulaient bien les lui demander. C'est à Mondorf qu'il s'est éteint le 29 juin 1984, lucide jusqu'au bout. Il laisse une œuvre impressionnante en même temps que le souvenir d'un homme d'action controversé, certes, mais fier et qui n'avait jamais froid aux yeux.

Construction du pont Grande-Duchesse Charlotte, appelé le Pont Rouge en langage populaire, un projet activement soutenu par Victor Bodson (photo prise vers 1963/Photothèque de la Ville de Luxembourg).

Victor Bodson en conversation avec Emile Reuter et Guill. Konsbruck (Archives *LW*).

Il laisse une œuvre impressionnante en même temps que le souvenir d'un homme d'action controversé

VII
LE 20e SIÈCLE ET LA TRANSITION VERS LE 21e

UNE CROISSANCE ÉCONOMIQUE ENTRE VOCATION EUROPÉENNE ET IMPACT DE LA MONDIALISATION

Durant le dernier tiers du 20e siècle, qui se recoupe partiellement avec ce qu'on appelle les trente glorieuses, c'est-à-dire la période de la croissance économique continue, le Luxembourg fut entraîné dans ce même tourbillon économique et social et il changea en grande partie de physionomie.

D'un côté RTL, apparu dans l'entre-deux-guerres, avec des capitaux étrangers, se lança, à partir des années soixante, sur le marché des médias européens où le groupe conquit une place de premier ordre en même temps que se relâchèrent ses attaches luxembourgeoises.

Sous la direction prudente et éclairée de Pierre Werner, le pays, après la modernisation de son industrie sidérurgique en perte de vitesse, développa les bases de la place financière comme source importante de revenus de l'État et surprit ses voisins en se profilant dans l'exploitation des satellites dans le domaine des télécommunications.

Luxembourg-Kirchberg, place de l'Europe.

Gaston Thorn, ministre d'État,
en visite auprès du président français
Valéry Giscard d'Estaing

Gaston Thorn, Premier ministre et président de la Commission de Bruxelles, changea du tout au tout le style de la politique luxembourgeoise en se rangeant fièrement à côté de ses voisins, abandonnant le strapontin occupé longtemps par ses prédécesseurs.

Le syndicalisme privé et public connut un aggiornamento depuis les origines héroïques des années vingt et trente sous Nic Biever, en se repositionnant surtout dans le public sous l'impulsion de Joseph Daleiden, fondateur de la CGFP, troisième grand syndicat représentatif.

L'immigration de la main-d'œuvre depuis la fin du 19e siècle connut une nouvelle poussée, dans les années soixante et soixante-dix, d'origine portugaise, alors que les descendants de l'immigration italienne précédente occupaient des postes clés dans le melting pot luxembourgeois à l'exemple de Mars Di Bartolomeo, ministre de la Santé et de la Sécurité sociale, ancien maire de la ville minière de Dudelange.

Entre-temps, Luxembourg-ville se métamorphosa, des points de vue topographique, démographique, financier et culturel, de capitale respectable du Grand-Duché en centre économique important de la Grande Région et capitale européenne à côté de Bruxelles et de Strasbourg.

Le Luxembourg, de par la présidence de Jacques Santer de la Commission de Bruxelles et de par l'action européenne infatigable de son successeur Jean-Claude Juncker à la tête du gouvernement, président de l'Eurogroupe, fournit la preuve que sa vocation européenne repose sur des bases solides, son passé de trait d'union entre les Grands, son identité nationale et multiculturelle à la fois, son ouverture d'esprit et son plurilinguisme, des atouts majeurs de ses hommes politiques, toujours prêts à servir non seulement les intérêts nationaux mais aussi l'intérêt supérieur de l'Union européenne.

Kirchberg, siège de la Banque européenne d'investissement (BEI).

SILENCE

LA RÉVOLUTION DANS LES MÉDIAS

L'aventure RTL

Le paysage médiatique luxembourgeois, qui baigne dans une véritable nébuleuse de publications de toutes sortes, à tirages le plus souvent modestes et à parutions très variables, parfois éphémères, est dominé par deux puissants groupes: le groupe RTL, un conglomérat multimédia à caractère international, et le groupe Saint-Paul, essentiellement axé sur la presse écrite d'envergure nationale. Tous les deux sont très influents, car ils sont écoutés, regardés et lus tous les jours par un vaste public. Leur position dominante est le résultat d'une politique d'innovation et d'expansion, qui se reflète dans leur dénomination actuelle de «groupe». Considérées ainsi, ce sont des entreprises capitalistes obligées, pour soutenir la concurrence et assurer la rentabilité, d'adapter leurs produits aux exigences du marché.

Le groupe Saint-Paul ne manque pas d'originalité. Il est issu du quotidien *Luxemburger Wort*, fondé par des catholiques fervents après la révolution libérale de 1848 qui inaugura la liberté de la presse. Devenu très vite le porte-parole d'un catholicisme combatif assez radical et même intolérant dans la mouvance d'un Monseigneur Laurent et d'un Pie IX, connus pour leur intransigeance, le *Luxemburger Wort* s'en prenait systématiquement aux tenants du libéralisme et de la franc-maçonnerie, héritiers du rationalisme et de l'humanisme du siècle des Lumières.

Après le pontificat de Léon XIII, le catholicisme adopta une dimension sociale pour récupérer partiellement le terrain perdu avec l'expansion du marxisme. Au 20e siècle, le *Luxemburger Wort* s'est étroitement lié au parti de droite, devenu après la Seconde Guerre mondiale le parti chrétien-social. Cette double allégeance religieuse et politique constitue son originalité jusqu'à ce jour. Grâce à l'esprit d'entreprise de ses dirigeants,

Émission radio depuis la mansarde des frères François et Marcel Anen, rue Beaumont à Luxembourg (photo Aloyse Anen, collection Jean-Marie Anen).

dont les convictions religieuses sont étroitement liées à un sens aigu des affaires, Saint-Paul Luxembourg, éditeur du *Luxemburger Wort*, est devenu une puissante institution médiatique avec d'importantes activités d'impression et de publication d'organes de presse et accessoirement des intérêts dans l'édition et le commerce des livres, la radiodiffusion et les médias électroniques. Son fer de lance demeure néanmoins le journal *Luxemburger Wort*, qui exerce une influence dominante sur l'opinion publique.

Le *Tageblatt*, au tirage plus modeste, reflète les vues de la mouvance socialiste. Par ses publications associées, comme le *Quotidien* et *l'Essentiel*, il ne se défend pas mal face à son concurrent géant. Par un regroupement financier dans le groupe Editpress et grâce à une coopération avec de grands quotidiens européens, comme *Le Monde*, le *Tageblatt* offre une information variée à ses lecteurs.

La Villa Louvigny dans les années 1930, premier siège officiel de Radio Luxembourg (collection privée).

(à droite) L'orchestre de la station de TSF Radio Luxembourg des frères Anen (photo Aloyse Anen, collection Jean-Marie Anen).

Au niveau des médias modernes – radio, télévision et Internet – RTL est sans contestation devenu le champion dans l'arène nationale et même internationale des stations privées. Le groupe RTL, de par sa dimension européenne et son évolution spécifique, est d'autant plus intéressant qu'il présente deux facettes typiques du Luxembourg contemporain: l'une luxembourgeoise avec ses origines et sa base territoriale de départ, l'autre européenne avec ses capitaux français et belges d'abord et allemands plus tard et son rayon d'action européen.

Les origines de la grande aventure qu'est devenue RTL ressemblent à un conte de fée contemporain. Il y eut d'abord l'initiative de deux férus de radiodiffusion, les frères François et Marcel Anen, qui installèrent en 1924 un émetteur radiophonique à portée très limitée dans une mansarde de la rue Beaumont, auquel ils donnèrent le nom de Radio Luxembourg. Il y eut ensuite, en 1928-1929, un groupe d'industriels français qui,

découragé par la législation ultra-rigide de la poste et de l'État français en matière de radiodiffusion, vint au Grand-Duché pour s'informer s'il n'y avait pas de meilleures conditions d'exploitation pour une station d'émission radiophonique.

Les nouveaux venus firent appel aux pionniers Anen pour créer avec eux, le 11 mai 1929, la Société luxembourgeoise d'études radiophoniques (SLER). Enfin, le 29 décembre 1930, la nouvelle société SLER obtint du gouvernement le monopole de la radiodiffusion dans le pays, avec un cahier des charges qui combinait judicieusement sa liberté d'action avec la sauvegarde des intérêts luxembourgeois.

Dans les coulisses de Radio Luxembourg dans les années 1930 (collection privée).

Dans la mise en place de la nouvelle compagnie CLR (Compagnie luxembourgeoise de radiodiffusion), le 31 août 1931, l'entremise du bourgmestre de la Ville de Luxembourg, Gaston Diderich, et la clairvoyance du directeur général des Finances, Pierre Dupong,

jouèrent un rôle important. Mais à cause de la réticence des actionnaires potentiels luxembourgeois, les capitaux nécessaires pour les infrastructures de l'émetteur provenaient d'investisseurs français et belges, à savoir Paribas, Havas, Banque industrielle belge entre autres, dont l'influence allait peser plus tard dans l'évolution de la CLT.

Pendant deux ans, de 1931 à 1933, on préparait les premières émissions, prévues pour janvier 1933. Ce fut d'abord la mise en place des studios d'émission à la Villa Louvigny, ancien fort situé au centre de la ville, d'abord louée puis achetée. Ensuite, on acheta un terrain à Junglinster et on y dressa, après avoir coupé court à l'opposition de certains voisins, des pylônes pour l'émission d'ondes longues, pour lesquelles le gouvernement avait acquis par des accords internationaux une plage d'émission située entre 1 191 et 1 304 mètres.

Une station à caractère européen

Les premières émissions en plusieurs langues soulignaient le caractère unique, européen de la nouvelle station

Les premières émissions en plusieurs langues, français, allemand, anglais, auxquelles s'ajouta le néerlandais, soulignèrent le caractère unique, européen de la nouvelle station, située au cœur de l'Europe dans un pays neutre, à portée de plus de 250 millions d'auditeurs potentiels dans un rayon de 1 000 kilomètres. Émile Reuter, pendant des décennies président du conseil d'administration de la CLR, n'a cessé de souligner cette dimension européenne profondément ancrée dans le territoire luxembourgeois et dans l'esprit d'ouverture de sa population.

Les émissions régulières commençaient au début de 1933 sur ondes longues en français, allemand et anglais. Contre toute attente, surtout de la part des sceptiques et des rivaux agacés, le succès dans les pays voisins et en Grande-Bretagne de ce programme original plurilingue fut immense. Son attrait fut particulièrement marqué en France et en Wallonie. La dynamique direction française multipliait les initiatives fructueuses. Un accord avec l'Agence Havas réglait l'afflux des informations intéressantes, un autre avec la Société informations et publicités (I.P.) assurait le flot des annonceurs, car les entreprises et les commerces avaient rapidement compris l'intérêt de la publicité radio. La presse, d'abord réticente et même hostile à l'arrivée d'un concurrent publicitaire, finit par ouvrir ses colonnes au programme de *Radio Luxembourg*.

Autre coup de maître, la nouvelle station radio se dota d'un orchestre avec un jeune chef de grand talent, Henri Pensis, qui en l'espace de quelques années porta le nombre de ses musiciens d'une douzaine à plus de quarante et offrit ainsi le plaisir des concerts classiques aux masses qui écoutaient la nouvelle station. Pour respecter le goût populaire, les concerts classiques alternaient avec la musique légère et les chansons en vogue. Dès 1934, des reportages en direct sur le Tour de France enthousiasmaient les sportifs, alors que des émissions sur la Procession dansante d'Echternach et la retransmission de

Exposition d'appareils radio d'Aloyse Anen fils au Cercle municipal à la fin des années 1920 (collection Jean-Marie Anen).

Fils
Beaumont
T.S.F
FILM-PACK
GEVAERT
RADIO
SUPER VALISE
2500
EBONITE
COLONIAL
TUDOR
EN VENTE
ICI
GEVAERT
FILM-PACK

la messe des malades depuis l'abbaye de Clervaux attiraient les masses catholiques. Pour répondre à l'engouement croissant du grand public français, des studios furent installés à Paris, rue Bayard, une adresse devenue légendaire depuis. Radio Luxembourg n'était pas seulement devenu un grand succès médiatique et culturel mais, dès 1936, les actionnaires aussi y trouvaient leur compte en engrangeant leurs premiers dividendes. Alors que son audience ne cessa de s'étendre dans les régions francophones et anglophones, Hitler précipita finalement l'Europe et le monde dans la Seconde Guerre mondiale. À partir de septembre 1939, le gouvernement, pour couper court à tout reproche de manquement à sa neutralité de la part de l'Allemagne nazie, mit fin à l'activité de Radio Luxembourg plutôt franco- et anglophile. Après mai 1940, l'occupant l'incorpora avec les autres médias luxembourgeois dans la machine de propagande allemande.

Reprise après 1945 et envolée spectaculaire dans les années cinquante

Après la libération du pays en 1944, le gouvernement mit à la disposition des Alliés les installations encore existantes et opérationnelles.

Le nouveau départ des émissions, à partir de novembre 1945, fut extrêmement ardu. Le pillage et le vandalisme dans les studios de la Villa Louvigny, les difficultés presque insurmontables à trouver les capitaux indispensables à la relance firent planer

Pylône et équipements techniques pour les émissions d'ondes longues à Junglinster.

pendant plusieurs années le doute et l'incertitude sur l'avenir des émissions. Finalement, après l'année cruciale de 1949, les activités du poste reprirent de plus belle et ses percées spectaculaires dans le monde médiatique surprirent même les plus optimistes. Des émetteurs à ondes moyennes furent installés à Junglinster, puis à Marnach, pour atteindre un nombre croissant d'auditeurs des pays nordiques. Les installations de la Villa Louvigny furent modernisées, agrandies et flanquées d'une grande salle de concert. Les programmes en allemand, néerlandais et luxembourgeois furent considérablement augmentés avec un succès d'audience croissant.

Dans le cadre du programme luxembourgeois, Paul Leuck, avec sa voix unique et ses expressions empruntées au terroir, allait être pendant de longues années la vedette des informations et commentaires politiques. À l'époque de la Guerre froide, Paul Leuck maîtrisait, à nul autre pareil, l'art de forger des expressions frappantes, parfois sur la base de jugements péremptoires, comme par exemple: «Wa Moskau néitscht, da leie Prag a Peking mat Féiwer am Bett» (quand Moscou éternue, Prague et Pékin se retrouvent alités avec de la fièvre). Pour contrebalancer ses opinions parfois extrêmement conservatrices, l'aménagement de l'ensemble des programmes destinés à l'auditoire luxembourgeois fut confié à Nic Weber, libéral et humaniste de conviction.

En 1955, Radio Luxembourg devint Radio Télé Luxembourg (RTL)

Les programmes français de Radio Luxembourg, produits à partir de studios parisiens, conquirent rapidement la première place parmi les stations radio françaises par leur variété réussie (sport, jeux radiophoniques, reportages, animations populaires). En même temps, l'objectivité de ses informations et la qualité intellectuelle de ses éditorialistes, avec en tête Jean Grandmougin, gagnèrent à Radio Luxembourg les faveurs d'un public exigeant, alors que Geneviève Tabouis dans ses *Dernières nouvelles de demain* assaisonnait le sérieux de ses analyses d'un clin d'œil furtif à ses auditeurs intrigués et amusés, ajoutant une note de suspense insolite à ses commentaires politiques très avisés. À partir de 1954, les responsables de Radio Luxembourg entrèrent résolument dans l'ère de la télévision et adoptèrent le nom de Compagnie luxembourgeoise de télédiffusion (CLT). Transmis à partir des nouveaux postes de Dudelange, le premier programme de télévision en langue française commença en 1955. Radio Luxembourg devint Radio Télé Luxembourg (RTL).

En 1957, quand les blessures de la Seconde Guerre mondiale s'étaient déjà en grande partie cicatrisées, les dirigeants de la CLT lancèrent sur ondes moyennes un programme allemand, baptisé *Les ondes joyeuses de RTL*, par celui qui en fut de longues années l'animateur en chef, à savoir Camillo Felgen, célèbre par sa voix envoûtante et ses chansons sentimentales. Le succès du programme allemand dépassa toutes les attentes et il fut suivi de programmes de télévision attirant de plus en plus l'intérêt de puissants investisseurs allemands. Peu à peu, la conquête du public et du marché allemands devint une préoccupation majeure de RTL.

Des années 1960 aux années 1990 – RTL numéro un au Luxembourg et «global player» en Europe

Durant les années soixante, RTL, en augmentant la puissance et la portée de ses émetteurs à ondes longues et moyennes, consolidait sa position dominante parmi les stations privées en Europe. D'un autre côté, le programme télévisé luxembourgeois *Hei elei kuck elei*, lancé le 21 septembre 1969, d'abord avec trois quarts d'heure hebdomadaires le dimanche, gagna rapidement, aux dépens de la presse écrite, les faveurs du public luxembourgeois.

À partir de 1972, les activités télévisées de RTL, grâce au début de la télévision en couleur, montent en flèche. Trois années plus tard, la création de RTL Production élargit l'activité commerciale de la station pour aboutir en 2000 à la formation du Broadcasting Center Europe (BCE). Par contre, l'entrée de RTL dans le monde de la publication par l'acquisition en 1979 du magazine français *Télé Star* ne tarda pas à faire long feu.

Les années quatre-vingt apportèrent un tournant décisif dans l'évolution de RTL

Les années quatre-vingt apportèrent un tournant décisif dans l'évolution de RTL. Ses liens matériels et financiers avec le Grand-Duché se relâchèrent rapidement, de la même manière d'ailleurs que pour l'Arbed qui, à côté de RTL, avait été de longues années durant, une source essentielle de revenus pour l'État luxembourgeois. Suite à l'introduction de la dérégulation médiatique en Europe, les frontières nationales n'étaient plus un obstacle pour les radios et télévisions privées qui voulaient s'implanter dans d'autres pays de la Communauté européenne. Par conséquent, la CLT délocalisa ses agences et la production de ses programmes spécifiques vers les pays et auditeurs concernés, notamment vers l'Allemagne où le potentiel d'audience à exploiter par la radio et la télévision était le plus grand et le plus prometteur.

Dès 1984 fut lancé un programme commun avec UFA, une branche du groupe Bertelsmann: RTL plus. Il s'avéra par la suite que Bertelsmann avait plus d'envergure et de poids que son nouveau partenaire CLT, qui mettait à la fin du compte principalement son nom RTL dans la balance. Parallèlement, de nouvelles stations furent mises au point: en France avec M6, en Belgique avec RTL TVI et aux Pays-Bas avec RTL 4, le côté commercial et les intérêts financiers l'emportant sur le côté qualité et culture, notamment sur certaines chaînes allemandes de RTL.

Dans les années quatre-vingt-dix, de nouvelles sociétés virent le jour: les stations de télévision Vox, RTL II et Super RTL en Allemagne, RTL 5 au Pays-Bas, Club RTL en Belgique, TPS en France. Au Luxembourg, des opérations à première vue contradictoires attiraient l'attention. D'un côté, un nouveau bâtiment réservé à l'administration générale et à la radio fut inauguré au Kirchberg en 1991, suivi cinq ans plus tard par un second édifice représentatif abritant la centrale de la télévision. De l'autre cependant, le siège historique de la Villa Louvigny fut abandonné et vendu, et l'orchestre symphonique, atout majeur du passé, devenu à présent un objet de dépenses jugées financièrement insupportables par les gestionnaires responsables de la CLT, fut «gracieusement» cédé à l'État luxembourgeois sous le nom de Grand orchestre philharmonique de Luxembourg. Ce qui a été du point de vue financier un digne cadeau de «Danaéens» allait par contre constituer à l'avenir, grâce au nouveau bâtiment de la Philharmonie, un atout culturel majeur de la capitale au niveau européen.

Une étape importante fut franchie en 1997 avec la création du nouvel ensemble CLT-UFA, qui acquit également la totalité des activités d'IP (la régie publicitaire de toutes les chaînes RTL). La nouvelle compagnie devint le numéro un en Europe et renforça en même temps en Allemagne son influence dans RTL Télévision et RTL II. Après l'écroulement du communisme en Europe de l'Est, celle-ci devint un terrain d'expansion potentiel, mais les tentatives d'implantation de télévision initiées en Pologne et en Hongrie ne furent pas concluantes.

En Allemagne même, le rapprochement de CLT-UFA avec le groupe Kirch se heurta au veto de la Commission européenne, qui y voyait une atteinte à la libre concurrence.

Le groupe RTL sous contrôle de Bertelsmann

Au tournant du siècle, la fusion de la CLT-UFA avec la compagnie Pearson Television, basée à Londres et spécialisée dans la production de contenus de télévision, renforça sa position européenne. Depuis, la nouvelle compagnie s'appelle RTL Group.

Nouveau siège du groupe RTL au Kirchberg.

les grandes décisions concernant le groupe RTL sont prises non pas à Luxembourg, mais au siège de Bertelsmann en Allemagne, à Gütersloh

Dès 2001, Bertelsmann, à la suite d'opérations boursières et de transactions financières avec ses partenaires du groupe RTL, porta sa participation d'abord à 67, puis à 89% et s'assura ainsi le contrôle complet du groupe. Le siège officiel du Kirchberg reste bien le bâtiment représentatif rappelant ses origines luxembourgeoises, mais les multiples activités fructueuses se déroulent à l'étranger, et tout comme pour Mittal à Londres, les grandes décisions concernant le groupe RTL sont prises non pas à Luxembourg, mais au siège de Bertelsmann en Allemagne, à Gütersloh.

Ce qui avait commencé dans les années trente sous tutelle française dans un domaine négligé par nos voisins, et après avoir pris une envergure européenne spectaculaire dans les années cinquante, a évolué au niveau médiatique général selon les critères de la globalisation pour aboutir au géant RTL Group placé sous contrôle allemand. Ce qui nous reste, c'est notre RTL nationale alors que, dans l'esprit de très nombreux Européens, le nom de notre pays avait été pendant quelques décennies étroitement associé à Radio Luxembourg ou RTL. Dans le paysage médiatique luxembourgeois d'autre part, RTL radio et télévision, malgré la présence de stations rivales, s'est affirmée comme le numéro un incontestable, faisant contrepoids à la presse écrite et au puissant groupe Saint-Paul en particulier. C'est l'aboutissement d'une aventure unique et un modèle en son genre pour d'autres dans le même domaine, comme par exemple la Société européenne des satellites (SES).

Les relations entre RTL et SES représentent sans doute l'aspect le plus contestable, l'ombre au tableau du palmarès de RTL. En effet, non seulement les responsables de

Salle de contrôle et paraboles de la Société européenne des satellites (SES) à Betzdorf (photos SES).

RTL se sont-ils opposés avec acharnement au lancement de SES, mais même après que la SES eut pris son envol et était devenue en tant que telle un grand succès, la direction de RTL a continué à lui mettre des bâtons dans les roues, en empêchant notamment des sociétés étrangères de venir fixer leur siège et leur centre logistique à Luxembourg pour l'exploitation de leur satellite, au grand dam de l'économie nationale, alors que RTL délocalisait en même temps ses propres filiales dans ces pays, en laissant derrière elle le grand vide. Selon certains observateurs, le tort infligé de cette façon au Luxembourg et à son économie a été irréparable. Cependant pour elle-même à l'ère de la globalisation, RTL a sans doute été une réussite formidable, surtout pour ses actionnaires, alors que seul le nom de RTL rappelle encore le nom du pays de ses modestes origines.

PIERRE WERNER *1913 †2002
Le maître d'œuvre de l'économie luxembourgeoise contemporaine

Parmi les hommes politiques qui ont marqué de leur empreinte l'évolution politique et économique de notre pays après 1945, Pierre Werner sort très nettement du lot, comparable par sa longévité à la tête du gouvernement et par la diversité de ses postes ministériels à Paul Eyschen. Protégé et successeur du ministre des Finances Pierre Dupong à la mort inopinée de celui-ci fin décembre 1953, il lui ressemble par bien des côtés, à savoir sa compétence, sa prudence et son souci constant d'une plus grande justice sociale. C'est ainsi que l'ère Werner, de 1953 à 1984, se distingue par un progrès exceptionnel à la fois économique et social, qui place le Luxembourg à la tête des pays de l'Union économique. Tout comme Pierre Dupong, Pierre Werner a su gérer les affaires du pays en bon père de famille – ce qu'ils étaient d'ailleurs tous les deux également dans leur vie privée – d'où l'immense capital de confiance dont ils jouissaient parmi la population.

L'ère Werner se distingue par un progrès exceptionnel à la fois économique et social, qui place le Luxembourg à la tête des pays de l'Union économique

Né près de Lille en 1913, Pierre Werner, après des études de droit et de sciences politiques à Paris et une activité très engagée dans les cercles d'étudiants catholiques, commença sa carrière d'avocat en 1938 à Luxembourg, avant de faire peu après son entrée dans une grande banque de la place. Banquier pendant la guerre, sa nouvelle expérience le prédestina à entrer au service financier du gouvernement rentré d'exil et confronté au lourd héritage de la guerre. Placé à la tête du Contrôle des banques, il représenta le Luxembourg aux conférences de Bretton Woods ainsi qu'aux réunions du Benelux. Homme de confiance de Pierre Dupong, il fut catapulté par la mort subite de son protecteur, lui qui n'a pas eu d'activité politique antérieure, sur le devant de la scène politique. Le nouveau Premier ministre, Joseph Bech, lui confia en décembre 1953 le ministère des Finances qu'il ne lâchait plus pendant vingt ans.

Élu confortablement en tête de son parti aux élections de mai 1954, Pierre Werner acheva l'œuvre de redressement financier commencée par son prédécesseur. Ce n'était pas

Portrait de Pierre Werner, le maître d'œuvre de l'économie luxembourgeoise contemporaine (collection privée).

de sa faute si le Luxembourg cessait d'être le siège unique des institutions communautaires européennes après la signature du Traité de Rome en mars 1957. En effet, l'hostilité des milieux conservateurs catholiques, l'indécision et l'inertie de Bech laissaient le champ libre à Paul Henri Spaak, principal architecte du Marché commun, et c'est ainsi que Bruxelles devint le siège principal de la Communauté économique européenne.

Pierre Werner réussit cependant dans des luttes d'arrière-garde parfois musclées à sauvegarder et à consolider la place de Luxembourg comme capitale judiciaire et financière de l'Europe, en attendant de voir plus tard Francfort lui ravir le siège de la Banque centrale européenne.

L'œuvre politique du Premier ministre Pierre Werner s'étend sur un ensemble de quatre législatures, de 1959 à 1974 et de 1979 à 1984.

Première présidence de 1959 à 1974

Pour ces quinze années de présidence du gouvernement avec des partenaires politiques changeants, marquées d'ailleurs par des crises et des difficultés réelles, comme la crise militaire, l'abolition du service militaire obligatoire et son remplacement par un service volontaire, et les douloureux problèmes de la modernisation de l'agriculture luxembourgeoise, le nom de Pierre Werner est lié à deux développements prometteurs pour le Luxembourg et l'Europe. C'est d'abord le développement spectaculaire de la place financière, même si ses origines remontent à une loi ancienne très libérale sur les holdings que Pierre Dupong avait établie en 1929. Si les mesures restrictives du gouvernement américain quant à l'émission d'emprunts internationaux à Wall Street ont déclenché l'essor de la place financière du Luxembourg, ce furent néanmoins la prudence de la politique financière de Pierre Werner et sa résistance à l'harmonisation fiscale de la Commission de Bruxelles qui ont attiré banques et capitaux à Luxembourg.

Pierre Werner, sculpture dans l'enceinte de son ancienne résidence privée au rond-point Robert Schuman à Luxembourg.

Hall d'entrée de l'ambassade de la République tchèque, scènes de la longue carrière de Pierre Werner.

Pierre Werner a suivi son père spirituel également sur un autre plan. En effet, Dupong a été en 1924 le principal promoteur des chambres professionnelles, soucieux d'adjoindre les forces vives du pays à la politique économique et sociale du gouvernement. Pierre Werner en fit de même en accordant une Chambre professionnelle aux fonctionnaires et employés publics en 1964 et en créant le Conseil économique et social en 1966. Werner avait une attitude de très haute considération à l'égard de la Fonction publique et il la garda, jusqu'à la création du ministère de la Fonction publique en 1964, parmi ses responsabilités de ministre d'État. C'est sous sa direction que fut réalisée la révision fondamentale des traitements entre 1959 et 1963 qui devint la référence pour toutes les décisions ultérieures importantes touchant les traitements dans la fonction publique.

Le plan Werner pour l'harmonisation monétaire au sein de la CEE

L'autre projet qui a vu le jour sous sa présidence a été le plan Werner pour l'harmonisation monétaire au sein de la CEE et l'introduction d'une monnaie unique européenne. La crise pétrolière et les turbulences monétaires du début des années 1970 ont certes empêché la réalisation de cet ambitieux projet. Cependant, il a servi de modèle au Système monétaire européen en 1979 ainsi qu'à la naissance de l'euro en 1995.

Seconde présidence de 1979 à 1984

Au cours de sa dernière présidence du gouvernement, de 1979 à 1984, Pierre Werner a une fois de plus laissé sa marque indélébile dans l'évolution générale du pays.

D'un côté, il a présidé à la difficile restructuration de l'industrie sidérurgique qui eut lieu sans traumatisme ni économique ni social, alors que la crise de l'acier par son ampleur touchait à l'existence même de l'État. D'un autre côté, il a eu l'audace de lancer pratiquement tout seul la Société européenne des satellites (SES) contre la résistance du gouvernement français ainsi que des dirigeants de la Compagnie luxembourgeoise de télédiffusion (CLT), en ouvrant au Luxembourg un créneau économique prometteur réduisant dans une certaine mesure sa dépendance de la place financière.

Avant de se retirer de la vie politique active à la fin de son mandat de Premier ministre en 1984, Pierre Werner avait veillé à la continuité, aussi bien au niveau de son parti qu'au niveau national, en s'adjoignant Jacques Santer comme ministre des Finances et Jean-Claude Juncker comme tout jeune secrétaire d'État au Travail.

C'est également sous l'égide de Pierre Werner que la ville de Luxembourg s'est muée d'une ville plutôt provinciale en une capitale européenne et un centre international, notamment par la mise en valeur du quartier du Kirchberg relié au centre-ville par le pont Grande-Duchesse Charlotte. La société luxembourgeoise s'est transformée en même

temps sans heurt ni secousse en une société cosmopolite tout en gardant son identité luxembourgeoise propre.

Sous des apparences débonnaires se cachait un homme politique perspicace et avisé, plein de bon sens, prêt à agir au bon moment, évitant les mises en scène théâtrales, trouvant en toute modestie sa plus grande satisfaction à bien servir son pays et ses concitoyens, qui ont apprécié parfois sur le tard cette marque distinctive du style et les mérites extraordinaires de Pierre Werner, homme politique et humaniste.

(à gauche)
Pierre Werner et le chancelier allemand Ludwig Erhard devant la coulisse de la ville de Luxembourg (Archives *LW*).

Pierre Werner accueille le violoniste Yehudy Menuhin, le 10 février 1994 (Archives *LW*).

For His Excellency
Gaston Thorn
With best wishes, Ronald Reagan

GASTON THORN *1928 †2007
Le «new look» du style politique

Gaston Thorn occupe une place à part dans le monde politique luxembourgeois d'après 1918 en ce sens qu'il a été le seul Premier ministre libéral après plus d'un demi-siècle de monopole du parti de droite, respectivement du parti chrétien-social.

Gaston Thorn appartient à une vaste famille de notables plutôt pragmatiques qui ont fourni des chefs de file aux trois principales tendances politiques durant les premières décennies du siècle.

Les libéraux, désunis entre eux, avaient la vie dure comme partout en Europe, pris entre l'étau des deux colosses que sont les conservateurs à droite, toujours bien implantés dans les campagnes et le centre, et les socialistes à gauche, en pleine croissance dans les zones industrielles du sud. Au centre, la ville de Luxembourg restait comme un îlot libéral avec ses classes moyennes et sa haute bourgeoisie. C'étaient les platebandes électorales des libéraux, qui de Gaston Diderich jusqu'à Paul Helminger se sont succédé à l'hôtel de ville. Sur le plan national, il y eut un certain renouveau avec la fondation du parti démocrate (DP) au lendemain de la guerre où se retrouvaient représentants des mouvements de Résistance et rescapés libéraux de l'entre-deux-guerres. Leur chef de file fut Eugène Schaus, membre des gouvernements Dupong, Bech et Werner après 1945.

Jeunesse et débuts politiques entre 1928 et 1969

L'étoile montante du parti devint, dès la fin des années cinquante, Gaston Thorn. Né en 1928 en France, où son père travaillait pour les chemins de fer français, il y passa son enfance, d'où son aisance à s'exprimer en français. En 1939, il revint au pays à onze ans avec ses parents. Dès 1940, les Thorn figuraient sur la liste nazie des indésirables et ils

Le président des États-Unis Ronald Reagan accueille Gaston Thorn, président de la Commission européenne, à la Maison Blanche (collection A. T.).

Thorn possédait des talents indéniables: facilité rhétorique extraordinaire, acuité intellectuelle, ouverture d'esprit et entregent aisé

eurent à souffrir des harassements de l'occupant. Après la guerre, Thorn termina ses études secondaires à l'Athénée et poursuivit des études de droit à Montpellier, Lausanne et Paris. Il s'inscrivit au barreau de Luxembourg en 1955. Très tôt, il s'était déjà engagé dans l'Union nationale des étudiants luxembourgeois (UNEL), dont il devint le président en 1953. Fortement imprégné d'idées libérales, attiré par la scène politique internationale, Thorn possédait des talents indéniables: facilité rhétorique extraordinaire, acuité intellectuelle, ouverture d'esprit et entregent aisé. Il ne cachait pas ses ambitions d'arriver au sommet. Sa femme, Liliane Petit, par ses qualités d'écrivain journaliste, très ouverte aux problèmes de société, complétait à merveille les atouts de son mari, de sorte que le couple Thorn-Petit, très uni, était quasi incontournable.

Gaston Thorn se lança, au sein du parti démocrate, dans une carrière multiple et fulgurante. En 1959, il fut élu à la fois au conseil municipal de la Ville de Luxembourg, une

Gaston Thorn et Henry Kissinger en toute décontraction (collection A. T.).

trajectoire qu'il laissa bientôt tomber, à la Chambre des députés, au Parlement européen, à l'Assemblée consultative du Conseil de l'Europe et à l'Assemblée de l'Union de l'Europe occidentale. Le moins que l'on puisse dire est qu'il voyait large et loin et qu'il ne faisait pas grand cas du célèbre proverbe français: «qui trop embrasse, mal étreint». Cette orgie d'activisme politique, Thorn allait la poursuivre pendant presque trente ans, et à la grande surprise de la plupart de ses compagnons de route, de ses adversaires politiques et des observateurs attentifs, il ne s'en tira pas mal du tout.

Cette orgie d'activisme politique, Thorn allait la poursuivre pendant presque trente ans

Dès 1961, il devint président du parti démocratique, poste qu'il gardera jusqu'en 1980. Durant les années soixante, il siégeait au Parlement européen à Strasbourg, ce qui lui permit de nouer des contacts précieux. En même temps, il se fit un nom comme porte-parole de l'opposition parlementaire à la Chambre des députés à Luxembourg. Il combinait dans ses interventions la solidité des arguments avec la force persuasive de ses convictions et l'aisance et l'élégance de l'expression. Ainsi, il faisait figure de représentant dynamique de la nouvelle génération d'hommes politiques montants, un aspect négligé par les autres partis politiques encore surpeuplés de caciques inamovibles. Ils allaient s'en rendre compte aux élections de fin 1968.

Sur les cimes de la politique luxembourgeoise et internationale

Lors de ces élections anticipées, les autres partis perdirent des sièges, et le DP revint en force. Gaston Thorn, dix ans après avoir commencé son ascension politique, atteint un premier sommet. Il entre au gouvernement de coalition CSV-DP et y occupe des ministères qui semblent taillés à sa mesure, les Affaires étrangères et le Commerce extérieur. À partir de ce moment-là s'opère une rupture radicale avec le style de ses prédécesseurs. Alors que Bech croyait mieux servir le pays en gardant un profil bas, pour ne pas provoquer la mauvaise humeur de nos grands voisins, Thorn au contraire se jeta sans la moindre gène dans une sarabande diplomatique effrénée et bien médiatisée de l'Europe jusqu'aux antipodes, au point qu'avec lui le monde était forcé de reconnaître qu'il existait bel et bien un petit pays indépendant qui s'appelait Luxembourg. Cette tournée des popotes dans les grandes et petites capitales n'allait d'ailleurs pas seulement servir les intérêts du pays, mais aussi plus tard les visées politiques personnelles du ministre itinérant.

C'était une période mouvementée, alors que l'Europe s'élargissait de six à neuf et que l'économie mondiale, avec la guerre du Kippour de 1973, plongeait dans une crise grave dont les effets s'étendaient jusque dans les années 1980.

Aux élections de 1974, la défaite historique des chrétiens-sociaux et la victoire des démocrates amenèrent une nouvelle constellation politique au pouvoir. Gaston Thorn de-

(double page suivante) Gaston Thorn en visite auprès de Golda Meir (collection A. T.).

גוילי אש

vint Premier ministre dans un gouvernement de coalition DP-LSAP tout en conservant le ministère des Affaires étrangères; ce fut comme un retour au bloc de gauche d'avant la Première Guerre mondiale. Alors que le pays commençait à s'enfoncer dans la crise de la sidérurgie, le gouvernement Thorn-Vouel institua la fameuse tripartite, c'est-à-dire la réunion des trois partenaires sociaux, patrons, syndicats, gouvernement, pour trouver un consensus afin de résoudre les grands problèmes du temps. C'était le fameux «modèle luxembourgeois». L'industrie sidérurgique fut restructurée avec l'aide financière de l'État, grâce à un impôt de solidarité qui permit d'éviter le pire dans les années 1980. Mais surtout, une nouvelle législation sur le divorce et sur l'interruption de grossesse, violemment contestée par les milieux conservateurs et qu'aucune coalition présidée par le parti chrétien-social n'aurait pu faire voter, fut adoptée par le gouvernement Thorn-Vouel, de même que l'abolition de la peine de mort dès le début de la nouvelle législature. Thorn réussit en pleine législature le tour de force de se faire élire président de l'Assemblée plénière de l'ONU et de la présider avec une parfaite aisance et un doigté politique et diplomatique remarquable. Sa réputation politique, touchant aux nues, prenait des allures olympiennes.

Les déboires européens au sommet

Sa popularité dans l'électorat national renforça son parti aux élections de 1979, alors que les chrétiens-sociaux, nets vainqueurs, reprirent la présidence du gouvernement avec Pierre Werner. Thorn revint aux Affaires étrangères. Le Luxembourg se trouvait alors en pleine phase de reconversion de l'industrie sidérurgique alors que l'Europe des Neuf, puis des Douze, connut la stagnation et l'immobilisme à la suite de la crise économique qui raviva les réactions nationalistes des États membres.

En 1981, Thorn atteint un dernier sommet dans son ascension politique. Il est le premier Luxembourgeois à être élu président de la Commission européenne, succédant au Britannique Roy Jenkins. Il renonça à ses responsabilités politiques luxembourgeoises pour se concentrer sur la tâche épineuse de président de la Commission en temps de crise. Mais, malgré tout son élan et toutes ses tentatives pour faire avancer le lourd chariot européen, le succès lui fut dénié, de sorte qu'il quitta son poste exténué et très déçu de ce bilan négatif, bien qu'il n'y fût pour rien. Les mauvaises conditions politiques et économiques de la première moitié des années 1980 avaient neutralisé ses efforts. Au moins eut-il la satisfaction d'avoir préparé, malgré tout, le terrain à Jacques Delors qui devait surmonter l'«eurosclérose» de la période thornienne pour remettre en marche l'Europe institutionnelle en direction du Marché unique, de l'euro et de son élargissement vers les États du nord et de l'est.

Gaston Thorn reçu à Pékin par l'homme fort du régime chinois, Deng Xiaoping (collection A. T.).

Le couple Thorn-Petit reçoit le couple Helmut et Loki Schmidt (collection A. T.).

La retraite de la vie politique et le repos du guerrier

Gaston Thorn, à la fin de son mandat de président de la Commission, sans doute en grande partie par lassitude et dépit de la vie politique active, où il avait tout vu et où, sans doute, il ne croyait plus avoir grand-chose à apprendre, se retira de la politique pour occuper des fonctions dirigeantes, postes de responsabilité dans le monde économique et financier, comme la présidence du conseil d'administration de la CLT et celle de la Banque internationale à Luxembourg. Parallèlement, il se vouait à sa vie de famille en partageant avec son épouse le fardeau des maladies et des déficiences physiques, qui finirent par l'emporter le 26 août 2007.

Gaston Thorn fut un personnage haut en couleur, un homme politique flamboyant qui poursuivit une ascension ultra-rapide vers les plus hauts sommets de la politique nationale, européenne et internationale. Par lui, le Luxembourg établit sa réputation de membre actif de la Communauté européenne. Sa silhouette élégante, son sourire amusé, ses commentaires politiques incisifs lui garderont une place de choix dans la galerie de nos hommes politiques à cheval sur deux siècles, voire deux millénaires. Gaston Thorn voyait toujours très grand.

MARS DI BARTOLOMEO *1952
Un descendant de l'immigration italienne dans le «melting pot» luxembourgeois

Parmi les États membres de l'Union européenne (UE), le Luxembourg est le seul qui compte parmi les habitants de son territoire national 43% de non-Luxembourgeois et plus de 60% parmi la population de sa capitale. Terre d'immigration et terre d'asile, il offre ainsi l'image non seulement d'une Europe, mais même d'un monde en miniature, un *global village* authentique, car ces immigrants proviennent des quatre coins du monde, même si l'immense majorité est naturellement d'origine européenne venant des pays membres de l'UE.

Le Luxembourg compte parmi les habitants de son territoire national 43% de non-Luxembourgeois

L'immigration a commencé à la fin du 19e siècle, les étrangers provenant les uns de l'Allemagne voisine, les autres de l'Italie, tous attirés par la découverte du minerai de fer dans le sud du pays qui permit le développement d'une industrie sidérurgique, fondement de notre prospérité économique pour plus d'un siècle jusque dans les années 1980.

L'immigration allemande, surtout des cadres et des ingénieurs, a diminué puis cessé sous l'effet de la Grande Guerre. L'immigration italienne, en grande majorité des ouvriers non spécialisés commencée dès 1890, s'est elle aussi arrêtée en 1914, beaucoup d'immigrants rentrant même chez eux. Mais elle reprit au lendemain de la guerre pour connaître ensuite deux autres coups d'arrêt et de reflux: en 1929, au moment de la grande crise économique, et en 1939 avec le début de la Seconde Guerre mondiale. Dans les deux cas, les immigrants italiens étaient traités comme des bouche-trous bienvenus au moment où on avait besoin d'eux, mais renvoyés au moment des crises, jouant le rôle de soupape de sécurité économique et sociale.

Au lendemain de la Première Guerre mondiale, une autre immigration moins bien connue et plus réduite a atteint le Luxembourg, celle des Russes blancs, c'est-à-dire de tous ceux qui fuyaient la Révolution bolchevique de 1917 et se détournaient du nouvel

Mars Di Bartolomeo (collection privée).

État soviétique. Des millions de Russes qui se sont alors exilés dans le monde entier, il y en eut quelques centaines qui se sont retrouvés au Luxembourg, pour travailler d'abord dans l'industrie textile à Wiltz, puis, après l'impact de la crise économique de 1929, à l'usine de céramique CERABATI à Wasserbillig. Conservateurs et très pieux, ils ont organisé au début leur culte orthodoxe dans une cave de fortune dans la région mosellane, puis ils ont construit une église digne de ce nom à Luxembourg-ville, au Limpertsberg, renforçant ainsi la tradition plurireligieuse de notre pays, où les confessions judaïque, luthérienne et réformiste possédaient déjà leur lieu de culte. Les descendants de cette immigration russe se sont parfaitement intégrés dans la société de leur pays d'accueil.

Après 1933, un courant migratoire différent autrement plus tragique toucha le territoire luxembourgeois, soit qu'il fut de passage, soit pour y rester: les réfugiés de la dictature nazie. Il porta le nombre de la population juive du Luxembourg de mille à trois mille sept cents personnes; plus de mille trois cent quarante périrent dans les camps d'extermination nazis alors que plus d'un millier réussirent à se réfugier outre-Atlantique. Au lendemain de la guerre, en 1947, la population juive au Luxembourg comptait huit cent soixante-dix membres.

Une immigration italienne en baisse

Le flux de l'immigration italienne reprit de plus belle après 1945 pour se tarir en 1965 et céder la place aux premières vagues de l'immigration portugaise. L'immigration italienne, en provenance surtout du Frioul, avait commencé à baisser à la fin des années cinquante, essentiellement pour deux raisons. D'abord, l'Italie, l'un des six membres fondateurs de la CECA et du Marché commun, commença à en ressentir les effets positifs, la croissance économique qui se répandit peu à peu à tous les coins de la botte italienne, également au Frioul. D'autre part, le gouvernement luxembourgeois, de peur d'un raz de marée d'immigrants italiens, avait restreint le droit d'entrée en empêchant les familles de rejoindre les maris et les pères travaillant au Grand-Duché. Quand il leva enfin cet obstacle, au début des années 1960, c'était trop tard, le flux régulier était interrompu et il fallut trouver une autre solution au manque de main-d'œuvre endémique qui commençait à peser de plus en plus sur le développement économique du pays. C'est alors qu'on se tourna vers le Portugal. Tout comme pour l'immigration italienne, les mêmes causes eurent les mêmes effets: la pauvreté et le manque d'emplois d'un côté, le boom économique et l'offre d'emplois de l'autre.

Contrairement à ce qui avait été décidé pour les Italiens, les Portugais pouvaient dès le début amener avec eux leurs familles. Ils avaient, par ailleurs, encore d'autres raisons de s'expatrier. En effet, le Portugal souffrait jusqu'en 1974 au moins de la dictature de Salazar et de son successeur Caetano, d'un sous-développement économique marqué par un chômage très élevé et enfin des séquelles financières et humaines de guerres coloniales anachroniques. L'arrivée des immigrants portugais fut par conséquent beaucoup plus massive et allait durer des années soixante jusqu'à la fin du siècle, en s'étendant sur l'ensemble du territoire, pour représenter jusqu'à 15% de la population ou 70 000 personnes, le contingent le plus important de non-Luxembourgeois. Une dizaine d'années après l'entrée du Portugal dans l'Union européenne, l'immigration portugaise a baissé et un nombre croissant de nouveaux venus est rentré au pays.

L'arrivée des immigrants portugais fut par conséquent beaucoup plus massive et allait durer des années soixante jusqu'à la fin du siècle

Puis les troubles liés à la désintégration de la Yougoslavie ont provoqué la fuite d'un grand nombre d'habitants de la Bosnie-Herzégovine et du Kosovo, qui ont recherché l'asile politique dans les pays membres de l'Union européenne, dont le Luxembourg. Aux différences habituelles linguistique et culturelle s'ajoutait dans ce cas une dimension nouvelle, la religion islamique, qui aurait pu prêter à des soucis. Cependant notre gouvernement a relevé également ce défi-là, la tolérance et la bonne volonté de part et d'autre aidant.

D'un autre côté, les populations des pays de l'Europe centrale, baltique et orientale, devenus eux aussi membres de l'UE, ressentaient à leur tour l'attrait de la prospérité de l'Europe occidentale. En nombre limité, certes, arrivèrent des ressortissants de ces pays pour occuper des postes importants dans les instituts financiers. Ceci fut aussi le cas d'un certain nombre de ressortissants du Japon, de la Chine, de l'Inde. De même, les institutions européennes établies à Luxembourg attiraient de nombreux spécialistes venant de l'Union européenne.

Cette immigration de cadres supérieurs, dont beaucoup sont devenus sédentaires et sont concentrés autour de la capitale, provoquait par ailleurs une hausse spectaculaire des prix des terrains à bâtir et des logements tout court.

À côté des migrants sédentaires se développa le flux et le reflux quotidien des frontaliers ressortissants de nos pays voisins, qui viennent chaque matin travailler au Luxembourg pour rentrer le soir dans leurs foyers, situés parfois à des dizaines de kilomètres de la frontière. Ils sont à peu près 150 000, plus de la moitié venant de France, plus de 30 000 d'Allemagne et plus de 40 000 de Belgique, employés dans les services, la restauration, l'artisanat, la construction et ailleurs. Le chômage endémique dans les régions frontalières voisines et une meilleure rémunération au Luxembourg sont les ressorts de ce flux migratoire quotidien. Avec les résidents non luxembourgeois sur notre territoire national, ils représentent plus de 60% de la population active au Grand-Duché. Le plurilinguisme traditionnel des Luxembourgeois, que l'éducation scolaire enrichit plus ou moins de l'anglais, de l'italien, de l'espagnol et du portugais, est à l'origine de l'extraordinaire cohabitation de cette population si variée et du bon fonctionnement professionnel et social de cette communauté unique en son genre.

À côté des migrants sédentaires se développa le flux et le reflux quotidien des frontaliers

Le gouvernement luxembourgeois a encore facilité l'intégration des non-Luxembourgeois en faisant voter une loi sur la double nationalité, permettant le cas échéant aux résidents non Luxembourgeois d'acquérir la nationalité luxembourgeoise tout en gardant leur nationalité d'origine.

Le Luxembourg est ainsi devenu en l'espace d'un siècle et surtout depuis la Seconde Guerre mondiale un *melting pot* à l'instar des États-Unis, où le brassage des peuples s'est opéré dans la vie de tous les jours dans le respect mutuel, sans heurts et sans incidents xénophobes.

L'actuel ministre de la Santé et de la Sécurité sociale, Monsieur Mars Di Bartolomeo, peut être considéré, à côté de bien d'autres, comme représentant exemplaire de cette intégration réussie.

Mars Di Bartolomeo, peut être considéré comme représentant exemplaire de cette intégration réussie

Né le 27 juin 1952 dans le quartier légendaire «Petite Italie» à Dudelange, où se retrouvaient 1 500 habitants, tous ou presque originaires d'Italie, le jeune Di Bartolomeo pouvait se prévaloir de racines vraiment internationales. Ses deux grands-pères originaires des Abruzzes s'étaient installés dans le sud du pays au lendemain de la Grande Guerre avec la deuxième vague d'immigrants italiens. Ils travaillaient l'un comme mineur, l'autre comme ouvrier d'usine dans la sidérurgie et avaient pris comme épouses l'un une Franco-luxembourgeoise, l'autre une Italo-allemande.

Le père du futur ministre restait comme ouvrier à l'usine, mais impressionnait son fils par son intelligence vivace et ouverte, ses aptitudes artisanales universelles: «Il savait tout faire.» Très tôt, il s'engagea dans le syndicalisme de gauche comme militant actif, un héritage qu'il transmit naturellement à son fils. Ce dernier était dès son jeune âge choqué par l'exploitation des ouvriers dans la sidérurgie et le peu d'égards avec lesquels ils étaient souvent traités par leurs supérieurs hiérarchiques.

Mars Di Bartolomeo n'était pas prêt à rejoindre son père à l'usine mais après l'école primaire à Dudelange, il termina ses études secondaires au Lycée de garçons d'Esch-sur-Alzette. Après une brève période de flottement et d'hésitation il entra comme journaliste au *Tageblatt* en 1972. Mars Di Bartolomeo était entre-temps devenu membre du parti socialiste et il monta désormais parallèlement en grade au journal et au parti.

C'est à partir de 1984 que démarra son ascension dans la vie politique locale, régionale et nationale.

Mars Di Bartolomeo, jeune féru de sports collectifs, assis à gauche sur la photo (collection privée).

D'abord, il prit la place de Robert Goebbels, devenu ministre en 1984, comme secrétaire parlementaire du parti socialiste. Élu au conseil communal de Dudelange en 1987, il se

11
15
9
12
14
6

Mars Di Bartolomeo,
le journaliste,
et comme ministre avec son
homologue français Xavier Bertrand
(collection privée).

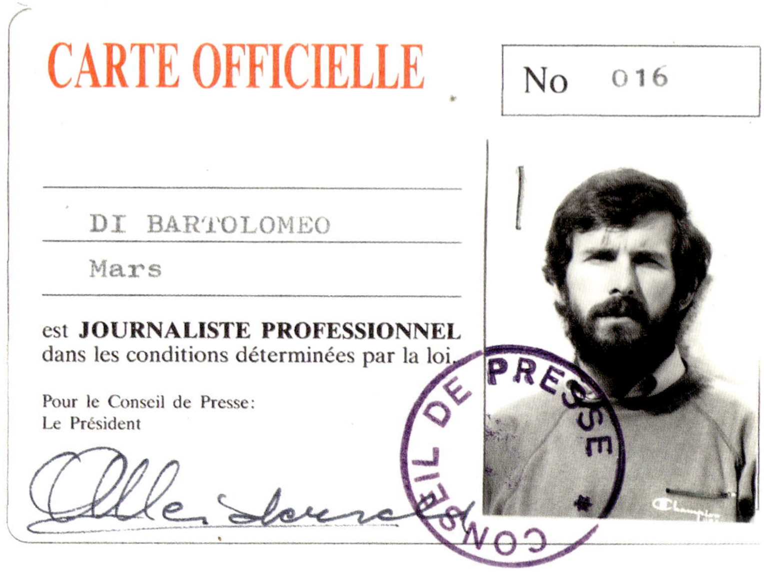

CARTE OFFICIELLE

No 016

DI BARTOLOMEO

Mars

est **JOURNALISTE PROFESSIONNEL**
dans les conditions déterminées par la loi.

Pour le Conseil de Presse:
Le Président

CONSEIL DE PRESSE

fit élire à la Chambre des députés en 1989. Réélu au conseil municipal en 1993, il devint bourgmestre de sa ville natale en 1994, poste qu'il conserva pendant dix ans, jusqu'en 2004, où, réélu à la Chambre, il entra au gouvernement comme ministre de la Santé et ministre de la Sécurité sociale, poste qu'il continue à gérer dans le nouveau gouvernement depuis les élections de 2009. Pendant sa période pré-gouvernementale, Mars Di Bartolomeo s'engagea activement à la Chambre comme rapporteur du budget, entre autres, en 1991, à l'Assemblée parlementaire de l'OTAN, dans la promotion politique, économique et culturelle de la région du sud, le Prosud.

D'apparence joviale avec une petite touche de bon vivant, Mars Di Bartolomeo, pleinement assimilé, se sent Luxembourgeois à part entière et en même temps très fier de ses ascendants italiens dont il tient sans doute sa bonne humeur. Interrogé sur son curriculum de Luxembourgeois issu de l'immigration italienne, il se rappelle que jusqu'à son entrée à l'école primaire, il ne se sentit jamais harcelé à cause de ses origines, car il sut rapidement faire entendre raison à ses petits copains de souche luxembourgeoise et en fait n'en fut guère marqué. Pour lui, l'assimilation était aussi une étape dans la promotion sociale. La cohésion sociale, d'après lui, constitue la clé de la réussite du Luxembourg comme puissance économique et centre culturel national et cosmopolite à la fois. D'où ses multiples engagements dans des associations promotrices de ces valeurs, président des Amitiés italo-luxembourgeoises, président du Centre de documentation sur les migrations humaines, président fondateur de l'association de coopération Diddeleng Hëlleft. Mars Di Bartolomeo peut être considéré comme une réussite parfaite du *melting pot* luxembourgeois. Il n'est pas le seul, comme en témoignent John Castegnaro, grand syndicaliste et homme politique,

Félix Giorgetti, entrepreneur hors pair, Mario Di Cato, professeur médecin spécialiste et beaucoup d'autres.

Ce qui vaut pour les descendants des différentes vagues d'immigration italiennes est en train de se vérifier également pour ceux de l'immigration portugaise et de celles qui ont suivi dans le temps. Selon Mars Di Bartolomeo, l'immigration pour un pays comme le nôtre n'est au fond pas source d'ennuis, d'agitations racistes ou de tensions xénophobes, mais bien au contraire, elle représente une source de promotion économique et sociale, d'enrichissement culturel et linguistique, un atout majeur dans la croissance d'un pays et dans la qualité de vie commune de ses habitants. Tout dépend de l'accueil des immigrés par la population résidente, et sur ce point notre pays donne un exemple de réussite à imiter par les autres Européens au moment où le brassage des hommes s'intensifie au sein de l'Union européenne.

Le Luxembourg est ainsi devenu au cours de son histoire du 20e siècle un laboratoire humain, un *melting pot* européen et universel réussi dont tout le monde peut profiter.

Les Jours de la Grève à Differdange 1921. 9

DE NIC BIEVER À JOSEPH DALEIDEN
L'évolution du syndicalisme

Les origines du syndicalisme au Luxembourg se rattachent à l'essor de l'industrie sidérurgique, à la fin du 19e siècle. Certes, à partir de 1860 le milieu artisanal vit apparaître des associations d'entraide, considérées parfois comme les lointains précurseurs des syndicats. Mais il leur manquait la dimension revendicative et combative face au patronat et au gouvernement des notables, et elles ne comptaient que très peu de membres. Or, plus encore que pour les partis politiques, la mobilisation effective des masses est nécessaire pour que les syndicats puissent s'affirmer et se développer.

Les origines du syndicalisme au Luxembourg se rattachent à l'essor de l'industrie sidérurgique

Les origines et les premiers succès des syndicats entre 1903 et 1964

C'est à la fin du 19e siècle que l'exploitation des gisements de minerais de fer (minette) dans le sud du pays entraîna la concentration de milliers d'ouvriers dans les nouveaux centres industriels d'Esch, Differdange et Dudelange. Pourtant, le mouvement syndical tarda à s'imposer, car la majorité de ces mineurs étaient d'origine allemande ou italienne, en situation passagère précaire, toujours menacés d'être renvoyés dans leur pays d'origine en cas de crise.

Ce fut en 1903 seulement, avec l'arrivée d'une main-d'œuvre luxembourgeoise plus nombreuse, enracinée dans le pays, qu'un premier syndicat vit le jour: celui des ouvriers métallurgistes, calqué sur le modèle allemand, très vite d'ailleurs miné par des dissensions internes. Et même les deux syndicats existant en 1909 ne comptaient que quelques centaines de membres sur un total de plus de 19 000 ouvriers travaillant dans la sidérurgie. La main-d'œuvre étrangère, toujours majoritaire avec 60% avant 1914, moins bien payée que les ouvriers luxembourgeois, donnait au patronat une marge de manœuvre contre ces derniers.

Intervention des troupes françaises lors de la grêve de 1921.

C'est en 1909 également que dans le secteur public, un certain nombre de fonctionnaires courageux osaient braver les dirigeants politiques autoritaires de l'époque en fondant l'Association générale des fonctionnaires (AGF), l'ancêtre de l'actuelle Confédération générale de la fonction publique (CGFP). Même si cet acte à lui seul était déjà un défi, l'activité de l'AGF ressemblait au début plutôt à celle d'une association d'aide mutuelle.

Ce fut l'impact de la Première Guerre mondiale qui donna un véritable coup de fouet à la montée des nouveaux syndicats. D'abord, le départ de milliers d'ouvriers allemands et italiens faisait des masses ouvrières un prolétariat luxembourgeois menacé de son côté par la faim et l'inflation, surtout à partir de 1916. Ce fut l'année de la fondation d'un syndicat ouvrier neutre et d'un autre d'obédience socialiste, qui allaient fusionner en 1920 pour former l'Association des ouvriers des mines et des usines sidérurgiques (Berg- und Metallindustriearbeiter-Verband – LBMV). L'influence socialiste s'imposa rapidement avec deux grandes figures de tribuns syndicalistes, Pierre Krier et Nic Biever, qui, pendant de longues années, allaient marquer de leur empreinte le syndicalisme luxembourgeois.

L'impact de la Première Guerre mondiale donna un véritable coup de fouet à la montée des nouveaux syndicats

Pour faire face à l'influence dominante d'une gauche attirée par le radicalisme révolutionnaire de l'époque, les milieux catholiques fondèrent en 1921 leur propre syndicat (le Lëtzebuerger Chrëschtleche Gewerkschaftsbond – LCGB), rival du premier et appelé à devenir le numéro 2 du mouvement syndical dans le secteur privé.

Une période riche en turbulences sociales

La période de fin de guerre était riche en turbulences politiques et sociales. Parallèlement aux crises politiques nationale et internationale, la misère provoqua des mouvements de grève générale qui échouèrent, en 1917, sous la pression de l'occupant allemand, et en 1921, à la suite de l'intervention des troupes françaises présentes dans le pays. L'influence contagieuse de la Révolution russe risquant d'aggraver l'état de crise, les modérés parmi les dirigeants syndicalistes socialistes comprirent qu'il ne fallait pas mélanger extrémisme politique et syndicalisme. Dorénavant, les conditions de travail, les salaires et la protection sociale des ouvriers devinrent le principal objectif de l'action syndicale, son moyen préféré étant la négociation au lieu des confrontations violentes.

C'est au cours des mouvements de grève générale de 1917 et de 1921 que le jeune métallurgiste Nic Biever se distingua par son engagement, son courage et son indomptable énergie dans l'adversité.

Né le 22 mai 1894 à Dudelange dans une famille nombreuse de onze enfants, Nic Biever, après l'école primaire, entra comme apprenti dans l'usine sidérurgique de Dudelange.

Le syndicaliste Nic Biever (Archives du parti socialiste).

Malgré l'existence d'assurances accident et maladie, respectivement invalidité et vieillesse, les conditions de travail et de vie des mineurs et métallurgistes étaient très dures, car ils dépendaient entièrement des maîtres de forges. Après 1914, sous l'occupation allemande, leur situation allait de mal en pis, entraînant la fondation des deux premiers syndicats ouvriers authentiques en 1916. Dès 1917, Nic Biever participa comme membre fondateur à la section de Dudelange du LBMV et prit part, en première ligne, à la grève générale de 1917. Nic Biever finit par devenir syndicaliste à plein temps dès 1919 et, lors de la fusion des deux syndicats, il se retrouva comme l'un des deux secrétaires généraux.

Au lendemain de la guerre, les crises politiques se doublèrent d'une crise économique grave due à la réorientation de l'économie luxembourgeoise du Zollverein allemand vers l'Union économique belgo-luxembourgeoise (UEBL). En 1921, en réponse à des licenciements massifs et suite à l'échec des négociations salariales, les ouvriers occupèrent les usines. Ce fut une nouvelle fois la grève générale, qui, après trois semaines tumultueuses marquées de violences, se termina par l'intervention des troupes d'occupation françaises, appelées à la rescousse par les maîtres de forges et le gouvernement aux aguets. Nic Biever en avait été l'un des meneurs; arrêté brièvement comme instigateur de la grève il fut relâché peu de temps après. Il s'attela dès lors à la tâche de réorganiser le mouvement syndical ouvrier, durement touché par l'échec de la grève et par les licenciements décidés à titre de représailles. Homme pratique, il en tira les leçons et se consacra dans son action syndicale ultérieure à tout faire pour améliorer la situation matérielle et professionnelle des ouvriers. Dès 1923, quand le parti socialiste prit à son compte le programme syndical du LBMV, Nic Biever entra dans ses rangs et, coup sur coup, fut élu membre du conseil communal de Dudelange fin 1924 et député socialiste au début de 1925.

Nic Biever en pleine action lors d'une manifestation syndicale.

Sous l'influence de la doctrine sociale catholique, le gouvernement Reuter prit des mesures d'apaisement, d'abord en 1921 à l'égard des fonctionnaires dont les salaires de misère furent, sous la pression de l'AGF, relevés à raison de la hausse des prix – ce fut le commencement de la fameuse indexation des salaires. Puis, en 1924, il instaura des chambres professionnelles afin de permettre au monde du travail de défendre sa cause dans le processus législatif.

Les seuls à être exceptés de cette mesure étaient les fonctionnaires, qui devaient attendre jusqu'en 1964 avant d'être traités sur un pied d'égalité en obtenant leur propre chambre professionnelle. En effet, l'autoritarisme et le paternalisme des anciens notables avaient la vie dure: les agents publics étaient censés faire aveuglément confiance à l'État-patron.

À la suite de la crise économique de 1929, une nouvelle mobilisation, cette fois commune à tous les syndicats, eut lieu en 1936. Ils déclenchèrent un vaste mouvement de protestation et obtinrent du gouvernement qu'ils fussent désormais reconnus par la loi comme interlocuteurs à part entière du patronat et de l'État en matière de revendications salariales et sociales. L'article 310 du code pénal, de caractère nettement anti-syndical, fut aboli, la liberté syndicale reconnue avant d'être inscrite dans la Constitution en 1948, et les premiers contrats collectifs signés.

Engagé dans la campagne contre la loi muselière du gouvernement Bech, en 1937, Nic Biever devint président du LMBV au lendemain de l'échec gouvernemental au référendum, quand deux ministres socialistes entrèrent au gouvernement Dupong. Son engagement infatigable pour la cause ouvrière, sa repartie prompte face aux attaques de ses adversaires, sa bonne humeur contagieuse, son bon sens imperturbable lui valurent une popularité dans le monde ouvrier qui allait durer au-delà des années de l'occupation nazie, qu'il passa avec sa famille en France, jusque dans les années d'après-guerre. Après 1945, sans renier ses affinités syndicales, Nic Biever se concentra davantage sur ses activités politiques, d'abord comme chef de file de l'opposition socialiste à la Chambre, puis dans les années cinquante comme ministre du Travail dans les gouvernements Dupong et Bech et une dernière fois, en 1964, une année avant sa mort, dans le gouvernement Werner. C'est durant ces années qu'il a pu promouvoir une législation sociale importante qu'il n'avait cessé de revendiquer comme syndicaliste dans les années vingt et trente et après 1945, quand le LMBV devint la LAV, rebaptisée OGBL après la disparition de Nic Biever. Admiré et pleinement soutenu par les siens, respecté et apprécié par les autres, Nic Biever laissa le souvenir exemplaire d'un grand tribun du monde ouvrier, qui a marqué son époque.

Admiré et pleinement soutenu par les siens, respecté et apprécié par les autres, Nic Biever laissa le souvenir exemplaire d'un grand tribun du monde ouvrier

Au moment où Nic Biever s'effaçait de la scène politique et syndicale apparut un autre personnage, appelé lui aussi à faire une carrière exceptionnelle dans le syndicalisme, mais cette fois-ci dans celui du secteur public: Jos Daleiden.

À côté des deux puissants syndicats du secteur privé, l'OGBL et le LCGB, le secteur public était représenté dans l'après-guerre par l'AGF qui, revigorée après 1945, réussit au début des années cinquante à obtenir l'instauration d'une caisse de maladie et d'une assurance accident pour les agents publics. En 1954, l'AGF obtint la réforme du système des pensions de la fonction publique, resté en vigueur jusqu'à son démantèlement par le gouvernement à la fin des années quatre-vingt-dix. La fonction publique avait un retard considérable, au niveau salarial et social, à rattraper par rapport au secteur privé. L'AGF dans un dernier sursaut obtint, en 1963, la réforme de base des traitements et, en 1964 enfin, la mise en place d'une Chambre professionnelle des fonctionnaires et employés publics, l'année même où le poste de ministre de la Fonction publique fut créé.

Du naufrage de l'AGF à l'envol de la CGFP entre 1964 et 1982

Jos Daleiden allait s'imposer comme le chef de file de toute la Fonction publique

Rongée par toutes sortes de dissensions internes et de rivalités personnelles, l'AGF éclata et sombra, laissant un grand vide que même le gouvernement, intéressé à avoir un interlocuteur unique dans la fonction publique, ne voulut pas accepter comme tel. Sous la pression du nouveau ministre de la Fonction publique, des membres dynamiques d'associations sectorielles se retrouvèrent en 1967 pour fonder la Confédération générale de la fonction publique – CGFP. Parmi ceux-là, un jeune représentant de la force publique, Joseph Daleiden, joua un rôle clé. C'est à partir de ce moment là que Jos Daleiden, par son travail inlassable, son engagement acharné et sa perspicacité, allait s'imposer comme le chef de file de toute la fonction publique.

Né en 1932, le jeune Daleiden entra dans la force publique en 1950 où il fonda, avec ses collègues de la gendarmerie et de la police, le Syndicat professionnel de la force publique (SPFP) dont, malgré son jeune âge, il devint le principal acteur, publiant même un journal. Dès lors, il s'engagea également dans l'AGF et après la désintégration de celle-ci, qui commença dès 1965 pour se terminer avec son éclatement en 1967, il comprit que la fonction publique devait se réorganiser rapidement en tirant les leçons des erreurs du passé. Jos Daleiden, auteur des nouveaux statuts de la CGFP, en devint, comme secrétaire général, le chef incontesté.

Jos Daleiden lors de l'une des conférences annuelles des comités de la CGFP (collection privée).

Dans un patient travail de recrutement, il réussit à réintégrer la plupart des anciennes organisations sectorielles de l'AGF ou à en fonder de nouvelles là où celles en place se retiraient dans un isolement stérile. La croissance régulière et continue de la CGFP allait au fil des années en faire le seul syndicat représentatif de la fonction publique et l'un des trois grands syndicats nationaux avec plus de 27 000 membres. L'originalité et la force de la CGFP résident dans le fait que les associations sectorielles gardent leur autonomie d'action dans le respect l'une de l'autre et qu'au plus haut niveau, le bureau exécutif et le secrétaire général possèdent une complète liberté d'action en dehors de toute affiliation politique ou idéologique, s'appuyant sur un comité fédéral pour la gestion des affaires courantes et responsables devant la conférence des comités pour la ligne générale de la Confédération lors de la grande réunion de cette dernière en fin d'année. Les membres dirigeants du bureau et du comité fédéral se recrutent parmi les associations sectorielles les plus représentatives.

Dès sa fondation, la CGFP fit preuve d'un nouvel esprit d'engagement syndical actif. En 1968, elle obtint le droit de vote passif pour les agents de l'État, et en 1972, le régime de service des employés de l'État et entre 1971 et 1973, une nouvelle révision des traitements. En 1976, un premier accord salarial fut négocié et signé en règle avec le gouvernement, un précédent important pour l'avenir.

En 1979, ce fut la réforme du statut des fonctionnaires de l'État ainsi que l'introduction du droit de grève. Entre-temps, la CGFP avait obtenu une majorité écrasante au sein de la Chambre des fonctionnaires et employés publics, devenue dès lors son bras institutionnel. C'est également au niveau de la Chambre, ensuite dans l'activité syndicale en général, que des relations étroites et chaleureuses ont été établies avec l'autre syndicat du secteur public, la Fédération générale de la fonction communale (FGFC), devenue depuis partenaire et alliée privilégiée de la CGFP. En 1982, ce fut la fondation de l'Institut de formation administrative (IFA), prédécesseur de l'actuel Institut national d'administration publique (INAP), qui assure depuis la formation des agents de l'État.

Un journal, trimestriel d'abord, mensuel de nos jours, *fonction publique*, informe ses membres et l'opinion publique en général sur l'attitude de la CGFP à propos des grands sujets d'actualité nationale et syndicale. Entre-temps, la CGFP a pris ses responsabilités syndicales dans des institutions nationales clés, comme le Conseil économique et social (CES), la tripartite, la Commission d'économies et de rationalisation (CER) et d'autres. Sur le plan international, elle est la cofondatrice de la Confédération européenne des syndicats indépendants (CESI).

La CGFP a su développer ses propres services destinés à aider ses membres de multiples façons

Parallèlement à son implication dans les différents rouages des institutions politiques, économiques et sociales, la CGFP a su développer ses propres services destinés à aider ses membres de multiples façons, comme par exemple l'œuvre CGFP d'épargne-logement (OEL) en collaboration avec le Beamtenheimstättenwerk (BHW) pour favoriser l'acquisition d'un logement surtout pour les jeunes, le service CGFP voyages, le service CGFP de placement, et d'autres, c'est-à-dire toute une gamme de services, qui depuis ont été regroupés dans le cadre d'une association sans but lucratif à part, CGFP-Services asbl.

De tous ces projets, initiatives et entreprises, le promoteur et la force vive a été Jos Daleiden, dont la résidence privée a été longtemps le siège et le quartier général de la CGFP. Si l'on y ajoute le fait que chaque membre de la CGFP pouvait, pratiquement à tout moment,

Le secrétaire général et le président de la CGFP lors d'une manifestation interne de la CGFP (collection privée).

téléphoner au secrétaire général pour lui demander aide ou conseil et que ce dernier ne s'y est jamais refusé, on arrive à la conclusion que l'activité et le personnage de Jos Daleiden ont été uniques en leur genre dans le monde syndical, et que l'ascension de la CGFP lui doit énormément; sa considération et son prestige en sont sortis inégalables.

Le temps de l'alternance de 1982 à 2009

Cependant, il n'y eut pas seulement des succès et des progrès, comme par exemple en 1986 avec la dernière révision des traitements, et de 1990 à 1995 avec le paiement d'une mensualité supplémentaire en fin d'année pour les agents de l'État et d'autres mesures sociales. Le relèvement des traitements de la fonction publique et leur adaptation à ceux du secteur privé dans le cadre d'une politique salariale continue ont provoqué à la longue des jalousies et des ressentiments tenaces, qui aboutirent à une véritable campagne nationale de dénigrement de la fonction publique, réunissant dans une coalition hétéroclite des médias nantis et des politiciens sectaires et marginaux. Celle-ci réussit à pousser le gouvernement, en 1995, à oublier sa ligne politique antérieure et à chercher la confrontation avec la CGFP dans un conflit social qui allait durer quatre ans, divisant la société et le pays, pour aboutir finalement au démantèlement du système de pension propre aux agents de l'État. La CGFP put limiter les dégâts et ne s'en est pas relevée moins forte, au contraire; tous ses membres ont compris que sans son bouclier, certes maltraité, mais protecteur quand même, les associations sectorielles isolées auraient été des proies faciles.

Au début du nouveau siècle, la raison l'emportant, le calme est revenu, et la paix sociale, facteur clé de la réussite nationale, s'est révélée aussi importante que la stabilité politique. D'autre part, un certain nombre de dirigeants du secteur privé, moins dogmatiques et plus clairvoyants que d'autres, ont fini par comprendre que le secteur public et le secteur privé sont étroitement interdépendants et condamnés à s'entendre.

Celui par qui la fonction publique a réalisé son unité et conquis en même temps sa place au niveau national, Jos Daleiden, a cédé, en 2005, son poste de secrétaire général à Romain Wolff, jeune successeur dynamique et pragmatique, entouré d'une équipe dirigeante bien motivée pour assurer la continuité dans la défense de la cause des serviteurs de l'État.

La crise économique actuelle, avec toutes ses retombées, ne manquera pas de mettre à l'épreuve la solidité de l'œuvre accomplie par Jos Daleiden. Par ailleurs, les défis multiples auxquels sont confrontés tous les syndicats ont entraîné une conséquence heureuse pour tous, à savoir qu'au lieu de s'en prendre les uns aux autres, ils ont compris que l'intérêt fondamental de tous les salariés les pousse inexorablement en période de crise à faire cause commune au CES aussi bien qu'au sein de la tripartite.

La grande manifestation syndicale commune le 16 mai 2009, dirigée contre le démantèlement social, rappelant celle de 1936, en fournit la preuve éclatante. Entre-temps, Jos Daleiden, secrétaire général honoraire, mais toujours sur la brèche dans CGFP-Services, de sa retraite suit attentivement l'évolution générale du pays, toujours prêt à mettre la main à la pâte et à faire profiter ses successeurs de sa longue expérience des affaires. Entré dans la légende de son vivant, il a marqué de son empreinte le syndicalisme de la fonction publique tout comme Nic Biever en son temps le syndicalisme ouvrier.

Entré dans la légende de son vivant, il a marqué de son empreinte le syndicalisme de la fonction publique

LA VILLE DE LUXEMBOURG
D'une capitale provinciale à une capitale européenne

De 1920 à 2010, la ville de Luxembourg a traversé une des périodes les plus riches de son histoire. Elle est devenue une capitale européenne, une place financière internationale, un centre de fret mondial.

Structurer l'espace

Luxembourg fusionna en 1920 avec ses communes limitrophes, Hollerich, Eich, Rollingergrund et Hamm. Cette dernière fut la seule dont les maisons ne touchaient pas à la ville. Comme cependant sa population travaillait majoritairement dans la capitale, le Conseil d'État autorisa la fusion.

Luxembourg fusionna en 1920 avec ses communes limitrophes, Hollerich, Eich, Rollingergrund et Hamm

Les enjeux furent importants: la ville suffoquait, ne pouvait plus s'étendre. Hollerich, Eich et Rollingergrund ne parvinrent plus à dominer l'étalement urbain, ni à pourvoir leurs habitants en services publics; l'administration communale de Hamm éprouvait des problèmes financiers face à une industrie textile en déclin.

Le «Grand-Luxembourg» s'étendit sur 49,54 km^2 avec 45 805 habitants, soit huit cent quatre-vingt-dix-huit habitants au km^2. L'ancienne ville (3,35 km^2) présentait une densité de 5 800 h/km^2, les sections Hollerich-Bonnevoie 2 700 h/km^2, les anciennes communes d'Eich et de Rollingergrund étaient moins peuplées avec respectivement 500 et 300 h/km^2. Merl, Gasperich et Cessange ne réunirent que 160 h/km^2.

Les tours jumelles au Kirchberg, qui abritent des services des institutions européennes.

(double page suivante)
La place de l'Europe à Luxembourg-Kirchberg. Au centre: la Salle de concerts Grande-Duchesse Joséphine-Charlotte, la Philharmonie.

Il fallait urbaniser ce territoire, garantir à chaque quartier des services identiques, à commencer par la canalisation, la construction de trottoirs et d'infrastructures sportives, l'électrification, l'ouverture de nouvelles écoles, le raccordement aux tramways

La ville de Luxembourg, centre économique et commercial (collection privée).

et au réseau des autobus. Pendant 20 ans, le bourgmestre Gaston Diderich surveillait la réalisation de ce programme.

Pour endiguer le mitage, la ville chargea en 1923 Joseph Stübben du développement d'un plan d'aménagement général. Le choix de cet urbaniste relevait bien d'une vision commune pour le développement des villes du Grand-Duché. Stübben, qui avait travaillé un peu partout en Europe, allait aussi urbaniser Esch-sur-Alzette, Dudelange et Differdange. «Régionaliste», il prônait un développement urbain pittoresque, en respect avec la topographie, le climat et l'histoire locale. Comme réformateur social, il partageait les vues du gouvernement sur un urbanisme favorisant l'accès à la propriété privée, sous forme de la maison individuelle. Ses plans présentaient des voies en courbes, agrémentées de squares et jardins publics, de services de proximité. La grande maison de rapport fut considérée comme foyer d'insurrection sociale. La politique de la Société nationale des habitations à bon marché visait à fixer au sol l'élite ouvrière, à la responsabiliser par la propriété et à l'intégrer dans les classes moyennes et la petite bourgeoisie. La force d'un pays se mesurait à l'époque par sa capacité d'intégrer les meilleurs pour la plus grande prospérité économique. Les plans de Stübben servaient d'orientation aux aménagements des quartiers jusque dans les années soixante. Les quartiers existants furent agrandis. Belair émergea comme nouvelle partie de la ville. Dès 1923, des habitations à bon marché furent érigées sous forme de «cités-jardins» à la périphérie (Belair, Gasperich, Pfaffenthal, Bonnevoie, Rollingergrund, Hamm).

La ville se dota de grandes infrastructures dont la maternité, le stade municipal, le hall d'expositions, les stations d'épuration, l'abattoir central, le lycée de jeunes filles. Les villes basses et la vieille ville furent assainies. De grands immeubles de rapport à sept étages et les grands magasins firent leur apparition.

En 1940, Luxembourg avait achevé son programme de transformation de la ville forteresse en capitale nationale. En intégrant encore quelques terres de la commune de Sandweiler en 1939, la ville trouve son expansion actuelle de 51,24 km^2. Avec 60 000 habitants, elle était devenue une ville moyenne.

Changement de vocation

L'intégration au *Reich* va marquer le début d'une nouvelle identité. Luxembourg devra désormais tenir son rôle dans un contexte beaucoup plus vaste. Le temps de la «capitale nationale» est révolu.

Pour se positionner au sein du Reich, Luxembourg devait se transformer en *deutsches Kulturbollwerk im Westen*. Hubert Ritter, Stadtbaurat à Leipzig, définit une nouvelle aire urbaine intégrant à la ville les communes de Strassen, Walferdange et Hespérange (sans Itzig). Un boulevard périphérique devait contourner cet espace. Ritter, réalisant que l'ancien noyau ne pouvait plus suffire à l'expansion de la cité, dressa des plans d'aménagement du Kirchberg à relier au rond-point Schuman par un pont routier. Kirchberg aurait encore relié la ville au réseau autoroutier allemand. La tête de pont, côté Kirchberg, devait être dominée par un bâtiment tour, le *Kreisforum*. D'autre part, Ritter continuait à faire de Luxembourg une cité-jardin.

1945 marqua un bref retour à la situation de 1939, et déjà en août 1952, Luxembourg est désignée comme siège de la Communauté européenne du charbon et de l'acier (CECA). Le gouvernement avait lancé un défi énorme à sa capitale qui, du coup, devait s'affirmer face aux grands centres de décisions.

Le champ d'aviation créé en 1946 se mue en aéroport international avec 1,7 million de passagers en 2008. L'extension de la piste d'atterrissage et la sécurisation des installations finira par en faire le 5e aéroport de fret européen.

À la fin des années cinquante, la ville ne parvint plus à contenir les 1 600 fonctionnaires européens. Il fallait les concentrer dans un nouveau quartier et augmenter la visibilité de la vocation européenne du site. En 1958, le gouvernement présenta son premier plan d'aménagement du plateau du Kirchberg en quartier européen. Le Fonds d'urbanisation et d'aménagement du plateau du Kirchberg, créé en 1961, se mit aussitôt

À la fin des années cinquante, la ville ne parvint plus à contenir les 1 600 fonctionnaires européens

Les rives de l'Alzette, centre de natation de la compagnie des volontaires au lendemain de la Première Guerre mondiale (collection privée).

à construire le pont Grande-Duchesse Charlotte. Le Grand Théâtre ouvert en 1964 devait assurer à la population internationale une programmation culturelle «digne d'une grande ville» (Maurice Cosyn). Le transfert des fonctionnaires européens au Kirchberg s'étend de 1964 à 1974. En 2008, près de 86% des fonctionnaires européens y sont concentrés.

Les projets d'attirer le Parlement européen, respectivement la Banque centrale échouèrent. Luxembourg sert depuis de back office à l'Union européenne. Ceci n'empêche pas la ville de disposer d'institutions capables d'attirer dans leur sillage des développements à rendement économique élevé. Les élargissements successifs de l'Union ont fait progresser le nombre de fonctionnaires européens à 9 500 (2008). Le Conseil européen d'Édimbourg (1992) confirma définitivement la présence des institutions européennes déjà établies.

L'essor de la place financière de Luxembourg ne peut être dissocié de sa fonction de capitale européenne et du caractère polyglotte de la population. Les origines de la place financière de Luxembourg remontent au développement des euro-marchés et à l'*Interest Equalization Tax* introduite dès 1963 aux États-Unis. Les décisions d'Édimbourg avaient donné un coup d'entraînement supplémentaire au développement de la place. Les banques étrangères s'installent, par vagues successives de nationalités. Luxembourg se trouve au 7e rang des places financières européennes (2008). Depuis le début des années 1980, le *private banking* et le secteur des assurances se sont développés. Le nombre des banques augmenta rapidement: 13 en 1947, 23 en 1965, 90 en 1977 et 229 en 1994. Au 31 octobre 2009, la place financière présente, à la suite de la crise financière, de fusions et de rachats 148 banques accréditées, employant quelque 27 200 personnes (1 000 en 1955). En 2005, le secteur financier représente 19% de l'emploi intérieur et 31% des recettes fiscales.

Cet essor intervint au moment même où l'industrie lourde fléchissait sous la crise structurelle de 1975. Le centre économique concentré sur le sud du pays se déplace vers la capitale. Le résultat fut impressionnant: Luxembourg-ville offre 136 000 emplois, soit 1,48 poste par habitant (2010).

La ville diffuse

Gérer cette double vocation européenne et financière, à laquelle s'ajoute une mobilité individuelle de plus en plus importante, représente un énorme défi.

Tous les efforts se concentrent sur la construction de bureaux au rendement économique élevé. Si le pouvoir politique regroupa les institutions européennes au Kirchberg, la main privée préféra garder les banquiers à proximité des commerces de la ville haute.

Gérer cette double vocation européenne et financière représente un énorme défi.

Le centre-ville prit peu à peu l'allure de *City* en autorisant en 1970 des bâtiments à 25 mètres de hauteur au boulevard Royal et en permettant la construction de tours de 49 mètres! Le Kirchberg fut aménagé, suivant les plans de Guillaume Erpelding et H. Aregger, conformes à la Charte d'Athènes de Le Corbusier: immeubles isolés, séparation des circulations, *zoning* fonctionnel.

Le plan d'aménagement de l'urbaniste français Pierre Vago (1967) voulait élargir le centre. L'esprit de 1968 soufflait aussi sur l'urbanisme qui situait ses projets dans les certitudes du progrès technologique, l'essor économique et la modernité triomphante. Vago définit quatre zones centrales, la ville haute, le quartier de la gare, le Kirchberg et la partie inférieure du Limpertsberg, servant de jonction entre la ville haute et le Kirchberg. Les zones non encore bâties furent érigées en «nouveaux quartiers» à aménager au moyen d'un plan d'aménagement particulier. Sa vision retenait des secteurs d'habitation dense et de faible densité, des secteurs de monuments et parcs protégés.

Quoique proposant une ville divisée en zones monofonctionnelles, Vago avait saisi que la ville haute commençait à se vider de ses habitants depuis les années cinquante. Ses secteurs centraux offraient également des zones d'habitation. Pour que la capitale ne se meure pas, la vieille ville devait servir de vitrine culturelle et commerciale. Elle représente un secteur protégé à part. Le plan de protection de Vago fut complété par le plan de coordination pour la restauration et l'aménagement de la vieille ville établi par l'Administration des bâtiments publics. Dans un double souci d'assainissement et

La place d'Armes,
le «salon de la capitale», lieu de
rencontres sociales et culturelles
avec deux kiosques vers 1935
(collection privée).

d'extension de la fonction publique, de la Chambre des députés et du Conseil d'État, l'État avait déjà acquis, dès la fin des années cinquante, des îlots entiers au cœur de la vieille ville. Depuis 1979, l'initiative privée suit le mouvement de restaurations. Le Théâtre des Capucins ouvrit ses portes en 1984, le Musée de la Ville en 1996. Le Fonds pour la rénovation de la vieille ville créé en 1993 devait faire renaître ces quartiers en créant des commerces et des logements. En 2002, le Musée national d'histoire et d'art (MNHA) inaugura ses nouveaux locaux au Marché-aux-Poissons.

Ces mesures touchaient également le Grund. En 1983, la ville autorisa des travaux d'assainissement, entreprise délicate puisqu'il s'agissait de déplacer une population d'immigrés et de familles socialement défavorisées. En 1985-86, les prisons furent transférées vers Schrassig. Les travaux de conversion de ces locaux en Musée national d'histoire naturelle et en Centre culturel de rencontre Abbaye de Neumünster furent achevés en 1996, respectivement en 2004. Le mouvement se poursuivit à Clausen avec la conversion de l'ancien site de la brasserie Mousel en îlot gastronomique et de divertissement (2008). Pfaffenthal se densifie à son tour et assurera à moyen terme une jonction entre le quartier du Kirchberg et la ville haute. Clausen Grund et Pfaffenthal sont reliés à la ville haute au moyen d'un ascenseur public. Progressivement, les villes basses s'intègrent à la vieille ville.

«Luxembourg, ville européenne de toutes les cultures» avait favorisé dès 1995 une double prise de conscience, celle de la menace du patrimoine tant par les démolitions que par des restaurations douteuses, et celle du manque d'infrastructures culturelles. Si Luxembourg n'allait offrir l'environnement culturel d'une grande ville, ses perspectives de développement économiques seraient moindres. L'État demandait ainsi en 1994 le classement de la forteresse et des vieux quartiers de la ville comme patrimoine

Le Musée d'art moderne Grand-Duc Jean (MUDAM), conçu par l'architecte sino-américain Ieoh-Ming-Pei au Kirchberg (collection Mudam).

mondial par l'Unesco. Suivait dans le même registre la création de la Philharmonie (2005), du MUDAM (2006) et du Centre des congrès (2012).

Les zones monofonctionnelles axées sur la mobilité individuelle ne répondent plus aux exigences d'une population de plus en plus nombreuse.

En 1976, on n'osait croire que la population du Grand-Duché passe de 360 000 habitants à 502 000 en 2010 (+38,6%)! En même temps, le nombre de frontaliers augmente de 12 000 à 148 720! La concentration de 60% des emplois nationaux dans l'agglomération de la capitale est la cause de 50% des déplacements internes au pays. Si la ville accueillait dans les années cinquante quelque 10 000 navetteurs par jour, ils en furent 106 000 en 2006! La démocratisation de l'accès à l'automobile a été encouragée par les gouvernements dès les années soixante. Les avenues et boulevards, y compris le viaduc, furent élargis à son profit. Le tramway fut banni en 1964. Si 6% de la population détenaient une voiture personnelle en 1950, ils en furent déjà 19% en 1960. En 2009, le Luxembourg est un des pays les plus motorisés d'Europe avec 1,48 voiture personnelle par habitant. On ne réalisait pas que la rétention des terrains pour construire des logements en ville conduise à moyen terme à son étranglement. Le rêve de vivre en propriétaire dans une maison unifamiliale à la campagne proche de la ville se réalise pour 68% des ménages du pays! C'est la concrétisation du paradoxe «travailler en ville – vivre à la campagne». La ville ne parvient plus à se limiter à elle-même. La concentration urbaine change de nature en épousant les flux automobiles qu'elle suscite et qui la débordent. La ville n'est plus vécue en termes d'espace urbain structuré, mais en temps de déplacements. Une première couronne de communes dortoirs s'établit ainsi dès 1965. De nos jours, cet espace forme une conurbation compacte (135 km^2) avec plus de 131 000 habitants (2010). Ces municipalités accueillent de plus en plus d'emplois métropolitains, et hébergent des ménages urbains, dits de taille réduite. Le taux des étrangers supérieur à 40% y reste élevé. La ville noyau en recèle 60% (2009), contre 25,4% en 1970! Luxembourg est devenue une ville cosmopolite!

Si la ville accueillait dans les années cinquante quelque 10 000 navetteurs par jour, ils en furent 106 000 en 2006

Plus la ville est attractive, plus elle tend à se diffuser dans l'espace. Les prix fonciers augmentant, une seconde couronne émerge dès les années quatre-vingt-dix. Elle n'est ni ville, ni campagne. Elle est la caractéristique de la métropolisation qui désigne les fortes concentrations de population et activités dans des espaces urbanisés de manière discontinue. L'architecture ne souligne plus suffisamment la centralité du lieu, elle est devenue souvent interchangeable avec celle de la périphérie.

La zone urbaine, incluant la conurbation, s'étale de nos jours sur 367 km^2 km avec plus de 180 000 habitants. Si la ville réussit à libérer du terrain pour des surfaces bureaux, la construction de logements aux charges importantes, et au rendement économique plus bas, peine. Entre 1966 et 1991, la population de la ville baisse de 1,5% alors que celle des communes limitrophes augmente de 134%! L'attrait de la capitale n'est pas brisé, elle voit son rôle confirmé comme pôle économique, mais non pas comme pôle démographique. 72% du périmètre à bâtir sont occupés en 2008.

Le retour à la ville culturaliste

En 1986, Robert Joly, architecte parisien, dessina un nouveau plan d'aménagement, adopté en 1993. Joly voulait freiner la transformation des constructions dans les secteurs centraux, dans les villes basses et à Hollerich, identifier des sites nouveaux pour l'implantation d'édifices administratifs et financiers, valoriser l'habitat en ville. Le Fonds du Kirchberg avait adopté, en 1991, un nouveau plan d'aménagement pour le quartier européen. C'est le retour à la ville classique avec densification du tissu urbain en vue de la création d'un ensemble plurifonctionnel, avec intégration plus conséquente de l'habitat, du commerce et des loisirs. L'autoroute du Kirchberg est transformée en avenue. Dès 1996, la partie nord du quartier commence à prendre vie avec cinéma et galerie marchande auxquels se rajouteront l'hôpital (2003), des surfaces bureaux et des immeubles à appartements.

Or, toutes ces mesures à elles seules ne suffisent guère. L'État adopta les programmes directeurs d'aménagement du territoire en 1974, 1999 et 2003, et élabora en 2004 l'IVL (Integratives Verkehrs- und Landesentwicklungskonzept). Les études du Centre d'études de populations, de pauvreté et de politiques socio-économiques (1989) et de l'Observatoire de l'habitat (2003) font comprendre l'interaction entre les agglomérations et les transports tout en y intégrant les exigences environnementales. L'IVL interroge sur les besoins futurs en terrains et en infrastructures de transports. Il distingue entre zones propices à l'aménagement ou à protéger, et se décline en quatre plans directeurs sectoriels, pour le logement, les transports, les zones d'activités économiques et les paysages.

Il prône la concentration déconcentrée pour optimiser l'espace et les ressources à disposition. Il s'agit ainsi de soutenir un système urbain «polycentrique» dont les divers centres permettront de déconcentrer l'agglomération de la ville de Luxembourg en la déchargeant de divers services et fonctions, sans nuire ni à sa position de capitale européenne ni à celle de place financière. Le développement durable est à la base du concept et se propose de combattre la ségrégation sociale par de nouvelles formes d'habitat, répondant à la pluralité des modes de vie et à la diversité des nationalités. Enfin, l'IVL vise aussi à asseoir le Luxembourg comme espace de délestage entre les principales aires métropolitaines de l'Europe du nord-ouest.

Les responsables publics sont conscients que seules des villes supérieures à 100 000 habitants peuvent s'affirmer sur l'échiquier européen. Il faut rééquilibrer les taux d'emploi

La médaille du prix Charlemagne, conféré au peuple luxembourgeois en 1986 (Cour grand-ducale, ANLux).

et de logement pour endiguer aussi les problèmes dus aux navetteurs. La ville adhère ainsi au «Pacte logement» (2008). Voulant développer une ville classique aux courts chemins, aux quartiers multifonctionnels, les édiles favorisent le rapprochement entre les quartiers. Sans étendre le périmètre à bâtir, on densifiera en urbanisant des friches industrielles (Luxembourg central, porte de Hollerich, espace Paul Wurth, place de l'Étoile) et en lotissant des espaces encore libres (ban de Gasperich). Le plan d'aménagement de la ville permet de loger quelque 132 000 habitants. La population frôle 92 000 habitants en janvier 2010 (+21% depuis 1991). Les gares périphériques, la liaison du sud de la ville au Kirchberg et à l'aéroport, et le tram visent à améliorer les déplacements.

Luxembourg présente les caractéristiques d'une métropole dans les domaines de l'administration publique européenne et des finances. En 2008, le Groupe et réseau d'étude sur la mondialisation et les villes mondiales (GAWC) a classé Luxembourg dans la catégorie «bêta» des villes mondiales avec Munich, Kiev, Lima, Boston, Miami. Le rapport Mercier (2010) la classe parmi les 20 premières villes (sur 221) pour sa qualité de vie. Pourtant, les défis d'avenir restent importants.

Luxembourg présente les caractéristiques d'une métropole dans les domaines de l'administration publique européenne et des finances

La Villa Vauban, le Musée d'art de la Ville de Luxembourg, au parc municipal.

Les Rives de Clausen, centre de rencontres convivial de la ville de Luxembourg.

Ss Tt
U u
Ei ei
4

JACQUES SANTER *1937
De la présidence du gouvernement à celle de la Commission européenne

Les questions européennes et les atouts de notre pays dans la construction de l'Europe ont toujours été au centre de la politique luxembourgeoise, depuis Joseph Bech jusqu'à Pierre Werner et Gaston Thorn. Ce dernier termina sa carrière politique comme président de la Commission européenne tandis que Pierre Werner a laissé le souvenir du «plan Werner», première ébauche du futur euro reprise plus tard par Jacques Delors.

À la tête de différentes équipes gouvernementales pendant la majeure partie des trente glorieuses, Pierre Werner avait avec succès opéré la transition du Luxembourg de l'époque de la sidérurgie à celle de la place financière. En même temps, il avait pris soin de régler sa succession proche et lointaine en promouvant Jacques Santer et en lui associant un talent naturel précoce en la personne de Jean-Claude Juncker, tous les deux porteurs dès le départ du virus européen.

Pierre Werner avait avec succès opéré la transition du Luxembourg de l'époque de la sidérurgie à celle de la place financière

Successeur désigné de Pierre Werner, Santer passa son test de popularité aux élections de 1984 et forma dès lors, avec les socialistes sortis nettement renforcés, une coalition gouvernementale qui allait durer le temps de trois législatures, même au-delà de son mandat de Premier ministre.

Né en 1937 à Wasserbillig dans une famille de fonctionnaires d'État, Jacques Santer, après des études secondaires à l'Athénée, puis des études de droit et de sciences politiques à Strasbourg et à Paris, commença sa carrière de jeune avocat en 1961, pour passer en 1962 comme attaché de gouvernement au ministère de la Sécurité sociale. Militant au sein des Universitaires catholiques, il entra tout naturellement au parti chrétien-social (CSV), où, de 1966 à 1982, il gravit les échelons, tour à tour secrétaire de la fraction parlementaire, secrétaire général et enfin président du parti en 1982.

Le couple Jacques et Danièle Santer lors des élections législatives de 1984 (Archives *LW*).

Jacques Santer et son successeur Jean-Claude Juncker (2007) (SIP).

Jacques Santer s'imposait par sa vivacité d'esprit, son sens de la mesure, son réalisme, sa jovialité contagieuse qui accompagnait sa fermeté sur les principes

Étant secrétaire d'État au Travail et aux Affaires sociales de 1972 à 1974, il passa sa cure d'opposition comme membre du Parlement européen à Strasbourg, dont il allait devenir vice-président de 1975 à 1979. C'est là qu'il fit la connaissance de Jean-Claude Juncker, étudiant en droit. Avec le retour de Pierre Werner à la tête du gouvernement en 1979, il devint ministre des Finances et du Travail, antichambre des futurs Premiers ministres. C'est ce fauteuil qu'il occupa en 1984 après le départ de son patron Pierre Werner.

Alors que celui-ci avait tenu les rênes du pouvoir fort de ses connaissances financières, de sa longue expérience de grand argentier à l'école de Pierre Dupong, Jacques Santer s'imposait par sa vivacité d'esprit, son sens de la mesure, son réalisme, sa jovialité contagieuse qui accompagnait sa fermeté sur les principes. Partisan convaincu du dialogue social, il évitait la confrontation et recherchait à atteindre ses objectifs politiques en écoutant les arguments de ses interlocuteurs, partenaires ou adversaires, pour essayer ensuite de les convaincre avant de trancher. Cette aversion pour la manière forte et sa recherche du dialogue ne lui attiraient pas seulement des partisans fidèles, mais aussi des critiques sévères qui y voyaient un signe de faiblesse.

Coincé entre un prédécesseur prestigieux et un successeur sûr de lui dont l'emprise se faisait déjà sentir du temps qu'il était encore membre de son cabinet, Jacques Santer n'en a pas moins bien mérité de son pays, même s'il est vrai que Pierre Werner a été à l'origine de deux projets des plus fructueux pour le développement économique et financier du pays, à savoir la place financière et la Société européenne des satellites (SES), bravant l'opposition acharnée des responsables de la CLT et celle, temporairement non moins véhémente, des socialistes qui défendaient la cause de leurs camarades français qui ne voulaient pas de concurrent pour leurs propres programmes de satellite.

Pour désamorcer l'hostilité à peine voilée de nos voisins à l'égard de la place financière, le gouvernement Santer renforça le contrôle du secteur bancaire par des mesures énergiques contre le blanchiment de l'argent et l'escroquerie fiscale.

Par contre, ses efforts soutenus pour encourager la diversification des produits bancaires en favorisant, entre autres, le développement des fonds d'investissement en expansion rapide, n'ont guère contribué à diminuer la hargne des médias de nos voisins.

C'est par un dialogue social patient et soutenu qu'il réussit à réaliser en 1986 la révision des traitements dans la fonction publique, appelée «élimination des cas de rigueur», maintenant ainsi la paix sociale et gardant la confiance des agents de l'État et de leur syndicat.

C'est également par souci d'une plus grande justice sociale que son gouvernement instaura le revenu minimum garanti (RMG) et releva les allocations familiales. En même temps, il réforma l'assurance-pension et l'assurance-maladie, deux sujets de préoccupation majeurs des gouvernements suivants.

Toutes ces mesures n'étaient possibles que parce que le partenaire socialiste dans la coalition gouvernementale était sur la même longueur d'onde. On les désignait d'ailleurs, lui et son vice-président Jacques Poos, du sobriquet «les frères Jacques».

Par ailleurs, la restructuration et la modernisation de l'industrie sidérurgique étaient sur le point de s'achever, au prix d'un gigantesque effort financier porté par toute la communauté nationale. Tout comme ses prédécesseurs Thorn et Werner, Santer fit bien comprendre à la population qu'il ne s'agissait pas seulement de la survie de l'Arbed, mais que l'intérêt national tout court était en jeu.

Des projects culturels d'envergure internationale

Lors de son deuxième mandat de Premier ministre, Santer tenait également le ressort de la Culture et lança plusieurs projets susceptibles de rehausser l'attrait culturel de la capitale. Ce fut d'abord le projet du Musée d'art moderne, conçu dans le cadre historique de l'ancienne forteresse de Luxembourg, projet pour lequel Santer trouva le concours de l'architecte-star Ieoh Ming Pei. Ce fut encore la rénovation des édifices de l'abbaye de Neumünster dans le cadre pittoresque de la vieille ville. Ces deux projets firent couler beaucoup d'encre, parfois très acide, car ils dépassèrent toutes les prévisions budgétaires ainsi que les délais de construction prévus. Mais en fin de compte, leur réalisation justifie l'aspiration de la ville de Luxembourg au rang de capitale européenne. Le Musée d'art moderne Grand-Duc Jean (MUDAM) impressionne le visiteur rien que par son profil extérieur, le Centre culturel de rencontre Abbaye de Neumünster (qui accueille en ses murs l'Institut Pierre Werner) par la diversité de ses offres culturelles de haut niveau.

Santer soutenait activement la politique d'élargissement de la Communauté européenne

D'autre part, le gouvernement Santer soutenait activement la politique d'élargissement de la Communauté européenne, surtout après l'écroulement du communisme et du bloc de l'Est. La Suède, la Finlande et l'Autriche rejoignirent les Douze dans la nouvelle Union européenne (UE). C'est durant les présidences luxembourgeoises du Conseil de ministres de 1985 à 1991 que des progrès décisifs furent réalisés, notamment avec les accords de Schengen sur la libre circulation entre les États membres signataires et avec l'Acte unique, qui devait aboutir en 1992 au Traité de Maastricht, ouvrant largement la perspective d'une future monnaie européenne unique. Dans ce contexte, Santer avait attiré l'attention de ses pairs par ses convictions européennes et ses qualités de négociateur habile. C'est ainsi qu'à l'échéance du deuxième mandat de Jacques Delors à la tête de la Commission européenne, quand le veto britannique bloqua le candidat de la France et de l'Allemagne, on se reporta sur Jacques Santer comme candidat de compromis.

Jacques Santer et Jean-Luc Dehaene, Premier ministre belge (Archives *LW*).

Une fois de plus Jacques Santer affrontait une succession difficile car Jacques Delors avait été sans doute, après Jean Monnet, le président le plus prestigieux de la Commission de Bruxelles. À l'instar de sa succession à Pierre Werner, Santer continua l'œuvre inaugurée par son prédécesseur, c'est-à-dire préparer l'introduction de l'euro et l'élargissement de la communauté par l'admission de nouveaux États membres de l'Europe centrale, baltique, orientale et méditerranéenne au nombre de dix qui frappaient à la porte de l'Union européenne.

C'est à cette tâche ardue et de longue haleine que s'est attelée, sans fanfare médiatique, la Commission Santer. Mais d'abord, sa nomination devait être approuvée par le Parlement européen à Strasbourg, dont les animosités contre le Conseil de ministres et la Commission de Bruxelles étaient telles qu'une très faible majorité seulement lui vota la confiance. Cependant, quand ses talents d'interlocuteur habile et patient eurent joué, la situation changea en sa faveur. Les dossiers «élargissements et approfondissements» avançaient lentement mais sûrement. Le fait que le Conseil de ministres jouait un rôle plus important que la Commission ne facilitait guère la tâche de cette dernière, cible préférée des attaques des europhobes de tout crin. Le pacte de stabilité fut signé au sommet de Dublin sans que la Commission y eût joué un rôle clé, de même que le Traité d'Amsterdam, qui n'apporta que des réponses de détail. Cependant, malgré ce profil bas de la Commission, la plupart des observateurs reconnurent à son président les qualités d'un bon gestionnaire, consensuel, droit et honnête, ce qu'on ne pouvait affirmer de tous ses membres.

En effet, alors que les chances de Jacques Santer d'être reconduit dans ses fonctions étaient excellentes, des irrégularités de gestion de la part de membres éminents de la Commission furent révélées. Devant le refus des commissaires incriminés de démissionner, Jacques Santer, pour éviter le pire, préféra en 1999 démissionner avec toute la Commission. C'était une fin non méritée pour un honnête courtier.

Prendre tour à tour la succession d'un Pierre Werner puis d'un Jacques Delors représentait des défis que Jacques Santer a assumés sans démériter

Jacques Santer ne renonça pas pour autant à son engagement européen. Élu au Parlement européen en 1999, il fit partie du groupe des Sages, qui sous la présidence de Giscard d'Estaing élaborait le texte d'une Constitution européenne. Au Grand-Duché, sa démission plus ou moins forcée de la présidence de la Commission n'entama nullement sa popularité ni ne gâcha les perspectives européennes de son successeur, Jean-Claude Juncker. Tout le monde lui reconnut ses mérites, car prendre tour à tour la succession d'un Pierre Werner puis d'un Jacques Delors représentait des défis que Jacques Santer a assumés sans démériter.

(double page suivante)
Jean Spautz et Pierre Werner félicitent Jacques Santer (Archives *LW*).

JEAN-CLAUDE JUNCKER *1954
Champion d'un petit pays dans la cour des Grands

La personnalité et la figure politique nationale et internationale de Jean-Claude Juncker, notre Premier ministre actuel, sont telles que non seulement celles de ses partenaires et adversaires contemporains, mais même celles de ses prédécesseurs pâlissent à ses côtés. En d'autres termes, nous avons à la barre de timonier un personnage exceptionnel.

Beaucoup d'Européens d'ailleurs, pas toujours tendres à l'égard du Luxembourg, apprécient eux aussi de voir Juncker à l'œuvre, surtout dans les temps mouvementés que l'Union européenne et l'euro traversent actuellement. Sa popularité internationale est telle qu'il ramasse à la pelle doctorats honorifiques et distinctions de toutes sortes, du jamais vu dans nos annales gouvernementales.

Pourtant, rien ne laissait prévoir cette ascension fulgurante. Né le 9 décembre 1954 à Redange-sur-Attert dans une famille modeste d'ouvrier sidérurgiste, il grandit à l'ombre des hauts-fourneaux de Belvaux, en contact étroit avec le monde ouvrier. La vie de son père, enrôlé de force dans la Seconde Guerre mondiale, puis membre militant dans le syndicat chrétien LCGB, allait durablement marquer les idées politiques du fils. En effet, il eut la conviction que l'intégration européenne était la meilleure garantie de paix entre les nations et le progrès social le meilleur garant de la paix civile. Ses études secondaires à Clairefontaine et ses études de droit à Luxembourg et à Strasbourg n'avaient rien d'exceptionnel. Tout comme les curricula scolaires plutôt médiocres d'illustres hommes d'État, comme Bismarck ou Churchill, le sien ne présageait en rien sa carrière future.

Cependant, dès son entrée dans l'arène politique, en 1974, dans les rangs du parti chrétien-social (CSV), il attire l'attention de ses aînés par l'acuité de son analyse politique et par ses talents d'orateur. Dès lors, son ascension est toute tracée. Même avant son assermentation comme avocat, il se retrouve secrétaire parlementaire du parti dès 1979,

Jean-Claude Juncker en pleine verve oratoire (SIP).

Jean-Claude Juncker, le plus jeune membre du gouvernement Santer-Poos (SIP).

succédant à Jacques Santer. Sur la demande de celui-ci, Pierre Werner lui adjoint Juncker comme secrétaire d'État au Travail et à la Sécurité sociale en 1982. Dès lors, ses capacités politiques démentant son jeune âge éclatent au grand jour. C'est la montée en flèche. Élu député en 1984, Juncker occupe le poste de ministre du Travail et celui de ministre délégué au Budget, dans le premier gouvernement Santer. Dès l'année suivante, lors de la Présidence luxembourgeoise du Conseil des Communautés européennes, il est à la tête des Conseils Affaires sociales et Budget. Ses convictions européennes et ses talents de négociateur habile et persuasif impressionnent ses partenaires et interlocuteurs.

Réélu triomphalement en 1989, étant à peine sorti des séquelles dangereuses d'un accident de voiture, Juncker occupe les postes clés de ministre des Finances et de ministre du Travail, se plaçant ainsi sur la voie royale pour prendre la succession de Jacques Santer. C'est durant cette législature que se confirment au grand jour ses qualités d'homme politique, à la fois sur les plans national et européen.

Enfant terrible de la politique européenne

Son franc-parler, la rapidité et la justesse de ses réactions, son sens de la repartie prompte font de lui un baroudeur redoutable

Travailleur acharné, il connaît mieux que personne les dossiers. Son coup d'œil sûr lui permet de cerner très vite les problèmes et de juger exactement ses adversaires. Son franc-parler, la rapidité et la justesse de ses réactions, son sens de la repartie prompte font de lui un baroudeur redoutable, d'autant plus efficace que ses formules percutantes et son ironie souvent mordante amusent la galerie et paralysent l'adversaire pris de court par un tel feu d'artifice inattendu. Dans les cas où sa vivacité l'entraînait vers des réactions intempestives, on finit par lui pardonner comme à l'enfant terrible de la politique euopéenne.

Contrairement à son légendaire précurseur, Joseph Bech, qui avait fait sienne la devise de Talleyrand «Surtout pas de zèle», Juncker – apparemment – est un drogué du travail, un véritable *workaholic* digne émule de Colbert. Son volume de travail dépasse de loin la mesure habituelle. Pas plus sportif que Churchill, fumeur invétéré et impénitent, comme Helmut Schmidt, épicurien éclairé quant aux plaisirs de la table comme Paul Eyschen, féru de lecture et surtout de poésie, à ses heures de loisir, Juncker ne semble vivre que pour et par la politique. Alors que ses discours officiels, préparés dans le détail, impressionnent par la lucidité de l'analyse, la rigueur du développement, la largeur de vue, le pouvoir persuasif, ses discours de circonstance, la plupart du temps improvisés avec brio, truffés de traits d'esprit et de trouvailles verbales, amusent l'auditoire, même si leur contenu est vite oublié; après tout il n'en voulait pas plus.

Comme il manie magistralement le verbe à l'oral et à l'écrit, à la fois en anglais, en français et en allemand, et qu'il n'a pas peur de s'exposer aux questions des journalistes, Juncker est devenu très vite la coqueluche des médias, surtout outre-Moselle.

La période de 1989 à 1994 peut être considérée comme la plus fructueuse dans l'avancement de sa carrière aux niveaux national et européen. Au niveau national, il prépara et réalisa la grande réforme fiscale de 1992-93, stimulant puissant de la croissance économique tant au niveau du pouvoir d'achat des consommateurs qu'à celui de la création d'emplois dans les entreprises.

Au niveau européen, ses interventions en tant que président de l'Ecofin, surtout en 1991 au moment de la Présidence luxembourgeoise des Communautés européennes, ont été décisives. Il fut l'un des auteurs du Traité de Maastricht dont certains passages essentiels portent sa griffe. De même, il réussit à sortir les négociations sur l'Unité monétaire européenne (UME) de l'impasse en ménageant au Royaume-Uni, dont le veto bloquait l'accord, une porte de sortie sur mesure par le principe de l'*opting out*. En février 1992, c'est lui qui appose la signature du Luxembourg au Traité de Maastricht.

Parallèlement à ses responsabilités gouvernementales, Juncker assuma également la présidence du parti chrétien-social, comme son prédécesseur Jacques Santer une dizaine d'années plus tôt, et tout comme lui, il occupa le poste de gouverneur à la Banque mondiale, qu'il échangea plus tard contre celui du Fonds monétaire international (FMI).

Après les élections de juin 1994, remportées pour la troisième fois consécutive par la coalition en place, et le départ de Jacques Santer, appelé à prendre la présidence de la Commission européenne, Juncker put enfin s'installer aux commandes gouvernementales, poste pour lequel il se sentait prédestiné. Une fois de plus, il allait y laisser sa marque indélébile, mais avec des résultats inégaux.

Jean-Claude Juncker avec son ami et mentor politique, l'ancien chancelier allemand Helmut Kohl (2007) (SIP).

Afin de diversifier l'assise économique du pays, il entreprit des voyages de promotion à l'étranger pour mieux faire connaître le Luxembourg comme site européen et pour attirer des investissements fructueux.

Moins bien inspiré, il s'acharna à démanteler le système des pensions de la fonction publique au prix d'un affrontement violent avec la CGFP en dressant le secteur privé contre le secteur public. Cité en justice pour son action, le gouvernement fut d'ailleurs condamné. Son partenaire socialiste au gouvernement en paya les frais aux élections de 1999.

Juncker réussit à donner des impulsions nouvelles au développement de l'Union européenne

Plus heureuse et efficace fut son intervention lors du sommet européen à Dublin en décembre 1996. Au moment où l'affrontement entre le chancelier allemand Helmut Kohl et le président français Jacques Chirac risquait de compromettre l'Union économique et monétaire et l'introduction de l'euro, Juncker joua efficacement le rôle d'intermédiaire, ce qui aboutit à l'accord franco-allemand sur le pacte de stabilité. Ses pairs ne ménageaient pas leur reconnaissance, ce qui lui valut définitivement la réputation d'homme d'État européen avisé sur lequel on pouvait compter en temps de crise. Ses fans journalistes chantèrent ses louanges homériques comme héros de Dublin, un autre coup dur pour sa modestie toujours mise à rude épreuve même en temps normal.

Lorsqu'il présidait le Conseil des ministres de l'UE, au cours de la deuxième moitié de 1997, Juncker réussit à donner des impulsions nouvelles au développement de l'Union européenne. D'un côté, ses profondes convictions sociales l'amenèrent à obtenir des pays membres de soumettre des plans annuels de promotion de l'emploi ainsi que des critères précis sur la création d'emplois nouveaux et sur la lutte contre le chômage. C'est également lors de la réunion du Conseil à Luxembourg que fut décidé l'élargissement de l'UE vers l'est et le sud-est et la création de l'Eurogroupe informel, réunissant d'abord les ministres des Finances en vue de l'Union économique et monétaire (UEM).

Jean-Claude Juncker, très apprécié des médias allemands, invité au talk-show de la présentatrice Maybrit Illner (2009) (SIP).

Jean-Claude Juncker, grand vainqueur des élections législatives de 2009 (SIP).

Continuant à présider le gouvernement luxembourgeois de 2000 à 2010, l'activité de Juncker se déploya aussi largement sur la scène européenne où ses convictions et ses capacités jouèrent à plein, surtout que les périodes de crise devenaient presque endémiques.

Tout avait commencé dans un élan d'optimisme effréné quand en 2000, les Quinze, par la stratégie dite de Lisbonne, développèrent des visions ambitieuses de croissance économique, ne proposant rien de moins que de rattraper les États-Unis dans un proche avenir. La Commission de Bruxelles, gagnée en grande partie par les dogmes néolibéraux, devait mettre en œuvre cette stratégie dans les États membres. Le Traité de Nice de 2001 mit la dernière main à l'élargissement de l'Union prévu par l'admission de dix États membres alors que s'annonçait déjà le cas épineux de la Turquie désirant entrer dans la Communauté européenne dès les années soixante.

Tout son poids politique fut nécessaire pour défendre le secret bancaire

C'est alors que le 11 septembre 2001 les attentats contre le World Trade Center de New York ébranlèrent sérieusement la foi dans une croissance illimitée de l'économie mondiale. Cependant la monnaie commune, l'euro, fut introduite dans un nombre croissant d'États membres de l'Union. L'Union européenne, malgré l'abstention du Royaume-Uni et des pays scandinaves, avait franchi le point de non-retour. La baisse de la croissance économique et la peur d'une récession poussaient un certain nombre de pays à augmenter les dépenses publiques au-delà des critères du pacte de stabilité, qui limitait le déficit budgétaire à 3% et l'endettement à 60% du PIB. La Commission de Bruxelles commença à s'agiter. En même temps, la procédure de ratification du Traité constitutionnel fut lancée.

2004 fut l'année de l'entrée des Dix dans l'UE, portant le nombre de ses membres à 25 et déplaçant son centre de gravité vers l'est, essentiellement au profit de l'Allemagne, avec les dirigeants de laquelle Juncker était dans les meilleurs termes. Il était alors considéré presque unanimement comme le meilleur candidat à la succession de Romano Prodi comme président de la Commission de Bruxelles. Cependant, après avoir facilement gagné les élections législatives de 2004 et ayant promis de vouloir rester Premier ministre au Luxembourg, Juncker refusa le poste, malgré des offres répétées.

Jean-Claude Juncker et le président Jacques Chirac lors d'un sommet européen (SIP).

Tout son poids politique fut nécessaire pour défendre le secret bancaire, un argument fort de la place financière, les États voisins, soucieux d'enrayer l'évasion fiscale, faisant de plus en plus pression sur le Luxembourg. Il y réussit en acceptant d'introduire un taux d'imposition à la source progressif pouvant s'élever jusqu'à 35%. Il devait s'avérer que ce n'était que partie remise.

Les turbulences européennes prirent le dessus en 2005. La France et les Pays-Bas, tous les deux membres fondateurs de l'Europe des Six, rejetèrent par référendum le Traité constitutionnel. Lors du référendum luxembourgeois sur le même texte, Juncker mit son poids dans la balance en menaçant de démissionner en cas de refus. La population luxembourgeoise vota le traité avec une large majorité. À côté de ce succès national, Juncker réussit au cours de sa Présidence du Conseil des ministres à réformer le pacte de stabilité en l'assouplissant sans en trahir les principes. Une véritable avalanche de prix reconnaissant ses mérites européens se déclencha dans la suite, dont le plus prestigieux fut le prix Charlemagne de la Ville d'Aix-la-Chapelle. Son vieil ami Helmut Kohl fit sa *Laudatio*.

Cependant, malgré tous ses efforts et toutes ses démarches pour obtenir l'accord de ses pairs sur le financement de l'UE à moyen et à long termes, il échoua devant l'obstination europhobe du Premier ministre britannique Tony Blair, ce que Juncker ne fut pas près d'oublier. Par contre, les membres du groupe euro choisirent quasi unanimement Juncker comme président de leur groupe, un poste important auquel Juncker fut reconduit à deux reprises.

Après le rejet français et hollandais du texte constitutionnel, Juncker contribua à calmer le jeu et à soutenir aussi les efforts du tandem Merkel-Sarkozy pour sortir l'UE de l'impasse par le Traité de Lisbonne, qui proposa une version remaniée du texte original. Une fois encore, après un nouveau refus de ratifier le pacte, cette fois-ci de la part de l'Irlande, Juncker garda la tête froide et la suite des événements allait donner raison à sa confiance inébranlable dans une issue positive de la crise. En effet, les Irlandais comprirent qu'il n'y avait pas de salut pour leur pays hors de l'UE et dans un deuxième vote, ils donnèrent leur accord au Traité de Lisbonne.

Le cadre limité du présent chapitre ne permet pas d'évaluer le rôle que Juncker a joué dans les méandres de la politique nationale. Quelques données importantes des dernières années méritent cependant d'être relevées.

De plus en plus souvent, en cas de conflit entre employeurs et salariés, quand les négociations étaient au point mort, l'intervention du Premier ministre a permis de couper le nœud gordien et de trouver une solution acceptable pour les deux côtés. Quant aux attaques de plus en plus violentes contre le secret bancaire, un droit du citoyen qui a été introduit au Luxembourg par le code Napoléon en 1804 et que, par opposition à d'autres, nous avons conservé inchangé pendant des siècles, Juncker et son ministre des Finances, Luc Frieden, ont réagi par l'adoption des normes de l'OCDE pour la communication ponctuelle d'informations entre administrations fiscales. Dans la foulée, ils ont multiplié les conventions bilatérales de non-double imposition avec toutes les juridictions importantes du monde, dotant ainsi le Luxembourg d'un nouvel atout important, centre opérationnel pour des entreprises globales et internationales des secteurs les plus divers.

Prêt à relever les nouveaux défis nationaux et européens

La crise financière et économique d'après septembre 2008 allait fournir l'occasion à Juncker de démontrer qu'il était à la hauteur des nouveaux défis nationaux et européens qui en découlèrent. Il réussit, ensemble avec son ministre du Budget puis des Finances, Luc Frieden, d'abord à sauver de justesse deux banques systémiques nationales naufragées par la faute de leurs maisons mères internationales, ensuite à atténuer l'impact de la crise sur l'économie luxembourgeoise et à commencer à en sortir par une courageuse politique anticyclique d'investissements massifs. Au niveau européen, à la tête de l'Eurogroupe, il fit de son mieux pour soutenir l'euro gravement menacé par les folies budgétaires de la Grèce et par les extravagances financières des grandes banques irlandaises. Cependant, malgré son savoir-faire et son expérience, il ne put imposer des solutions consensuelles au sein de la tripartite. Sur le plan de l'Europe, les intérêts nationaux de l'Allemagne et de la France prévalurent au moins temporairement sur la proposition du chef de l'Eurogroupe de faire jouer la solidarité européenne par le biais des *eurobonds*.

Dans la cour des Grands, un petit, quelque compétent et bien intentionné qu'il soit, n'a pas assez de poids pour s'imposer face aux poids lourds même s'il est soutenu par d'autres petits et poids moyens. Ces revers ponctuels et passagers n'ont pas pour autant pu sérieusement entamer l'engagement politique imperturbable de l'encore jeune vieux baroudeur Juncker toujours comblé de distinctions européennes.

Que ses ambitions légitimes d'occuper le poste – prestigieux certes mais dépourvu de pouvoir réel – de président de l'Union européenne aient été frustrées par l'opposition de l'un ou de l'autre de ses pairs, jaloux de sa réputation ou froissé par son franc-parler, ne diminue en rien ses mérites européens. D'un autre côté, un rythme de travail aussi soutenu que le sien ne manque pas de produire à la longue une certaine usure physique et psychique que même des forces de la nature comme lui ne peuvent supporter indéfiniment. En plus, les phénomènes de crise actuels demandent sa présence active sur le plan national pas moins que sur celui de l'Europe voire du monde. Or, «qui trop embrasse, mal étreint» dit le proverbe. C'est vrai pour tout le monde.

«Qui trop embrasse, mal étreint» dit le proverbe

Toujours est-il que les quinze années passées à la tête du gouvernement et ses cinq années à la tête de l'Eurogroupe, sans parler du reste, lui assurent d'ores et déjà une place de choix dans la galerie de nos grands hommes politiques.

CONCLUSION

Comment l'histoire d'une terre ingrate, perdue au milieu de voisines mieux loties, a pu mener au fil des temps à la constitution d'un État indépendant, qui, pour être un nain quant à sa superficie et au nombre de ses habitants, compte aujourd'hui, quant à sa prospérité matérielle, parmi les très grands de la Terre, voilà la question qui nous a guidé dans l'enquête qui précède. Celle-ci nous a appris que la cause de ce succès aussi original qu'inattendu tient à plusieurs facteurs, plus ou moins déterminants selon les époques.

1. Le territoire baptisé plus tard du nom de «Luxembourg» est situé au carrefour d'influences ethniques, linguistiques, culturelles et politiques diverses: celtiques, germaniques et romaines d'abord, allemandes et françaises ensuite. C'est précisément dans cette diversité qu'il a forgé son identité originale, dont notre trilinguisme traditionnel fournit la meilleure preuve.
2. À partir de 963, l'histoire de notre pays s'est cristallisée autour de la ville forteresse de Luxembourg, qui a représenté un enjeu stratégique considérable, surtout à l'époque des temps modernes, quand les grandes monarchies européennes, rivalisant de puissance les unes avec les autres, se sont affrontées dans des guerres incessantes.
3. Dépourvu de sources de richesses particulières, le Luxembourg s'est trouvé à l'abri des convoitises économiques et financières de ses voisins, jusque vers la fin du 19e siècle.
4. Le fait dynastique a été et reste un facteur d'intégration essentiel. Rappelons à ce titre la figure du Prince Henri et la personnalité de la Grande-Duchesse Charlotte, deux souverains chers au souvenir des Luxembourgeois.
5. La dimension européenne est depuis le Moyen Âge un trait constant de notre histoire. Songeons seulement à Charles IV, comte de Luxembourg et empereur allemand, aux multiples conférences et traités internationaux qui, au 19e siècle, ont réglé la question du territoire et du statut politique de notre pays, enfin à l'Union européenne, à la fondation et à l'essor de laquelle le Luxembourg et ses hommes politiques ont largement contribué.

6. L'ironie de l'histoire veut que ce soit précisément à l'époque où leur pays a été l'enjeu des conflits d'intérêt entre les grands États de l'Europe que les Luxembourgeois ont pour la première fois éprouvé le sentiment et conçu l'idée de former une nation. Cette conscience nationale nouvelle, ouverte et européenne à la fois, a nourri une volonté d'indépendance farouche grâce à laquelle la survie de l'État luxembourgeois, entraîné dans les troubles de deux guerres mondiales, a été assurée.

Finalement, il est permis de constater que, si le hasard joue un rôle non négligeable dans la vie des États, comme dans celle des individus, il a été pour notre histoire nationale contemporaine d'un bonheur inouï. Pourtant, n'oublions pas qu'en général la chance ne sourit qu'à ceux qui s'y préparent et que dans la vie d'un peuple, comme dans celle des hommes, rien n'est jamais acquis d'avance et pour toujours.

«Kuck wou's de stees a wou's de bass, den Zolverknapp ass kee Parnass»: ces vers plus que centenaires de Dicks n'ont certes rien perdu de leur justesse pour donner une leçon de modestie aux habitants d'un petit pays, afin qu'ils ne tombent pas dans le ridicule de la démesure. Mais on se tromperait gravement si on y voyait un appel à baisser les bras. Nos ancêtres, en tout cas, avaient compris que celui qui veut réussir, fût-il grand ou petit, doit miser sur des valeurs sûres, sur des qualités et des biens durables, qui sont, entre autres, une éducation solide, un esprit ouvert, le sens des responsabilités et de la solidarité, la vertu de l'effort, l'ambition du travail bien fait et la détermination farouche de ne pas se laisser faire.

IMPRESSUM

Emile Haag

Une réussite originale
Le Luxembourg au fil des siècles

Textes: Emile Haag
Contributions complémentaires: Josy Birsens (chapitres sur les Jésuites et et l'historiographie);
Robert Philippart (chapitres sur Luxembourg ville forteresse et Eugène Ruppert)
Iconographie: Guy May
Layout et mise en page: Steffi Willkomm
Impression: Mohn Media

14, Place du Parc
L-2313 Luxembourg
www.editionsguybinsfeld.lu

ISBN 978-2-87954-233-5

REMERCIEMENTS

Un regard rétrospectif sur quatre années d'engagement laborieux et gratifiant à la fois pour concevoir et rédiger le présent ouvrage permet de remercier toutes celles et tous ceux qui m'y ont inspiré et aidé d'une façon ou d'une autre.

Mes remerciements s'adressent d'abord aux responsables des Éditions Guy Binsfeld qui m'ont proposé – au moment où je prenais ma retraite comme directeur de l'Athénée en 2007 – d'écrire une histoire du Luxembourg différente des publications antérieures, à la fois dans la perspective et dans la méthodologie choisies.

Parmi eux, je me dois de remercier M. Rob Kieffer, partisan convaincu de mon travail, et surtout M. Joseph Colbach, initiateur du projet et inlassable protagoniste pour le mener à bonne fin.

J'ai relevé le défi en m'appuyant sur une longue expérience de professeur d'histoire en contact avec mes élèves de l'Athénée et en partie aussi de l'École européenne, ainsi que sur mes relations académiques plus longues encore avec mes étudiants américains de la Miami University. C'est grâce à eux que j'ai appris au fil des années à présenter d'une façon concise et claire, cohérente et stimulante les grands événements de l'histoire. C'est la raison pour laquelle, reconnaissant, je leur dédie ce livre.

Mes remerciements spéciaux vont à mon collègue M. Fernand Heintz, professeur d'histoire et styliste hors pair. Ses recommandations historiques et stylistiques ont sensiblement rehaussé la qualité du récit. Celui-ci a également profité de la maîtrise linguistique confirmée de M. Georges Muller, directeur de la Chambre des fonctionnaires et employés publics, ainsi que de l'aide spontanée et soutenue de son collaborateur, M. Marc Poos. Mes remerciements s'adressent également à MM. Henri Trauffler, directeur du Lycée classique d'Echternach, Alain Atten, conservateur honoraire aux Archives nationales, le docteur Joseph Mersch, président honoraire des Anciens de l'Athénée, M. Bernard Cassaignau, fonctionnaire européen honoraire.

Je remercie vivement

- M. Pierre Mores, maréchal de la Cour;
- M. Aleksander Shulgin, ancien ambassadeur de la Fédération de Russie;
- Mme Katherine Lukesova, ambassadeur de la République tchèque;
- M. Mil Jung, directeur du Service information et presse et Mme Tania Berchem;
- M. Marcel Gross, directeur général de l'Entreprise des P&T et M. Emile Espen;
- M. Michel Polfer, directeur du Musée national d'histoire et d'art ainsi que MM. Jeannot Metzler, Jean Krier, Foni Le Brun, Frank Reinert et Guy Gengler;
- Mme Josée Kirps, directrice des Archives nationales, ainsi que Mme Nadine Zeien et MM. Gilles Regener et Guy Wampach;
- Mme Monique Kieffer, directrice de la Bibliothèque nationale et MM. Luc Deitz et Marcel Strainchamps;
- M. Paul Dostert, directeur du Centre de documentation et de recherche sur la Résistance;
- M. Georges Bechet, directeur du Musée national d'histoire naturelle;
- M. Patrick Sanavia, directeur du Service des sites et monuments nationaux;
- Mme Germaine Goetzinger, directrice du Centre national de littérature;
- Mme Danièle Wagener, directrice du Musée d'histoire de la Ville de Luxembourg et Mmes Beate Esch et Marie-Paule Jungblut;
- Mme Martine Theisen, directrice de la Photothèque de la Ville de Luxembourg;
- Mme Evamaria Bange, conservatrice des Archives de la Ville de Luxembourg;
- MM. Claude Marx et Daniel Rosenfeld du Consistoire israélite de Luxembourg;
- M. Jos Hilger, président du Conseil de la fabrique d'église de Notre-Dame de Luxembourg et l'Abbé Jos Morn;
- M. Johan ter Molen, directeur du Paleis Het Loo Nationaal Museum;
- M. Philipp Maarschalkerweerd, directeur du Koniklijke Huisarchief 's Gravenhage;

- M. Romain Reinard, Archives du Luxemburger Wort
- M. Reiner Nolden, Stadtarchiv Trier;
- Mme Lambert Dupong ;
- Mmes Colette Flesch, Nina Gretsch, Dominique Hansen, Berthe et Yvonne Linster, Linda Wilwers;
- MM. Jean-Marie Anen, Jean Donat Calmes, Alex Christoffel, Ben Fayot, Jean-Jacques Kasel, Jacques Lanners, Dominique Laval, Jean-Marie Majerus, Pierre Reuter, Alain Thorn, Armand Wagner, Henri Werner.

Sans l'aide technique de Mme Eliane Bettoni, secrétaire dévouée et infatigable, le travail de rédaction n'aurait certainement pas été aussi agréable et encourageant, qu'elle en soit chaleureusement remerciée.

SOURCES ET OUVRAGES CONSULTÉS

Alzin René
La résistance contre le nazisme
au Grand-Duché de Luxembourg, Bruxelles,
École royale militaire, 1966.

Atten Alain
Die Luxemburger in der Schlacht von Crécy.
Publication de la Section Historique;
vol. CXV. Publication du Cludem,
t. 14, p. 567-596.

Beauchard Jacques
(sous la direction de)
La ville-pays, vers une alternative
à la métropolisation, Poitiers, 1996.

Biltgen François
Laurent Menager: National-Komponist.
Laurent Menager, Chorale Sang a Klang
Pafendall, Pfaffenthal, 1985.

Birsens Josy
(sous la direction de)
«Fir Glawen a Kultur». Les Jésuites à Luxembourg. Die Jesuiten in Luxemburg (1594-1994),
in: Hémecht 46/1, Luxembourg, 1994.

Birsens Josy
(sous la direction de)
Du collège des Jésuites au collège municipal
(1603-1815), vol. I de «400 Joer Kolléisch»,
Luxembourg, 2003, Imprimerie Saint-Paul.

Birsens Josy
Manuels de catéchisme, missions de campagne et
mentalités populaires dans le duché de Luxembourg aux 17e-18e siècles, in: Publications de la
Section Historique de l'Institut grand-ducal de
Luxembourg, vol. 105, Luxembourg, 1990.

Bousch Patrick
Chilla Tobias
Gerber Philippe
Klein Olivier
Schulz Christian
Sohn Christophe
Wiktorin Dorothea
Atlas du Luxembourg, Cologne, 2009.

Bressler Henri
François Faber, 1887-1915: première victoire
luxembourgeoise au Tour de France, Luxembourg, Imprimerie Saint-Paul, 2009.

Bressler Henri
Nicolas Frantz: quand nos grands-pères
parlaient du Tour de Frantz, Luxembourg,
Imprimerie Saint-Paul, 2007.

Bressler Henri und Thill Fernand
Die Geschichte des Luxemburger Radsports,
Edition Schortgen, 2010.

Bruns André
Luxemburg als Bundesfestung 1815-1867. In:
Das Leben in der Bundesfestung Luxemburg
(1815-1867). Luxembourg 1995.

Cerf Paul
L'étoile juive au Luxembourg, RTL Edition,
Editpress, Esch/Alzette, 1986.

Contemporains en vue
Hommage à Jacques Santer,
Imprimerie Saint-Paul, 2007.

Courrier de l'éducation nationale, Ed. spéciale
Dicks – Edmond de la Fontaine 1823-1891,
Ministère de l'Éducation nationale, de la
Formation professionnelle et des Sports, 2003.

Dolibois John E.
Recollections of a former Luxembourger, 400 Joer Kolléisch – Luxembourg, Ed. Saint-Paul, volume 4, p. 51-55, 2003.

Ensch Marc
Luxembourg-USA: how a small nation created its cultural heritage in the vast spaces of North America, Mémoire University of Glasgow, 2009.

Fayot Ben
Schneider Etienne
Kersch Dan
100 Joër sozialistesch Partei zu Lëtzebuerg: LSAP 1902-2002: Le LSAP hier et aujourd'hui, Luxembourg, La mémoire socialiste, 2003.

Fondation Nicolas Lanners
William J. Kroll: a Luxembourg scientist, Faber, Mersch, 1998.

Frank Robert
Pierre Werner: eine politische Karriere, deutsche Bearbeitung von Jacques Leider, Imprimerie Saint-Paul, Luxembourg, 1988.

Gilbert Pierre
Luxembourg, la capitale et ses architectes, Luxembourg, 1986.

Gillen Erny
Raymond Petit, Festschrëft 150 Joër Iechternacher Kolléisch: 1841-1991, Echternach, Lycée classique, p. 411-415, 1992.

Goedert Joseph
De la société archéologique à la section historique de l'Institut Grand-Ducal, PSH 101, 1987.

Grégoire Pierre
À un grand Luxembourgeois Émile Reuter, Luxemburger Wort, Jg. 126(1973), Nr. 41, p.3, III.

Grégoire Pierre
Vie et carrière de Pierre Dupong: Ministre d'État, Imprimerie Saint-Paul, Luxembourg, 1985.

Emile Haag et Emile Krier
La Grande-Duchesse et son gouvernement pendant la Deuxième guerre mondiale 1940, l'année du dilemme
Luxembourg, 1987

Havighurst Walter
The Dolibois Years 1938 – 1981,
Miami University Alumni Association, Oxford, Ohio, 1982.

Hoensch Jörg K.
Die Luxemburger: eine spätmittelalterliche Dynastie gesamteuropäischer Bedeutung, 1308-1437. Kohlhammer. Stuttgart 2000.

Hoffmann Fernand
Dicks: oder Abstieg und Aufstieg des Edmond de la Fontaine: Leben und Schaffen eines Nationaldichters. Abteilung für Kunst und Literatur des grossherzoglichen Instituts. Imprimerie Saint-Paul. Luxembourg 1991.

Hoffmann Serge
La résistance au Luxembourg pendant la Seconde Guerre mondiale: Le mouvement de résistance LVL, Archives nationales, Graphic Press, Mamer, 2004.

Kayser Lucien
Hommage à Lucien Wercollier,
Cercle artistique, Exposition.

Kirt David
Études sur Pierre d'Aspelt: sa famille, ses origines, sa formation et ses relations avec la Maison de Luxembourg, Mémoire de maitrise en histoire médiévale, université Strasbourg, 2005.

Klein René
Wer waren die Eltern von Graf Sigfrid?
eine neue Hypothese zum Ursprung des ersten Luxemburger Grafenhauses, p. 163-170, Bibliothèque nationale, Luxembourg, 2001.

Koltz Jean-Luc
Kutter et l'expressionisme européen, Luxembourg: Musée national d'Histoire et d'Art, , Imprimerie Centrale, Luxembourg, 2007.

Koltz Jean-Luc
Thill Edmond
Joseph Kutter: catalogue raisonné de l'œuvre, Imprimerie Saint-Paul, Luxembourg, 2000.

Koltz Jean-Luc
Thill Gérard
Lucien Wercollier: 50 ans de sculpture, Musée de l'État, Offset Saint-Paul, 1983.

Koltz Jean-Pierre
Baugeschichte der Stadt und Festung Luxemburg. t. 1-3. Luxembourg 1946-1972.

Krier Jean
Reinert François
Das Reitergrab von Hellingen. Die Treverer und das römische Militär in der frühen Kaiserzeit. Luxembourg 1993.

Krier Jean
Le vicus romain de Dalheim, Musée national d'Histoire et d'Art, Luxembourg, 2010.

Krier Jean
La mosaïque aux muses de Vichten, Viichter Geschichtsfrënn, 2005.

Krier Jean
Thill Edmond &
Weiller Raymond
«Alexandre Wiltheim 1604-1684. Sa vie - Son œuvre - Son siècle. Bilan d'une exposition», Luxembourg, 1984.

Le Biccherne
Ministero per i beni culturali et ambientali, Roma, 1984

Le Brun-Ricalens F.
Le Paléolithique ancien du Grand-Duché de Luxembourg, Essai de synthèse, Bulletin de la Société Préhistorique Luxembourgeoise 14, p. 17-34, 1994.

Le Brun-Ricalens F.
Le néolithique du Grand-Duché de Luxembourg, Essai de synthèse, Bulletin de la Société Préhistorique Luxembourgeoise 14, p. 99-126, 1994.

Les cahiers du Centre «Pierre Werner» d'études et documentation Hommage à Pierre Werner, 2002.

Lorang Antoinette
Plateau Bourbon und Avenue de la Liberté, späthistoristische Architektur in Luxemburg. In: Publications de la Section Historique, N° 103, Luxembourg 1988.

Maréchal Denis
RTL, histoire d'une radio populaire de radio Luxembourg à RTL.fr, Nouveau Monde, Paris, 2010.

Margue Michel
Pauly Michel
Schroeder Jean
Trauffler Henri
Weiller Raymond
Un itinéraire européen: Jean l'Aveugle, comte de Luxembourg et roi de Bohème: 1296-1346, Crédit communal, Bruxelles, Cludem: BIL, Luxembourg, 1996.

Margue Paul
Luxemburg in Mittelalter und Neuzeit (10. bis 18. Jahrhundert). Bourg-Bourger. Luxembourg 2003.

Martens Pieter
Pierre-Ernest de Mansfeld: l'homme de guerre, 1, p.77-96, Musée national d'Histoire et d'Art, 2007.

Massarette Joseph
La vie martiale et fastueuse de Pierre-Ernest de Mansfeld, Edition Duchantre, Paris, 1930.

Mersch Joseph
«Guillaume Kroll», Bulletin des anciens de l'Athénée n° 17.

Mersch Jules
Biographie nationale du pays de Luxembourg depuis ses origines jusqu'à nos jours, 22 fascicules, Luxembourg, 1947-1965.

Metzler Jeannot
Das treverische Oppidum auf dem Titelberg. Zur Kontinuität zwischen der spätkeltischen und der frührömischen Zeit in Nord-Gallien, 2 volumes, Dossiers d'Archéologie du Musée national d'Histoire et d'Art III, Luxembourg, 1995.

Metzler Jeannot
Zimmer Johny
Beiträge zur Archäologie von Dalheim, pp. 351-382, Hémecht 3, 1978.

Miami University
It started in Luxembourg: In recognition and appreciation of John E. Dolibois. Miami University 1979.

Ministère de l'Intérieur et de l'Aménagement du territoire
Un projet d'aménagement durable pour le Luxembourg, Luxembourg, 2005.

Ministère de l'Économie et du Commerce extérieur
Perspectives de politique économique, Luxembourg, 2008.

Mousset Jean-Luc
De Jonge Krista
Pierre-Ernest de Mansfeld, 1517-1604, un prince de la Renaissance, Musée national d'Histoire et d'Art, exposition catalogue V. Buck, Luxembourg, 2007.

Moyse Laurent
Du rejet à l'intégration: histoire des Juifs du Luxembourg des origines à nos jours, Imprimerie Saint-Paul, 2011.

Muller Jean-Claude
«La correspondance d'Alexandre Wiltheim s.j.», in: «Hémecht 36» pp. 167-232, 1984.

Muller Jean-Claude
«Jean Bertholet SJ (1688-1755), umstrittener Historiker des Herzogtums Luxemburg». In: «Hémecht 46» pp. 93-102 1994.

Muller Jean-Claude
«Un historien controversé du duché de Luxembourg et son oeuvre, Jean Bertholet S.J. (1688-1755)», in: «Annales de l'Institut archéologique du Luxembourg 126/127», pp. 231-249, 1995/1996.

Muller Joseph Emile
Joseph Kutter, Section des arts et des lettres de l'Institut grand-ducal, Imprimerie Saint-Paul, Luxembourg, 1981.

Muller Joseph Emile
Lucien Wercollier: Skulpturen von 1947 bis 1986, Imprimerie Saint-Paul, Luxembourg, 1986.

Muller Pierre-Joseph
Leben und Dichtung von Michel Rodange, conférence au LCD, 40 pages, Diekirch, 13.01.1927.

Neyens Auguste
Biographie luxembourgeoise, Histoire des hommes distingués originaires de ce pays, Luxembourg, 1860.

Nottrot Jan
Luxemburg, Beiträge zur Stadtgeographie einer europäischen Hauptstadt und eines internationalen Finanzplatzes. Innsbruck 1985.

Nottrot Jan
Luxemburg, Beiträge zur Stadtgeographie einer europäischen Hauptstadt und eines internationalen Finanzplatzes. In Innsbrucker Geographische Studien, Band 12. Innsbruck 1995.

Olivier Jean-Paul
L'ange de la montagne: Charly Gaul la véridique histoire, Glénat Grenoble, 1993.

Pauly Michel
Reinert François
Péporté Pit
Sigismund von Luxemburg: ein Kaiser in Europa: Tagungsband des internationalen historischen und kunsthistorischen Kongresses in Luxemburg, 8-10 Juni 2005. Von Zabem. Mainz 2006.

Pauly Michel
Le bas Moyen Âge, chances et handicaps d'une ville et de ses habitants, in: La ville de Luxembourg, Luxembourg-Anvers, 1994.

Petz Lahure
Goldene Zeiten, Edition de l'auteur 2010.

Philippart Robert L.
Luxembourg, de l'historicisme au modernisme, de la ville forteresse à la capitale nationale, Luxembourg, 2006.

Philippart Robert L.
Ruppert Eugène à l'origine des plus grandes usines de Chine, in: Le Jeudi, 26 novembre 2009.

Philippart Robert L.
Ruppert Eugène – Reise um die Welt mit mehrjährigem Aufenthalt in China und Japan. In: die Warte N°38. Luxembourg 1985.

Philippart Robert L.
Luxembourg, de l'historicisme au modernisme, de la ville-forteresse à la capitale nationale, t. 1-2, thèse de doctorat, Luxembourg, Louvain-la-Neuve, 2007.

Reding-Nieles Jeanne
Les mouvements de résistance face à l'occupation allemande au Luxembourg 1940-1944, Leudelange, 1972.

Reiter Ernest
Werner Henri
L'impact d'une idée, Les Amis du Musée Henri Tudor, Imprimerie Saint-Paul, Luxembourg, 2009.

Roscheck Petra
König Wenzel IV – Opfer einer schwarzen Legende und ihrer Strahlkraft. Regionen Europas – Festschrift für Kurt-Ulrich Jäschke zum 65. Geburtstag, p. 207-229. Böhlau Verlag. Köln 2003.

Rossy Jean
La famille Dupong dans la tourmente de 1940-1945, 67 pages.

Roth François
Robert Schuman 1886-1963: du Lorrain des frontières au père de l'Europe, Fayard, Paris, 2008.

Ruppert Eugène
Die chinesische Eisenindustrie und der Luxemburgische Ingenieur in China. In: Revue Technique Luxembourgeoise, N° 6, p. 225-246. Luxembourg 1937.

Schaus Raymond
Au Stadtgrond autrefois: les racines de la ville de Luxembourg – un survol historique, Die Warte Nos 13 et 14, Luxembourg, 2010.

Schmitt Anne
Jacques Santer: portrait tranquille, Imprimerie Saint-Paul, 2005.

Scholer Othon
(Jean-Guillaume de Wiltheim)
Palatium Mansfeldicum – études sur le comte Pierre-Ernest de Mansfeld (1517-1604),

Les Amis de l'Histoire, vol. 19,
Imprimerie centrale, Luxembourg, 2006.

Scuto Denis
75 ans au service du monde ouvrier et du progrès social : la Chambre de travail (1924-1999), Chambre de travail, Luxemburg, 1999.

Seiler Emile
Leben und Werk des heiligen Willibrord. In: Heimat und Mission, Jg 63, Nr 7/8, p. 131-150. Clairefontaine 1989.

Sohn Christophe
Villes et agglomérations au Grand-Duché de Luxembourg: proposition d'une nomenclature des unités urbaines, CEPS/INSTEAD, Esch-sur-Alzette, 2006.

Spang Paul
«Bertels abbas delineavit 1544-1607. Les dessins de l'abbé Bertels. Die Zeichnungen von Abt Bertels», RTL-Editions, Luxembourg, 1984.

STATEC
Luxembourg, L'économie luxembourgeoise au 20e siècle, Luxembourg, 2000.

Steinmetz Aloyse
Die Tudors in Rosport. Éditeur Aloyse Steinmetz. 1981.

Stoob Heinz
Kaiser Karl IV, und seine Zeit. Verl. Styria. Graz, Wien 1990.

Stübben Josef
Erläuterungsbericht zu dem Bebauungsplan für den Limpertsberg. Luxembourg 1902.

Stumper Robert
Vom Experiment zum Welterfolg: Eine kleine Biographie des Luxemburger Titan-Forscherts W. J. Kroll. In: Revue Jg. 25, Nr 46, p. 22-28. Luxembourg 1969.

Ternes Jean-Marie
Das römische Luxemburg, Küsnacht-Zürich 1973.

Théato Fernand
Déi urbanistesch Entwécklung vun der Stad Lëtzebuerg, Luxembourg, 2005.

Thill Gérard
Vor- und Frühgeschichte Luxemburgs. Luxembourg 1995.

Toussing Albert
Johann Anton Zinnen: 1827-1898: zum 100. Todestag des Schöpfers der Nationalhymne Luxemburgs, 16. Mai 1998, Les amis du vieux Larochette, 1998.

Trausch Gilbert
Émile Reuter devant l'histoire, P.91-109, Lions Club Luxembourg Doyen, 1995.

Trausch Gilbert
Joseph Bech, un homme dans son siècle: 50 années d'histoire luxembourgeoise 1914-1964, Imprimerie Saint-Paul, Luxembourg, 1978.

Trausch Gilbert
Histoire du Luxembourg, Paris 1992.

Trausch Gilbert
Le Luxembourg sous l'ancien régime (17e, 18e et début 19e siècle), 3e édition, Ministère de l'éducation nationale, Luxembourg, 1993.

Trausch Gilbert
Le siècle des Luxembourg: l'Europe centrale aux 14e et 15e siècles, Publication Banque de Luxembourg, 1992.

Trausch Gilbert
Le Luxembourg à l'époque contemporaine: du partage de 1839 à nos jours, 2e édition, Edition Bourg-Bourger, Luxembourg, 1981.

Trausch Gilbert
Bicentenaire du «Klëpperkrich»: les paysans luxembourgeois se soulèvent en 1798, Banque de Luxembourg, 1998.

Trausch Gilbert (sous la direction de)
La ville de Luxembourg, Anvers, 1994.

Weiller Raymond
Eugène Ruppert «de Chines» (1864 -1950), pionnier de la sidérurgie et amateur d'art, Luxembourg, 1981.

Werner Pierre
Itinéraires luxembourgeois et européens: évolutions et souvenirs: 1945-1985, Imprimerie Saint-Paul, Luxembourg, 1992.

Wey Claude (sous la direction de)
Le Luxembourg des années 50 – une société de petite dimension entre tradition et modernité, Luxembourg, 1999.

Zangerlé Gaston
La saga Charly Gaul, Imprimerie Saint-Paul, Luxembourg, 2006.

Zangerlé Gaston
Josy Barthel: der spannende Weg zum olympischen Gold, Imprimerie Saint-Paul, Luxembourg, 1992.

ILLUSTRATIONS

Archives nationales de Luxembourg
Archives nationales, La Haye
Archives de l'État, Sienne
Archives Luxemburger Wort
Archives Escher Tageblatt
Archives de la Ville de Dudelange, collection J.- P. Conrardy
Archives de la Ville de Luxembourg
Archives du minstère des Affaires étrangères, Moscou
Bibliothèque nationale de Luxembourg
Bibliothèque nationale, Paris
Bibliothèque royale Albert 1er, Bruxelles
Centre d'études et de recherches européennes Robert Schuman
Colbach Joseph
Collection Armand A. Wagner
Collection Consistoire Israélite
Collection Jean-Marie Anen
Collections privées
Conseil national de la Résistance
Escorial, Madrid
Haus-, Hof- und Staatsarchiv Wien
Kieffer Rob /Éditions Guy Binsfeld
Koninklijk Huisarchief, 's Gravenhage
Landeshauptarchiv Koblenz
Maison du Christ-Roi, Luxembourg
Miny Roland
Musée d'art moderne Grand-Duc Jean (MUDAM)
Musée d'Histoire de la Ville de Luxembourg
Musée national d'histoire naturelle
Musée national d'histoire et d'art
Musée Henri Tudor, Rosport
Musée des sports
National Archives, Washington
Nationaal Museum Paleis Het Loo, Apeldoorn
Nalezinek Otá
Office des timbres P&T Luxembourg
Philharmonie Luxembourg
Photothèque de la Ville de Luxembourg
RTL Group
Section historique de l'Institut grand-ducal
Service information et presse (SIP)
Société européenne des satellites (SES)
Staatsbibliothek Bremen
Stadtbibliothek Trier
Theis Marc
Weber Christof

Emile Haag

Né en 1942, Emile Haag a fait ses études universitaires à Luxembourg, Aix-en-Provence et Paris avant d'obtenir son doctorat spécialité histoire en 1968. Entré dans l'enseignement dès 1967, il a été directeur adjoint de l'Athénée de Luxembourg de 1981 à 1993, puis directeur de 1993 à 2007. Il a publié divers articles sur l'histoire du Luxembourg et, en collaboration avec Emile Krier †, le livre «La Grande-Duchesse et son gouvernement pendant la Deuxième Guerre mondiale: 1940, l'année du dilemme». Depuis 1987, Emile Haag est président fédéral de la Confédération Générale de la Fonction Publique CGFP et, depuis 2000, président de la Chambre des fonctionnaires et employés publics. Retiré de l'enseignement luxembourgeóis, il continue d'enseigner l'histoire à la Miami University. Il vit à Luxembourg.

Guy May

Né en 1945, Guy May est entré au service des Archives nationales en 1965. En 1993, le conservateur f.f. a quitté son poste pour prendre les fonctions de commissaire de la cour grand-ducale. Retraité depuis 2009. Il a publié de nombreuses contributions sur l'histoire nationale et locale ainsi que sur la vie culturelle aux 19e et 20e siècles. Auteur de «Luxembourg, Mémorial de l'Histoire» (1983) et de «Franz Liszt, Luxemburg und die Munkácsys» (2011); il vit à Strassen.

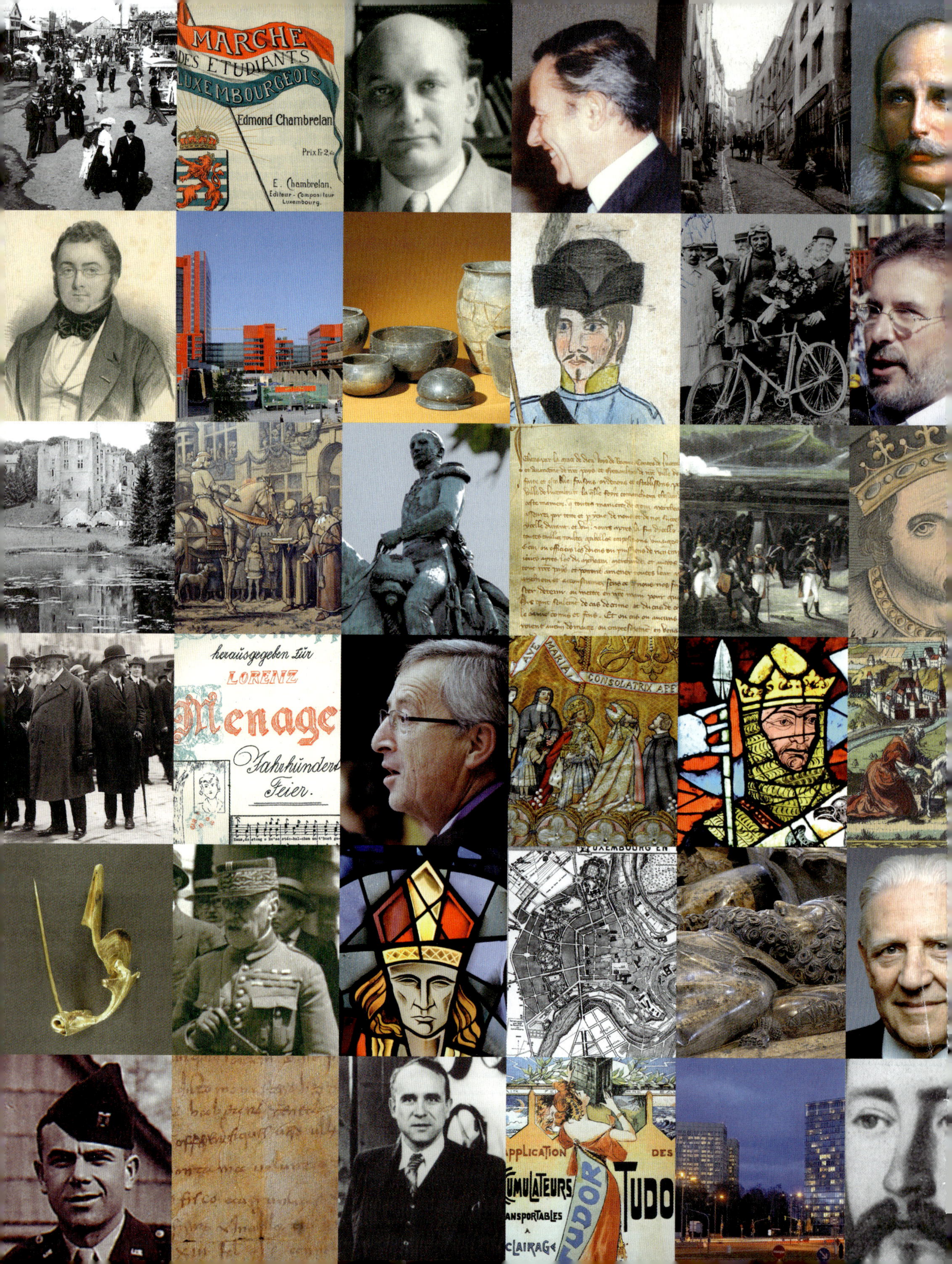
MARCHE
DES ETUDIANTS
LUXEMBOURGEOIS
Edmond Chambrelan
E. Chambrelan,
Éditeur-Compositeur
Luxembourg.
LORENZ
Menage
Feier.
CONSOLATRIX
APPLICATION
DES
TUDOR
CLAIRAGE